BASTEI
LÜBBE

Elspeth Huxley

Die Flammenbäume von Thika

Erinnerungen an eine Kindheit in Afrika

Aus dem Englischen
von Friedrich A. Hofschuster

BASTEI
LÜBBE

BASTEI-LÜBBE-TASCHENBUCH
Band 11 269

Deutsche Erstveröffentlichung

Die Originalausgabe erschien unter dem Titel:
The Flame Trees of Thika
bei Chatto & Windus Ltd.

Printed in West Germany, Juli 1988
Autorenfoto: Evelyn Hofer
Einbandgestaltung: Roland Winkler
Titelabbildung: Wolfgang Weise
Satz: Fotosatz Froitzheim, Bonn
Druck und Bindung: Ebner Ulm
ISBN 3-404-11269-5

Den Urgestalten gewidmet,
deren Abbilder Robin und Tilly sind,
und den Geistern,
die in Thika schlafen

1

Wir fuhren los in einem offenen Karren, der von vier kleinen, mit Striemen gezeichneten Ochsen gezogen wurde und hoch beladen war mit Ausrüstung und Proviant. Kein mittelalterlicher Ritter hätte besser gerüstet sein können gegen die Strahlen der Sonne als Tilly und ich. Ein pilzartiger Hut mit breiter Krempe aus zwei Lagen schwerem Filz, eingefaßt mit rotem Flanell, schützte ihren zarten cremefarbenen Teint; ihre langärmelige weiße Bluse war bis ganz oben zugeknöpft, und ein schwerer Rock aus khakifarbenem Drillich fiel ihr bis auf die gestiefelten Knöchel. Ich saß neben meiner Mutter, kaum weniger gewappnet, mit einem Tropenhelm auf dem Kopf und einem gestärkten Baumwollkleid darunter.

Die Ochsen waren sehr mager und schienen kaum für ihre Arbeit geeignet zu sein; sie setzten sich resignierend, wenn auch nicht besonders schnell in Bewegung, und bald hatte unser Wagen das Norfolk Hotel hinter sich gelassen. Alles war staubig; die Füße der Tiere versanken mit leisem Plumpsen in einem warmen roten Teppich, eine enorme Staubwolke folgte jedem Wagen, der die Straße befuhr, und der Staub lag als dicker Film auf den spröden Eukalyptusblättern sowie auf den Sitzen und Rückenlehnen der Rikschas, die unter den Bäumen bereitstanden.

Wir fuhren nach *Thika*, für uns nicht mehr als ein Name auf einer Landkarte und eine Stelle, wo sich zwei Flüsse vereinten. Zu jener Zeit – wir zählten das Jahr 1913 – war Thika ein beliebtes Camp für Großwildjäger, und dahinter gab es nichts als Busch und Steppe. Wenn man lange genug weiterging, kam man zu den Bergen und Wäldern, die niemand auf Landkarten eingezeichnet hatte, und zu wilden Stämmen, deren Sprache niemand verstehen konnte. So weit wollten wir allerdings nicht fahren, nur zwei Tagesreisen mit dem Ochsenkarren zu einem Stückchen Eldorado, das mein Vater mit viel Glück in der Bar des Norfolk Hotels einem Mann abgekauft hatte, der die Krawatte der ehemaligen Eton-Schüler trug.

Während jeder andere Mensch Nairobis staubige Wagentrecks, die sich Straßen nannten, nur in Buschhemden und Khaki-Shorts oder Reithosen betrat, war dieser Mann, Roger Stilbeck, immer in einen leichten Kammgarnanzug von perfektem Sitz gekleidet, dazu trug er goldene Manschettenknöpfe und dunkle, derbe Straßenschuhe. Kein Bischof hätte respektabler auftreten können, und seine Frau, die sehr elegant wirkte, war angeblich mit dem Herzog von Montrose verwandt. Roger Stilbeck hatte uns bei unserer Ankunft in Nairobi auf der Bahnstation abgeholt, und diesmal war sogar Mrs. Stilbeck gekommen, um sich von uns zu verabschieden, ein Zeichen der Gunst, das sie keineswegs jedem gönnte, der ihrem Mann ein Stück Land abgekauft hatte.

Tilly, wie immer bestrebt, jedem Augenblick ihres Lebens soviel Spannung oder Vergnügen wie nur möglich abzugewinnen, war morgens noch einmal hinausgeritten auf die Steppe, um das Wild zu beobachten, und bald danach übersät mit kleinen roten Zecken zurückgekommen. Die hatte sie sich von der Kleidung gezupft, während sie das Beladen des Wagens überwachte. Und mit einem Blick tiefster Konzentration, so, als ob sie an einer Stickerei arbeitete, hatte sie eine nach der anderen zwischen den Daumennägeln geknickt. Mrs. Stilbeck hatte sie dabei mit fasziniertem Entsetzen beobachtet und die blasse Hand mit der weichen Haut vor die Augen geschlagen.

»Roger«, hatte sie gesagt, »mir ist nicht wohl. Du mußt mich nach Hause bringen.«

Tilly hatte sich davon nicht beeindrucken lassen und

weiterhin Zecken geknickt, während eine große Zahl von Afrikanern in roten Decken, die sie sich über die Schultern geworfen hatten, mit viel Geschrei und Gestöhn unsere Haushaltsartikel auf dem Ochsenkarren verstauten. Es entstand ein Berg von Schachteln, Bündel, Paketen, und obendrauf thronten eine Nähmaschine, ein Käfig mit fünf getupften Sussex-Hühnern und ein Toilettensitz. Die Hühner waren mit uns auf dem Schiff aus Tilbury gekommen, und Tilly hatte sie während der Überfahrt täglich nach dem Füttern zur Ertüchtigung auf dem Deck spazierenlaufen lassen.

Robin, mein Vater, fuhr nicht mit uns im Wagen; er war schon seit ein paar Tagen dort, schaute sich auf seinem Land um und hatte, wie Tilly hoffte, bereits ein Haus gebaut, um uns dort zu empfangen. Eine einfache Grashütte war ohne weiteres in zwei Tagen aufzustellen, doch dazu brauchte es ein wenig Organisation, und Tilly rechnete im Grunde nicht damit, daß Vater diese dort vorgefunden hatte.

»Ich kann nur hoffen, daß er, wenn er wirklich eine baut, sie auf die richtige Stelle der richtigen Farm setzt«, sagte sie.

Farm war natürlich nicht das geeignete Wort für das, was uns erwartete. Mein Vater hatte sich auf einer Landkarte ein etwa zweihundert Hektar großes Stück Land ausgesucht, das an beiden Seiten von gewundenen Linien, vermutlich von Flüssen, begrenzt wurde.

»Der beste Kaffeeboden im ganzen Land«, hatte Stilbeck dazu bemerkt.

»Hat denn schon jemand dort Kaffee gepflanzt?«

»Mein lieber Freund, es ist nicht nötig, erst Kaffee zu pflanzen, um so etwas festzustellen. Experten haben den Boden analysiert. Die Höhe über dem Meeresspiegel und die Menge der Niederschläge stimmen haargenau. In Kiambu verdienen sich die Besitzer von Kaffeeplantagen bereits ein Vermögen. Sie brauchen sich das nur anzuschauen, um zu sehen, wie gut alles wächst. Das Problem besteht eher darin, die Vegetation zu begrenzen.«

»Ist es denn unerprobtes Land?« hatte Robin sich zu fragen erlaubt.

Roger Stilbeck rollte die Karte auf. »Sie haben natürlich recht, was das betrifft. Aber wenn Sie Zweifel haben, mein lieber Freund, dann sollten Sie es besser sein lassen. Unter uns gesagt, ich wäre sogar froh darüber. Buck Ponsonby hat ein bißchen weiter dort draußen ein Gebiet von fünfhundert Hektar gekauft, und er hätte am liebsten gleich alles haben wollen. Ich sagte ihm, das sei nicht möglich, weil ich jemand anderem bereits mein Wort gegeben habe. Auf diese Weise steht Ihnen Ihre Entscheidung immer noch völlig frei. Wie wär's zum Beispiel mit einer Ranch unten in der Nähe von *Voi*? Oder etwas ganz anderes: ein Syndikat ist gerade dabei, billiges Land in Uganda aufzukaufen...«

Robin kaufte die zweihundert Hektar zwischen den gewundenen Linien in einer Gegend, die Thika hieß. Er bezahlte zehn Pfund pro Hektar, in jenen Tagen ein unglaublicher Preis. Da die Gesamtsumme wesentlich höher war als sein Kapital, kaufte er außerdem einen Anteil des Syndikats in Uganda, das nach Auskunft von Roger Stilbeck in Kürze einen beträchtlichen Gewinn abwerfen würde, so daß es ihm gelingen müsse, damit die Kaffeeplantage in Thika zu finanzieren. Auf dem Papier war die Sache klar und logisch. Aber in Wirklichkeit warf das Syndikat in Uganda fünfzehn Jahre lang keinen Penny ab; Robin erhielt jährliche Abrechnungen, die fast immer mit der Eintragung ›Beerdigungskosten des Geschäftsführers... Sechs Rupien‹ begannen. Zuletzt ging das Syndikat in Konkurs.

Robin hatte sich beim Grundbuchamt eine Karte besorgt, mit vielen Linien darauf, nach der man die Lage unseres Besitzes bestimmen konnte. Von ordentlicher Vermessung konnte nicht die Rede sein. Die Grenze zwischen dem zur Besiedelung bestimmten Land und dem Schutzgebiet der *Kikuju* war etwa eine Meile von unserem Grund entfernt.

»Das heißt, es gibt jede Menge Arbeitskräfte«, hatte Roger Stilbeck gesagt. »Sie brauchen nur den Finger zu rühren, und schon sind sie da. Freundliche Leute, vielleicht ein bißchen ungehobelt. Wunderbares, gesundes Klima, reizende Nachbarn, fabelhafte Jagd- und Angelmöglichkeiten, und tausend Jahre unberührter Fruchtbarkeit, die in dieser Erde liegt. Ich gratuliere Ihnen, mein lieber Freund, ich gratuliere Ihnen von ganzem Herzen. Sie können dankbar sein, daß sich Ihnen eine solche Möglichkeit bietet. Buck Ponsonby war bitter enttäuscht über meine Absage. Viel Glück, und besuchen Sie uns, wenn sie zu den Rennen hierherkommen. Melden Sie sich bei uns, mein guter Freund.«

Als unsere Ochsen über die Ainsworth-Brücke getrottet waren, dicht hinter dem Norfolk-Hotel, hatten wir die Stadt auch schon hinter uns gelassen. Die staubige Straße verlief abwechselnd durch den Busch und die Hüttensiedlungen der Eingeborenen, wo Frauen mit geschorenen Köpfen, geschmückt mit Ketten und in Lendenschürzen aus Leder jäteten, gruben oder Wasser aus dem sumpfigen Fluß schöpften, der der Stadt ihren Namen gegeben hatte. Sie benutzten dazu ausgehöhlte Kürbisse oder *Debes*, diese sechzehn Liter fassenden Paraffinfässer, die zum universellen Wassergefäß, Flüssigkeitsmaß und Material fürs Dachdecken geworden waren. Die Straße war keineswegs angelegt, sondern einfach durch die Räder der Wagen und der Ochsenkarren entstanden. Zum größten Teil verlief sie über eine Ebene, deren Boden überwiegend aus *Murram* bestand, jenem rauhen, roten Geröll, das von der Sonne gebacken wurde und nur dünnem Gras und traurigen Dornenbäumen den Wuchs ermöglichte, außerdem noch dem Korallenstrauch mit seinen sich windenden Ästen und siegellackroten Blüten.

Es wurde sehr heiß in beziehungsweise auf unserem Ochsenkarren, da der Wagen ja kein Verdeck hatte. Tilly hißte einen schwarzweiß gestreiften Sonnenschirm; das half ein wenig, obwohl der Schirm nicht sehr viel gegen die tropische Sonne ausrichten konnte. Ich hatte Glück: als kleines Mädchen von sechs oder sieben Jahren brauchte ich noch kein Korsett und keine Strümpfe zu tragen; Tilly dagegen war eng eingeschnürt, ihre Taille wespenschlank, ihr Rock von voluminöser Weite, und das Ganze schien eigens dazu ersonnen zu sein, jegliche Luftzirkulation zu verhindern. Nach kürzester Zeit ließen Staub und Schweiß uns beide wie Indianer mit sonderbaren weißen Augenringen aussehen.

Sobald wir die Stadt hinter uns gelassen hatten, wurden die Ochsen noch langsamer, und der Treiber verzichtete auf das Gebrüll, was niemanden wunderte. Er verfiel in eine Art Schlurfen neben den Tieren, die jetzt von Fliegen bedeckt waren. Auch wir hatten zu tun, die Fliegen von unseren Gesichtern zu verscheuchen. Als uns ein Gespann von sechzehn Ochsen begegnete, das einen langen, niedrigen Wagen zog, wurden wir für eine Weile in dicken roten Nebel gehüllt, der uns zum Husten brachte und sich auf alles senkte. Die Dornenbäume und Gebüsche am Straßenrand waren bedeckt davon, und wir fuhren dahin und hatten die ganze Zeit den sonderbar scharfen, trocknenen Geruch in der Nase.

Ein Geruch läßt sich nicht beschreiben, weil unsere Sprache dafür nur ganz allgemeine Wörter kennt, wie zum Beispiel ›süß‹ oder ›stechend‹. Also kann ich diesen Geruch nicht genauer bezeichnen und ihn auch nicht mit anderen vergleichen, aber es war der Geruch der Reisen in jenen Tagen, ja, der Geruch Afrikas: trocken, pfefferartig, aber voll und tief, überlagert vielleicht von den Ausdünstungen der Eingeborenen, die sich mit Fett und rotem Ocker beschmierten und einen reifen, ein wenig ranzigen Geruch ausströmten, der bei manchen Europäern Übelkeit erregte, vor allem, wenn sie ihm zum erstenmal begegneten, und den ich, vermutlich als einer der wenigen Menschen, zu genießen gelernt habe. Das war der Geruch der *Kikuju*, die sich überwiegend vegetarisch ernährten. Der Geruch der Stämme aus dem Viktoria-Becken, die Fleisch aßen und gelegentlich noch Kannibalismus betrieben, war völlig anders: wesentlich stärker und moschusartig, fast beißend und für mich bedeutend unangenehmer. Kein Zweifel, daß wir für die Afrikaner ebenso stark und seltsam rochen, aber unsere Zahl war wesentlich geringer, und zudem waren wir spärlicher im Lande verteilt.

Den ganzen Tag über kamen wir durch ebenes Land mit fernen Bergsilhouetten und einem einzigen, runden Höcker, dem *Donyo Sabuk*, der sich aus der Ebene emporreckte. Das war die Gegend, wo ein reicher, gütiger und außerordentlich fetter Amerikaner auf einer weiten, büffelbestandenen Ranch lebte, die *Juja* hieß. Dieser Amerikaner war von einer Gastfreundschaft, wie sie selbst in diesen gastfreundlichen Tagen Afrikas geradezu legendär war, wenn er nicht gerade ausgeritten war auf einem Maultier, das kaum unter seinem gewaltigen Leib zu sehen war – er wog über zweieinhalb Zentner –, um Wild zu schießen. Den ganzen Tag über sahen wir übrigens alles mögliche Wild auf unserer Fahrt. Die Tiere waren noch in überreicher Anzahl vorhanden und wußten nicht, daß sie vom Aussterben bedroht waren. Zebras mit ihren breiten, schwarzen Zeichnungen wedelten mit den Schweifen, als gehörte ihnen die Erde; Giraffen neigten ihre Patchwork-Hälse auf die kleinen Akazien. Niemand hat jemals ein mageres Zebra gesehen, obwohl sie voll von Parasiten sind – und auch diese bildeten keine Ausnahme. Sie kamen mir vor wie frisch bemalte, lebendige Spielzeuge. Aber es wäre langweilig und führte zu weit, alle Tiere aufzuzählen, an denen wir vorbeikamen.

»Wenn wir uns genau umsehen«, sagte Tilly, »dann entdecken wir vielleicht einen Löwen.« Nicht selten konnte man beobachten, wie Löwen bei hellem Tag inmitten ihrer zukünftigen Beutetiere herumspazierten, die ihrerseits keineswegs beunruhigt wirkten. Aber wir sahen keine Löwen; Tilly meinte, sie schliefen in grasbewachsenen Senken und den kleinen Papyrusgebüschen, an denen wir gelegentlich vorüberkamen. Am liebsten hätte sie den Wagen angehalten und nach ihnen gesucht, wie es Leute gibt, die sogar den Zug von Mombasa nach Nairobi anhalten, wenn sie ein besonders schönes Exemplar entdeckt haben. Aber unser Karren holperte weiter, es wurde heißer und heißer und die Fahrt immer unangenehmer und schmerzhafter. Schließlich erreichten wir *Ruiru*, das auf halbem Wege lag. Dort sollten wir übernachten. Etwa fünfzehn Meilen pro Tag war das äußerste, was man von den Ochsen erwarten konnte, und das galt auch für die Träger mit ihren fünfzig Pfund schweren Lasten. Es war mehr als genug.

Ruiru bestand nur aus ein paar *Dukas*, kleinen Läden, die von Indern betrieben wurden, und einer Furt durch den Fluß – nicht einmal eine Brücke, sondern ein Übergang, der dadurch entstanden war, daß man *Murram* in das sumpfige Wasser schaufelte und ein paar weiße Pfosten als Markierung in den Boden rammte. Bei Regen war der Übergang kaum passierbar, und die Wagen blieben häufig stecken, manchmal tagelang. Hier wuchsen überall Papyrusbüschel wie Wälder von großen Flederwischen, die man am Stiel aufgestellt hat. Etwas oberhalb von *Ruiru* hatte man einen kleinen Damm gebaut, und ein Nebenarm des Flusses versorgte die Turbine, die den Strom für Nairobi lieferte. Einmal war ein neugieriges Nashorn in dem Nebenarm steckengeblieben und konnte weder vor noch zurück, was zur Folge hatte, daß in Nairobi die Lichter ausgingen.

Unser Gastgeber für die Nacht war ein breit und schlaksig gebauter, fleischiger Südafrikaner namens Oram, ein abgebrühter Mann Ende fünfzig, der mir unendlich alt vorkam, vermutlich deshalb, weil meine Eltern und die meisten Leute, die ich damals kannte, noch recht jung waren. Henry Oram war einer von denen, die nie zur Ruhe kamen. Er hatte eine gutgehende Farm im Transvaal verlassen und zuvor eine andere in der Kap-Provinz, um nach Britisch-Ostafrika zu kommen, dort ein neues Stück Busch zu roden und fruchtbar zu machen. Er hatte ein kleines, von Bougainvilleen überwuchertes Haus voller Söhne. Rings um das Haus wuchsen grüne, glänzende Kaffeebüsche in ordentlichen Reihen, und diese sollten ihn bald reich machen. Inzwischen konnte man schon die Anfänge einer Nachbarplantage auf dem nächsten Höhenzug erkennen.

»Es wird zu voll hier«, sagte er mit südafrikanischem Akzent, platt und derb wie er selbst. »Zeit, daß ich mal wieder umziehe.«

»Wohin denn?« fragte Tilly.

»Man ist gerade dabei, neues Land jenseits der Hochebene zu erschließen. Fabelhaftes Land, wie es heißt. Noch keine Siedler, keine Eingeborenen, Unmengen von Wild und die seit Jahrtausenden unberührte Fruchtbarkeit der Erde Afrikas. Ich fahre demnächst hin, um es mir anzusehen.«

»Aber Ihre Kaffeepflanzen kommen gerade erst zum Tragen.«

»Das hier ist sowieso in ein paar Jahren ein Vorort von Nairobi. Man spricht schon von einer Eisenbahn nach Thika; bald gibt es dann auch dort eine Horde von Indern, jemand eröffnet einen Klub...«

»Ich wüßte nicht, was daran so schlecht sein sollte. Und jetzt, wo sich Ihre Frau hier häuslich niedergelassen hat...«

»Mit einem Planwagen, einem Feuer und einem Pfund Kaffee kann sich jede echte Frau häuslich niederlassen«, erwiderte Henry Oram. Tilly hielt ihn für aufgeblasen, aber vielleicht versuchte er nur, sie auf den Arm zu nehmen. Sie hatten ein recht bequemes Haus in *Ruiru* und würden, wie Robin später einmal bemerkte, den Besitz mit Gewinn veräußern und sich weiter draußen riesige Mengen guten, fruchtbaren Landes dafür kaufen können.

Tilly, die von dem Instinkt der Seßhaften beherrscht war, sich ein Heim zu schaffen, sagte zu Mrs. Oram: »Es wird Ihnen leidtun, von hier wegzugehen, jetzt, wo Sie den Garten so hübsch angelegt haben.«

»Aber ich bitte Sie, das ganze Land ist ein Garten – ein Garten, den Gott gepflanzt hat. Schauen Sie, was Er uns alles geschenkt hat: Flüsse, aus denen man trinken kann, Bäume, unter denen man Schatten findet, wilde Früchte und

Honig, Vögel und Tiere zur Gesellschaft. Wie könnte es eines Seiner Geschöpfe noch besser machen? Ist es nicht eigentlich Zeitverschwendung, ein Beet zu bepflanzen, wenn sich nach jedem Regen ein Dutzend verschiedener wilder Blüten öffnet? Es gibt nichts, was mir mehr Freude macht, als durch die Wildnis zu gehen und zurückzukehren mit Händen voll der Edelsteine aus Feld und Wald – die scheuen Kriechpflanzen, die rosafarbenen Sturmlilien, die bescheidenen Vergißmeinnicht.«

»In der Vase gehen sie rasch ein«, sagte Tilly kalt. Sie reagierte auf so etwas wie eine Muschel, die sich rasch schließt, und nachdem sie Mrs. Oram als geschwätzige Schwärmerin eingeordnet hatte, war diese auch schon für sie erledigt. Aber die Orams arbeiteten fleißig, ihre Gastfreundschaft war grenzenlos, und ihre Vorliebe für die letzten Wildnisse dieser Erde war echt. Bedauerlicherweise hatten sie den Hang, alles in doppelter Lebensgröße zu sehen.

»Es sind romantische Leute«, meinte Robin später.

»Ich finde, es sind Narren«, erwiderte Tilly. Sie hielt nichts von Romantikern, weil sie selbst romantisch veranlagt war und dies als ihr Geheimnis schuldbewußt zu verbergen suchte. Gerade die eigenen Schwächen erscheinen uns besonders verdammenswert, wenn wir sie bei anderen bemerken. Das war der Grund, weshalb Mrs. Oram bei Tilly auf die Negativliste gesetzt wurde. Nichtsdestoweniger war sie ihr dankbar und schickte ihr bei späterer Gelegenheit einen Truthahn und einige Päckchen mit englischen Sämereien.

2

Ehe die Sonne am nächsten Morgen zu brennen begann, waren die kleinen, von der Hitze mitgenommenen Ochsen mit ihren Höckern und den hängenden Bauchlappen schon wieder eingespannt und trotteten weiter die Wagenspur entlang.

Auf der rechten Seite erstreckte sich die gelbbraune Ebene, eine Platte gleißenden Sonnenlichts, bis zum *Tana*-Fluß und darüber hinaus; man hatte das Gefühl, als könnte man darauf bis an den Rand der Welt gehen. Auf der linken Seite erhob sich ein länglicher Gebirgszug mit dunklen Bergkämmen, und aus diesem entsprangen die Flüsse, die einen Großteil des *Kikujulandes* bewässerten. Diese Flüsse, oft nicht viel mehr als Bäche oder Rinnsale, hatten sich durch die Erde gegraben, die hier fuchsrot war und so fett wie Schokolade, und hatten Täler gebildet, deren Anhöhen grün von junger Hirse und Mais waren. Diese Flüßchen waren so zahlreich, daß sie auf der Landkarte wie die Venen und Arterien einer anatomischen Zeichnung aussahen. Unsere Wagenspur überquerte sie an den Stellen, wo sich die Hügel abflachten und hinaus zur großen Ebene erstreckten. Wir mußten mehrere von ihnen durchwaten, aber ihre Ufer waren nicht mehr steil, und ihr Wasser floß ziemlich träge. Statt moosiger Felsen und Farnbüschel, die sich über reißende Wasser neigten, überquerten wir versumpfende Wasserläufe, die mit Papyrus und Gras bewachsen waren.

Manchmal kamen wir an wandernden *Kikuju* vorbei, wobei die Frauen stets unter riesigen Lasten gebeugt waren, deren Lederriemen sich in ihre gebückten Stirnen eingruben. Sie trugen spitz zulaufende Lendenschürzen und trotteten wie große braune Schnecken dahin. Das Ergebnis dieser Packesel-Existenz war, daß sie alle keine gute Figur hatten, ausgenommen die jungen Mädchen. Wenn sie erst verheiratet waren, sackten die Brüste der Frauen nach unten wie leere Lederbeutel, und ihre Beine bewegten sich in einem schnellen, schlurfenden Schritt.

Die Männer dagegen waren schlank, mit aufrechter Haltung, und sahen oft bemerkenswert zierlich aus; ihre Körper waren haarlos, glänzend und leicht gebaut. Die jungen Krieger bändigten ihre Locken mit Schafsfett und rotem Ocker und flochten sie in eine große Zahl kurzer Zöpfe, die ihnen überall von den Köpfen hingen wie das Fell ihrer langhaarigen Schafe; sie bewegten sich mit hüpfenden Schritten, die sich wesentlich vom Schlurfschritt der Frauen unterschieden. Durch den Einfluß der Missionen und der Regierung hatte man sie inzwischen dazu gebracht, sich mit Decken zu verhüllen, die sie wie Togas auf einer Schulter geknotet trugen. Die meisten dieser Decken waren rot mit schwarzen Streifen und sahen gut aus zu der kupferfarbenen Haut und dem leuchtend roten und blauen Schmuck, den sie am Körper trugen. Die Ohrläppchen der Männer waren durchstochen und die Löcher künstlich erweitert, damit sie Holzspäne, Drahtschlingen oder Perlenbänder aufnehmen konnten, die bis auf die Schultern hingen. Die Jungen trugen außerdem einen perlenbesetzten Gürtel, an dem auf der einen Seite ein schmales Schwert befestigt war in einer ledernen Scheide, die mit dem Extrakt einer Kriechpflanzenwurzel rot gefärbt wurde.

Mit uns auf dem Karren hatten wir einen Koch und Hausboy namens Juma, den uns Roger Stilbeck als besondere Gunst für die erste Zeit ausgeliehen hatte. Er war an einen höheren Lebensstil gewohnt, und je weiter wir uns von Nairobi entfernten, desto mißbilligender verhielt er sich gegenüber den Einheimischen, die mir ebenso wild und aufregend wie die Gazellen und Antilopen vorkamen.

»Sie sind klein wie Tauben«, sagte er hochmütig. »Sie essen Hühner, und davon werden sie feige. Schaut doch ihre Beine an! Mager wie die einer Gans! Und ihre Frauen sind wie Esel, mit Köpfen, so glatt wie Eier. Man kann ihnen nicht trauen. Wozu wollen Sie unter solch blöden Menschen leben? Ihre Ernte wird nicht gedeihen, Ihre Rinder werden erkranken und sterben...«

Juma war ein Suaheli von der Küste, oder er behauptete es wenigstens. Suahelis waren schick, und nicht wenige rühmten sich völlig zu Unrecht, dieser Rasse anzugehören mit ihrer Nähe zur arabischen Welt. Juma behauptete übrigens auch, ein Moslem zu sein, obwohl man schwer feststellen konnte, worauf das beruhte. Wir haben ihn jedenfalls nie bei seinen Gebeten beobachtet und bezweifelten, ob er überhaupt wußte, in welcher Richtung Mekka lag. Das einzige, worauf er strikt achtete, war die Einhaltung des Gebots, keinerlei Fleisch zu essen, es sei denn, man hatte dem Tier, von dem es stammte, die Kehle durchgeschnitten. Wenn Robin daher einen Antilopenbock schoß, hatte Juma plötzlich ein Messer in der Hand, und er gürtete seinen langen, weißen *Kanzu* um die Lenden – er trug übrigens nichts darunter – und sprintete wie der Blitz auf die erlegte Antilope zu. Denn in Wirklichkeit aß er nichts lieber als Fleisch.

Außerdem war er ein Zauberer. Mit drei Steinen, ein paar Stöckchen und einem alten schwarzen Kochtopf brachte er eine Mahlzeit in vier Gängen zustande, die besser war als in den meisten Hotels und Restaurants. Er kannte, wie es nur die Afrikaner kennen, das Geheimnis, die Mahlzeiten heiß und pünktlich, aber nicht trocken und verbrannt zu servieren, und zwar zu jeder beliebigen Stunde bei Tag und in der Nacht. Köche waren vermögende Männer, Männer von hohem Ansehen, die ein gutes Gehalt empfingen. Und Juma machte sehr viel aus seiner hohen Position. In Wirklichkeit war er ein Angeber: groß, kräftig und schwarzhäutig.

»Jetzt kommen wir ins Land der Kannibalen«, witzelte er, was übrigens keineswegs der Wahrheit entsprach. »Diese *Kikuju* jagen wie die Hyänen, sie graben die Toten aus und fressen sie. Manchmal gebären ihre Frauen Schlangen und Eidechsen. Sie haben nie etwas von Allah gehört. Sie essen die Eingeweide der Ziegen und beschneiden ihre Frauen. Sie –«

»Still, Juma«, befahl Tilly. Ihr war heiß, außerdem fühlte sie sich müde und durstig und keineswegs in der Stimmung für anatomische Enthüllungen, zumal ihre Kenntnisse des Kisuaheli immer noch recht mangelhaft waren. Obwohl sie es mit der für sie typischen Energie auf der Reise hierher studierte, war ihr Lehrbuch, das sie bei der Gesellschaft zur Verbreitung des Evangeliums erworben hatte, recht untauglich, was die wichtigsten Wörter und Redewendungen zukünftiger Siedler betraf. ›Die müßigen Sklaven kratzen sich‹, lernte sie da, oder: ›Sechs betrunkene Europäer haben den Koch getötet‹, und während sie sich diese Sätze einzuprägen versuchte, bezweifelte sie, daß es Juma günstig stimmen würde, wenn sie sie, und sei es im besten Kisuaheli, in seiner Gegenwart rezitierte.

Nach seinen Bemerkungen betrachtete ich die vorbeikommenden *Kikuju* mit neuem Interesse. Sie sahen harmlos aus, aber das war offensichtlich nur Verstellung. Wir begegneten einer Frau, die ihr Baby in einer Schlinge auf dem Rücken trug und dazu noch eine schwere Last auf dem Kopf. Ich sah, wie der glänzende Schädel des Kleinen, der wie eine polierte Kegelkugel aussah, zwischen den gebückten Schultern der Mutter auf und ab hüpfte und suchte hoffnungsvoll nach einer Schlange oder Eidechse. Aber die würde die Mutter vermutlich zu Hause lassen.

»Diese Ochsen«, meckerte Juma, »sind so alt wie Urgroßmütter; ihre Beine sind wie gebrochene Stöcke, und unser Treiber ist der Sohn einer Hyäne mit weniger Hirn als ein Frosch. Wenn der neue Mond gekommen ist, werden wir immer noch in diesem wertlosen Karren dahinziehen.«

»Kein Wort mehr jetzt!« fuhr ihm Tilly über den Mund. Juma hatte eine herablassende Art, die sie nicht leiden konnte, und sie war auch nicht sicher, ob er genügend Respekt zeigte. In jenen Tagen war der Mangel an Respekt ein schlimmeres Verbechen, als wenn man ein Kind vernachlässigte, einen Menschen verhexte oder eine Kuh stahl, und es wurde in der Regel mit Prügel bestraft. Ja, Respekt war tatsächlich der einzige Schutz der Europäer, wenn sie allein oder in weit übers Land verstreuten Familien unter Tausenden von Afrikanern lebten, die, bewaffnet mit Speeren und vergifteten Pfeilen, an ständige Stammesfehden und Kriege gewohnt waren, während sie selbst keine Schutzwälle errichteten und waffenlos umhergingen. Dieser Respekt bewahrte sie wie ein unsichtbarer Panzer oder eine Art von Zauber – aber er mußte sehr sorgfältig gehütet werden. Der kleinste Riß, das winzigste Loch mußte sofort entdeckt und geflickt werden, sonst riß das Ganze und entblößte den Träger des Panzers in all seiner menschlichen Verletztlichkeit. Doch solange der Panzer intakt war, schützte er tausendmal besser als alle Schußwaffen, Schlösser und Rüstungen der Welt; in Frage gestellt, konnte man ihn wegwischen wie Spinnweben. Deshalb war Tilly ein wenig empfindlich, was den gebotenen Respekt betraf, und brachte Juma zum Schweigen.

Schließlich kamen wir an eine Steinbrücke, die über den Chania-Fluß führte und als große Errungenschaft der Abteilung für öffentliche Straßenbauten galt. Direkt darunter ergoß sich der Fluß über einen Wasserfall in ein Becken, das von rutschigen Felsen und dickstämmigen Bäumen umgeben war, und nicht weit dahinter mündete er in den Thika. Diese Flußmündung war ein beliebter und berühmter Jagdgrund; vor nicht allzu langer Zeit hatte Winston Churchill hier einen Löwen erlegt, und viele andere Jäger kamen her, um zu jagen und zu kampieren. Das Wild schien ebenso unerschöpflich zu sein wie die Fruchtbarkeit der Erde; man konnte sich nicht vorstellen, daß das eine oder das andere jemals zu Ende ginge.

Direkt unterhalb des Wasserfalls hatte man ein Hotel errichtet. Es bestand aus einer größeren, strohgedeckten Grashütte mit niedrigem Dach, deren Verandapfosten blau bemalt waren und dem Hotel seinen Namen gaben, dazu aus drei oder vier Rundhäusern zum Schlafen und einer Reihe von Ställen. Als Geschäftsführer fungierte ein magerer, militärisch aussehender, adrett gekleideter Mann mit Glatze und einem langen Schnurrbart, der zu seinem Unglück stark schwerhörig war. Eines Tages fragte ein Safari-Gast, indem er die adrette Kleidung des Gastgebers bewunderte: »Wer hat Ihre Breeches geschneidert?« Nachdem er die Frage so oft wiederholt hatte, daß es ihm allmählich peinlich wurde, hatte der Taube seine Hand ergriffen, sie herzlich geschüttelt und dann gesagt: »Ah, ja, Major Breeches, freut mich, Sie zu sehen, und hoffentlich gefällt es Ihnen bei uns.« Von da an wurde der Geschäftsführer Major Breeches genannt; seinen wirklichen Namen erfuhr ich nie. Der Besitzer war ein reicher junger Mann namens Harry Penton, dessen berühmteste Heldentat – falls man es so nennen konnte – darin bestand, daß er eines Tages pudelnackt auf dem Dach des Norfolk Hotels in Nairobi auf und ab spaziert war, sich eine Zinnbadewanne über den Kopf hielt und behauptete, ein Pilz zu sein.

Robin kam auf einem Maultier herunter, um uns im *Blue Posts* abzuholen.

»Ist das Haus schon fertig?« fragte Tilly hoffnungsvoll.

»Nicht direkt«, antwortete Robin. »Aber ich habe eine wunderbare Stelle dafür ausgesucht. Leider hat sich noch kein einziger Arbeiter blicken lassen.«

»Aber Roger Stilbeck meinte, es gebe jede Menge davon.«

»Vielleicht dachte er dabei an Zecken und weiße Ameisen; von denen gibt es wirklich jede Menge.«

»Na, vorläufig haben wir ja die Zelte«, sagte Tilly. Ich glaube, sie freute sich sogar, hatte sich in das Lagerleben verliebt und wollte nicht allzu schnell wieder in die Zivilisation zurückkehren.

»Es heißt, es gibt ein paar Häuptlinge im Reservat«, fügte Robin hinzu. »Also werde ich mit ihnen sprechen. Der Busch ist übrigens viel dichter als Stilbeck mich glauben ließ. Bevor ich mit dem Pflügen beginnen kann, muß erst einmal ausführlich gerodet werden.«

Das Roden mußte von Hand durchgeführt werden, von jungen Männern mit ihrem Universalwerkzeug, den zugespitzten Holzknüppeln, die sie *Pangas* nannten. Wenn sie anfingen mit der Arbeit, trugen sie noch ihre Decken, doch die legten sie bald beiseite, und ihre Körper glänzten in der Sonne wie rote Fische, die mit Schmuck und Amuletten klimperten. Sie arbeiteten alles andere als hart, ruhten sich oft aus, und ihr Lohn war sehr niedrig. Im allgemeinen verdienten sie in einem Monat gerade soviel, wie eine Ziege kostete, also vier Rupien. Die Ziege kam dann zur Herde, die immer größer wurde, bis man sich dafür eine Braut kaufen konnte.

»Ich habe nur einen Fluß gefunden«, berichtete Robin weiter. »Der andere scheint ausgetrocknet zu sein. Und es gibt mehrere *Vleis*, die uns auch nicht viel nützen werden.«

»Mr. Stilbeck scheint nicht ganz die Wahrheit gesagt zu haben.«

»Vielleicht wußte er es selbst nicht besser«, meinte Robin, der immer Entschuldigungen fand, sei es für seine Mitmenschen oder, wenn nötig, für sich selbst. »Es gibt eine Menge rotes Hafergras, und das deutet nach Ansicht aller auf die hohe Fruchtbarkeit des Bodens hin. Der Flußlauf, der tatsächlich vorhanden ist, hat einen schönen Wasserfall, und wir könnten ihn aufstauen. Später könnten wir uns dort eine kleine Turbine bauen ... Steine zum Bauen gibt es genügend am Flußufer. Und außerdem Antilopen und Perlhühner – hungern müssen wir jedenfalls nicht.«

Es hörte sich alles wunderbar an, wenn man einmal von den Zecken absah. Ich hatte schon eine Menge davon entdeckt, wie sie meine Beine hochkrochen, und gelernt, wie man sie wegzupfte und zwischen den Daumennägeln zerdrückte. Sie waren rot und ziemlich rege, und wenn sie sich in die Haut bohrten, juckte das wie verrückt. Sie hinterließen Beulen, die zu Wunden wurden, wenn man daran kratzte.

Außerdem gab es die *Jiggas*, eine Abart der Sandflöhe. Die bohrten sich unter die Zehennägel, legten dort ihre Eier ab, und das verursachte eine gerötete, schmerzende Schwellung auf der Zehe. Um sie zu entfernen, mußte man warten, bis der *Jigga* reif war. Juma war darin Experte. Er nahm dann eine Nadel, die er zuvor in einer Streichholzflamme sterilisiert hatte, packte die Zehe mit Daumen und Zeigefinger und stieß die Nadel so geschickt hinein, daß er in wenigen Augenblicken eine Öffnung bis zum Jigga entstehen ließ und nun mit der Spitze seiner Waffe ein hübsches weißes Säckchen herausbeförderte, nicht größer als ein Zwiebelsame, welches die Eier enthielt. Nur die weiblichen Flöhe machten Ärger; männliche *Jiggas* hüpften entweder umher oder zeigten die männliche Gewohnheit, sich zusammenzurotten, in diesem Fall rings um die Augen von Hunden und Hühnern, offensichtlich die Klubs, Landhäuser und Kasinos der *Jigga*-Welt. Ich lernte bald, niemals barfuß zu gehen, oder, wenn ich meine Schuhe verlegt hatte, die Zehen beim Gehen nach oben aufzurollen, eine Gewohnheit, die ich noch beibehielt, nachdem die *Jiggas* schon jahrelang aus meinem Leben verschwunden waren.

Inzwischen hatten wir das Ende der Straße erreicht, oder genauer gesagt, die Straße führte weiter nach Fort Hall, von wo aus etwa eine Viertelmillion Kikujus von einem einsamen Distriktverwalter regiert wurde, während wir uns durch wegeloses Land zu unserem Besitz durchschlagen mußten. Der lag weiter oben, in Richtung auf das Reservat der Kikujus.

»Ich weiß nicht, ob wir es mit dem Wagen bis dorthin schaffen«, sagte Robin nachdenklich. »Zum Beispiel gibt es keine Brücken.«

»Dann müssen wir uns welche bauen lassen«, erwiderte Tilly. Sie verweilte mit ihren Gedanken nie lang bei irgendwelchen Problemen.

Robin borgte sich für jeden von uns ein Maultier bei Major Breeches, und wir machten uns am nächsten Morgen auf den Weg, bevor die Hitze des Tages einfiel. Vor uns erhob sich ein ziemlich steiler Hügel. Trockenes, kratzigdürres braunes Gras – nichts weiter als Heu – reichte den Maultieren bis an die Schultern und schlang sich um meine Beine und Knie. Es gab einzelne Bäume, aber keinen Wald; ein jeder Baum wuchs für sich allein. Die meisten waren Korallenbäume, etwa so groß wie Apfelbäume, mit rauher Borke, verdrehten Ästen und Zweigen, und sie sahen recht gequält aus, nicht so ruhig und würdig wie die Zedern. Die strahlend roten Blüten wuchsen auf nackten Zweigen, und erst nach der Blüte entwickelten sich ein paar Blätter. Wie Wachttürme oder verfallene Schlösser ragten Termitenhügel hoch über Gras und Busch hinaus, hart wie Sandstein und ebenso grau. Wenn man sie aufgrub, konnte man in jedem, vorausgesetzt, daß er noch bewohnt war, eine fette, madenartige Termitenkönigin finden, so groß wie ein Würstchen, die jahrelang Ei um Ei legte.

Bald wurde es unerträglich heiß. Die blühenden Korallenbäume leuchteten wie Fackeln; Tilly nannte sie Siegellackbäume. Kleine Tauben mit aufgeplustertem Gefieder gurrten von den Zweigen. Das Land war wellig wie das Meer.

Wir folgten einem Eingeborenenpfad, der sich wie eine wahnsinnige Schlange nach oben wand. Es gab keine einzige gerade Strecke, und dabei sah man gar nicht ein, warum, denn weder wand sich der Pfad um Hindernisse, noch verband er mehrere Wohnstätten miteinander. Durch diese Streckenführung wurde der Weg mindestens dreimal so lang. Unsere Versuche, einzelne Windungen abzukürzen, waren wenig erfolgreich. Als wir es zum erstenmal versuchten, erreichten wir einen unerwarteten Wasserlauf mit steilen Ufern, den wir nicht überqueren konnten. Also kehrten wir auf den Pfad zurück. Unser zweiter Versuch führte dazu, daß Robin plötzlich verschwand. Im einen Augenblick war er noch hier, oder wenigstens sein Kopf unter dem schmutzigen, zerbeulten, breitkrempigen Filzhut, mit einem träumerischen Blick auf seinem schön geschnittenen, sympathischen Gesicht – sein Körper war ohnehin vom hohen Gras verborgen. Im nächsten Augenblick jedoch war er ganz und spurlos verschwunden. Ein Rascheln im Gras verriet noch das Maultier, wie eine Bewegung auf der Wasseroberfläche, die das Vorüberziehen eines Fischschwarms anzeigt.

»Robin«, rief Tilly beunruhigt, »was ist denn geschehen?«

Hatten wir vielleicht tatsächlich das Land der Zauberer

erreicht? Ich schaute mich um und rechnete fast damit, Robin in einen Baum verwandelt zu sehen. Doch dann bewegte sich das Gras, sein Kopf kam allmählich wieder zum Vorschein, ohne Hut, und die Schultern folgten.

»Das Maultier hat meinen Theodoliten«, sagte er. Dieses Gerät war zusammengeklappt an den Sattel geschnallt; Robin hatte große Mühe gehabt, es sich auszuborgen, aber er glaubte, daß es ihm unter anderem nützlich sein würde, wenn er einen Staudamm errichten wollte.

Das Maultier war in ein Loch gefallen, das Ameisenbären oder Wildschweine gegraben hatten. Der Boden wies unzählige solcher Löcher auf, und daher mußten wir uns an den Pfad halten. Selbst das war noch nicht sicher, aber dort konnten die Maultiere die Löcher wenigstens erkennen. Die Maultiere waren klein und gingen mit kurzen Trippelschritten, wie Tänzer. Wenn sie sich entschlossen, eine Rast einzulegen, war nichts auf der Welt, kein Schimpfen und keine Fußtritte, in der Lage, sie auch nur ein paar Zentimeter weiterzubewegen. Die fünf Meilen wurden sehr lang, und die Glut der Sonne legte sich wie eine erstickende Decke über uns. Zikaden stimmten ihren schrillen unermüdlichen Chor an, der wie die Hitze und die Spitzen der Gräser in der Luft zitterte. Alles schien zu zittern: die Luft, die Hitze, das Gras, ja, sogar die Maultiere, die damit die Fliegen verscheuchen wollten, ohne viel Erfolg; das durchdringende, hohe Sirren der Insekten schien die Stimme der Luft selbst zu sein, die in alle Ewigkeit der Erde und dem Gras etwas vorplapperte. Das Licht war blendend hell, und alles lag in einer hohen Tonart, wurde sirrend verstärkt und konzentriert: Hitze, Licht und Geräusche mischten sich zu einer Substanz, die so lastend und strahlend und unzerstörbar wie Quecksilber war.

Nie zuvor hatte ich die Hitze *gesehen*, wie man Rauch oder Regen sehen kann. Aber da war sie vor mir, flimmerte und zitterte über dem braunen Gras, den Dornenbüschen und den flammenden Korallbäumen. Wenn ich die Hand weit genug ausgestreckt hätte, dann hätte ich sie bestimmt berühren können, eine Art farbloses Gelee. Aber als ich darauf zuritt, wich sie vor mir zurück – ein unbequemer Ritt, denn die Füße meines Maultiers stolperten immer wieder über Grashöcker und andere Unebenheiten.

Ein paarmal standen wir, wenn wir um eine der engen Kurven kamen, einem *Kikuju* gegenüber, der gebannt und versteinert stehenblieb wie eine Antilope kurz vor dem Davonpreschen, dann zur Seite trat, um uns vorbeizulassen. Die Frauen stießen dabei hohe Quieklaute aus, die an Ferkel erinnerten, und stoben ins hohe Gras wie Rebhühner, so daß ihre Traglasten und die Babys auf ihrem Rücken hin und her schwankten. Wir sahen, wie sie sich uns danach aus sicherer Entfernung wieder zuwandten, mit dem Ausdruck des Erschreckens auf den Gesichtern, während ihnen die Männer etwas zubrüllten, was vermutlich bedeutete, daß sie nicht albern sein sollten. Aber sie kamen niemals näher. Sie schnatterten miteinander in aufgeregten Tönen wie ein Schwarm Stare, und die Metallreifen an ihren Armen funkelten in der Sonne.

»Seht ihr«, bemerkte Robin in einem Ton mürrischer Rechtfertigung, »es macht nicht gerade den Eindruck, als ob sie auf Arbeit aus wären.«

Dieser Ritt durch Sonne und Hitze, bei dem wir von den langsamen Maultieren gehörig durchgerüttelt wurden, schien kein Ende nehmen zu wollen. Wir überquerten ein baumloses *Vlei* mit kurzem, kratzigem Gras, wo eine junge Antilopengeiß von den Füßen der Maultiere aufgescheucht wurde und davonrannte. Robin hielt an und sagte: »Da sind wir!« Aber wir schienen nirgends zu sein. Alles war gleich, bisquitbraun und flimmerte vor Hitze und Heuschrecken. Hier gab es nicht einmal mehr Korallenbäume.

»Du meinst, das hier ist die Farm?« fragte Tilly. Ihre Stimme deutete an, daß ihre Gefühle sich nicht wesentlich von meinen unterschieden. Selbst Robin klang nicht allzu selbstsicher, als er antwortete, daß sie das sei.

Darauf wußte keiner von uns etwas zu sagen, also begann Robin, unsere Umgebung in recht von Herzen kommender Weise zu preisen, mit einer Stimme, wie er sie stets anwandte, wenn er sich und den anderen Mut machen wollte.

»Das Gras hier brennt leicht; ich denke, daß wir noch vor der Regenzeit mit dem Pflügen beginnen können. Es gibt Stellen, an denen man nicht allzu viel roden muß, wie zum Beispiel hier.«

»Aber das ist ein Sumpf«, wandte Tilly ein. Es sah eigentlich nicht so aus, im Gegenteil, der Boden war hart wie Stein, aber man hatte uns gesagt, daß diese offenen *Vleis* bei Regen überflutet wurden, und wir sahen, daß sich die Vegetation nicht besonders um dieses Stück Land zu reißen schien.

»Ganz und gar nicht«, erwiderte Robin in etwas verletztem Ton. »Roger behauptete, daß das *gesamte* Land bebaubar sei. Abgesehen vom Fluß natürlich, der gleich dort drüben ist.«

»Ich sehe keinen Fluß«, sagte Tilly.

»Natürlich nicht – du kannst ihn nicht sehen, wenn du nicht schaust.« Robins Gereiztheit war ein Zeichen seiner Enttäuschung; er hatte mit Tillys Begeisterung gerechnet. Er selbst hatte das Land in Gedanken bereits mit einem großen, bequemen Herrenhaus ausgestattet, in dem weder fließendes Wasser noch das elektrische Licht fehlten, mit einem Garten, einer Auffahrt, gesäumt von Korallenbäumen, und mehreren hundert Morgen schwer tragender Kaffeebüsche.

»Ich dachte, hier bauen wir das Haus«, fügte er hinzu und führte uns eine kleine Anhöhe hinauf, von der aus man auf weitere Flächen mit braunem Gras, dunkelgrünen Dornbüschen und vereinzelten Bäumen hinuntersehen konnte. »Von hier aus hat man einen schönen Ausblick auf den Mount Kenia, und wir können das Wasser oben am Hügel in einem Becken aufstauen und von dort aus ins Haus und in das Fabrikationsgebäude leiten. Die Verarbeitungsanlage wird dort unten sein, und die erste Plantage drüben auf der linken Seite; wir können auch einen Gemüsegarten anlegen und einen kleinen Molkereibetrieb einrichten. Ich bin sicher, daß sich in Kürze hier eine Menge Leute ansiedeln werden; wir werden sie mit Milch und Butter versorgen und auf diese Weise etwas Geld nebenher verdienen. Dann können wir die Allee und einen Obstgarten anlegen und natürlich eine Zubringerstraße hinunter nach Thika. Ich habe gehört, die italienische Missionsstation hat Kaffeesetzlinge; wenn wir sie dort kaufen, sparen wir mindestens ein Jahr und richten uns drüben am Fluß eine Baumschule ein für die nächste Pflanzung, an der Grenze zum Nachbargrundstück...«

Robin sprach unaufhörlich weiter; inzwischen blühte die Plantage und warf bereits mehrere Tausend Pfund im Jahr ab, noch ehe Tilly von ihrem Maultier absteigen und sich auf einen verlassenen Termitenhaufen setzen konnte, um ihr Gesicht abzuwischen, das von Schweiß und rotem Staub bedeckt war wie bei uns allen, und sich die Zecken von den Knöcheln zu zupfen.

»Und bis dahin«, sagte sie, »wäre es nicht schlecht, eine Grashütte zu haben, in der wir schlafen, oder wenigstens ein paar Quadratmeter gerodeten Bodens, auf dem wir das Zelt aufstellen können.«

»Ach, das dauert nicht lang. Aber für die nächsten paar Nächte schlage ich vor, daß wir mit dem *Blue Posts* vorlieb nehmen.«

Also ritten wir zurück, ziemlich schweigsam, obwohl Robin mehrfach versuchte, uns aufzumuntern, und von den Nachbarn erzählte, die sich in Kürze rings um unser Grundstück ansiedeln würden. Tilly meinte, es höre sich an, als wären wir in Wimbledon, woraufhin Robin unbeirrt erwiderte: »Einer von ihnen ist jedenfalls ein Börsenmakler, ganz nebenbei bemerkt.« Das ganze Land sei inzwischen verkauft, fügte er hinzu, aber bisher sei nur ein Siedler eingetroffen, ein Südafrikaner, der irgendwo am Fluß in einem Zelt hauste und den ganzen Tag auf die Jagd ging. Robin habe versucht, ihn zu finden, ihn aber nie angetroffen. Immerhin besaß dieser Südafrikaner ein paar Ochsen, und Robin hoffte, daß er beim Pflügen mit seiner Hilfe rechnen konnte.

Robin hatte noch nie zuvor in seinem Leben auch nur einen Quadratmeter gepflügt. Er war in anderen Gegenden Afrikas gewesen, hatte dort aber Gold geschürft und sich mit Männern zusammengetan, die unfehlbare Methoden kannten, wie man ohne Grundkapital schnell zu großem Reichtum kam. Infolge einer Serie unglaublicher Mißgeschicke ging einiges dabei schief, und immer verschwanden in solchen Fällen vor allem Robins geringe Ersparnisse – zusammen mit den Partnern. Unglücklicherweise hatte sein jung verstorbener Vater ihm ein kleines Vermögen hinterlassen. So konnte sich Robin, statt zu lernen, wie man auf die gewöhnliche, langweilige Art Geld verdient, nach einer wenig produktiven Zeit beim Militär seiner Leidenschaft hingeben, Dinge zu erfinden, die niemals funktionierten – obwohl sie es vielleicht getan hätten, wenn er ausdauernder gewesen wäre –, und Firmen zu gründen, um diese Dinge herzustellen.

In diesen Firmen waren natürlich wieder Partner erforderlich, und sie schienen immer die gleichen Eigenschaften zu haben, wohin Robin auch kam; früher oder später kam der schwarze Tag, an dem sich jeder so behutsam bewegte und so sprach, als ob es einen Todesfall in der Familie gegeben hätte. Dann wurden Vorbereitungen getroffen, um das Haus aufzugeben und nahezu alles zu verkaufen, was wir besaßen. Als es das erste Mal geschah, antwortete mein Kindermädchen – damals hatten wir uns einen solchen Luxus geleistet – auf meine Fragen mit düsterer Stimme: »Daddy hat ein Loch in seiner Tasche.« Ich fragte, warum man es nicht flicken könne, und bekam keine Antwort. Also blieb mir nichts als die Vermutung, daß alle goldenen Sovereigns bereits herausgefallen waren, bevor Robin das Loch bemerkt hatte. Danach war er verschwunden, um in den Kolonien ein neues

Vermögen zu machen, und ich mußte statt mit einem Kindermädchen mit Tilly allein vorlieb nehmen, die sich in das Haus von Verwandten zurückgezogen hatte.

Robins Gedanken drehten sich meist um Edelsteine und Edelmetalle; er suchte erfolglos nach Diamanten und reiste in ein weit entferntes, gefährliches und obskures Land, das angeblich von Portugiesen und Kannibalen bevölkert wurde, wo er tatsächlich eine Goldmine erwarb. Ich glaube, es war keine besonders große, und alle ihre früheren Besitzer waren am Alkohol oder an der Malaria zugrunde gegangen, so daß die Mine niemals auch nur Gelegenheit bekommen hatte, ihren Reichtum unter Beweis zu stellen – wie er Tilly in seiner bilderreichen Sprache schrieb. Robin war immerhin zäher, als man es ihm zugetraut hätte, und kurbelte die Produktion an, wie er es nannte, obwohl ich vermute, daß er lediglich ein paar von den Kannibalen überredet hatte, ein Stück Land mit Hacken abzutragen und die Felsen in einem Bach zu waschen. In einer romantischen Anwandlung schickte er Tilly einen goldenen Ring aus seiner eigenen Mine und einen Diamanten von einer Grabung, an der er Anteile besaß; einige Jahre später gestand er freilich bei ihrem Anblick, daß es die einzigen greifbaren Erfolge seiner Tätigkeit als Gold- und Diamantenprospektor geblieben waren.

Das allerdings kann nicht ganz die Wahrheit gewesen sein, denn es gelang ihm immerhin, seinen Landanteil im Innern von Mozambique mit Gewinn zu verkaufen, einem Gewinn, der noch größer gewesen wäre, wenn die Käufer ihn mehr in Bargeld und weniger in Anteilen eines Syndikats bezahlt hätten, das kurz danach pleite ging. Aber das Bargeld reichte dazu, auf einem zweifelhaften Frachtschiff nach Britisch-Ostafrika zu gelangen. Alle guten Berichte, die er bis dahin über das Land gehört hatte, schienen ihm mehr als gerechtfertigt zu sein. Und die Briefe, die so klangen, als hätte Roger Stilbeck persönlich sie abgefaßt, weckten auch Tillys Begeisterung und ihr Verlangen nach einem Land von

Reichtum und Glanz, das Sonnenschein, Sport und Abenteuer versprach, mit der Aussicht auf Unabhängigkeit und Rückgewinnung verlorenen Vermögens... Und da waren sie nun, wieder vereint, und Besitzer einer Neunundneunzig-Jahre-Pacht auf zweihundert Hektar Land.

Wenn es auch nicht ganz das war, was Tilly erwartet hatte: Immerhin gab es dieses Land, wenn auch noch verborgen unter Gras und Busch. Mit harter Arbeit und Geduld konnte die Vision wahr werden: Dann erhob sich ein Haus auf dem öden Terrain, Kaffeebüsche wurzelten, blühten und reiften, Bäume spendeten Schatten rings um den gepflegten Rasen. Die Ordnung wartete nur darauf, aus der Wildnis erschaffen zu werden – ein Heim mitten aus dem Busch, eine Zukunft aus einer wilden Vergangenheit, ein Vermögen aus dem Rohmaterial, das derzeit noch keinen erkennbaren Wert aufwies.

Das alles würde vielleicht länger dauern, als Tilly und Robin es sich zunächst ausgemalt hatten, es würde mehr Geld erfordern als ihnen zur Verfügung stand, und es würde ein viel härterer Kampf werden als sie vermuteten – aber sie waren jung, gesund und voller Hoffnung, und was andere vor ihnen geschafft hatten, würden auch sie schaffen können. Als sie zurückkamen zum *Blue Posts*, war ihr Mut wieder gewachsen, und obwohl wir erhitzt waren, mit schmerzenden Gliedern, erschöpft und von Zecken geplagt, obwohl uns keine kühle Grashütte erwartete und kein Ochsengespann für den Pflug, hatten die beiden, als sie mich zu Bett schickten, bereits ihre erste Ernte eingebracht, sich ein Auto gekauft, ein Steinhaus gebaut und die Überfahrt für einen Ferienaufenthalt in der Heimat gebucht, wo sie den Verwandten üppige Gelage spendieren und für den Rest des Sommers in Schottland auf Moorhuhnjagd gehen würden.

3

Robins Absicht, den Ochsenkarren auf das Grundstück mitzunehmen, erwies sich als undurchführbar wegen der vielen Wildschwein- und Ameisenbärlöcher und der Wasserläufe ohne Brücken. Daher mußte alles abgeladen und verteilt werden, so daß es einzelne Träger auf die Köpfe nehmen konnten. Robin wollte ein Lager einrichten, ein paar Arbeitskräfte suchen, damit anfangen, das Land zu roden, und wir sollten in ein paar Tagen nachkommen, wenn die Zelte standen und alles einigermaßen in Ordnung war.

Robin ritt an der Spitze einer seltsamen Kavalkade davon. Bettzeug, Zelte, Stühle, Tische und Schachteln mit allem Möglichen waren so verteilt worden, daß die einzelnen Ladungen zwar unbequem, aber tragbar waren; abgesehen von den lebensnotwendigen Dingen hatten wir eine Menge Krimskrams bei uns wie einen Damensattel, einen Mühlstein, ein Akkordeon, die getupften Sussex-Hühner, einen Kasten für den Amateur-Präparator, einen Stapel Emailschüsseln, einen leichten Pflug mit Ketten und Joch, Rollen von Stacheldraht und eine Kleiderpuppe, die Tilly von ihrer Freundin geschenkt bekommen hatte mit der Versicherung, eine Kleiderpuppe sei für eine Frau in den wilderen Regionen Afrikas absolut unentbehrlich.

»Ich frage mich, was die Träger darüber denken«, sagte Tilly, während sie zusah, wie einer von ihnen unter einer Zinkbadewanne davonschwankte, die die Nähmaschine und ein Grammophon aus zweiter Hand enthielt.

»Die *denken* nicht«, sagte Major Breeches, womit er die Frage als absurd abtat. Immerhin, wenn sie nicht dachten, so sangen sie doch und marschierten in ordentlicher Reihe davon, auch wenn sie – laut Major Breeches – nichts als eine wilde Meute waren und nicht weit kamen, bevor einiges von der Ladung herunterfiel oder sich in den Bäumen verfing. Das entmutigte ein paar Träger: sie warfen ihre Bürde fort und flohen in die Wälder. Aber die Entfernung betrug nur fünf Meilen, daher brauchte man für diese Safari keinen allzu hohen Organisationsgrad.

Das Grammophon hatte man Robin empfohlen, weil es angeblich die Gelegenheit bot, Kontakt mit den Eingeborenen aufzunehmen und das Eis zu brechen. Es würde sie anlocken wie das Licht die Insekten, und wenn sie erst da waren, konnte man ihnen die Arbeitsverträge schmackhaft machen, und der eine oder andere würde genügend Mut aufbringen, das Experiment zu wagen. Also nahm Robin das Grammophon mit und würde später, wenn wir uns erst in den Zelten häuslich eingerichtet hatten, ›The Bluebells of Scotland‹ und ›The Lost Chord‹ immer und immer wieder auflegen und spielen. Da die Schallplatten zerkratzt und das Grammophon alt waren, drangen sehr seltsame Töne aus dem Trichter, die sich im umgebenden Busch und hohen Gras rasch verloren. Die einzige Wirkung des Grammophons bestand darin, Juma von seiner Arbeit abzuhalten; er lauschte völlig verzaubert, und eines der Maultiere wurde dabei gesehen, wie es nachdenklich in den Trichter starrte.

Die Eingeborenen jedoch wahrten Distanz. Ja, es sah so aus, als ob gar niemand in der Nähe lebte. Aber angeblich verfügte das Reservat über genügend kräftige, junge Männer, die den ganzen Tag nichts anderes taten als sich die Extremitäten einzufetten und die Zöpfchen zu flechten, während ihre Mütter und Schwestern sich abplackten – dabei hätten sie sich weit besser und einträglicher mit nützlicher Arbeit betätigen können, wie ihre angehenden Arbeitgeber behaupteten, nämlich den Busch zu roden, das Land zu pflügen und die Häuser bauen. Doch es schien, als ließen sich diese jungen Männer nicht anlocken, nicht einmal durch den Zauber der Töne aus dem Trichter, wofür diejenigen, die mit der Erfindung des Grammophons nicht vertraut waren, im allgemeinen die vertrautere Erklärung fanden, daß ein Geist in der Holzkiste gefangen war.

Bevor wir das *Blue Posts* verließen, traf dort eines Tages

ein junger Ire auf einem Fahrrad ein, und auf den Rücken hatte er sich ein kaputtes Schwungrad gebunden. Er legte eine Pause ein, um einen Schluck zu trinken, den er wohl wirklich nötig hatte; die Sonne stach, das Schwungrad mußte mindestens einen halben Zentner wiegen, und das Radeln auf einer Wagenspur, die stellenweise tief im Staub versank und dazu voller Schlaglöcher und Baumwurzeln war, konnte keinesfalls leicht sein.

Er kam, wie er sagte, aus *Punda Milia*, einem Stück Land, das fünfzehn Meilen entfernt war und nach dem Zebra benannt war, das dort seine Heimat hatte. Er brachte das Schwungrad nach Nairobi, um es reparieren zu lassen. Der Mann war nicht viel größer als ein gutgebauter Jockey, aber zäh wie Nilpferdleder, und er hatte das schnelle, fröhliche Lächeln und die strahlenden Augen vieler Iren, mit einer Spur des heimatlichen Akzents, der aber nicht so stark war, als kultivierte er ihn, was gerade hier in der Fremde nicht selten geschah.

Das Fahrrad, sagte er, gehöre ihm und seinem Partner. Wenn beide Männer gemeinsam die Stadt besuchen wollten, wechselten sie sich beim Gehen und Fahren ab. Der eine fuhr die ersten zehn Meilen, ließ das Fahrrad dann am Weg liegen und ging zu Fuß weiter. Der andere ging die ersten zehn Meilen zu Fuß, stieß dann auf das Fahrrad und fuhr seinem Freund hinterdrein. Auf diese Weise gelang es ihnen, Nairobi, das immerhin fünfzig Meilen entfernt war, in einem Tag zu erreichen. Kein Unbefugter übrigens hatte jemals das Fahrrad angerührt, das sie gebraucht für zehn Rupien gekauft hatten.

Er hieß Randall Swift, und er fand das Leben so amüsant, daß man ihn nie ohne ein Lachen oder Lächeln sah, was zur Folge hatte, daß ihn ein jeder mochte. Es dauerte nicht lange, und er wurde der beste Freund meiner Eltern. Außerdem war er ein erfahrener Mensch und schon im Jahre 1904 hierhergekommen, daher sahen sie in ihm eine Art Orakel.

»Immerhin, er ist seit acht Jahren hier, und sein einziges

Transportmittel ist ein Fahrrad für zehn Rupien«, sagte Tilly nachdenklich, als er wieder gegangen war. »Er hat jedenfalls sein Glück nicht besonders schnell gemacht.«

»Er ist ein großartiger Bursche, aber er konzentriert sich nicht auf eine einzige Sache«, erklärte Robin. »Seine früheren Versuche waren nichts wert. Aber jetzt hat er sich auf Sisal beschränkt, und damit kommt er bestimmt voran. Im Sisal steckt das große Geld.«

Randall Swift hatte uns berichtet, wie er und sein Partner gerade noch die letzte Sendung Sisalknollen, aus denen die Pflanzen wachsen, von Deutsch-Ostafrika abgeschickt hatten, einen Tag, bevor die Deutschen ein Ausfuhrembargo verhängten. Auf diese Weise waren sie in der Lage, andere angehende Sisalpflanzer mit Knollen zu versorgen, natürlich mit Gewinn, und sie hatten eine Fabrik errichtet, um aus den langen, harten, spitzen Blättern den Sisalhanf zu gewinnen.

»Dazu braucht es sicher eine Menge Kapital«, sagte Robin nachdenklich. »Wie haben Sie das aufgetrieben?«

»Durch die Bank natürlich«, erwiderte Randall und brüllte dazu vor Lachen. »Zuerst haben wir Wild geschossen, das Fleisch getrocknet und zur Küste geschickt. Dann haben wir uns einen Acht-Tonnen-Traktor besorgt. Als er kam, hat er sämtliche Brücken der Straßenbehörde zerstört, und wir bekamen einen Vertrag, um mit dem Traktor den Sand für die Errichtung der neuen Brücken herbeizuschaffen.«

Der Traktor bewegte sich mit einer Höchstgewindigkeit von vier Meilen pro Stunde, und Randall und sein Partner, Ernest Rutherford, hatten sich Tag für Tag abgewechselt beim Sandholen, wobei die Ladungen immerhin von Punda Milia bis zur Brücke beim *Blue Posts* transportiert werden mußten. Der Traktor wurde von einer Dampfmaschine angetrieben wie eine Lokomotive und verschlang beträchtliche Mengen Holz. Von Zeit zu Zeit mußte der Fahrer absteigen und mit einem Beil weiteren Brennstoff aus dem

Busch besorgen. Einmal blieb der Traktor auf einer längeren, baumlosen Strecke stehen, als im richtigen Moment eine Kette von Trägern auftauchte, von denen jeder einen Masten trug. Randall schwang seine Axt, hielt die Safari an, requirierte die Masten, zerhackte sie und fuhr dann mit dem Traktor weiter. Ein paar Tage danach tauchte ein wütender Beamter in Punda Milia auf und verlangte Ersatz für die Telegraphenmasten, die auf dem Weg zum Bau einer neuen Linie gewesen waren. Übrigens hatten die beiden, bevor sie nach Afrika gekommen waren, in Mortlake Bier gebraut. Randall kam mir vor wie ein Rotkehlchen, mit seinen strahlenden Augen, dem freundlichen Wesen und seiner Neigung, beim Reden den Kopf auf die Seite zu legen.

Er gab uns ein paar gute Tips zur Beschaffung von Arbeitskräften.

»Versuchen Sie, den Häuptling zu erwischen«, sagte er. »Und bis Ihnen das gelingt, sollten Sie etwas anderes ausprobieren. Hängen Sie nachts eine Safari-Lampe auf eine hohe Stange vor ihrem Zelt. Diese Leute haben noch nie zuvor Lampen gesehen. Erst werden sie denken, es ist irgend ein Geist, aber danach dürfte nichts mehr ihre Neugier aufhalten, und sie werden herankommen, um das bemerkenswerte Ding genauer zu betrachten.«

Als der Trick mit dem Grammophon versagte, erinnerte Robin sich an Randalls Rat. Auch diesmal geschah in den beiden ersten Nächten zunächst gar nichts, außer daß sich die Insekten am Glaszylinder die Köpfe einrannten. Es war stets nach halb sieben oder sieben schon dunkel, und nachdem man mich ins Bett geschickt hatte, lag ich wach und beobachtete die Menschen, die sich beim Laternenlicht und im Flackern des Lagerfeuers bewegten, ein kleiner Teich der Wärme und Behaglichkeit inmitten eines riesigen Kontinents, wo es keine Städte, keine Freunde und keine zivilisierte Lebensweise gab, nicht auf Tausenden und Abertausenden von Meilen mit ebenen Steppen und Busch und Wäldern.

In solchen Augenblicken, wenn einem alle flüchtigen Geräusche der Nacht jenseits dieses kleinen Lichtflecks unerbeten wie Maden in die Ohren drangen, konnte man sich sehr isoliert und einsam fühlen. In solchen Augenblikken, glaube ich, haben sich Robin und Tilly, auch wenn sie es nicht zugaben, gefragt, warum sie hierher gekommen waren, was sie sich hier erhofften und ob sie sich nicht eine aussichtslose Aufgabe gestellt hatten. Denn solange man sie nicht wirklich erlebt und zu Fuß oder auf Pferden oder in einem Wagen bereist, kann man sich die unglaubliche Weite Afrikas überhaupt nicht vorstellen. Dieses Land scheint ohne Ende zu sein; hinter jedem Hügelkamm liegt wieder ein weit entfernter Horizont, und immer ist es das gleiche, hellbraune Gras, der gleiche Busch, sind es die gleichen Dornbäume, die felsigen Berge, dunklen Täler und gleißenden Ebenen; es gibt keine Unterbrechung, keine Ordnung, keine Straße und keine Stadt, nicht einmal kleine Orte: nur Markierungen auf einer Karte, die sich, wenn man dort angekommen ist, als besonders große Buschflächen oder Steppen entpuppen, Punkte, die sich kaum von der übrigen Landschaft unterscheiden.

Und da waren sie, umgeben von der Leere, dem Nichts, und hatten sich die Aufgabe gestellt, ein Stück Busch abzurasieren und zu pflügen, kleine Pflanzen zu setzen und ein Haus mitten in der Wildnis zu bauen: zweifellos eine entmutigende Aufgabe für zwei Menschen, die dazu keineswegs gerüstet waren. Frösche quakten wie rostige Scharniere in den umgebenden *Vleis*, die Luft war durchstochen vom endlosen Geräusch der Zikaden: Wieviele mochten es sein von hier bis zum Indischen Ozean? Vielleicht auf den wenigen Meilen rings um uns schon mehr als die Sterne, die zu Millionen über uns funkelten, klar, über den ganzen Himmel verteilt und gleichgültig: ein jeder das Zentrum eines eigenen, unendlich weit entfernten Universums.

In der dritten Nacht drang ein neues Geräusch aus der Umgebung des goldenen Lichtkreises, etwas, das sich mit dem seltsamen Flüstern, Rascheln und den Lauten der Insekten mischte, die aus dem Dunkeln kamen und das Licht scheuten. Ich lag im Bett und lauschte mit klopfendem Herzen. Oft hatte ich mir vorgestellt, daß unser Lager von unsichtbaren, gefährlichen, kriechenden Bestien umrundet würde, die sich gerade noch außerhalb des Lichts hielten, oder von wilden, speerbewaffneten Männern mit glänzenden, nackten Leibern, die wie Aale auf uns zukrochen. Das erste deutliche Geräusch war ein Husten, das keineswegs wild, sondern recht menschlich klang; dann bewegte sich etwas, und es war, als ob sich die Dunkelheit teilte, um ihren inneren Kern sichtbar zu machen – so, als wäre die Nacht ein großer See aus schwarzem Wasser, in dem sich Fische und Ungeheuer gewegten, die das Wasser trübten, wenn sie die Oberfläche mit einer Flosse oder einem geschlängelten Schweif durchbrachen.

»Jetzt kommen sie endlich!« rief Robin; eigentlich hatte er nicht viel auf den ›Lampentrick‹ gegeben, wie er ihn nannte.

»Wir dürfen sie nicht erschrecken.« Tilly sprach, als gehe es um scheue Vögel oder Antilopen.

»Und was sollen wir tun?«

Sie warteten, und Robin rauchte einen kleinen Stumpen. Tilly kämpfte mit der Arbeit an einem Wandteppich unter dem schwachen Licht. Sie war talentiert für Knüpf- und Stickarbeiten und saß nicht gerne da ohne irgendeine Beschäftigung.

»Juma wird sich um sie kümmern«, schlug sie vor.

Juma hatte sich seine Verachtung und Gleichgültigkeit den Eingeborenen gegenüber treu bewahrt. Ja, er, dessen Vorfahren zweifellos Sklaven der Araber gewesen waren, behauptete, daß es um so besser sei, je früher diese Affenmenschen der Sklaverei unterworfen würden; vielleicht würden sie dann sogar Moslems und als solche menschliche Wesen.

»Sag ihnen, daß wir Freunde sind, und wenn sie morgen früh wiederkommen, können sie von uns etwas Fleisch haben«, schlug Robin vor. Juma hatte sich nicht nur seinen weißen *Kanzu* angezogen, den er zusammen mit einem roten Fes bei der Arbeit trug, sondern obendrein noch die rote Schärpe umgebunden, die er sonst für bessere Gelegenheiten aufbewahrte. Robin trug Pyjama und Morgenmantel, dazu hohe Moskitostiefel; er bemerkte, daß die Tradition, sich zum Dinner im Dschungel umzuziehen, ausschließlich von Juma aufrechterhalten wurde.

»Sie essen kein Fleisch«, bemerkte Juma.

»Ach, ja. Was schlägst du vor? Sonst fallen mir nur Perlen und bedruckter Baumwollstoff und Kupferdraht ein... Aber davon haben wir nichts hier, bedauerlicherweise. Oder kannst du ein paar Perlen entbehren, Tilly?«

»Die einzigen Perlen, die ich jemals besaß, sind längst ins Versatzamt gewandert«, erwiderte sie und meinte damit eine Perlenkette, die Robins unglückliche Partnerschaften nicht überdauert hatte. Das einzige Überbleibsel aus ihrer Schmuckschatulle war ein Paar Ohrringe, an denen sie aus irgendeinem Grund besonders hing und die sie oft selbst bei den unpassendsten Gelegenheiten trug, weil sie fürchtete, sie könnten gestohlen werden, wenn sie sie zurückließ. Auch jetzt hatte sie sie angelegt.

»Sag ihnen, sie können haben, was sie gern essen«, schlug Robin vor, »und wenn sie zum Arbeiten kommen, gebe ich zum Anfang einem jeden von ihnen eine Rupie.«

»Sie sind zu blöd, um zu verstehen, was Rupien sind«, erklärte Juma mit noch größerer Verachtung in der Stimme als zuvor.

»Dann laß dir irgend etwas einfallen, zum Teufel noch mal, Juma!«

Die unsichtbaren Zuschauer hielten sich dicht außerhalb des Lichtkreises, den das Lagerfeuer verbreitete, wie sich manchmal ein Antilopenbock außerhalb der Reichweite des Gewehrs hält. Sie kannten keine Sprache außer der ihren, und die war Juma nicht vertraut. Allerdings hielt er sich seit einer Weile einen kleinen Jungen, einen *Toto*, der als Laufbursche und Träger diente. Dieser *Toto* wurde jetzt gerufen und erschien – mit großem Kopf, mageren Gliedmaßen, samtenen Augen und mitleiderregendem Äußeren. Er stellte sich neben Juma und schaute drein, als sollte er gekocht und gegessen werden, dann richtete er mit zitternder Stimme ein paar Fragen an die unsichtbaren Zuschauer. Das heißt, man fühlte zumindest, daß es sich um mehrere, wenn nicht sogar eine Menge handeln mußte, aber vielleicht waren es auch nur zwei oder drei junge Männer.

Die Stimme des *Toto* lockte einen von ihnen ans Licht. Er war jung, geölt und rot, und das ockerfarbene Haar hing ihm über das Gesicht und in die Augen wie bei einem Yorkshire-Terrier. Er trug einen Speer und einen kurzen, ledernen Lendenschurz, dazu einen Gürtel, in dem sein Holzknüppel steckte, außerdem die übliche, rotgefärbte Scheide mit dem kurzen Schwert. Er sprach leise, flüssig und melodisch, und seine Stimme klang ein wenig weinerlich, wie Wasser, das über Felsen plätschert, mit einem etwas klagenden Unterton, einem nervösen Beben.

»Er fragt, was das für ein Licht ist«, sagte Juma in einer Mischung aus Englisch und Kisuaheli. »Und er fragt, ob das ein Stück ist, das von einem Stern heruntergefallen ist.«

»Zeig es ihm«, befahl Robin.

Aber der junge Mann zog sich zurück, während Juma sich ihm mit der Laterne in der Hand näherte. Die Dunkelheit wich, als Juma und er im goldenen Licht der Laterne standen. Das Licht fiel auf einen Arm, und der Reflex der funkelnden Speerspitze blitzte in einem erschreckten Auge, dann hatten sich der junge Mann und seine Begleiter spurlos in Nichts aufgelöst. Juma rief nach ihnen. Keine Antwort. Die gewaltige, schweigende Nacht schlug wie ein unendliches Meer über den Spuren unserer Besucher zusammen.

Robin fluchte vor Enttäuschung.

»Machen nichts«, sagte Juma. Er sprach unseretwegen eine Art primitives Kinder-Kisuaheli. »Morgen kommen sie zurück, und übermorgen. Und dann auch bei Tag.«

In der folgenden Nacht waren die jungen Männer schon etwas kühner und rückten näher heran an den Lichtkreis. Sie sahen aus wie Bronzestatuen, die auf geheimnisvolle Weise zum Leben erweckt worden waren, und bewegten sich angespannt, wie auf Sprungfedern, bereit, jederzeit mit ein paar Sätzen zu verschwinden. Man fühlte, daß sie ebensogut scheu wie die Antilopen ins Dunkel verschwinden oder auf uns losgehen und ihre Speere schleudern konnten, wenn man sie verärgerte.

Diesmal sprach der *Toto* länger mit ihnen, man nahm die Laterne von der Stange und zeigte sie aus der Nähe. Sie berührten sie kühn, und einer verbrannte sich am heißen Glas die Finger.

Obwohl es uns überraschte, daß sie nicht einmal Lampen kannten, also Geräte, die schon den Griechen und Römern sowie wesentlich früheren Kulturen vertraut waren, sahen wir ein, daß der Anblick einer Flammenzunge, die in einer Glasblase steckte und auf diese Weise vom Ort unabhängig und beweglich war, für denjenigen, der das zum erstenmal sah, wie ein Wunder erscheinen mochte. Gerade die Erfindungen, die uns so einfach und selbstververständlich erschienen wie Lampen und Streichhölzer, Räder und Wasser in Röhren, berührten diese Menschen wie ein gewaltiges Wunder und riefen tiefstes Erstaunen hervor. Später, als ihnen die Europäer diejenigen Erfindungen zeigten, auf die sie besonders stolz waren, wie Flugzeuge und Radios, waren sie nicht selten enttäuscht über die beinahe gleichgültige Aufnahme durch die Afrikaner. Aber wenn man viele Jahrhunderte ohne Kontrolle über die Elemente gelebt hatte und ihnen auf Gnade und Barmherzigkeit ausgeliefert war, dann erschien einem das Bewußtsein, daß Feuer und Wasser, die Begleiter des täglichen Lebens, beherrscht werden konnten, fast wie eine Offenbarung – und nicht die Genialität einer wesentlich komplizierteren Erfindung, mit der man etwas tun konnte, woran die Afrikaner nie gedacht hatten, zum Beispiel durch die Luft fliegen.

Robin hatte eine großartige Idee. »Sag ihnen«, befahl er Juma, »daß ich jedem von ihnen, der einen Monat lang für mich arbeitet, eine solche Lampe gebe.«

Juma, der *Toto* und die *Kikuju* redeten in ihrer seltsamen Sprachmischung eine Weile aufeinander ein.

»Sie sagen«, berichtete Juma danach in dem Ton der Verachtung, welche er gegenüber den Eingeborenen empfand, »daß diese Lampe einen Geist beherbergt, der nur den Europäern gehorcht. Sie glauben nicht, daß er drinnenbleibt und auch ihnen dient.«

»Sag ihnen, sie sollen nicht so dämlich sein«, erklärte Robin barsch. »Erkläre ihnen, wie das mit dem Paraffin ist.«

»Gibt es denn ein Wort für Paraffin?« fragte Tilly.

»Es heißt einfach Fett«, antwortete Juma.

Seine Erklärung rief eine Bewegung bei den jungen Männern hervor. Sie stießen überraschte Rufe aus und zogen sich ein wenig zurück, zur Flucht bereit. Juma schüttelte den *Toto* ziemlich heftig, und der *Toto* sprach mit noch höherer, schrillerer Stimme. Er war ein äußerst dünnes, schwaches Bindeglied zwischen zwei Welten und drohte mitunter zu zerspringen wie ein Stück Zwirn.

»Ich habe es ihnen erklärt«, berichtete Juma voller Abscheu. »Sie glauben, es ist Menschenfett, und wir sind Kannibalen.«

»Ich hätte gute Lust, einer zu werden«, erwiderte Robin, »wenn das so weitergeht. Sag ihnen, daß das Fett aus der Erde kommt.«

»Das glauben sie niemals«, sagte Juma.

»Wenn du es genau betrachtest«, stimmte ihm Tilly zu, »klingt es ziemlich unwahrscheinlich, daß es in der Erde Fettquellen gibt.«

»Wenn Juma ihnen noch eine Nachhilfestunde in ökonomischer Geographie erteilen muß, sitzen wir bis zum Morgen hier«, protestierte Robin. »Sag ihnen, sie können diese Lampe mitnehmen und überprüfen. Aber sag ihnen auch, daß die Lampe stirbt, wenn ihre Nahrung zu Ende ist, und wenn sie sie dann morgen wiederbringen, bekommen sie neue Nahrung dafür.«

Aber es fand sich keiner, der mutig genug gewesen wäre, die Lampe in die Hand zu nehmen. Die jungen Männer wichen zurück, und Juma ließ sie mit kleingestellter Flamme auf dem Gras in einiger Entfernung von unseren Zelten stehen. Dort stand sie, bis sich alle schlafen gelegt hatten, doch am nächsten Morgen war sie verschwunden.

»Diese Wilden kommen bestimmt zurück«, prophezeite Juma.

Und sie kamen zurück, zwei Tage später, am Tage, und brachten mehrere ältere Männer mit, die nicht wie sie kleine Zöpfe trugen, sondern einfache, schwarze Locken und leuchtenden Perlenschmuck in den Ohren und Schnupftabaksbehälter aus Horn an Ketten um den Hals und viele Amulette und Kupferdrahtbänder an den Armen. Der eine oder andere war mit den üblichen, roten Decken bekleidet, andere trugen Kutten aus Affenhaut, die wunderschön zusammengenäht und mit Perlen verziert waren.

Diese Männer hatten keine Waffen bei sich, aber einer trug einen polierten Stab in der Hand. Er war sehr untersetzt für einen *Kikuju*, auch wenn er in einer weniger schlanken Rasse normal gewirkt hätte; seine Haut war hell, die Augen waren kühn, die Stimme leise, und er war es offenbar gewohnt, daß man ihm Autorität zollte. Dieser Mann hieß Häuptling Kupanya. Erst später entdeckten wir, daß das eigentlich eine falsche Bezeichnung war, weil die *Kikuju* keine Häuptlinge in ihrer Hierarchie kannten. Sie hatten Stammesälteste verschiedenen Grades, und er war der Sprecher seiner Gruppe von Ältesten. Aber die Politik der Regierung zielte darauf ab, dort, wo es noch keine Häuptlinge gab, solche zu ernennen, und sein polierter Stab deutete an, daß er auserwählt worden war zum Herrscher des Gebiets, das an unser Land grenzte.

Der Häuptling und seine Begleiter setzten sich unter einen Baum in der Nähe unseres Lagers und nahmen Schnupftabaksprisen.

»Ich sollte ihnen vermutlich irgendein Geschenk machen«, bemerkte Robin. »Aber was?«

»Sie mögen Bier«, informierte ihn Juma. »Und ein fettes Schaf.«

»Wir haben kein Bier und kein fettes Schaf.«

Doch es schien kein günstiger Beginn zu sein, wenn wir sie ohne Erfrischungen einfach unter dem Baum sitzen ließen.

»Wir haben ein paar Siphons mit Sodawasser«, erinnerte Tilly. In jenen Tagen war kein Haus, kein Zeltlager und keine Safari komplett ohne diese Siphonflaschen und eine Schachtel mit Kohlensäurepatronen.

Juma holte alle unsere Zinnbecher und reichte sie dem Kikuju, der sie mit Interesse betrachtete. Sie selbst benutzten Kalebassen, die aus den Kürbissen hergestellt wurden, welche hier überall wuchsen und meistens sogar auf den Dächern der Hütten wucherten. Robin brachte einen Siphon zum Vorschein und spritzte das sprudelnde Wasser in einen der Becher. Das rief eine Sensation hervor: Hier war ein Wasser, das offensichtlich von einem mächtigen Geist beherrscht wurde, der vielleicht auf diese Weise seinen Zorn zeigte. Aber vielleicht dachten sie auch, daß der Geist in der Flasche wohnte und eine Art Dampf ausstieß. Jedenfalls war es ein Zeichen für ihren Mut, daß sie nicht augenblicklich davonliefen. Aber als Stammesälteste mußten sie Würde und Haltung bewahren. Juma trank zur Demonstration einen Schluck von dem Wasser, doch das wäre selbst für den Häuptling Kupanya zuviel gewesen. Sie hielten die Becher mit spitzen Fingern und gossen nach einer Weile das Sodawasser respektvoll auf den Boden.

»Ich brauche ein paar starke junge Männer, die mir helfen, den Busch zu roden«, erklärte Robin. »Und ich bezahle sie in Rupien.« Kupanya sprach ein wenig Kisuaheli, so daß Juma als Übersetzer tätig werden konnte.

Robin hatte gedacht, es sei nicht schwer, seine Wünsche zu verdeutlichen, aber da täuschte er sich. Kupanya stellte viele Fragen. Warum Robin hierhergekommen sei, wo die *Shamba* sein würde, was er dort anbauen wollte, wer es anbauen und wer es ernten sollte. Und er wollte wissen, ob Robin mit den Italienern auf der Missionsstation verwandt sei. – Das rief ein Lächeln bei Robin hervor; er grinste breit, und in solch einem Fall strahlte er wie die liebe Sonne selbst. – Oder hatte er etwas mit dem Distriktverwalter zu tun? Hatte er in seinem eigenen Land auch eine *Shamba*? Hatte er König George schon einmal gesehen? Und hatte er die wirkungsvollen europäischen Medizinen gegen Husten und gegen Würmer dabei?

»So könnten wir ewig weitermachen«, sagte Robin nach einer Weile ungeduldig. »Er scheint nicht zu kapieren, daß das hier mein Land ist und daß ich seinen jungen Männern Arbeit gegen guten Lohn anbiete.« Das Ganze war für Kupanya mindestens ebenso geheimnisvoll und mysteriös wie seine Haltung Robin verwirrte, und um zu einer gegenseitigen völligen Klärung der Situation zu kommen, hätte es wohl einer drei Tage dauernden Konversation unter dem Baum bedurft. Aber nach Ansicht von Robin diente diese Begegnung nicht einem müßigen Austausch gegenseitiger Ansichten, sondern einfach der Anstellung von Arbeitskräften, die in einer Viertelstunde erledigt sein konnte.

»Vielleicht kommst du schneller voran«, schlug Tilly vor, »wenn du dem Häuptling irgendein Bakschisch anbietest.«

Also teilte man Kupanya mit, er würde eine Ziege bekommen für jeweils zehn junge Männer, die hierherkamen und einen Monat lang für Robin arbeiteten. Für diejenigen, die in weniger als dreißig Tagen die Arbeit niederlegten, gab es keine Bezahlung. Von da an machten die Verhandlungen wesentliche Fortschritte. Als die Stammesältesten gingen, nahmen sie die Zinnbecher mit, die sie natürlich als

Geschenk betrachteten. Robin hinderte sie nicht daran, so daß wir danach keine Trinkgefäße mehr hatten außer einem halben Dutzend sehr kostbarer, geschliffener irischer Glasbecher, die beim sogenannten ›Zusammenbruch‹ gerettet worden waren, bis Robin gelegentlich hinunterritt nach Thika und sich ein paar Becher im *Blue Posts* borgte.

4

Die jungen Männer trafen etwa eine Woche später ein. Robin bemerkte bekümmert, er habe anscheinend statt einer Arbeiterkolonne eine Art von *Zulu-Impis* engagiert. Sie erschienen in voller Kriegsbemalung, vielleicht auch zum Tanz gerüstet, geschmückt mit Kalk, Ocker und Federn, die sie sich in ihr frisch geflochtenes Haar gesteckt hatten, und sie trafen in einer stampfenden, singenden und speerfuchtelnden Kolonne bei uns ein. Bei ihrem ersten Anblick waren Tilly und Robin ziemlich beunruhigt, aber dann stellte sich rasch heraus, daß das nur Spaß war und zeigen sollte, daß sie zu allem bereit waren. Mit ihnen waren einige von den Stammesältesten gekommen und, in sicherem Abstand, eine Gruppe scheuer und kichernder junger Frauen, die stark eingefettet, mit Ocker beschmiert und mit Perlen geschmückt waren.

Sobald sie sich einigermaßen beruhigt hatten und die Verständigung hergestellt war, bekam jeder Mann, der sich zur Arbeit zur Verfügung stellte, ein kleines Pappkärtchen, das in dreißig Quadrate unterteilt war und sein ›Ticket‹ genannt wurde. Für jeden Arbeitstag sollte ein Quadrat ausgestrichen werden. Sobald das ganze Ticket ausgestrichen war, was vielleicht mehrere Monate dauerte, würde er seinen Lohn bezahlt bekommen. Als es dann darum ging, die Tickets unter diesen Bedingungen anzunehmen, zeigte sich, daß nur eine kleine Zahl der *Impis* tatsächlich zur Arbeit entschlossen war; die übrigen hatten sie lediglich begleitet, um zu sehen, was passieren würde, und um an dem Spaß teilzuhaben.

Die erste Aufgabe der jungen Männer bestand darin, daß sie sich Schlafquartiere bauten, was sie in überraschend kurzer Zeit schafften, indem sie lediglich ein paar Bäume fällten, die Äste in den Boden rammten und Bündel von langem trockenem Gras zusammenflochten, welche die Seitenwände bildeten. Allerdings waren sie nicht bereit, die so entstandenen Hütten selbst mit einem Dach zu versehen, weil das offenbar gegen ihre Bräuche verstieß.

Bis auf das Dach waren alle Einzelteile der Hütten schon am ersten Tag fertig. Am zweiten wurden die Hütten zusammengesetzt. Die jungen Männer hatten bis gegen Mittag die Wände und die Balkengerippe der Dächer fertiggestellt. Dann kam eine Schar junger Mädchen, und jede hatte ein großes Bündel mit in der Sonne vorgetrocknetem Schilf von irgendeinem Flußufer auf dem Rücken. Diese Mädchen trugen kurze Lederschürzen, kletterten auf die Gerippe der Dächer hinauf und banden die Schilfbündel mit Fasern aus Kletterpflanzen fest. Es war alles gut organisiert, und innerhalb von zwei Tagen waren sämtliche Hütten fertig. Die *Kikuju* beachteten strikt die Regel, ein jedes Gebäude in der Zeit zwischen Sonnenaufgang und Sonnenuntergang fertigzustellen, denn wenn eine Hütte über Nacht ohne Dach blieb, würden sich dort böse Geister einnisten, und dann gab es nichts mehr, womit man sie vertreiben konnte – aus europäischer Sicht ein sehr günstiger Brauch.

Nachdem sie ihre eigenen Hütten fertiggestellt hatten, brachte Robin sie dazu, daß sie eine Behausung für uns herstellten. Sie sollte einen Wohnraum enthalten, flankiert von zwei Schlafräumen, alles nebeneinander wie bei einem Stall, was vielleicht architektonisch nicht unbedingt ein Meisterwerk darstellte, aber es sollte ja nur ein Provisorium sein, bis es gelang, ein ordentliches Haus aus Stein zu errichten. Robin rammte ein paar Holzpflöcke in den Boden, um die vier Ecken zu markieren, und kratzte mit einem Stock kleine Furchen dazwischen, um die Form deutlich anzuzeigen.

Ein junger Mann namens Njombo war der Sprecher der Arbeiter, die grundsätzlich *Boys* genannt wurden. Warum man diese Bezeichnung auf erwachsene Männer anwandte, weiß ich nicht, aber sie wurde von jedem benützt. Njombo trat jetzt mit einigen seiner Freunde vor den abgesteckten Grund und betrachtete ungläubig die Pflöcke und die Furchen.

»Wir können kein solches Haus bauen«, sagte er.

»Warum nicht?«

Njombo schüttelte den Kopf. Er konnte nur ein wenig Kisuaheli. »Nicht gut«, war alles, was er antwortete.

»Aber für mich ist es gut«, erwiderte Robin, »und ich werde in einem solchen Haus wohnen.«

Njombo und die anderen fielen daraufhin in eine längere Diskussion in ihrer Stammessprache, die nach deutlichen Ausbrüchen von Unmut und Unruhe klang.

»Es wird zusammenfallen«, sagte er schließlich zu Robin.

»Nicht, wenn ihr es ordentlich baut.«

»Warum wollt ihr nicht ein Haus wie diese?« fragte er und zeigte auf die runden *Kikuju*-Hütten, welche die jungen Männer errichtet hatten.

»Weil ich kein *Kikuju*, sondern Europäer bin«, erklärte Robin in einem Ton, den er für ausgesprochen geduldig hielt. »Europäer haben solche Häuser, mit geraden Linien und Ecken. Also hört gefälligst auf, mit mir darüber zu streiten.«

Njombo hielt Robins Beharrlichkeit nicht nur für merkwürdig, sondern sogar für unheimlich. Wer weiß, wieviele böse Geister in einem Haus mit Ecken ihren Unterschlupf fanden! Sicher, er war schon bis Thika gekommen und hatte die Häuser der Inder dort gesehen, die auch rechteckig waren, so daß ihm die Vorstellung, so seltsam sie sein mochte, nicht ganz ungewohnt erschien, aber er selbst war noch nie dazu aufgefordert worden, am Bau einer solchen Monstrosität mitzuarbeiten.

»Sind rechteckige Gebäude das Zeichen der Zivilisation?« fragte sich Robin. »Ich wüßte nicht, warum, und doch scheint es so zu sein.«

»Das Kolosseum war immerhin rund«, erinnerte ihn Tilly, »und das Pantheon ebenfalls.«

»Das waren öffentliche Gebäude. Die Häuser der Römer hatten Ecken wie die unsrigen. Mir fällt kein runder Bau in England ein, außer den Martello-Türmen. Selbst die Angelsachsen hatten viereckige Behausungen. Es muß da irgendeinen Zusammenhang geben, wenn er mir auch momentan nicht klar ist.«

»Vielleicht liegt es an den Möbeln«, meinte Tilly. »Sie passen nicht gut in runde Häuser. Die Eingeborenen hier haben so gut wie kein Mobiliar.«

Das stimmte allerdings, zumindest damals; sie hatten nichts als dreibeinige, also runde Hocker, und ihre Betten bestanden aus dünnen Ästen, die zusammengebunden und so hoch an Pfosten befestigt waren, daß darunter noch Platz war für die Ziegen, die mit ihnen im Haus schliefen. In der Mitte der Hütte brannte ständig ein Feuer, und die Hütte hatte keinerlei Rauchabzug, keine Fenster oder Luken; es war vielleicht nicht hygienisch, aber dafür warm. Der Rauch tötete angeblich die Läuse, und der Uringeruch der Ziegen hielt die *Jiggas* fern, so daß das Ganze durchaus organisiert war; andererseits bekamen vor allem die Kinder tränende und gerötete Augen vom Rauch, und der Mief verursachte Atembeschwerden. So verloren die *Kikuju* auf der einen Seite wieder das, was sie auf der anderen gewonnen hatten.

Natürlich dauerte es länger, ein rechteckiges Haus zu bauen. Vor allem das Dach brachte größere Schwierigkeiten mit sich: die Struktur eines Firstbalkens mit Sparren und Pfetten war für die *Kikuju* eine völlige Neuheit, und Robin kam nicht sehr weit mit seinen Erläuterungen, obwohl sie viel Interesse zeigten, als er selbst hinaufkletterte – wir hatten keine Leiter! – und mit williger, aber ungeübter Unterstützung die tragenden Balken in die richtige Stellung brachte. Begonnen hatten wir mit Nägeln, doch nach dem ersten Arbeitstag waren alle längeren Nägel verschwunden; wir hatten keinen sicheren Platz, wo wir irgend etwas wegschließen konnten, und die *Kikuju* konnten diesen praktischen, kleinen Eisenstücken, die wie geschaffen für Schmuckstücke waren, nicht widerstehen. Robin fluchte und schimpfte und überlegte, ob er sich auf einem Maultier nach Nairobi aufmachen sollte, um neue Nägel zu besorgen, doch Njombo erklärte, daß das völlig unnötig sei.

»Diese Dinge«, sagte er – wobei das Kisuaheli-Wort für ›Dinge‹ sich noch als höchst nützlich in vielen Anwendungsbereichen erweisen sollte – »diese Dinge sind zwar gut zu brauchen, aber es ist nicht richtig, wenn man Eisen in Häuser steckt. Eisen ist für Waffen da und für Schmuck. Wir sollten das Haus nach unserem Brauch bauen und das Eisen für größere, wichtigere Dinge aufbewahren.«

»Aber ohne Nägel stürzt das Haus ein«, meinte Robin.

»Warum denn? Unsere Häuser fallen nicht ein. Und wenn, kann man sich ein anderes bauen.«

Also ließ Robin sie gewähren, und sie banden die Balken mit Fasern zusammen, in der ihnen gewohnten Weise. Das Haus stand noch, als wir fünfzehn Jahre später die Farm verließen, und es hatte nie irgendwelche Probleme damit gegeben. Das Dach hielt vielen Stürmen und Regengüssen stand. Njombos Männer und die zu Hilfe gerufenen Frauen waren nicht imstande, es in einem Tag zu decken, so daß zweifellos alle möglichen bösen Geister und Teufel eindringen konnten, aber auch sie machten uns keinen Ärger, oder zumindest nicht mehr, als man vernünftigerweise erwartete.

Nachdem die Graswände aufgestellt und zusammengebunden waren, wurde das Haus mit Schilfmatten verkleidet. Der Boden war aus blanker Erde, die zu hartem rotem Ton gestampft wurde, den man kehren konnte, als ob er gefliest wäre, und es dauerte nicht lange, bis ihn zumindest teilweise die Felle von Leoparden, Riedböcken, Gazellen und braunhaarigen Schafen bedeckten. Der einzige Nachteil bestand darin, daß er den *Jiggas* Unterschlupf bot, so daß wir ihn später – Jahre später freilich – mit einer Schicht von Zement überzogen. Das war übrigens das einzige Material, das nicht aus der Farm oder aus dem Busch in der Umgebung stammte.

Das Haus war luftig, bequem, kühl und überaus gesellig, denn es dauerte nicht lang, und eine große Zahl von Lebewesen teilte sich Dach und Wände mit uns. Am nettesten waren die Eidechsen, die oft stundenlang bewegungslos und mit gespreizten Beinen an den Wänden hingen und sich mit ihren kleinen, schuppigen Händen, die an die Hände sehr alter Frauen erinnerten, daran festklammerten. Die Klauen an den Händen sahen wie lange Fingernägel aus. Manchmal neigten die Eidechsen den Kopf ein wenig zur Seite, und plötzlich sausten sie in großer Eile davon und verschwanden im Dach.

Das Dach steckte immer voller Geräusche, ein leises Rascheln unsichtbarer Mitbewohner, die keinen Schaden anrichteten – ausgenommen die weißen Ameisen oder Termiten, die mit ihren winzigen, aber kräftigen Kiefern alles zerstörten, was ihnen in den Weg kam, und die sich durch kleine Tunnels verrieten, die wie längliche Blasen ihren Zug durch die Wände und Balken markierten. Gegen die Termiten führten wir einen nie endenden Krieg, aber er schien einigermaßen erfolgreich gewesen zu sein, da unser Haus immerhin nicht von ihnen aufgefressen wurde. Es dauerte an die zwei Wochen, bis das Haus fertig war, und die dabei entstandenen Kosten, die auszurechnen sich niemand die Mühe machte, mochten höchstens 10 Pfund betragen haben. Das Licht kam zuerst von den Safari-Laternen, aber später kauften wir uns eine Drucklampe, die in kurzen Intervallen aufgepumpt werden mußte, ein etwas unheimliches Zischen von sich gab wie eine Schlange, den Wohnraum überhitzte und ständig Paraffin verlor.

»Im Großen und Ganzen sind die modernen Erfindungen und Verbesserungen teuer und unzuverlässig, und sie stinken obendrein«, bemerkte Robin einmal dazu. »Manchmal frage ich mich, ob die Zivilisation wirklich etwas so Erstrebenswertes ist.«

»Die wenigen Ausläufer der Zivilisation, die uns hier erreichen, sind eben schon recht abgenutzt«, sagte Tilly. Dennoch scharte sie so viele Erinnerungen an die Zivilisation um sich wie möglich. Obwohl wir meistens das aßen, was uns das Land bot, abgesehen von Mehl, Tee, Zucker und ein paar Konserven, endeten die Abendmahlzeiten stets mit schwarzem Kaffee, den wir aus winzigen, hauchdünnen Porzellantassen tranken – ich glaube, es war Coalport-Porzellan. Ihre Zahl verringerte sich zusehends, aber ich liebte ihr geringes Gewicht, die Feinheit und die elegante Form, außerdem die faszinierenden Farben des Porzellans, das wie Seide changierte oder wie Perlmutt schimmerte. Abgesehen davon hatten wir die schon erwähnten geschliffenen Gläser, die wenigen Schmuckstücke, die Tilly beim ›Zusammenbruch‹ gerettet hatte, und später ein paar Möbelstücke, die aus England stammten und in unserer Grashütte mit dem gestampften Lehmboden etwas unpassend ausgesehen haben müssen.

Der größte Teil unseres Mobiliars stammte aus den Packkisten und -kartons, in denen wir unsere wenigen geretteten Habseligkeiten hergebracht hatten, zum Beispiel einen französischen Sekretär mit geschwungenen, geschnitzten Beinen, den Tilly als Schreibtisch benutzte und stets mit zwei hohen, gravierten silbernen Blumenvasen schmückte. Außerdem hatte sie einen entzückenden kleinen Arbeitstisch, in dem sie ihre Handarbeiten aufbewahrte, und eine dickbäuchige Kommode, die sie als Medizinschrank benutzte und die gefüllt war mit seltsamen Tinkturen wie Terpentin, Äther, Leinsamenöl, Kampfer und anderen sonderbar riechenden Flüssigkeiten, zusammen mit Quecksilberchlorid, Rizinusöl, Jodtinktur und dem Allheilmittel gegen die meisten Beschwerden, dem berühmten Epsom-Salz. Kein unpassenderer Inhalt hätte für diese kleine Kommode gefunden werden können. Robin bemerkte es eines Tages – er achtete in der Regel nicht allzu sehr auf seine unmittelbare Umgebung und war in Gedanken meist bei entfernteren, wichtigeren und größeren Dingen, die mehr versprachen als das, was auf der Hand lag – und wurde ziemlich wütend darüber, denn die Kommode stammte aus *seiner* Familie.

»Es ist eine Schande, gute Dinge so zu behandeln«, sagte er.

»Wie sollten wir sie denn behandeln?« fragte Tilly. »Das hier ist schließlich nicht das Victoria and Albert Museum.«

»Aber manchmal kommt es mir vor wie das Naturhistorische Museum, mit all den Insekten und Reptilien überall. Ich finde nur, man sollte der Kommode etwas mehr Respekt zollen, das ist alles.«

Tilly schaute sehr verletzt drein, nicht zuletzt wegen der Ungerechtigkeit, die in Robins Haltung lag, denn gerade er hätte das erstbeste, das ihm gerade unter die Hand kam, in die Kommode gestopft. Er achtete die meisten geisteswissenschaftlichen Theorien, ein paar große Männer der Geschichte und seine Frau Tilly, aber nicht den Besitz, die Regierungen und auch nicht die praktischen Notwendigkeiten des Alltags.

»Ich wollte, ich wäre nie in dieses verdammte Land gekommen«, rief sie, als er gegangen war, und hatte Tränen des Zorns in den Augen. Manchmal sprach sie laut in meiner Gegenwart, ohne sich dabei direkt an mich zu wenden; ich war für sie eine Art Sicherheitsventil, wobei ich ihren Gefühlen trotz meiner notgedrungen passiven Rolle nützlich war.

»Alles ist roh und primitiv und wild, und ich hasse es!« schrie sie. »Hier gibt es schreckliche Krankheiten, und es wimmelt von Insekten, niemand weiß, wie man irgend etwas richtig macht, und auf Hunderte von Meilen ist kein Mensch zu finden, mit dem man sich anständig unterhalten könnte.«

Tilly hatte sich bereits am Morgen sehr über eine jener

grausamen, kleinen Tragödien aufgeregt, die es hier in Afrika im Überfluß gab, und zwar mehrmals am Tag, von denen niemand etwas hörte und die auch nicht viel bedeuteten, aber jemandem wie Tilly, die in dem Bewußtsein aufgewachsen war, daß das Leben für jegliche Kreatur voller Freude und Glück sein konnte und sollte, das Herz umdrehten und den Mut nahmen. Es ging dabei um die getupften Sussex-Hühnchen, die sie aus England mitgebracht hatte, zusammen mit einem hübschen jungen Gockel, der eine neue Generation von Geflügel gründen sollte. Eines der Hühnchen, jetzt eine Henne, hatte die Eier bebrütet, und die Küken waren gerade geschlüpft: flaumige, gelbe Bällchen, wie lebendig gewordene Chrysanthemenknospen, die piepsend herumschossen, entzückend und voller Leben. Erst tags zuvor waren sie aus den Eiern gekrochen, und in der darauffolgenden Nacht war eine Kolonne von *Siafus*, diesen schwarzen, zielbewußten, gnadenlosen und unheimlichen Kriegerameisen durch das Nest gezogen. Am Morgen lagen die Küken als schlappe, zerzauste, kleine tote Hüllen, deren Inneres gefressen worden war, im Nest. Die Henne lebte, und das war das Schlimmste dabei, denn die Ameisen waren auch über sie hergefallen und hatten die Hälfte ihres Fleisches und die Augen weggefressen, und jetzt lag sie zuckend herum, als wollte sie die sinnlose Beharrlichkeit des Lebens demonstrieren, die im Mittelpunkt einer jeden Grausamkeit steht. Die Henne wurde von ihren Schmerzen erlöst, und Tilly stand da, ein wenig gelben Flaum in den Händen, kalkweiß vor Jammer und schrecklichen Gedanken an die hilflosen Küken in ihren letzten Augenblicken, und zugleich erschüttert, weil es ihr nicht gelungen war, diese Tragödie zu verhindern.

»Sie waren eben erst geschlüpft«, sagte sie. »Warum mußte das geschehen? Was für einen Nutzen haben diese *Siafus*?«

»Wenn sie marschieren, kommt Regen«, sagte Juma und brachte die Leichen weg. Er blieb ungerührt; die *Siafus* waren ein natürliches Risiko und hatten schon viel Schlimmeres getan. Sie wanderten mit Vorliebe über Lebewesen und fraßen sich in ihre Weichteile, vor allem die Augen.

Später am Vormittag brachte ihr eine junge Frau ein Baby, das mehrere Tage davor ins Feuer gefallen war. Die Verbrennungen hatten zu eitern begonnen, und auf den Wunden machten sich die Fliegen breit; das Baby bestand wie die Henne darauf, weiterzuleben, trotz allem, was dagegen sprach, einschließlich der Schmerzen, die nicht nachließen und die nur der Tod stillen konnte. Der Inhalt der Kommode reichte nicht aus, um mit dieser Situation fertigzuwerden, und das galt auch für Tillys Kenntnisse über Erste-Hilfe-Maßnahmen. Immerhin war es erstaunlich, wie rasch sich das Gerücht verbreitet hatte, daß die Weißen über heilende Medizinen verfügten, und wie die Eingeborenenfrauen, die sich noch vor wenigen Wochen unter keinen Umständen genähert hätten, uns jetzt ihre Kinder zur Behandlung überließen. Tilly war doppelt entsetzt, zum einen über die schrecklichen Wunden des Babys und zum anderen über ihr Unvermögen, das Vertrauen der Mutter zu rechtfertigen.

»Sie muß das Baby unbedingt in ein Krankenhaus geben«, sagte Tilly. Robin war mit den gefetteten Kriegern unterwegs und versuchte, sie dazu zu bringen, daß sie den Busch rodeten.

Alle schauten Tilly verständnislos an. Juma wies darauf hin, daß sich das nächste Krankenhaus in Nairobi befand, also zwei Tagesreisen entfernt, und daß das Baby in zwei Tagen ohnehin tot sein würde.

»Dann müssen wir es sofort hinbringen«, beharrte Tilly.

»Aber wie, *Memsabu*?«

»Mit dem Maultierkarren natürlich.«

»Das geht nicht. Eines der Maultiere hat Magenschmerzen.«

»Dann muß es den Karren eben mit Magenschmerzen ziehen.«

»Das andere ist lahm. Und ein Rad des Karrens ist gebrochen.«

»Du lügst!« schrie ihn Tilly an.

Juma zuckte mit den Schultern und verfiel in mürrisches Schmollen, und Tilly blieb nichts übrig, als sich mit dem kranken Baby zu befassen, ohne Hilfsmittel, medizinischen Rat oder sonstige Unterstützung. Die Mutter hielt das Kleine schweigend im Arm und betrachtete es mit einem leidenschaftslosen Gesicht, das keinerlei Gefühle ausdrückte. Als Juma so resolut allen Bemühungen Tillys, ihr zu helfen, Widerstand geleistet hatte, war von ihrer Seite aus nicht der geringste Versuch unternommen worden, sich dagegen aufzulehnen. Wahrscheinlich hatte sie ihn gar nicht verstanden, und wenn, dann hätte sie es nicht gewagt, ihm zu widersprechen. Sie akzeptierte klaglos die Autorität der Männer. Tilly war davon überzeugt, daß Juma log, doch es gelang ihr weder, den Maultierboy zu finden, noch die Tiere selbst. Es war sinnlos, diese Schlacht allein ausfechten zu wollen. Sie tat, was sie konnte, um das Baby zu behandeln, was sehr wenig war, und dabei wurde ihr fast übel vom Gestank der Wunden. Das Baby schwieg, als ob es in diesem Stadium seiner Existenz Entsetzen, Schmerz und Tod als natürliches Schicksal akzeptierte.

Deshalb war sie so besonders erregt über Robins Vorwürfe im Hinblick auf die Kommode. Er kannte nicht den Grund und hielt Tilly vermutlich für unachtsam und empfindlich. Auch er hatte seine Probleme. Er hatte ein paar einheimische Ochsen gekauft und versuchte, sie an den Pflug zu gewöhnen. Sie waren jedoch völlig unvertraut mit dieser Art von Behinderung und kannten weder Joch noch Zaumzeug.

Die Schwierigkeit, ihnen etwas beizubringen, war um so größer, als keiner der *Kikuju* auch nur eine Ahnung hatte, wie man sie erziehen sollte. In Südafrika war Robin oft neben einem Wagen hergegangen und hatte beobachtet, wie die Buren ihre Zugtiere nur durch Veränderungen der

Stimme und durch das Knallen mit ihren langen Peitschen unter Kontrolle hielten. Es sah so einfach aus, als ob jeder Trottel es fertigbrächte, doch davon konnte nicht die Rede sein. Die Buren hatten ein bemerkenswertes Feingefühl für Ochsen entwickelt und übten eine fast magische Autorität über sie aus. Sie kommandierten sie wie ein Zirkusdompteur seine Ponys kommandiert oder ein Schäfer seinen Hund. Robin dagegen hatten sie es niemals beigebracht – sie brachten es wohl auch niemandem bei, der kein Bure war –, und als er es jetzt versuchte, verhielten sich die Ochsen keineswegs so, wie er es erwartet hatte. Sie weigerten sich nicht nur, den Pflug zu ziehen, sondern zerfetzten auch die Ketten des Geschirrs und schüttelten das Joch ab, rannten im Kreis herum wie eine Herde Büffel, verfingen sich schließlich im Zaumzeug und liefen dann einfach davon. Die *Kikuju* rannten ebenso wild herum und hatten keine Ahnung, wie man einem solchen Ausbruch in der richtigen Weise begegnete.

Glücklicherweise tauchte nach dem Tee, als Tilly und Robin völlig erschöpft und mit den Nerven am Ende waren, Randall Swift auf, um nach dem rechten zu sehen. Er hatte das Fahrrad den größten Teil des Wegs von Thika hierher geschoben, und er mußte wie immer so schnell wie möglich zurück nach Punda Milia, aber ich nehme an, Robin und Tillys Mangel an Erfahrung und ihre fehlende Vorbereitung auf die Probleme der Wildnis machten ihm Sorgen, und da wir keine Nachbarn hatten – bis auf den Holländer Mr. Roos, der sich aber noch immer irgendwo auf der Jagd befand und nicht aufgetaucht war –, hielt er es für seine Pflicht, nachzusehen, ob er uns helfen könnte.

Robin erläuterte ihm seine Schwierigkeiten mit den Ochsen. »Ich bringe sie noch nicht einmal unters Joch«, sagte er. »Sie stehen nicht lange genug still.«

»Da kann ich Ihnen vielleicht einen Tip geben«, entgegnete Randall, der für alles und jedes einen guten Rat vorrätig zu haben schien. »Als erstes klettern Sie auf einen Baum und nehmen das Joch mit; dann lassen Sie einen Boy das Tier darunterführen, und schließlich werfen Sie dem Ochsen das Joch über den Hals. Wenn der Boy nicht die Zügel losläßt, haben Sie Ihren Ochsen im Geschirr, wie es sich gehört.«

»Das klingt gut«, sagte Robin, der zu entdecken begann, daß entgegen seinen Erwartungen die Kluft zwischen Versprechen und Erfüllung in Afrika nicht kleiner war als irgendwo anders.

»Wenn man einen nicht von vorn besiegen kann, dann sollte man ihm wenigstens in den Rücken fallen«, erklärte Randall fröhlich. »Aber ich weiß, was ich tun werde. Sie brauchen hier einen Vorarbeiter, der sich ein bißchen mit diesen *Kikuju*-Burschen auskennt. Ich glaube, ich habe einen für Sie, und ich schicke ihn her.«

Robin nahm das Angebot dankbar zur Kenntnis und entschloß sich, gleich am nächsten Morgen ein Haus für den neuen Vorarbeiter bauen zu lassen. Im Häuserbauen waren die *Kikuju* bei weitem besser als im Zäumen der Ochsen, geschweige im Pflügen der Felder.

5

Die Aussicht auf eine Party, auch wenn sie nur aus einem einzigen Gast bestand, der nicht viel mehr als ein sauberes Paar Socken in seiner Satteltasche hatte, rief in Tillys Augen ein begeistertes Funkeln hervor, und ihr Lachen wirkte unter diesen Umständen besonders fröhlich und ansteckend. Sicher, auch sie konnte vom Leben schwer getroffen werden, aber ihre Spannkraft erwies sich immer aufs Neue als unverwüstlich. Sie besaß das Talent, ihre Mißerfolge einfach abschreiben zu können, nicht, weil sie gedankenlos war, ganz im Gegenteil: Sie machte sich besonders viel Gedanken, und es gab immer eine nächste Herausforderung, die gemeistert werden mußte – ohne diese Haltung wäre das Leben für sie unerträglich gewesen.

Nachdem sie ihre Lieblingshenne unter so kläglichen Umständen verloren hatte, gab Tilly nunmehr Juma den Auftrag, einer ihrer wertvollen Genossinnen den Hals umzudrehen, damit sie ein dem Anlaß entsprechendes Mahl zubereiten konnte. Ich durfte aufbleiben bei der Party – der ersten, die wir in der Grashütte feierten. Ich pflückte einen Strauß wilder Blumen, und Tilly arrangierte ihn in einem der geschliffenen Gläser, aber wir aßen immer noch an einer Transportkiste, über die eine Damastdecke gebreitet wurde. In der Mitte der so entstandenen Tafel prangte eine hohle, silberne Kuh, die eigentlich für Süßigkeiten bestimmt war, doch ansonsten aßen wir mit dem Küchenbesteck, da der Rest des Silbers beim ›Zusammenbruch‹ dahingegangen war. In Tillys Schlafzimmer allerdings stand auf der Kiste, die als Frisierkommode diente, eine Anzahl Flaschen und Flakons mit Schraubverschlüssen aus Silber, auf denen ihre Initialen eingraviert waren und die zu einem hübschen Reisenecessaire gehörten, das sie ebenfalls hatte retten können.

Inzwischen waren Tillys nie besonders überzeugenden Versuche, sich den Anschein einer lässigen Eleganz zu geben, über Bord gegangen. Sie war von Natur aus ein Mensch, der sich anpassen konnte, und zeigte in vielen Dingen ihren stark entwickelten Unternehmungsgeist. Während Juma sich um die häuslichen Arbeiten kümmerte, war sie draußen in der Sonne und legte einen Garten an, überwachte die Pflanzung der Kaffee-Stecklinge, markierte ein Stück Land, das als Zitrusplantage gedacht war, bezahlte die Arbeiter in einer Ecke der Lagerhütte, die als Büro diente, leistete Erste Hilfe und füllte ihren Tag noch mit vielen anderen Beschäftigungen, die sie erhitzten, beschmutzten und ermüdeten. Jetzt hatte sie endlich einmal eine Gelegenheit, sich als Lady zu kleiden, und sie faßte sie beim Schopf. Sie trug Grau, ein angenehmer und günstiger Kontrast zu ihrem maisblonden Haar, der milchweißen Haut und ihrem Rosenteint. Ihre Smaragdohrringe glänzten wie von der Sonne beschienene, im Frühjahr frisch ausgetriebene

Buchenblätter. Ich durfte auf den Zerstäuber der Parfümflasche drücken, die unter ihren Flakons auf der Frisierkommode stand, ein harmloses Vergnügen, dem sie sich zu meinem Bedauern nur selten hingab. Dann betrachtete sie ihre Hände mit gefurchter Stirn.

»Ich habe keine weißen Handschuhe, und außerdem wäre das auch ein wenig übertrieben. Ich habe Hände wie ein Matrose; der Schmutz geht nicht mehr aus den Sprüngen und Rissen, und was die Nägel betrifft...« Sie hatte sie mit einer Feile, einer langen, schmalen Schere und mit Nagellack aus einem winzigen, flachen Fläschchen behandelt, doch das Ergebnis war entmutigend. Tilly war niedergeschlagen; wie bei allen Perfektionisten verpatzten ihr kleinste Details, die andere gar nicht bemerkt hätten, das Vergnügen. Ich glaube, sie war nie ganz zufrieden mit dem, was sie tat. Aber sie nahm sich jeden Fehlschlag zu Herzen und stemmte sich dagegen, so wie sich eine Nußschale den harten Wellen einer rauhen See entgegenwirft. Dabei sah sie dem nächsten Mißerfolg dennoch mit Vertrauen und Fröhlichkeit entgegen. Also runzelte Tilly die Stirn über die Fingernägel und erklärte: »Jedenfalls sind sie sauber, und mehr kann ich sowieso nicht tun.« Dann begann sie ihr Haar nach der neuen Mode zu frisieren, die sie in einer Illustrierten gesehen hatte.

Randall war bezaubert, was einen nicht wundert, denn sie war eine hübsche Frau in der Fülle ihrer Jugend und hatte darüber hinaus jenes Feuer und jenen Charme, ohne die jede Schönheit zur Statue erstarrt. Ich nehme an, er verliebte sich an diesem Abend ein wenig in sie und hat auch danach nie aufgehört, sie zu bewundern. Er selbst war im Herzen zweifellos ein romantischer Mensch, den nicht so sehr der Traum vom Reichtum nach Afrika getrieben hatte als ein Verlangen nach Freiheit und Gefahr, das nur im Abenteuer Erfüllung findet. An seinen freien Sonntagen wanderte er über die Ebenen und Hügel auf der Suche nach Löwen und Büffeln.

»Wenn wir erst mit dem Sisal ein Vermögen gemacht

haben«, sagte er, »fahre ich jeden Winter nach Hause, um in der Grafschaft Meath auf Fuchsjagd zu gehen, und im Sommer komme ich zur Elefantenjagd hierher zurück. Ah, was wird das für ein großartiges Leben! Und wenn Sie Ihr Vermögen mit der Kaffeeplantage gemacht haben – was werden Sie damit anfangen?«

»Ich weiß nicht, was als erstes drankommt«, antwortete Tilly. »Aber Robin will ein Schloß in Schottland, und ich möchte eine Safari unternehmen über die Nordgrenze des Landes bis nach Abessinien und auf dem Nil nach Hause zurückfahren. Dann möchte ich einen Fesselballon besitzen, New Forest-Ponys züchten, mit der Transsibirischen Eisenbahn nach China fahren, eine Modell-Geflügelfarm betreiben, einen Daimler kaufen, in Norwegen zum Angeln gehen und – ach, noch vieles andere.«

Als man Robin die gleiche Frage stellte, erklärte er, daß er sich den ausgefallensten Luxus der Welt leisten wolle. Die anderen versuchten, zu erraten, was er damit meinte: eine Jacht betreiben, auf Tigerjagd gehen, einen Rennstall besitzen, Tilly kostbaren Schmuck kaufen. Robin strahlte liebenswürdig und sagte: »Ich werde überhaupt gar nichts tun. Das ist der kostpieligste Luxus.« Und dann zitierte er eines seiner Lieblingslieder aus dem West Highland:

»Wenn doch der Torf von selbst sich stäche,
Die Fische aus dem Wasser sprängen,
Dann könnt' ich auf dem Rücken liegen
Und nie mehr eine Arbeit tun! Oh! Oh!«

Danach wandte sich Randall an mich und stellte mir die gleiche Frage. Ich war nicht nur überrascht, weil er sich plötzlich mit mir befaßte – auch die Frage verwirrte mich. Ich hatte kein Geld, und außerdem schien mir das Geld nicht zu den Dingen zu gehören, die ich brauchte.

»Er meint, was du am liebsten auf der Welt haben möchtest, wenn du wählen könntest.«

Ich wußte, daß man eine rasche und entschiedene Antwort von mir erwartete, und meine Gedanken flüchteten wie eine Herde *Kongoni*, wenn ein Schuß abgefeuert wird. Ich wollte vieles tun, aber es gab nichts, was wichtiger als alles andere gewesen wäre. Ich wünschte mir ein schärferes Taschenmesser, ein eigenes Maultier, eine von den schönen, dünnen Porzellantassen, ein Meerschweinchen und Mäuse aus weißem und rosa Zucker. Aber vor allem wünschte ich mir jemanden, mit dem ich spielen konnte, eine Freundin oder einen Freund, aber ich wußte, daß Randall das nicht gemeint hatte, also antwortete ich aufs Geratewohl: »Ein Chamäleon.« Und tatsächlich faszinierten mich diese Geschöpfe mit ihrer Aura von Geduld, Weisheit und unendlicher Gelassenheit. Ich bewunderte, wie sie ihre Augen bewegten, diese tiefen und aufmerksamen Augen in den großen, purpurnen Höhlen, mit denen sie in alle Richtungen schauen konnten, und ich liebte die Berührung ihrer trockenen, kalten, lebhaften kleinen Finger auf meiner Haut, liebte es, sie zu beobachten, wenn sie vor und zurück schwankten wie ein Mensch, der Anlauf nimmt zu einem gewaltigen Sprung, bevor sie sich zu einem raschen, blitzartigen Satz nach vorn entschlossen.

Meine Antwort rief das Lachen hervor, das alle Kinder nicht ausstehen können, weil es so gönnerhaft klingt; aber Juma hatte einen Pudding mit Baiser-Haube gemacht, an dem ich mich trösten konnte, während meine Eltern und der Gast zu einem Thema zurückkehrten, das sie niemals zu langweilen schien: dem Sport, in diesem Fall der Jagd. Obwohl Tilly und Robin damals noch so felsenfest wie ihre Freunde davon überzeugt waren, daß das Jagen und Erlegen von Tieren zu einem der größten Vergnügen des Lebens zählt, konnte ich nicht glauben, daß sie wirklich mit dem Herzen dabei waren. Sicher, sie liebten Safaris, und Robin ging auch gern einmal in der Kühle des Abends mit einem Gewehr in dem Busch und knallte ein rotbeiniges *Francolin* oder ein fettes Perlhuhn ab, aber er ließ grundsätzlich die

Antilopen in Frieden und sehnte sich auch nicht wie die meisten anderen nach einer Reise zu den von Wild strotzenden Ebenen am Athi-Fluß. Ihm machte es mehr Vergnügen, Bewässerungsgräben, Dämme und Rinnen anzulegen, sich forstwirtschaftliche Projekte auszudenken und geeignete Plätze für kleine Fabriken auszusuchen, in denen Kaffee, Zitrusfrüchte und andere Produkte bearbeitet würden, auch solche, die noch nicht einmal gepflanzt waren, und abends saß er gern beim Licht der zischenden Lampe und las alles, dessen er habhaft werden konnte, selbst uralte Nummern von Motorsportzeitschriften oder des *Field* und beschrieb unzählige Zettel und Blätter mit detaillierten, komplizierten Berechnungen, die stets und ohne jeden Zweifel bewiesen, welch großartiger Erfolg seinem derzeit gerade aktuellsten Vorhaben beschieden sein würde.

Einmal, als sie einige von diesen Zetteln wegwerfen wollte, entdeckte Tilly am Ende einer langen Reihe von hohen Zahlen die prägnante Bemerkung: ›Daher kommt es auf kleine Summen gar nicht an.‹ Und richtig: Das war das robuste Prinzip, nach dem Robin all seine Unternehmungen führte.

Randall hielt Wort, was den Vorarbeiter betraf, und so kam kurz danach Sammy bei uns an. Er war groß, mit einer Hakennase, feinen, fast asiatischen Zügen und dünnen Knochen; statt der üblichen Decke trug er ein Hemd, Shorts und Ledersandalen. Er brachte einen Zettel von Randall mit, auf dem stand: ›Sie werden feststellen, daß dieser Boy zuverlässig und klug ist, wenn es Ihnen gelingt, ihn dem Alkohol fernzuhalten. Er ist zur Hälfte *Massai* und verachtet dementsprechend die *Kikuju*, aber zur anderen Hälfte ist er *Kikuju*, und daher versteht er, mit ihnen umzugehen. Wenn Sie ihm genügend Weidefläche für sein Vieh zur Verfügung stellen, wird er Sie wie einen König behandeln.‹

Ich freundete mich rasch mit Sammy an. Zu den *Kikuju* war er streng und oft arrogant, aber uns gegenüber verhielt er sich äußerst höflich und anständig. Die *Kikuju* interessierten sich nicht allzu sehr für ihre Umgebung. Obwohl sie für alle Büsche, Bäume und Vögel Namen hatten, lebten sie auf ihrem Land, ohne es wirklich in Besitz zu nehmen – oder besser, ohne irgendwelche Spuren darauf zu hinterlassen. Für uns war das bemerkenswert: Sie hatten nicht die Absicht, Neues zu schaffen, das Land zu verändern, zu zähmen und unter Kontrolle zu bringen. Sicher, eine in Terrassen angelegte italienische Landschaft oder englisches Farmland ist etwas ganz anderes als der Streifen sumpfigen Waldlandes, das ihnen zur Verfügung stand; aber entscheidend war die gemeinsame Schöpfung von Natur und Mensch. Die Eingeborenen Afrikas hatten das, was Gott oder die Natur ihnen bot, als Gegebenheit angenommen, ohne den Wunsch zu verspüren, irgend etwas grundlegend zu verändern. Wenn das Wasser ein Tal hinunterlief, dann holten sie das, was sie davon brauchten, in einer Kalebasse aus dem Bach; sie dachten nicht daran, das Wasser in Röhren zu fassen, Bewässerungsgräben anzulegen oder den Lauf durch Pumpen und Staudämme zu verändern. Dementsprechend wuchsen der Busch und der Urwald, sobald sie ein Stück Land und ihre Hütten verlassen hatten, sehr rasch wieder über alles hinweg und verwischte jede Spur von ihnen, wie das Meer die Sandburgen der Kinder und die Fußabdrücke im Sand überspült, so daß der Strand wieder glatt und jungfräulich aussieht.

Sammy dagegen achtete weit mehr auf seine Umgebung. Er zeigte mir die Nester der kleinen, goldenen Webervögel, die aussahen wie hübsch geflochtene Beutel, umhäkelt mit Blütenköpfen, und die an gebogenen Schilfstengeln hingen, denen sie so das Aussehen von Tabakspfeifen mit langen, geschwungenen Pfeifenstielen gaben. Er folgte dem gelbkehligen *Francolin*, dessen Gelege aus gesprenkelten Eiern unter den Grasbüscheln so gut verborgen war wie die Nester der Webervögel offen dahingen.

Außerdem brachte er ein halbes Dutzend seiner kleinen einheimischen Rinder mit, damit sie auf unserem Land grasen konnten.

»Das ist kein guter Platz für Kühe«, sagte er, »also bringe ich nur ein paar mit – genug, daß ich nicht hungern muß.«

»Und wo sind die übrigen?«

»Mein Vater hat sie bei den seinen in der Herde.«

Sein Vater war der *Massai.* »Er hat so viel Rinder wie es Gazellen auf der Steppe gibt. Wenn er mit ihnen anderswo hinzieht, ist das wie der Zug der Zebras, die in der Trockenzeit nach Wasser suchen. Das Vieh meines Vaters ist fett wie die Läuse. Das Vieh der *Kikuju* dagegen ist mager wie die Heuschrecken.«

Im Gegensatz zu den *Kikuju* rühmte er sich stets seines Reichtums und seiner Bedeutung. Wenn man einen *Kikuju* fragte, wieviele Ziegen er hätte, schüttelte er nur den Kopf und antwortete: »Warum sollte ich Ziegen haben? Ich bin ein armer Mann.« Die *Kikuju* vermuteten, daß die anderen ebenso schlau waren wie sie selbst. Wenn man einen Mann für reich hielt, reich an Ziegen und Vieh, dann dachte man mit einer Wahrscheinlichkeit von zehn zu eins an Steuern oder sonstige einzutreibende Beträge. Die Armen waren nach Ansicht der *Kikuju* wie Eidechsen, die sich unter einen Stein flüchteten und auch dann noch weiterleben konnten, wenn sie ihren Schwanz verloren hatten. Bei den *Massai* wäre eine derartige Haltung verachtenswert gewesen. Der Ruhm eines Mannes bestand in seinen Herden und seinem Vieh, und was war er für ein Mensch ohne den Ruhm? Was den Besitz betraf, so glaubte sich ein jeder von den *Massai* dazu in der Lage, ihn gegen alle verteidigen zu können, auch gegen die Regierung. Sie taten niemals, was man ihnen befahl, sondern ausschließlich das, was ihnen ihr Gefühl eingab.

Sammy brachte zunächst keine Frau mit, sondern einen Boy, der weitläufig mit ihm verwandt war: einen roten, eingefetteten Jungen, der genauso dreinschaute wie ein fluchtbereiter Antilopenbock. Der Boy bereitete seinem Herrn das Essen und verhielt sich wie der Page eines mittelalterlichen Ritters, während Sammy wie ein Junker umherstolzierte und sich damit eine Aura von feudaler Autorität schuf.

Eines Tages zeigte er mir, wie er seinem Vieh Blut abzapfte. Ein *Kikuju*-Hirte hielt den Kopf eines scheckigen Bullen fest und drückte mit der Hand gegen seinen Hals, damit die Jugularader anschwoll. Sammy ließ sich dann von seinem Boy den Bogen geben und schoß aus ein paar Metern Entfernung einen Pfeil in die Ader. Die Pfeilspitze war von einem kleinen Holzblock umgeben, so daß sie nicht tiefer als einen knappen Zentimeter eindringen konnte. Ganz lässig zog Sammy dann den Pfeil aus der Wunde, und das Blut lief in eine Kalebasse, die der Boy darunterhielt. Danach drückte Sammy die Pfeilwunde mit Zeigefinger und Daumen zusammen; zu meiner Überraschung blieb die Wunde geschlossen, die Blutung war augenblicklich gestoppt. Der Bulle wurde losgelassen, trottete davon und begann gleich danach wieder zu grasen. Ich nehme an, das war ebenso harmlos wie der Aderlaß bei einem Menschen, oder vielleicht noch harmloser, da der Bulle sich ja bei bester Gesundheit befand. Sammy trank übrigens keineswegs das Blut so, wie es war, aus der Kalebasse. Der Boy vermischte es mit Milch und anderen Zutaten, zu denen auch der Urin von Kühen gehörte, und ließ das Ferment ein paar Tage lang gären. Wenn es zum Verzehr bereit war, hatte es die Konsistenz von weichem Käse.

Die Arbeit auf der Farm lief wesentlich glatter, seit Sammy bei uns war. Er und Robin organisierten eine Art System, und sie teilten den Leuten ihre tägliche Arbeit zu. Die meisten von ihnen waren bereits mittags damit fertig und hatten den Nachmittag frei zum Ausruhen und Palavern und den Abend, wenn sich die Gelegenheit bot, zum Tanzen und sich Vergnügen. Aber keiner der jungen Männer trank Bier. Das war nur für die Stammesältesten bestimmt, die sich für das entschädigten, was sie in ihrer Jugend versäumt hatten, als sich die Krieger fit halten und bereit sein mußten, zu den Waffen zu greifen, wenn das Signal dazu ertönte.

Sammy war ein stolzer Mann, aber sein Stolz war so instinktiv und so unbefangen, daß die anderen ihn ohne weiteres respektierten und kein Europäer in dem herablassenden Befehlston mit ihm sprach, wie er häufig gegenüber den *Kikuju* angewandt wurde. Robin und Tilly redeten mit ihm wie mit einem Landsmann, und dafür schenkte ihnen Sammy seine volle Loyalität. Damals war die afrikanische Gesellschaft noch weitgehend von Feudalherrschaft bestimmt, und die Europäer, die dieses System kannten, paßten sich ohne Schwierigkeiten an. Diese Feudalgesellschaft war allerdings eine subtile Angelegenheit und keineswegs mit dem Verhältnis zwischen Arbeitgeber und Arbeitnehmer zu vergleichen.

Unter Sammys Anleitung wurde auch das Pflügen besser, doch die Ochsen gebärdeten sich noch immer recht wild. Sie gingen oft durch und mußten dann im hohen Gras gejagt werden, bis man sie wieder einfangen und ins Joch spannen konnte. Die Furchen bildeten ein gewundenes Netz durch die schwarzen, abgebrannten Stoppeln des Grases, wobei sie die Krater umrundeten, die durch das schwierige und mühsame Roden der Bäume entstanden waren.

»Ich glaube, die Eingeborenen gäben alles auf der Welt dafür, keine geraden Linien gehen, geschweige denn pflügen zu müssen«, beklagte sich Robin.

Vielleicht bedeutete eine Gerade Unglück – jedenfalls wurde sie niemals riskiert. Nach englischen Begriffen sah das gepflügte Feld sehr merkwürdig aus; das Ganze war im Grunde keine Reihe von Furchen, sondern ein Meer aus Beulen und Schollen mit Seetang aus Wurzeln.

»Ich kann mir kaum vorstellen, wie da irgend etwas wachsen soll«, sagte Robin düster.

Tilly dagegen bemerkte, daß hier doch alles ohne große Mühe wucherte. »Sogar die Verandapfosten beginnen zu sprießen«, fügte sie hinzu.

Robin liebte die Vorstellung, daß wir die ersten waren, die in diesem Gebiet siedelten, aber in Wirklichkeit wußte er natürlich, daß unser holländischer Nachbar, Mr. Roos, vor uns eingetroffen war. Einige Wochen, nachdem wir unseren Kampf mit den Ochsen begonnen hatten, kehrte er von seiner Jagdexpedition zurück und kam auf seinem Maultier herübergeritten, um sich mit uns bekanntzumachen. Robin befürchtete, daß er unsere Gegenwart als unerfreulich empfand, weil die Buren grundsätzlich keine allzu nahe Nachbarschaft liebten und weil wir außerdem verhaßte britische ›Rotnacken‹ waren. Er war jedoch recht freundlich, und als Robin ein paar Worte in Afrikaans an ihn richtete, bot er sofort an, uns vorzuführen, wie man die Ochsen zum Pflügen bringen konnte. Er war ein Mann in mittleren Jahren, dunkel gebräunt, mit vielen Fältchen im Gesicht, einem ledernen Teint, einem kurzen, aber verfilzten Bart, strahlend blauen Augen und einer langsamen, stockenden Art, Englisch zu sprechen.

Wie die meisten Holländer war er äußerst talentiert im Umgang mit Ochsen. Es kam mir vor, als spreche er ihre Sprache. Er war keineswegs hart oder zornig mit ihnen wie die *Kikuju*, er brüllte sie nicht an, und obwohl er die lange Peitsche über ihren Köpfen klatschen ließ und gelegentlich auch zuschlug, was wie ein Hornissenstich wirkte, behandelte er die Tiere keineswegs roh oder grausam.

»Ihnen fressen die Ochsen geradezu aus der Hand«, bemerkte Robin mit Bewunderung.

»Ihre Boys haben ja keine Ahnung, Mann«, erwiderte unser Nachbar in verächtlichem Ton, was bei Sammy entschiedenen Protest hervorrief.

»Wir sind alle Amateure«, räumte Robin ein. »Aber Sammy ist ein guter Boy.«

»Er ist ein aufgeblasener Nigger und soll es nicht wagen, noch einmal so mit mir zu reden.«

»Er wollte sicher nicht unhöflich sein.«

Robin setzte sich für ihn ein; außerdem bezweifelte er, daß der Holländer recht hatte. Mr. Roos machte keinen Unterschied zwischen Sammy und den *Kikuju*; für ihn waren sie alle Nigger, und er hatte Sammys Stolz verletzt. Mr. Roos ließ sich jedoch keine Aufsässigkeit bieten und entschloß sich, Sammy auf die Probe zu stellen. Sie waren auf der Plantage und pflügten die letzte Furche, bevor sie Feierabend machten. Der Holländer bellte dem Afrikaner einen Befehl zu, aber Sammy ignorierte ihn und ging einfach weg. Woraufhin Mr. Roos die Peitsche wegwarf, hinter Sammy herrannte und ihm einen Tritt in den Hintern verpaßte. Neben ihnen stand ein junger *Kikuju* mit einem leichten Speer in der Hand. Sammy stolperte, riß dem Jungen den Speer aus der Hand, drehte sich um und bedrohte den Holländer mit mörderischem Gesichtsausdruck.

Robin handelte rasch. Er stieß Sammy mit einer Art Rugby-Trick zu Boden, und der Speer ging ins Leere. Der *Kikuju* hob ihn wieder auf, und Sammy stand da, bebend vor Wut. Er zitterte nicht nur, sondern wirkte, als wäre er geschmolzene Lava in einem tätigen Vulkan; er warf den Kopf in den Nacken und hatte Schaum auf den Lippen. Mr. Roos brüllte ihn an und forderte, daß er verprügelt werden sollte. Robin weigerte sich, und sei es nur deshalb, weil ihn die Arroganz des Holländers ärgerte. Mr. Roos habe sich aufgeplustert und benommen, als ob Sammy die Absicht gehabt hätte, einen neuen Zulu-Krieg zu entfesseln, sagte Robin nachher.

»Sie lassen es zu, daß ein Nigger auf einen Weißen losgeht«, schrie der Holländer und zitterte ebenfalls vor Zorn. »Als nächstes werden sie Ihnen allen im Schlaf die Hälse durchschneiden.«

»Das wäre dann jedenfalls wesentlich bequemer als im

Freien«, erwiderte Robin. Je mehr Mr. Roos tobte, desto sturer wurde Robin. Genau das war die Verhaltensweise der Briten, welche alle Buren fürchteten und verabscheuten. Die ihre war da wesentlich einfacher. Die weißen Männer waren bei weitem in der Unterzahl in einem Land voll schwarzer Wilder, und nur dadurch, daß sie zusammenhielten und jedes geringste Zeichen von Widerstand ausmerzten, hatten sie eine Chance, zu überleben. Der Feudalgeist der Briten, der sie dazu führte, ihre eigenen Leute gegen rivalisierende Herren zu schützen, kam den Holländern als Verrat an der weißen Rasse vor. Den Briten ging es um ihre persönliche Stellung, den Holländern um das Überleben der weißen Rasse. Und jedes der beiden Völker fürchtete und verachtete die Haltung des anderen und mißtraute ihm daher zutiefst.

Unser Nachbar ging wütend davon, doch dabei beließ er es nicht. Seiner Ansicht nach hätte die Affäre, wie es üblich war in solchen Angelegenheiten, durch zwanzig Hiebe mit der Nilpferdpeitsche geregelt werden müssen, doch da die Sturheit eines Rotnackens das verhinderte, gab es für ihn immer noch die Möglichkeit, die Bestrafung des Schuldigen auf gesetzlichem Wege durchzusetzen. Er ritt also zum Distriktverwalter in Fort Hall, das vierzig bis fünfzig Meilen entfernt war. Ein paar Tage später tauchte ein rotgesichtiger junger Mann, der sich mit einem sehr wuchtigem Tropenhelm geschützt hatte, auf dem Rücken eines Ponys bei uns auf. Er erklärte, daß gegen Sammy eine Anzeige wegen tätlicher Beleidigung erstattet worden sei. Robin war wütend, Tilly beunruhigt und Sammy, als man ihn holte und informierte, zeigte nichts als kalte Verachtung, woraufhin der junge Mann völlig verwirrt war.

»Soviel ich hörte, war er gewalttätig, und Sie wollten ihn festnehmen lassen«, sagte er. Zu diesem Zweck hatte er zwei große uniformierte *Askaris* mitgebracht, die etwas später zu Fuß eintrafen.

»Ich kann ihn nicht entbehren, sonst wird meine Plantage nicht vor der Regenzeit fertig«, sagte Robin. »Außerdem war es allein die Schuld von diesem Roos.«

»Es sieht so aus, als ob sich Mr. Roos nicht davon abbringen lassen würde, diese Klage zu vertreten. Wir hörten, daß Ihr Boy auch bei den *Kikuju* Unruhe gestiftet hat. Ich hatte sogar den Auftrag, Ihre Frau und Ihre Tochter nach Fort Hall in Sicherheit zu bringen, falls es irgendwelche Anzeichen von Aufruhr gebe.«

Die Stimme des jungen Mannes klang enttäuscht. Er hatte offenbar gehofft, eine gefährliche Situation mit der Hilfe zweier *Askaris* und seiner eigenen Geistesgegenwart unter Kontrolle zu bringen. Er blieb zum Lunch und ritt dann auf seinem Pony zurück.

Diese Anklage kostete alle Beteiligten viel Zeit, Ärger und Geld. Als schließlich der Prozeß gegen ihn vor dem Distriktsverwalter eröffnet wurde, ging Sammy nach Fort Hall und kam fast einen Monat lang nicht zurück. Robin, der schon befürchtete, man hätte ihn eingesperrt, schickte einen kurzen Brief an den Distriktsverwalter und erfuhr, daß der Prozeß wegen einander widersprechender Aussagen eingestellt worden war und daß Sammy den Amtssitz des Verwalters als freier Mann verlassen hatte.

Als er schließlich zurückkam, gepflegt und lächelnd, fragte ihn Robin ärgerlich, warum er sich so lange Zeit gelassen habe.

»Ich mußte auf die *Manyatta* meines Vaters, um mir ein paar Stück Vieh zu holen«, erwiderte er.

»Aber du brauchst keine Strafe zu bezahlen. Wozu wolltest du also die Rinder?«

»Um die Zeugen zu bezahlen.«

Und so endete alles glücklich.

In jenen Tagen erhielten alle Europäer von den Einheimischen Namen, die sich auf ihre besonderen Eigenschaften, Qualitäten oder Gewohnheiten bezogen. Wir erfuhren bald, daß der Name für Mr. Roos *Fleisch vom Wilden Schwein* bedeutete.

Robins Name lautete *Bwana Kofia Mbaya*, das heißt *Schlechter Hut*. Als Tilly das hörte, rief sie: »Das ist doch kaum zu glauben! Genau denselben Namen haben dir die Eingeborenen in Rhodesien gegeben, zwei Jahre vor unserer Hochzeit!«

»Es wundert mich keineswegs«, erklärte Robin. »Denn, siehst du, ich trage immer noch denselben Hut.«

6

Einige Monate nach unserer Ankunft ließen sich mehrere Nachbarn in der Umgebung nieder.

Der erste war ein schüchterner, aber entschlossener junger Mann namens Alec Wilson, der als Bürobote in einer langweiligen Stadt in den Midlands begonnen hatte, durch übergroßen Fleiß und Entschlußkraft schnell nach oben gekommen war und schon bald Büroleiter bei einem Anwalt wurde. Doch dann wurde er schwer krank und der Arzt meinte, daß er nur in sonnigem, trockenen Klima überleben könne. Er verließ England mit einem zusammengekratzten Kapital von ein paar Hundert Pfund und hatte das Glück, bei der Überfahrt einen Mann mit etwas größeren Mitteln kennenzulernen, der in seiner Kabine schlief, und die beiden kauften sich gemeinsam ein Stück Buschland, das an das unsere grenzte.

Alec Wilson wußte fast noch weniger als Robin über das, was ihm bevorstand. Aber Menschen, die gar nichts wissen, sind lernfähiger als solche, die sich ein wenig auskennen und ihre Kenntnisse überschätzen. Alec Wilson glaubte, daß er aus Büchern für das Leben im Busch lernen könnte. In diesem Punkt irrte er sich freilich, denn es gab nur sehr wenige Aufzeichnungen, und das meiste von dem, was es gab, war obendrein auch noch falsch. Doch die Grashütte, die er sich baute und die der unsrigen glich, füllte sich alsbald mit Regierungsberichten und Flugblättern,

Gebrauchsanweisungen und Handbüchern der Ingenieurskunst, Lehrbüchern über den Aufbau von Plantagen und ähnlichen Werken. Wenn er zu uns auf Besuch kam, fing er die Konversation meistens mit Bemerkungen an, die in etwa lauteten: »Nach meinen Berechnungen ist das Wasservolumen im Fluß um Null Komma fünf Kubikfuß gefallen, und das bedeutet, daß eine Rinne...« Oder: »Ich habe über die Frage der Windhecken nachgedacht; in Brasilien benützt man die Sorte *Gravilea Robusta*...«

Das war höchst langweilig, obwohl seine Begeisterung rührend wirkte. Er war wie ein Zugvogel, der bei seinem Flug in den Süden nur ein einziges Ziel hat – keine Verlokkungen, weder das Bedürfnis nach Nahrung noch die Müdigkeit oder andere Versuchungen konnten ihn davon abbringen. Er wollte an dieses Ziel gelangen oder zugrunde gehen. Zweifellos hatte er in Wolverhampton oder wo auch immer eine Familie sitzen, aber er erwähnte sie nur selten, obwohl er mit einer in Wales verheirateten Schwester korrespondierte. Und natürlich mußte er jeden Cent seines Geldes umdrehen. Wir erfuhren nur deshalb von seiner verheirateten Schwester, weil er uns manchmal unfrankierte Briefe zum Aufgeben in Thika brachte und grundsätzlich vergaß, uns das Portogeld zurückzuerstatten. Robin half ihm in jeder erdenklichen Weise: Er borgte ihm Ochsen, damit er pflügen konnte, Ketten, um die Baumstümpfe aus dem Boden zu ziehen, Werkzeuge und alles mögliche; er überließ ihm sogar Sammy für eine Woche, damit dieser seine Arbeiten ein wenig organisieren konnte. Als Alec Wilson danach Robin das Geld für ein paar Dinge gab, die dieser ihm in Nairobi besorgt hatte, zog er eine Rupie für den Unterhalt von Sammy ab.

Sammy erklärte nach seiner Rückkehr: »Dieser *Bwana* sollte heiraten, damit ihm eine Frau das Leben etwas erleichtert. Jetzt ist er wie ein Mann, der ständig von den *Siafus* gebissen wird.« Bald hatte er den Namen *Bwana Bado Kwisha* erhalten, der *Noch nicht fertig* bedeutete – eine

Redensart, welche er benutzte, wenn die *Kikuju* die Arbeit für diesen Tag niederlegen wollten.

In meinen Augen war er sehr alt, da er immerhin über dreißig sein mußte. Er sah nicht schlecht aus, obwohl er uns am Anfang unterernährt und blaß vorkam, mit einem albernen Zahnbürsten-Schnurrbart. Aber er hatte freundliche braune Hundeaugen und dichtes, kastanienbraunes Haar, und als die Sonne ihn eine Weile gebraten hatte, verlor er auch das ungesunde Aussehen, seine Schultern wurden breiter, und sogar der Schnurrbart wirkte ausdrucksvoller.

Auf der anderen Seite war der Holländer, Mr. Roos. Das Land direkt gegenüber auf der anderen Seite des Flusses wurde von einem Schotten namens Jock Nimmo in Besitz genommen, der ständig auf Elefantenjagd war. Nach einiger Zeit brachte er eine Ehefrau an, um zu zeigen, daß er bereit war, das Land zu entwickeln. Die Gesetze verlangten, daß ein jeder Siedler innerhalb von fünf Jahren eine bestimmte Summe für sein Land aufwenden und einen bestimmten Prozentsatz des Grundstücks roden, einzäunen, kultivieren und darauf einige Gebäude errichten mußte. Wer dieser Bestimmung nicht nachkam, verlor das Recht auf sein Land. Da aber Mr. Nimmo ein Jäger und kein Farmer war, überließ er diese Arbeiten seiner Frau. Tilly nahm an, daß er sie ausschließlich aus diesem Grund geheiratet hatte. Aber weshalb hatte sie ihn geheiratet? Doch nicht wegen dem Bedürfnis nach Sicherheit oder Gesellschaft, und wenn es aus Liebe war, dann muß sie sein Verhalten recht bald ernüchtert haben. Sie war eine Krankenschwester aus Edinburgh, die im Hospital von Nairobi gearbeitet hatte, wo Jock Nimmo mit ihr bekanntgeworden war. Gleich nach der Hochzeit hatte er sie allein im Busch zurückgelassen mit einem Trunkenbold von Vorarbeiter, ein paar unzuverlässigen *Kikuju*, einigen Werkzeugen und Geräten und den untüchtigen Ochsen und war zur Elfenbeinjagd in den Belgisch-Kongo aufgebrochen mit dem Versprechen, nach seiner Rückkehr mit ihr die Rennen in Nairobi zu besuchen.

Mrs. Nimmo interessierte sich nicht sehr für das Pflanzen von Kaffee und war schockiert über das, was sie als ›heidnische Unmoral‹ der Eingeborenen bezeichnete. Als Tilly fragte, was sie damit meinte, brachte sie kaum heraus, was sie in dieser Hinsicht alles gesehen hatte. Tilly, die auf ein paar saftige Enthüllungen hoffte, schickte mich weg. Später sagte sie zu Robin: »Diese Frau ist verrückt. Das einzige, was ihr Kummer macht, ist die Tatsache, daß die jungen Eingeborenen keine langen Hosen tragen. Dabei ist sie eine Krankenschwester! Außerdem: Wie steht es denn mit den Schottenröcken?«

»Die trägt man schließlich nicht gerade in Edinburgh«, erwiderte Robin mit dem Snobismus des typischen schottischen Hochländers.

Mrs. Nimmo hatte gehofft, die Tätigkeit als Krankenschwester hinter sich gelassen zu haben, und mochte es nicht, wenn man sie an ihren früheren Beruf erinnerte. Sie bat Tilly und mich zum Tee und servierte aus einer versilberten Teekanne und gerieften Porzellantassen mit Rosenknospenmuster. Dazu gab es nicht nur dünne Butterbrote, sondern auch eine Vielzahl süßer, dicker Plätzchen, die ich sehr genoß. Jeder Teller stand auf einem Spitzendeckchen. Die Konversation dagegen erwies sich als schwierig. Mrs. Nimmo wollte über die bessere Gesellschaft von Edinburgh sprechen, über die hübschen Töchter des neuen Gouverneurs und über die derzeitige modische Kontroverse im Hinblick auf die Ärmel, nämlich, ob sie offen getragen oder an den Handgelenken zusammengebunden werden sollten. Tilly dagegen hätte viel lieber über Themen wie Pleuro-Pneumonie bei Ochsen, gedrehte Pfahlwurzeln bei Kaffeepflanzen und Gerüchte über den Ausbruch der Beulenpest gesprochen.

»Ich fürchte, ich habe sie sehr enttäuscht«, gab Tilly danach zu. »Da bin ich nun die einzige andere weiße Frau auf zwanzig Meilen, und ich habe keine Ahnung, was die neueste Ärmelmode betrifft!«

Eines frühen Morgens traf ein keuchender Bote bei uns ein mit einer kurzen Nachricht, die lautete: ›Bitte sofort kommen; hier läuft ein Mörder frei herum.‹ Robin nahm ein Maultier und überquerte den Fluß auf einer neuen schmalen Brücke, die er selbst gebaut hatte. Als er ein paar Stunden später zurückkam, bemerkte er: »Sie ist eine höchst sonderbare Frau. Einerseits tut sie so, als müßte sie bei allem, was unter dem Hals eines Mannes liegt, in Ohnmacht fallen, und andererseits hat sie mit fröhlicher Miene die zerstochenen Hinterbacken und den aufgeschlitzten Bauch eines Schwarzen verbunden, als ob es ihr Spaß machte, was es wohl auch tat. Es war wirklich ein scheußlicher Anblick: Man hatte dem Burschen den Schädel eingeschlagen, ein Auge hing halb aus der Höhle, und als ich darüber eine Bemerkung machte, sagte, sie: ›Ach was, ich hab' schon Schlimmeres erlebt an Samstagabenden in der Ambulanz.‹«

Der stets betrunkene Vorarbeiter war, wie es schien, besonders betrunken gewesen und hatte einen der *Kikuju* angegriffen, wofür dessen Freunde und Verwandten sich prompt revanchierten und kaum etwas an ihm heil ließen. Das geschah während der Nacht. Als es hell wurde, waren alle *Kikuju* verschwunden und hatten den Vorarbeiter allein in seiner Hütte liegengelassen, wo er eigentlich hätte verbluten müssen. Doch er lebte noch, als Mrs. Nimmo ihn am Morgen fand.

»Er hat keine Chance, der arme Teufel«, sagte sie mit dem Recht ihrer Erfahrung – doch sie hatte nicht mit der afrikanischen Zähigkeit gerechnet. Der Vorarbeiter war wütend und entschlossen, zu überleben, und so tat er es auch. Andererseits starben selbst recht gesund aussehende Menschen, nur, weil sie sterben wollten. In Edinburgh kam so etwas freilich nicht oft vor, und Mrs. Nimmo konnte sich kaum von ihrer Überraschung erholen, daß ihr Vorarbeiter es schließlich doch noch schaffte. Sie wollte die Polizei einschalten, aber Robin redete es ihr aus. Selbst wenn die Polizei zu ihr käme, nach langer Verzögerung, würde sie nur eine Menge Fragen stellen, und da niemand zugeben würde, den Vorarbeiter je zuvor auch nur gesehen zu haben, und da die Verwandten jedem Verdächtigen ein lückenloses Alibi lieferten, würde sie mit einer Anzeige keinen Schritt weiterkommen.

»Ich werde mit Kupanya darüber reden, wenn Ihr Vorarbeiter soweit wieder hergestellt ist, daß er die Geschichte aus seiner Sicht berichten kann«, versprach Robin.

Ich vermute, dieser Vorfall brachte Mrs. Nimmo dazu, daß sie ihre Hoffnungen mitsamt der versilberten Teekanne wegpackte. Danach wandte sie sich wieder mehr und mehr ihrem ursprünglichen Beruf zu, jetzt aber ohne Anleitung eines Arztes und bestimmt auch ohne Bezahlung. Die Leute kamen zu allen Tages- und Nachtstunden von weit her zu ihr, und es war schwer, sie abzuweisen, doch es mangelte an Medikamenten und an den Mitteln zu deren Beschaffung, da Mr. Nimmo ihr praktisch kein Bargeld zurückgelassen hatte. Es hatte keinen Sinn, die Eingeborenen zur Bezahlung aufzufordern, denn sie besaßen ebenfalls keinen Cent. Robin und Tilly kauften gewisse Arzneivorräte, wenn sie nach Nairobi kamen, und ein Arzt, unter dem Mrs. Nimmo früher gearbeitet hatte, schickte ihr das eine oder andere Medikament. Ansonsten blieben ihr das Vertrauen und das *Epsom*-Salz. Die Rodung des Buschs machte dementsprechend wenig Fortschritte. »Ich fürchte, Nimmo wird sie dafür verprügeln, wenn er zurückkommt«, sagte Robin.

Das Grundstück neben dem der Nimmos gehörte einem Australier namens Victor Patterson. Ich glaube, er war irgendwie verwandt mit dem Patterson, der *Der Mann vom Schneefluß* geschrieben hat, ein Buch, das lange Zeit meine Lieblingslektüre war. Er war ein autodidaktischer Schürfer, der gekommen war, um hier nach Gold zu suchen, und es hieß, daß er das Stück Land beim Pokern gewonnen hatte. Wenn ich mich an ihn erinnere, fält mir als erstes sein besonders schlecht sitzendes Gebiß ein. Es schien eine Art Eigenleben zu führen und bewegte sich auf und ab ohne Beziehung zu den Worten, die er sprach, so wie in der

Frühzeit des synchronisierten Films die Stimmen oft nicht mit den Mundbewegungen der Schauspieler übereinstimmten. Ich nahm an, daß die falschen Zähne irgendwie mit Gummibändern befestigt waren, und manchmal drohten sie sogar herauszufallen. Sein Gesicht war schmal und ausgezehrt, er sprach mit starkem australischem Akzent, und hier und da kam ein langes, beeindruckendes Räuspern aus seiner Kehle, welches damit endete, daß er schnalzend auspuckte.

Etwa zweimal wöchentlich schickten wir einen Burschen mit dem Maultier hinunter zur Poststation in Thika. Meistens jedoch brachte er nicht viel mit zurück, ausgenommen zu den spannenden Anlässen, wenn ein englisches Postboot eingetroffen war. Aber eines Tages erhielt Robin einen Brief von Roger Stilbeck, in dem es hieß:

> *Ein Ehepaar, das Sie sicher mögen werden, hat eben ein Stück Land bei Thika gekauft. Der Mann heißt Hereward Palmer, und sie haben vielleicht von ihm gehört. Er war beim 9. Regiment. Sie ist eine geborene Pinckney, eine entzückende Frau. Sie wird die ideale Freundin für Tilly sein. Ich nehme an, Sie haben gehört, daß gutes Kaffee-Land inzwischen im Preis auf 25 Pfund pro Hektar gestiegen ist. Sie sehen also, daß Sie das Ihre billig bekommen haben. Wann kommen Sie zu den Rennen? Besuchen Sie uns doch, wenn Sie hier sind. Es wird davon gesprochen, einen Country Club zu gründen, und ich werde Ihren Namen auf die Liste der Interessenten setzen, wenn es wirklich dazu kommen sollte.*

Der Brief erboste Tilly.

»Er denkt wohl, er kann uns diktieren, mit wem wir uns befreunden sollen, nur weil er uns ein Stück Land mit unverschämtem Profit verkauft hat. Jetzt rühmt er sich, weil er noch so ein paar Verrückte gefunden hat. Und ich bin sicher, das mit dem Country Club ist auch eines von seinen

Schwindelmanövern. Wenn die Palmers seine Freunde sind, will ich nichts mit ihnen zu tun haben.«

»Die Freundschaft wird rasch erkalten, sobald sie entdekken, wie sie übers Ohr gehauen wurden«, sagte Robin beschwichtigend. Er gab es nicht zu, freute sich aber sehr auf die Ankunft der Palmers. Hereward Palmer war ein Captain, und obwohl niemand das Militär mehr verachtet hatte als Robin während seiner Dienstzeit, hatte es nun, da diese Zeit hinter ihm lag, einen gewissen Zauber erlangt. Hier und da sah er sich selbst als verhinderten großen Soldaten, und nach ausgedehnten Kämpfen mit widerspenstigen Ochsen, zerbrochenem Gerät, unerwartetem Wetter und den *Kikuju*, die wenig Ahnung davon hatten, was man eigentlich von ihnen erwartete, sehnte er sich danach, wieder einmal mit geordneten Gedankengängen konfrontiert zu werden. Er hoffte sehr, daß sich Tilly nicht gegen die Palmers entschied. Wie sein Spaniel hatte er ständig das Bedürfnis, neue Freunde zu gewinnen.

Tilly traf sie im Blue Posts Hotel. Wir waren hinuntergeritten zu den *Dukas* und schauten auf dem Rückweg dort vorbei, um ein Paar Socken, die Tilly für Randall gestrickt hatte und ein Glas selbstgemachtes Guavengelee abzugeben. Wir waren erhitzt, staubig und zerzaust, als wir auf der Veranda zwei adrette Gestalten sitzen sahen, die offensichtlich im Hotel übernachtet hatten und noch nicht reisefertig waren. Tilly erriet sofort, wer die beiden waren, und versuchte, die Flucht zu ergreifen, aber Major Breeches kam rasch heraus, um sie mit uns bekanntzumachen, also kamen wir nicht umhin, die Palmers so, wie wir waren, zu begrüßen.

Obwohl es so lange zurückliegt und sie sich danach so sehr verändert hat, erinnere ich mich noch deutlich an Lettice Palmer, wie ich sie damals zum erstenmal gesehen habe: freundlich, sehr bemüht und vor allem hübsch in einer stilvollen, natürlichen und völlig unbefangenen Weise. Sie hatte die feinste Haut, die ich jemals sah, so frisch und leuchtend wie die Blütenblätter einer Akelei. Ihre Augen waren amberfarben, und ihr Haar hatte den Ton von dunklem Sherry; sie verbreitete eine Aura von Zartheit und Reinheit und hatte die Neigung, den Kopf nach hinten zu werfen und die Nasenlöcher zu vergrößern, ja, beinahe die Nase zu rümpfen, wenn sie interessiert, oder belustigt war. Major Breeches schwänzelte um sie herum wie ein aufgeregter Hund.

»Was für eine Reise!« rief sie. »Das Gras ist braun, die Bäume tragen riesige Blüten, aber keine Blätter, die Frauen haben die schwersten Lasten auf dem Buckel... Und Sie leben wirklich hier? Sie haben ein Haus, einen Garten und wissen, wie man mit den Boys redet? Ich hoffe, Sie werden mir helfen; momentan komme ich mir vor wie ein verlaufenes Schaf in einem Gebirge voller Wölfe.«

»Noch vor einem Jahr hätte ich nicht von einem Haus oder einem Garten gesprochen«, erwiderte Tilly. »Aber ich glaube, wir haben gewissermaßen beides. Und natürlich helfen wir Ihnen; Robin wird zu Ihnen kommen und Ihnen ein paar von den Boys ausborgen.«

»Man weiß überhaupt nicht, wo man beginnen soll; noch nie habe ich mich so hilfslos gefühlt, seit mein kleiner Bruder mit sieben Jahren von seinem Schaukelpferd gefallen ist und das Kinderzimmer vollgeblutet hat; damals habe ich geschrien, und keiner ist gekommen... Hereward meint, ich hätte Chang und Zena nicht mitbringen dürfen, aber ich habe es einfach nicht fertiggebracht, sie zurückzulassen. Ich liebe sie sehr, und sie haben das Herz eines Löwen. Finden Sie es auch falsch, daß ich sie mitgebracht habe?«

Chang und Zena waren Pekinesen und lagen zu ihren Füßen, hechelten und fühlten sich alles andere als wohl. Freilich, auf dieser einfachen Veranda, neben einer Bougainvillea, deren Purpurfarbe geradezu schreiend kräftig war, umgeben von gelbbrauner, vertrockneter Vegetation im Ton des seidigen Fells der Pekinesen, war der gestickte Kimono eines chinesischen Kaisers Welten entfernt.

»Die Hitze setzt ihnen zu«, meinte Tilly. Sie versuchte, sich mit ihnen anzufreunden, aber die Hunde starrten sie aus großen kurzsichtigen Augen gleichgültig an und leckten sich die kleinen Stupsnasen mit langen rosafarbenen Zungen.

Captain Palmer war aufgesprungen, als Tilly die Veranda betreten hatte, beugte sich leicht über ihre Hand und stand danach so steif und aufrecht da wie einer der Verandapfosten. Dabei überblickte er die Szene mit dem Ausdruck männlicher Überlegenheit und Verachtung für das Geplapper von Frauen, gepaart mit paschahafter Geduld. Er war ein gutaussehender Mann: blond, das Haar streng von der hohen Stirn nach hinten gekämmt, ein langes, knochiges Gesicht, ausgeprägte Züge und ein kraftvoll wirkender Schnurrbart. Er konnte nichts anderes als ein englischer Offizier sein, und selbst ein unvoreingenommener Beobachter hätte ihn zur Kavallerie eingeordnet, vielleicht nach seinen O-Beinen und dem typischen Gang. Ob er das Regiment hätte erraten können, weiß ich allerdings nicht.

»Nicht fair den Hunden gegenüber«, sagte er.

Tilly widersprach ihm. »Wenn Sie sich richtig um sie kümmern, werden sie sich gut fühlen. Sie müssen ihr Fell nur täglich mit Paraffin einreiben gegen die Zecken und das Fleisch für ihr Futter abkochen wegen der Würmer.«

»Was für schreckliche Bedrohungen!« rief Lettice. »Und das Schlimmste: Hereward ist praktisch hilflos dagegen. Er hat zwar fünf verschiedene Gewehre bei sich, aber die helfen gar nichts gegen Zecken und Würmer.«

»Nehme an, eine Menge Wild hier?« erkundigte sich der Captain und strich sich mit den Fingern über die gewachsten Schnurrbartspitzen. Er roch schwach und angenehm nach Rum.

»Das einzig wirklich Schöne in diesem Land, wie ich es sehe, sind die wilden Tiere«, sagte Lettice Palmer. »Dennoch ist ein jeder geradezu besessen davon, sie zu töten. Wenn ihnen das erst gelungen ist, gibt es nur noch Zecken und Staub und diese jämmerlichen kleinen Ochsen mit ihren

Höckern und den Striemen auf der Haut. Und erst die Kinder! Warum haben sie alle so große Bäuche, als ob sie mit einer Fahrradpumpe aufgepumpt worden wären?«

»Essen zuviel«, meinte der Captain.

»Nein, nein«, korrigierte Tilly, »aber sie essen das Falsche, und zwar ständig, Tag und Nacht. Die Ärzte meinen, es komme zum Teil auch von der vergrößerten Milz, einer Folge der Malaria.«

Lettice Palmer bedeckte impulsiv das Gesicht mit den Händen, die sehr schön und weiß waren mit eleganten, langen Fingern. Die Geste war zwar theatralisch, doch bei ihr wirkte sie ganz natürlich; sie bewegte die Hände und den Kopf sehr viel beim Sprechen, und dennoch machte sie keineswegs den Eindruck, falsch oder affektiert zu sein. »Wie schrecklich! Aber es muß doch etwas geben, was wir dagegen tun können! All diese halb verkrüppelten Kinder, und die Frauen, die wie die Pilze unter diesen gewaltigen Lasten dahergehen, und die Babys mit den Fliegen in den Augen! Wird es uns je gelingen, das zu ändern?«

»Meine Frau ist sehr gefühlvoll«, erklärte Captain Palmer ein wenig stolz. »Solche Dinge regen sie immer sehr auf. Aber sie wird sich mit der Zeit daran gewöhnen.«

»Das ist es ja gerade! Man gewöhnt sich mit der Zeit daran, und dann nimmt man es hin, und alles geht weiter wie zuvor. Ich sollte hier als Reformer tätig werden und nahrhafte Suppen und *Keating's Pulver* ausgeben statt Geld zu verschwenden für Konzert und Ballett oder statt im Bett zu liegen und Romane zu lesen. Wie furchtbar ist das doch alles!«

»Das wird Ihnen hier ohnehin nicht möglich sein«, bemerkte Tilly.

»Ja, und ich bin sicher, es wird mir guttun. Nach und nach wird sich meine törichte Natur verändern, bis ich schließlich eine Perle von Ehefrau werde für Hereward und seine Leistungen zu schätzen weiß wie den Rekord-Schwarzbock, den er in Kaschmir geschossen hat. Wieviele

Zentimeter waren es, Hereward, vom einen Ende des Geweihs zum anderen?«

»Nepal«, verbesserte Hereward. »Es waren einundsiebzig.«

»Einundsiebzig Zentimeter! Wie stolz muß dieser Bock auf seine männliche Schönheit und Größe gewesen sein, wie ein Mann mit einem großartigen Schnurrbart oder schmalen Hüften, die gerade in Uniform so gut wirken! Und jetzt liegt das Geweih in einer Kiste in Nairobi. Es ist zu wertvoll, um hierhergebracht zu werden in die Wildnis, bevor wir ein Haus haben, wo man es aufhängen kann. Es liegt bei den Uniformkoffern und dem Silber, und wenn wir so weit sind, werden wir alles holen lassen.«

Hereward schaute sie an und lächelte ein wenig streng. Es war seltsam: Wenn er lächelte, bewegte sich seine Kopfhaut und rutschte ein Stück über die Stirn zurück. Und wenn er lachte, wirkte er aggressiv, obwohl wir später herausfanden, daß er das keineswegs war.

»Die Großmutter meiner Frau stammt aus Rußland«, sagte er, als erklärte das alles.

»Das Schiff war voll von Menschen, die alle glaubten, sie würden sich hier schnell ein Vermögen machen, aber jetzt, nachdem ich ein bißchen von dem Land hier gesehen habe, weiß ich nicht, woher dieser Glaube stammt. Die Eingeborenen sind seit Tausenden von Jahren hier, und alles, was sie sich erworben haben, sind ein paar Glasperlen. Was gibt es hier, daß man daraus ein Vermögen machen könnte? Sicher, es gibt die Strauße. Ein Mann auf dem Schiff erklärte, daß er den wilden Vögeln ihre Eier wegnehmen und eine Ranch mit lauter Straußen gründen wollte. Dann wollte er ihnen die Schwanzfedern ausreißen und sie für enorme Summen verkaufen. Sicher, das wäre eine leichte Möglichkeit, um reich zu werden, und wohl auch ziemlich anständig, aber Hereward will nichts davon wissen. Er möchte Besitzer einer Plantage werden...«

»Ich würde niemals auf Frauenmode setzen«, erklärte

Hereward. »Mit Verlaub ...« – er verneigte sich in Richtung auf Tilly – »ich kenne das schöne Geschlecht allzu gut. Dagegen eine Plantage ... Sehen Sie, was in Indien und Ceylon damit verdient wird! Zugegeben, kein schnelles Geschäft. Fünf Jahre lang keinen Profit.«

»Fünf Jahre!« Lettice schaute ihn an, als ob er ihr einen Dolch ins Herz gestochen hätte. »In fünf Jahren ist meine Jugend vorbei. Dann bin ich fett, eine Frau in mittleren Jahren, und muß meine Kleider weiter machen lassen, und Hereward wird die Gicht bekommen. Fünf Jahre! Und die ganze Zeit werden wir die Sonne beim Aufgehen und beim Sinken beobachten und uns ihr in der Zwischenzeit fernhalten, und ich werde einen Garten anlegen, und Hereward wird zusehen, wie die Kaffeebüsche sehr, sehr langsam hochwachsen, und in fünf Jahren ist Hugh dann neun und hat vielleicht vergessen, daß er überhaupt Eltern hat. Wir haben einen Sohn, müssen sie wissen«, fügte sie hinzu, »und natürlich mußte er zu Hause bleiben, und wenn ich auch vermute, daß das so sein muß und Hereward es mir immer wieder bestätigt, finde ich es doch sehr traurig und schwer zu ertragen. Aber was rede ich dauernd von mir, und wie töricht ist das, wo ich doch alles andere als interessant bin ... Jetzt müssen Sie uns sagen, wie wir es anfangen, uns auf unserem Stück Land einzurichten.«

Tilly gab ihr Ratschläge, und die meisten davon versetzten Captain Palmer noch mehr als seine Frau in tiefstes Entsetzen, denn sie klangen gerade in den Ohren eines Militärs planlos und unordentlich. Die Palmers hatten zwei hübsche Ponys dabei, die sie in Nairobi für eine beträchtliche Summe erstanden hatten. Tilly teilte Captain Palmer mit, daß er die Ponys auf keinen Fall auf seine neue Farm mitnehmen dürfe, bis er dort einen Stall gebaut hatte, wo er sie unterbringen konnte.

»Aber wenn sogar wir nur in Zelten leben!« protestierte Lettice. »Müssen sie denn etwas Besseres haben als wir?«

»Ohne ordentlichen Stall sterben sie in ein paar Monaten

an der Pferdekrankheit«, warnte Tilly. »Sie müssen unbedingt vor Einbruch der Dunkelheit in einen moskitosicheren Stall gesperrt werden.«

»Roger Stilbeck sagte, es gäbe keine Pferdekrankheit hier«, bemerkte der Captain. »Er sagte, man denke sogar daran, einen Polo-Club zu gründen.«

»Er redet viel«, antwortete Tilly mit äußerster Zurückhaltung.

»Zumindest die Höhe über dem Meeresspiegel dürfte für uns Menschen angenehm und gesund sein«, meinte Lettice.

»Sicher, in gewisser Weise; doch leider herrschen hier auch die Beulenpest und die Blattern, und die Einheimischen werden von Frambösie und Parasiten geplagt, so daß man stets das Wasser gründlich abkochen muß. Es gibt Typhus und Elefantiasis, und neulich ist angeblich ein Mann am Schwarzwasserfieber gestorben. Außerdem müssen Sie sehr auf die kleinen Pekinesen achten. Es ist wichtig, daß man ihnen täglich die Zecken abzupft, denn es gibt in dieser Gegend ein Zeckenfieber, das die Hunde befällt. Und natürlich gibt es die Tollwut; wenn Sie also einen eingeborenen Hund sehen, der sich sonderbar benimmt, sollten Sie ihn sofort abschießen. Tollwut ist, wie Sie wissen, unheilbar.«

»Ich danke Ihnen«, sagte Lettice. »Sie sind uns wirklich eine große Hilfe.«

»Ich werde zu Ihnen kommen und Ihren Mann besuchen«, fügte der Captain hinzu. Er schaute entmutigt drein. »Ich bin sicher, er hat Mitleid mit einem Greenhorn und gibt mir die richtigen Hinweise.«

»Vorausgesetzt, du erreichst ihn durch einen Ozean von Bazillen und Parasiten«, bemerkte Lettice. Sie hatte die zwei Pekinesen auf den Arm genommen und spielte mit ihren seidigen Ohren, als wollte sie sich selbst davon überzeugen, daß es noch etwas gab auf dieser Welt, was weich und angenehm war. Ihre Haut war so dünn, daß man die Adern darunter sehen konnte, wie bei einem Blatt im Frühling. Als sie uns zum Abschied zulächelte, strömte sie eine Wärme aus wie ein Pfirsich im Hochsommer oder ein Vogel, den man in der Hand hält.

Tilly ritt ein wenig schuldbewußt zurück, denn eigentlich hatte ihr Lettice gefallen, aber sie konnte nun einmal nicht dem Bedürfnis widerstehen, allem Aufgeblasenen einen Dämpfer zu verpassen. Sie sagte zu Robin: »Sie wird ersticken wie ein Fisch an Land, fürchte ich.«

»Der Mann hat eine Menge Geld. Er sollte ihr einen Teich graben lassen, wo sie sich unter den Wasserlilien verstecken kann.«

»Ich möchte wissen, warum sie hierhergekommen sind«, spekulierte Tilly. »Denn das scheint mir nicht das Leben zu sein, für das sie geeignet sind, und wenn sie Geld haben ...«

»Sicher eine Art Sport.«

»Schön und gut, aber Sportsfreunde veranstalten eine große Safari und gehen dann nach Hause bis zum nächsten Mal; sie lassen sich auf keinen Fall hier nieder. Ich glaube, da ist etwas faul.«

Tilly hatte ein großes Talent, Geheimnisse aufzuspüren. Sie sprang von Folgerung zu Folgerung mit der Unberechenbarkeit eines Froschs, geleitet von einer Kombination aus Schlauheit und Gefühl – und dabei landete sie nicht selten näher an der Wahrheit als man sich vorstellen konnte. Robin erklärte dazu lediglich: »Es muß schon etwas faul daran sein, wenn jemand hierher in dieses Land kommt.«

»Vielleicht eine Art Skandal... Und jetzt, wo ich darüber nachdenke, erinnere ich mich vage, etwas Derartiges in Verbindung mit ihrem Namen gehört zu haben. Vielleicht ist sie mit ihm davongelaufen. Er ist recht attraktiv, aber eigenartig. Und sie spielt das hilflose Frauchen, aber darunter, würde ich sagen, ist sie zäh wie altes Stiefelleder.«

»Ein Mann wie er wird ein Steinhaus haben wollen«,

überlegte sich Robin. »In der Nähe des Flusses, auf unserem Grundstück, gibt es Steine, die zum Häuserbauen geeignet sind. Vielleicht werden wir Partner bei einem kleinen Steinbruch, was meinst du?«

7

Einmal ins Auge gefaßt, gewann der Gedanke an die Einrichtung eines Steinbruchs rasch an Attraktivität, und schon bald schossen in Robins Vorstellung rings um uns die Häuser empor, wurde gehauener Stein in großen Mengen verkauft und sah er sich selbst, während Herewald Palmer die Rolle des stillen Partners übernahm, als einen Bausteinmagnaten von überregionaler Bedeutung. Und er kehrte auch von seinem ersten Besuch bei den Palmers nur kurzzeitig entmutigt zurück. Captain Palmer hatte ihm nämlich eröffnet, daß er beabsichtigte, eine Baufirma in Nairobi mit dem Bau seines Hauses zu beauftragen.

»Er muß wirklich sehr reich sein«, sagte Robin betrübt.

»Aber nicht mehr lange, wenn er so weitermacht.«

»Ich habe ihn gewarnt; auf diese Weise wird er Hunderte von Pfund vergeuden. Und ich glaube, dieser Gedanke hat bei ihm Wurzeln geschlagen; es könnte durchaus sein, daß er seine Meinung ändert und sich doch noch entschließt, die Summen lieber für einen Steinbruch zur Verfügung zu stellen...«

Tilly fragte ihn nach seiner Meinung über Mrs. Palmer, und Robin antwortete ungewöhnlich zurückhaltend.

»Ich glaube, sie wird in ein paar Jahren fett werden.«

»Aber *jetzt* ist sie nicht fett; was spielt es für eine Rolle, wie sie vielleicht in der Zukunft sein wird?«

»Es war mir, als hörte ich das Klappern von Kastagnetten«, erklärte Robin dunkel.

Er fügte hinzu, daß der leitende Boy die Palmers auf Schritt und Tritt betrüge, die Arbeiter eine Ansammlung von Taugenichtsen seien und daß Captain Palmer nur an Jagen und Schießen denke. Aber Robin ritt ziemlich oft hinüber in ihr Camp und genoß, wie Tilly es ausdrückte, die Rolle des erfahrenen Siedlers. Es war überraschend, wieviel die Erfahrung von nur einem halben Jahr bewirkt hatte, verbunden mit den freilich noch lückenhaften Kenntnissen des Kisuaheli. Für die *Kikuju* war es eine Fremdsprache, genau wie für uns, aber sie kapierten sie rasch, und obwohl das zu manchen erbitterten Diskussionen führte, sobald sich Meinungsverschiedenheiten ergaben, war die Kenntnis dieser Sprache doch ein wesentlich feineres und deutlicheres Kommunikationsmittel als Schreie oder Gesten.

»Seltsam, wie viele Menschen glauben, daß man Fremde oder Eingeborene zum besseren Verständnis bringt, wenn man sie anbrüllt«, bemerkte Robin einmal. Und er hatte ganz recht. Auf Bahnsteigen, in Rikschas und vor allem in Hotels hörte man oft verwirrte Engländer, welche die stummen, verständnislosen Afrikaner wütend anbellten mit Sätzen wie: ›Wo – ist – mein – Bettzeug?‹ oder ›Dieser – Schinken – ist – kalt!‹, als hämmerten sie Nägel in eine Steinwand.

Nachdem ihre Grashütten – größere und bessere als die unsrigen – aufgestellt waren, kamen die Palmers auf ihren hervorragenden Ponys zum Lunch herüber, und am Nachmittag zeigte Robin dann Captain Palmer, was er inzwischen alles erreicht hatte. Es gab zwar nicht allzu viel zu sehen, doch das, was es gab, war hart genug errungen worden. Die Rodung des Buschs ging langsam und unter großen Mühen voran, vor allem, beim Entfernen der Wurzeln größerer Bäume. Erst dann merkte man, daß es mehr Bäume gab als man glaubte, und ihre Wurzelstöcke waren bemerkenswert zäh und ausladend. die *Kikuju* waren nie zuvor mit Hacken umgegangen und benutzten sie wie Zahnstocher, wobei sie vorsichtig um die Wurzelstöcke herum die Erde entfernten, als wären es Nervenstränge, die man nicht berühren durfte. Schließlich, wenn alle Wurzeln freigelegt waren, befestigten die Ochsenboys den Baumstumpf an einer Kette, und mit etwas Glück gelang es ihnen dann, den Wurzelstock herauszuziehen. Aber nicht selten rutschte die Kette ab oder riß aus der Verankerung, oder die Ochsen zogen gleichzeitig in zwei verschiedene Richtungen, und je mehr die *Kikuju* brüllten und mit den Peitschen schlugen, desto verwirrter und sturer wurden die Tiere.

Immerhin waren inzwischen alle Baumstümpfe aus einem ebenen Gelände in der Nähe unseres Hauses entfernt und das Land zu einem Acker gepflügt worden, wie er jeden englischen Farmer zutiefst entsetzt hätte. Doch er war gerade richtig für die einen bis einen Meter zwanzig hohen Kaffeesetzlinge. In der heißen, staubigen Trockenzeit vor der langen Regenperiode, hatte Robin viele Stunden in Schweiß und Frustration mit dem Einpflanzen damit verbracht. Er hielt ein Ende einer dünnen Stahlkette von einem Meter Länge, ein Kikuju-Krieger hielt das andere Ende, und Sammy steckte an beiden Enden einen Pflock in den Boden, der den Platz eines zukünftigen Setzlings bezeichnete. Das Unternehmen wurde dadurch kompliziert, daß die Stecklinge im Dreieck angeordnet werden mußten, und der Wald von Pflöcken, der sich bald danach erhob, geriet auf diese Weise manchmal durcheinander und mußte wieder von neuem gesetzt werden.

Schließlich hoben die *Kikuju* die Löcher für die Setzlinge aus. Diese Arbeit hätte noch vor Einsetzen des Regens beendet sein sollen, doch das war sie natürlich nicht, und so gab es eine Krise, als die von Robin gekauften Setzlinge eintrafen, bevor der Boden dafür vorbereitet war. In späteren Jahren wurde die Plantage von der Baumschule am Fluß versorgt, die unter Tillys Obhut stand und wo bereits Kaffeebeeren in lange, aufgehäufte Erdhügel in der Art von Spargelbeeten gepflanzt und mit Bananenblättern abgedeckt worden waren, damit die Sonne die lehmige Flußerde nicht so rasch austrocknen konnte.

Inzwischen war die erste Regenzeit vorüber, eine Periode kalter Sturzfluten, die jegliche Bewegungen von Wagen und

Karren verhinderte, und unsere Setzlinge waren zuletzt doch noch in die frisch aufgebrochene Erde gepflanzt worden. Es dauerte nicht lange, und sie waren verschwunden unter einem Teppich von Gras, das sich rasch zu einem Dschungel anwuchs; die *Kikuju* wurden beauftragt, das Gras mit ihren *Pangas* zu jäten, damit die kostbaren Setzlinge genügend Licht und Luft bekamen.

Nach dem ersten Tag dieser neuen Arbeit kam Sammy zu Robin, um ihm zu berichten, daß sich die *Kikuju*-Krieger weigerten, das Gras auszujäten.

»Aber das ist bei weitem keine so schwere Arbeit wie das Roden«, protestierte Robin, »und sie bekommen den gleichen Lohn dafür.«

»Darum geht es nicht«, sagte Sammy.

»Worum dann?«

»Ihr Stolz ist verletzt, wenn man sie beim Grasjäten sieht.«

»Worin besteht denn der Unterschied zwischen dem Entfernen des Grases vor dem Roden des Landes und dem Ausjäten danach?«

»Das Jäten ist Frauenarbeit«, erklärte Sammy.

Robin war ärgerlich. Er dachte, daß die Krieger es nur als Ausrede benutzten, und selbst wenn nicht, dann sollten solche Arbeiten nicht von Frauen, sondern von ansonsten untätigen jungen Burschen geleistet werden.

Aber sein Ärger änderte nichts an den Tatsachen. Die jungen Männer legten ihre *Pangas* weg und erklärten, sie würden nach Hause gehen.

»Ich weiß, was unser holländischer Freund tun würde«, sagte Robin nachdenklich. »Er würde ihnen fünfundzwanzig mit der Nilpferdpeitsche auf die nackten Hintern geben.«

Dies war das Allheilmittel in jenen Tagen, aber Robin hielt nicht viel davon und umging es, wann immer er konnte. »Na schön«, sagte er, »wenn es Frauenarbeit ist, dann müssen wir uns eben Frauen dafür besorgen. Wir können die hiesigen Bräuche nicht über Nacht reformieren.«

Er sprach mit Sammy darüber, Sammy besuchte den Häuptling Kupanya, und kurz danach kam eine Zahl junger Mädchen fröhlich hüpfend und die Hüften schwingend den Pfad herüber, wobei sie ein Lied sangen, das, nach dem Gelächter der Krieger zu urteilen, ziemlich derb und obzön sein mußte. Sie hatten sich die Köpfe glattgeschoren bis auf einen Fleck mitten auf dem Schädel, etwa wie ein großer runder Eierbecher, was sie als unverheiratet kennzeichnete, obwohl sicher alle bereits einem Mann bestimmt waren; vermutlich warteten sie nur, bis die Männer den Brautpreis aufbringen konnten, bevor sie als Verheiratete galten. Sie waren nackt bis zur Gürtellinie und hatte gutgeformte Brüste, die noch nicht durch das Säugen der Babys verdorben waren, und sie trugen vorne und hinten einen dreieckigen Lendenschurz aus Leder. Außerdem trugen sie Glas- und Holzperlen sowie Messing- und Kupferschmuck in Form von Arm- und Beinreifen, und an den Ohren baumelten ebenfalls Schmuckgegenstände.

Die jungen Männer übergaben erfreut ihre *Pangas*, die Mädchen übernahmen sie und machten sich sofort mit Vergnügen und Geschick ans Jäten. Dabei sangen sie ihre Lieder und schafften in der gleichen Zeit mindestens die dreifache Arbeit wie die Männer. Am Nachmittag marschierten sie wieder über den Hügel hinüber in ihr Reservat. Ihre Väter gestatteten nicht, daß sie über Nacht ausblieben, und außerdem wartete zu Hause genügend Arbeit auf sie. Ihren Lohn würden sie den Vätern übergeben, und dabei kassierte Kupanya sicherlich einen tüchtigen Anteil.

Als Captain Palmer herüber kam, betrachtete er die arbeitenden jungen Frauen mit einer Mischung aus Mißbilligung und Neid.

»Ist wohl nicht ganz die richtige Einteilung«, meinte er, »wenn all diese jungen, faulen Kerle nur fressen und keinen Finger rühren.«

»Sie wissen doch, wie stark die Stammesbräuche sind«, antwortete Robin mit dem Ton des Erfahrenen, obwohl keiner von beiden wirklich über dieses Thema Bescheid wußte. Die Anthropologen hatten es noch nicht gesellschaftsfähig gemacht.

Tilly führte Lettice herum, um ihr zu zeigen, was sie unternommen hatte, und es gab zweifellos eine ganze Zahl von Errungenschaften einschließlich der Hühner und Truthähne, eines jungen Obstgartens, der Ansätze eines Gartens und mehrerer Reihen von Pflöcken, wo später einmal, wie wir alle hofften, das Haus in vollem Glanz erstehen würde. Lettice war tief beeindruckt.

»Aber woher nehmen Sie die Energie, so viel zu tun?« fragte sie Tilly. »Dieses Land ist voller Faulheit, und die Luft destilliert sie geradezu; die Essenz von tausend Generationen, die nicht mehr als das Lebensnotwendige getan haben und alles so ließen, wie es war, hat sich auf diesem Land abgesetzt – das ist zu stark, als daß ich dem Widerstand entgegensetzen könnte; ich fürchte, ich habe nicht sehr viel Widerstandskraft. Oder denken Sie, daß das nur eine Ausrede ist?«

Tilly dachte es tatsächlich, aber sie lächelte und tauschte ein Gelege Puteneier gegen ein Paar Tümmlertauben, die allerdings bald danach von Habichten gefressen wurden. Theoretisch mißbilligte Tilly zumindest hier in Afrika Lettices Lebensstil, in der Praxis jedoch amüsierte sie sich mit ihr und genoß ihre Gesellschaft. Tilly war allergisch gegen alles, was zu dick aufgetragen war, aber Lettice trug ihren Charme im Grunde gar nicht auf, sie strömte ihn nur aus wie eine Rose ihren Duft verströmt, und ebenso unbewußt. An diesem Nachmittag saß sie auf unserer schmalen Veranda, spielte mit den seidigen Ohren ihrer Pekinesen und lächelte ein wenig verloren angesichts ihres Blickes in die eigene Zukunft. Wenn man bei Erkältung ein Stück Zucker mit Eukalyptusöl einnimmt, schmeckt man zugleich die Schärfe der Essenz und die Süße des Zuckers. Das war der Eindruck, den Lettice vermittelte. Die Pekinesen betrachteten die Welt mit einem hochnäsigen, angewiderten Ausdruck, was vermutlich an ihrer Kurzsichtigkeit lag, aber gut zu ihren kaiserlichen Ursprüngen und der kühnen, nutzlos-barocken Gestaltung paßte.

»Dieses Land erschreckt mich«, fuhr Lettice fort. »Damit meine ich nicht die Insekten oder den Gedanken an Schlangen – lebendige habe ich glücklicherweise noch nicht gesehen –, ja nicht einmal die Löwen und die Rhinozerosse. Ich konnte nie verstehen, warum die Menschen so große Angst vor wilden Tieren empfinden, die fast immer davonrennen, es sei denn, man reizt sie in einer unguten Situation. Da sind Menschen doch wesentlich gefährlicher und rachsüchtiger. Nein, es sind nicht die Tiere, vor denen ich Angst habe. Es ist diese stille, lächelnde und zerstörerische Wildheit. Finden Sie es nicht auch seltsam, daß nichts, was die Menschen hier geschaffen haben, die Fähigkeit zum Überleben besitzt? Daß es vergeht, ohne auch nur die geringste Spur zu hinterlassen? Es gibt keine Ruinen von Städten oder Tempeln, keine alten, überwucherten Straßen, keine Legenden früherer Reiche, keine in den Boden versunkenen Statuen, keine Grabstätten oder -höhlen. Nichts, kein Zeichen, daß hier Generationen von Menschen gelebt haben und gestorben sind. Ist Ihnen klar, daß bald auch wir vergangen und vergessen sein werden? Und was wird danach beweisen können, daß es uns überhaupt gegeben hat? Wir werden verschluckt wie alles, in einer schrecklichen, sonnigen Vorhölle.«

»Das sind morbide Ansichten«, sagte Tilly. »Aber es stimmt, die Eingeborenen haben bisher nichts mit ihrem Land gemacht. Wir dagegen werden etwas damit machen.«

»Ich bewundere Ihre Zuversicht! Woher nehmen Sie nur all die Energie? Wenn ich nur eine einzige Sache anpacke, kommen hundert Dinge auf mich zu, die mich ablenken und an der Fertigstellung hindern.«

»Ich weiß genau, was Sie meinen«, stimmte ihr Tilly zu. »Neulich wollte ich meiner Schwester schreiben und habe gezählt: Ich bin zwölfmal dabei unterbrochen worden, bis ich es schließlich aufgegeben habe. Dabei hat mich weniger geärgert, daß ich gestört wurde, als vielmehr warum. Jedesmal war es trivial und absolut unnötig, wie zum Beispiel ein Hornissennest in der Speisekammer, ein Streit zwischen Juma und dem Gartenboy und ein Habicht, der ein Huhn gerissen hat. Ich habe den Brief bis heute nicht zu Ende geschrieben, und wenn ich versuche, ein Buch zu lesen...«

»Ah, ja, genau das ist es. Seit ich hier bin, kann ich mich nicht auf französische Romane konzentrieren, und neulich konnte ich mich um nichts auf der Welt an die Worte zu einem meiner Lieder erinnern. Wir lassen uns übrigens ein Klavier kommen. Glauben Sie, daß es jemals hier eintreffen wird? Erst mit der Eisenbahn, dann mit einem Ochsenwagen... Ich zittere, wenn ich an die Schwierigkeiten denke.«

»Es wird sehr schwierig sein, ja. Und vorher müßte erst einmal Ihr Haus fertig sein.«

»Ja, aber dann werde ich üben, üben, üben, jeden Tag! Ich liebe die Sonne, ich genieße die Wärme, alles ist hell und fröhlich, es gibt wundervolle Vögel und Schmetterlinge und Boys, die einem die schwere Arbeit abnehmen, alles paßt zusammen, um einen zu beruhigen und einzulullen, und doch lasse ich mich nicht einlullen. Ich weiß nicht, warum das so ist.«

Lettice nahm ihren Hut ab, wozu sie erst einmal mehrere lange Hutnadeln mit Perlmuttköpfen herausziehen mußte; ihr seidiges Haar, das über einen Rahmen gerollt war, den man *Wurst* nannte – ich weiß das, weil Tilly auch einen solchen Rahmen benutzte –, saß auf ihrem wohlgestalteten Kopf wie ein Teller und warf einen leichten Schatten auf ihre Stirn. Die Haarrolle glänzte wie poliertes Mahagoniholz, und ihr Parfüm erinnerte mich an Heliotrop. Es war, wie wenn man in einem Theater saß: Sie schaffte es, ein Gefühl für Dramatik rings um sich aufzubauen, als wäre dies ihr eigentliches Element.

»Gestern abend«, sagte sie, »habe ich geträumt, wieder in Norwegen zu sein, dem Land, das ich von allen auf der Welt am meisten liebe. Wir haben einen Sommer lang in den

Fjorden geangelt, und Hereward hat Elche gejagt in Wäldern, die nach Moos und Harz rochen. Wie wunderbar die Fjorde waren! Der schwarze Wald sah aus wie der buschige Pelz eines Bären und ging bis an den Rand des dunklen, stillen Wassers. Von dem Haus aus, wo wir wohnten, konnte man die Fischerboote beobachten, wenn sie vom Fang zurückkamen, und sehen, wie die Männer den Frauen und Freunden in den kleinen, weißen Spielzeughäuschen zuwinkten, so sauber, so ordentlich und doch auch mutig, unter dem gewaltigen Druck dieser unendlichen Berge und Wälder ... Einmal sahen wir das Nordlicht, es erhellte den Himmel wie ein ungeheures, unheimliches Signal für das Ende der Welt, und alles schwieg und verstummte, sogar die Hunde ... Sicher, auch hier gibt es viel Schönes und viel Glanz, aber es läßt einem nicht das Herz bis zum Zerspringen schwellen, sondern drückt es zusammen und macht es hart und eng. Jetzt rede ich wirres Zeug. Sie müssen mir verzeihen, aber es ist wirklich ein Fest, wenn ich einmal jemanden habe, mit dem ich über interessante Themen sprechen kann, nicht nur über tote Tiere und Ernten und wie untüchtig die Eingeborenen in allem sind, was übrigens sicher stimmt.«

»Es kommt alles fast wie ein Schock über einen«, bemerkte Tilly. »Doch man gewöhnt sich daran. Man wächst hinein in dieses Leben.«

Hereward und Robin kamen in brüderlicher Einigkeit von ihrem Rundgang zurück. Obwohl Robin nur kurze Zeit bei der berittenen Miliz gedient hatte, erinnerte er sich an ein paar flüchtige Bekannte aus dem Neunten Kavallerieregiment, und nachdem das klargestellt war, zeigte sich Hereward plötzlich an dem Projekt des Steinbruchs interessiert. Er wollte einen Steinhauer engagieren, der genügend Stein für Robins und sein Haus schneiden und bearbeiten sollte. Robin seinerseits würde das Rohmaterial dazu liefern, das ihn glücklicherweise nichts kostete.

»Jetzt werden wir uns endlich eine ordentliche Behausung bauen können«, sagte Tilly entzückt.

»Und einen Raum für mein Klavier«, ergänzte Lettice.

Captain Palmer strich sich seinen Schnurrbart und lächelte Tilly an. »Meine Frau ist musikalisch«, sagte er, als versuche er, Mitleid und Verständnis für irgendeine unangenehme Krankheit wachzurufen. »Wird schwierig sein, es hierherzuschaffen.«

»Das gilt auch für deine Trophäen, Hereward«, erinnerte sie ihn. »Auch sie werden eine Behausung brauchen.«

Hereward lachte gutmütig. »Sie werden in unserer untergebracht. Vielleicht heißt das Eulen nach Athen tragen, aber sie waren jetzt so lange eingelagert, daß ich sie retten muß, bevor Ameisen und Motten sie fressen. Ohne angeben zu wollen, es sind ein paar schöne Exemplare darunter.«

»Ich bin sicher, Sie werden hier noch einige hinzufügen«, sagte Tilly.

»Ja, wenn wir uns hier eingerichtet haben... Es heißt, die Frauen interessieren sich ebenso für die Safari wie die Männer. Vielleicht können wir Sie beide dazu überreden, auf eine Safari mitzukommen und uns die Tricks zu zeigen. Ich weiß, daß Ihr Mann ein Experte ist.«

Robin schaute schuldbewußt drein und wich Tillys Blick aus. Hereward war ein gefundenes Fressen für ihn, und er wollte das Beste daraus machen.

Also waren die Palmers im Großen und Ganzen gesehen ein Erfolg. Lettice befaßte sich sogar ein wenig mit mir. Ich hatte zu dieser Zeit ein Krankenhaus für Tiere, in dem es eine lahme Henne, eine kleine Antilopengeiß und eine Taube mit gebrochenem Bein gab. Das hatte ich mit einem Band und Streichhölzern geschient, und zur allgemeinen Verwunderung war der Vogel noch immer am Leben. – Ein Krankenhaus für Tiere leidet in der Regel unter besonders schnellem Patientenwechsel, denn nur wenige wilde Tiere können verletzt in Gefangenschaft überleben. – Lettice half mir sogar, den Verband und die

Schienen der Taube zu erneuern und das Antilopenkind aus einer Flasche zu füttern; ich glaube, es war gar nicht krank, sondern nur sehr klein und ohne den Schutz der Mutter.

»Ich habe einmal eine Frau gekannt«, sagte Lettice, »die statt eines Halsbands bei Gesellschaften und Dinnerpartys eine kleine Schlange um den Hals trug; sie sagte, die Schlange halte ihren Hals angenehm kühl. Es hört sich unglaublich an, ist aber wahr.«

»Im Fluß gibt es eine Python«, meinte ich hoffnungsvoll.

»Aber da würde wohl eher die Python die Lady tragen als umgekehrt... Was ist dein Lieblingstier unter all denen, die du seit deiner Ankunft hier gesehen hast?«

Selbst Lettice, dachte ich betrübt, selbst diese Lettice, die mich wie ein Vogel mit brillantenbesetzten Federn faszinierte, konnte nicht von der höchst ärgerlichen Angewohnheit der Erwachsenen lassen und mußte alberne Fragen stellen, auf die man keine vernünftige Antwort geben konnte. Aber ich wollte sie nicht enttäuschen und kam daher auf die Chamäleons zurück. Lettice schaute mich überrascht an und streichelte die zerzauste Taube mit schlanken Fingern, an denen mehrere Ringe funkelten.

»Dann nimm dir doch eines als Haustier«, sagte sie. »Oder besser zwei; man soll Tiere immer in Paaren halten. Die meisten haben nur eines und versuchen, aus ihm alle Liebe zu saugen wie ein Vampir, doch das ist grausam... Schau das Auge dieses Vogels an: In bestimmtem Licht ist es wie ein Rubin; ich frage mich, warum haben Tauben rote Augen? Die deinen sind blau, genau wie die von Hugh. Er ist noch viel jünger als du, und ich habe keine Ahnung, welche Tiere und Vögel er mag, ob er musikalisch ist und was ihm gefällt oder nicht. Nur einmal hat er mir gesagt, daß er Maggiwürze mag... Wir müssen gehen, Hereward; wenn wir zu lange fortbleiben, ist unser Vorarbeiter wieder betrunken und versucht, jemanden zu ermorden, oder es ist ihm schon gelungen, und alle anderen sind geflohen.«

Nachdem sie weg waren, sagte Robin mit Befriedigung:

»Das war ein guter Schritt zur Verwirklichung des Steinbruchs. Ich hätte mir nie einen indischen *Fundi* leisten können. Hoffentlich hat dieser Palmer so viel Geld, wie es den Anschein hat. Man kann nie wissen.«

»Irgend etwas ist komisch an ihm«, sagt Tilly. »Allein schon die Tatsache, daß er hier ist.«

»Er ist ein etwas hochtrabender Bursche, aber daran ist eigentlich nichts komisch.«

»Warum sind sie hierhergekommen? Sie sind nicht die Menschen, die so etwas aus freien Stücken tun«, beharrte Tilly. »Ich vermute, sie sind miteinander durchgebrannt und müssen in der Fremde leben; jedenfalls möchte ich wetten, daß sie irgendwie in einen Skandal verwickelt sind.«

»Eine feine Frau«, sagte Robin anerkennend und schaute ihren davontrabenden Ponys nach.

»Und sehr gefühlvoll«, schloß Tilly das Thema ab. Für sie war es ein Schimpfwort, denn Tilly war der Vernunft zugeneigt; sie stammte aus einer Familie von Liberalen und war der Meinung, daß die Kraft des Intellekts sich durchsetzen sollte und würde. Dabei wurde niemand mehr von Gefühlen beherrscht als sie selbst, aber sie hielt es für unwürdig, ihnen nachzugeben, und versuchte, sie durch Mißbilligung zu verscheuchen.

»Die Palmers sind zu kuliviert für diese Art von Leben«, sagte Robin. »Zumindest gilt das für Lettice – und Hereward ist zu dumm. Ich fürchte, sie hat sich weggeworfen.«

»Wenn, dann zumindest auf einen ziemlich komfortablen Müllhaufen«, lästerte Tilly.

8

Eines Tages brachte ein Boy einen himmelblauen Zettel mit der großen, schrägen Handschrift von Lettice. ›Bitte kommen Sie sofort‹, stand darauf. ›Es hat sich eine furchtbare Katastrophe ereignet.‹ Tilly schickte nach Robin, der irgendwo auf der Farm war. Er kehrte nur sehr ungern zurück, da er dringend gebraucht wurde, und fragte den Boten: »Was sind das für schlimme Nachrichten?«

»Sijui«, sagte der indem er das nützliche Universalwort verwandte, das auf fast jede Art von Unwissenheit oder Gleichgültigkeit paßte und seinen Namen vielen Flüssen, Gebieten und Hügeln gegeben hatte.

»Es kann nichts Besonderes sein«, meinte Robin.

»Trotzdem solltest du hinüberreiten.«

»Ich dachte, vielleicht könntest du ...«

»Robin!« schrie Tilly. »Bist du ein Mann oder eine Maus?«

Robin hielt eine Weile inne, um nachzudenken, und zündete sich einen von seinen geliebten Stumpen an.

»Ja nun«, schloß er seinen Gedankengang ab, »ich weiß es nie so genau.« Aber nach einigem Hin und Her bestieg er sein Maultier und trottete auf dessen Rücken zu den Palmers hinüber.

Eine Stunde später traf eine Notiz von ihm ein. ›Du mußt unbedingt kommen; es hat einen Kampf gegeben, und bringe Jodtinktur, Bandagen und eine gute Schere mit.‹ Tilly suchte die gewünschte Ausrüstung zusammen und machte sich zusammen mit mir auf den Weg. Auf den ersten Blick schien bei den Palmers alles in Ordnung zu sein: Die Sonne schien, ein Mann in einer roten Decke schwang seinen Stock, an dessen Ende eine Sichel gebunden war, gemächlich hin und her und köpfte damit das dürre Gras, dort, wo später Rasenflächen entstehen sollten; ein paar andere räkelten sich in verschiedenen Stellungen der Untätigkeit oder gottergebener Meditation zwischen den Fundamenten des zukünftigen Steinhauses, das auf einer kleinen Anhöhe stand mit Aussicht auf Gras, Busch und vereinzelte Bäume. Ein unheilvolles Ereignis bedarf der erregten Menschenmenge, die seine Realität unterstreichen; erst die murmelnden, sich aneinanderdrückenden Zuschauer, die neugierig sich rekkenden Köpfe und die wachsamen Augen verliehen ihm die wahre Dramatik; ohne das alles ist es ein bedeutungsloses Ereignis und vielleicht auch nur Teil eines Alptraums.

Wir fragten nach Lettice, die sich nicht in dem weißgekalkten *Rundbau* aufhielt, der ihnen als Wohnzimmer diente; ein Hausboy führte uns zu den Hütten der *Kikuju*, und Lettice kam aus einer von ihnen, blaß und zitternd, mit Blut an den Händen.

»Gott sei Dank, daß Sie hier sind!« rief sie. »Ein Unglücklicher ist mit Messerstichen durchlöchert worden. Ich habe getan, was ich konnte, aber ich bin nicht sehr gut in solchen Dingen; außerdem ist es so dunkel in der Hütte und so schmutzig, und die anderen sind alle weggelaufen...« Sie taumelte ein wenig, ging auf die Rückseite der Hütte, und ich dachte, sie müßte sich übergeben. Als sie zurückkam, nahm Tilly ihren Arm und sagte, sie solle ins Haus gehen und sich hinlegen. »Erste Hilfe ist auch nicht gerade meine stärkste Seite«, gestand Tilly, »aber mit der Zeit gewöhne ich mich daran. Wo ist eigentlich Robin?«

»Er und Hereward sind losgeritten, um den Mann zu erwischen, der das getan hat. Aber vielleicht waren es auch mehrere; es kommt mir so vor, als ob mindestens die Hälfte der Boys verschwunden seien.«

»Ich werde Sammy holen lassen«, entschloß sich Tilly. Sie verschwand in die kleine, dunkle Hütte mit ihren Schrecken, während ich mit Lettice zum Haus zurückkehrte. Lettice trank einen Schluck Brandy und legte sich dann aufs Sofa, schloß die Augen und lag kalkweiß und schlapp da. Auf ihren Lidern waren kleine, bläuliche Adern zu sehen, und die Haut wirkte dünn wie Reispapier.

»Vielleicht hätte ich ihn retten können«, sagte sie und schlug die Augen auf. »Ja, wenn ich es gewußt hätte... Aber es ist in der Nacht passiert, sie haben es uns erst am Morgen gesagt, und während all der Zeit hat dieser Unglückliche...«

»Ist er tot?« fragte ich.

»Nicht ganz – obwohl ich es mir kaum erklären kann,

wieso er noch lebt. Ja, wenn wir ihn in ein Krankenhaus bringen könnten... Aber so, wie die Dinge stehen, gibt es für ihn keine Rettung.«

Lettice sah wunderschön und sehr deplaciert aus auf dem Sofa in dieser primitiven Hütte. Oder, genauer gesagt, das Sofa war deplaciert; die Möbel der Palmers' waren eingetroffen, lange bevor das Haus fertig sein würde, und sie wirkten sehr unpassend in dem primitiven Bau mit dem gestampften Lehmboden. Das Sofa war aus grünem Samt und an den Enden mit goldenen Kordeln verziert; es stand auf dem noch nicht ganz trockenen Lehm, und daneben ein niedriger Hocker, auf dessen gestickten Kissen die Pekinesen Chang und Zena lagen. Es war sehr still in dem Raum, aber es roch nach Lavendel, und auf einem französischen Tischchen mit geschwungenen Beinen und einer Platte mit wunderschönen Intarsienarbeiten stand in einer Vase ein Arrangement wilder Blumen. Obwohl es in dieser ungewohnten und sonderbaren Umgebung viel zu sehen gab, wäre ich doch lieber mit Robin und Captain Palmer über die Pfade hinaufgeritten ins Reservat, um den oder die Mörder zu verfolgen.

»Ich kann nur hoffen, daß es Hereward gelingt, seinen Zorn zu zügeln«, murmelte Lettice. »Wenn nicht, gibt es gleich noch einen zweiten Mord. Dieser Mann hat eine böse Wunde auf dem Schädel; ein Teil seiner Kopfhaut hängt ihm über die eine Wange, und wo früher das Auge gewesen ist... Aber was für ein Gespräch in Gegenwart eines Kindes! Komm, bring mir das Kästchen, das auf dem Tisch in der Ecke steht, dann zeige ich dir, wie man Schach spielt. Vielleicht bist du noch zu jung dazu, aber man sagt, in China lernen es die Kinder schon mit vier oder fünf Jahren.«

Die geschnitzten Figuren mit ihren Wimpeln, Bischofsmützen und sich bäumenden Pferden faszinierten mich so sehr, daß nicht viel Interesse für die Spielregeln übrigblieb, aber Lettice war sehr geduldig und zeigte mir, was man damit machte. Nach einer Weile kam Tilly zurück und nahm ihren schweren Filzhut mit dem roten Rand ab, den sie den ganzen Tag über trug; sie war erhitzt, ihr Gesicht gerötet und ihre Hände zitterten, als sie den Hut weglegte.

»Er lebt noch«, sagte sie, »aber ich glaube, es dauert nicht mehr sehr lange. Nur ein Chirurg könnte ihn retten. Ich frage mich, ob wir ihn noch mit einem Ochsenkarren nach Fort Hall bringen sollten – aber ich glaube nicht, daß er die Fahrt überstehen würde.«

»Ich tändle hier herum, während Rom brennt«, sagte Lettice. »Doch was könnte ich tun, um das Feuer zu löschen? Dieser arme Mensch; sein Auge verfolgt mich noch im Schlaf... Spielen Sie Schach, meine Liebe?«

»Sie haben ihn alle verlassen, und das bedeutet, daß sie ihn für einen hoffnungslosen Fall halten; die *Kikuju* sitzen nicht bei einem Sterbenden. Normalerweise machen sie ein Loch in die Seitenwand der Hütte und zerren den Sterbenden hinaus; auf diese Weise retten sie die Hütte. Wenn jemand in einer Hütte stirbt, muß sie niedergebrannt werden. Ich konnte den Qualm nicht mehr ertragen; in der Mitte der Hütte brennt immer noch das Feuer; der Rauch hat mir in den Augen und in der Kehle gebissen, und ich mußte dauernd husten... Jetzt habe ich jemanden gefunden, der bei ihm Wache hält, einen Jungen, der kein *Kikuju* ist. Etwas anderes kann man nicht mehr tun...«

»Dann spielen wir doch eine Partie Schach«, schlug Lettice vor. Tilly warf ihr einen Blick zu und wollte etwas sagen, ließ es dann aber, da sie sah, daß Lettice sehr blaß war und ihre Hände zitterten.

»Wenn Sie eine gute Schachspielerin sind, müssen Sie mir mindestens einen Turm schenken«, erklärte Tilly dann. »Ich habe seit meiner Schulzeit nicht mehr gespielt.«

Aber Lettice war mit ihren Gedanken nicht beim Spiel.

»Ich bin so froh, daß Robin Hereward begleitet«, sagte sie. »Er wirkt beruhigend auf ihn. Wenn Hereward wütend ist, plustert er sich nicht auf, und er brüllt auch nicht, um dem Zorn Luft zu machen, sondern er wird hart und kalt wie ein Eiszapfen, und dann habe ich Angst, er könnte jemanden erschlagen. Als es noch Duelle gab, hätte er mit Sicherheit jeden Tag jemanden gefordert.«

»Dann wird er es nicht leicht haben hier, denn das Leben in Afrika besteht aus vielen kleinen und größeren Ärgernissen.«

»Hereward hat es in den letzten Jahren nirgendwo leicht gehabt. Aber jetzt weiß ich, daß er die Absicht hat, länger zu bleiben, denn er hat sich entschlossen, seine Tierköpfe kommen zu lassen.«

»Und Sie Ihr Klavier«, erinnerte sie Tilly.

»Ja – aber ich frage Sie, wie kann ich es stimmen lassen?« Sie war voller Melancholie, daher sagte Tilly tröstend: »Ich bin sicher, das Klavierstimmen läßt sich lernen.« Tilly war der Ansicht, daß man viele Dinge aus Büchern lernen konnte und bat in den Briefen an ihre Schwester immer wieder um Handbücher über die verschiedensten Dinge und Fertigkeiten. Gerade erst hatte sie bei ihr Lehrbücher über Buchhaltung, Klempnerarbeiten, das Veredeln von Gehölz und die Handlesekunst bestellt; auf ihrer nächsten Liste stand sicher die Bitte um ein Handbuch zum Klavierstimmen.

»Ich traue nie dem, was ich selbst tue«, gestand Lettice betrübt. »Ich weiß aus Erfahrung, daß es meist nicht richtig gemacht ist. Mir ist es lieber, wenn das Klavierstimmen für mich ein Buch mit sieben Siegeln bleibt, selbst wenn mir jemand die Geheimnisse verraten könnte.«

Genau das war es, was Tilly als die ›Rolle des hilflosen Weibchens‹ bezeichnete und sehr mißbilligte. Vielleicht spürte es Lettice, denn jetzt fügte sie hinzu: »Ich weiß, es ist ein Luxus, den ich mir eigentlich nicht leisten kann – ich meine, so nutzlos zu sein in praktischen Dingen. Ich werde versuchen, mich zu bessern. Dies ist ein Land, wo die Frauen die schwere Arbeit tun, während die Männer wild und dekorativ herumstolzieren wie die Gockel. Hereward ist das vielleicht ganz recht, aber ich werde einen weiten Weg gehen müssen, bis ich mich so nützlich machen kann wie eine *Kikuju*-Frau... dieser arme, zerschundene Junge!

Wenn wir nur etwas tun könnten! ... Oh, ich fürchte, ich muß Ihre Dame schlagen, meine Liebe.«

Alec Wilson traf ein, während sie noch spielten, ein Gewehr über der Schulter.

»Ich hörte, es hat Ärger gegeben«, sagte er und trat zielbewußt und mit hochrotem Kopf ein. »Ich dachte schon, unter den Eingeborenen hätte ein Aufstand stattgefunden.«

»So schlimm ist es auch wieder nicht«, sagte Lettice.

»Na dann – wenn es irgend etwas gibt, was ich tun kann: Hier bin ich. Wo ist Captain Palmer?«

Lettice erklärte es, und Alec schaute erleichtert drein. »In dem Fall ist es gut, daß ich gekommen bin; ich kann das Fort halten, während die beiden Ladys allein hier sind. Man weiß nie, welche Feuersbrunst ein Funke zu entfachen imstande ist; manchmal frage ich mich, ob wir hier nicht ständig auf einem Pulverfaß sitzen.«

»Das ist sehr aufmerksam von Ihnen, Mr. Wilson«, sagte Lettice.

»Es ist mir ein Vergnügen, mich nützlich zu machen für jemanden wie – ich meine, für eine Lady wie – ach, Sie wissen schon, was ich meine.« Der arme Alec wurde noch eine Schattierung roter und wischte sich den Hals mit einem großen, bunten Taschentuch. Wenn er Lettice ansah, wurden seine Augen feucht und sanft wie die eines Kälbchens, und seine Lippen öffneten sich leicht. Man konnte deutlich sehen, daß Lettice auf einen einsamen, schwer arbeitenden Junggesellen, der nur selten nach Nairobi kam, so wunderbar, zauberhaft und überraschend wirkte wie einst Aphrodite, die Schaumgeborene, auf einen kythischen Fischer.

Jetzt begleitete er erst einmal Tilly zu der Hütte des Verwundeten, aber sie kamen schon bald erschüttert und deprimiert zurück um zu berichten, daß er nun doch gestorben sei.

»Man kann es nicht ganz sicher sagen«, erklärte Tilly.

»Es ist so heiß dort drinnen, und der Rauch treibt einem das Wasser in die Augen. Wir haben eine Fackel genommen, und ich glaube...«

»Es gibt keinen Zweifel«, ergänzte Alec und drückte damit dennoch eine gewisse Unsicherheit aus. »Es ist wirklich bedauerlich, daß Ladys wie Sie einer solchen... Nun ja, es ist für jeden ein furchtbarer Anblick, aber für Mrs. Palmer...«

»Ich habe einen Rückzieher gemacht und alles Tilly überlassen«, sagte Lettice wahrheitsgemäß. »Und Ihnen, Mr. Wilson; es ist mir ein großer Trost, Ihre Hilfe und Unterstützung genießen zu können.«

Alec errötete wieder und sah aus wie ein kleiner Junge, dem man ein Fahrrad geschenkt hat. Seine Rolle als männlicher Beschützer war freilich von kurzer Dauer, denn bald danach kehrten Hereward und Robin zurück. Sie hatten den Mörder nicht erwischt, statt dessen aber mit dem Häuptling gesprochen.

»Es scheint zuvor einen Streit gegeben zu haben«, erklärte Robin, »also ist es wahrscheinlich nicht Mord, sondern Totschlag, und niemand weiß so recht, wen dabei die Schuld trifft. Kupanya hat jedenfalls versprochen, den Täter ausfindig zu machen, so daß wir ihn dem Distriktverwalter übergeben können.«

»Aber woher wollt ihr denn wissen, daß *er* der Täter ist?« fragte Lettice. »Ich nehme an, der Häuptling könnte jeden vorführen und behaupten, er sei der Mann.«

»Das herauszufinden ist Sache des Distriktverwalters«, erklärte Captain Palmer. »Inzwischen ist die Hälfte meiner Arbeiter weggelaufen, und ich muß diesen Burschen begraben lassen. Man sagte mir, die *Kikuju* würden niemals einen Toten anfassen.«

Das war zwar richtig, aber die Baufirma, die Palmers Haus bauen sollte, hatte ein halbes Dutzend Männer eines anderen Stammes hergeschickt, die mit den *Kikuju* nichts zu tun haben wollten. Sie waren groß, tiefschwarz und arbeiteten am liebsten völlig nackt; sie stammten aus der Gegend des Kavirondo-Golfs am Viktoriasee, daher nannte man sie *Kavirondos*, obwohl das keineswegs der Name ihres Stammes war. Sie hatten nichts dagegen, mit Toten umzugehen – im Gegenteil. Als wir schließlich auf unseren Maultieren nach Hause kamen, bemerkte Sammy: »Warum will der Bwana den Toten begraben? Die graben ihn doch bloß wieder aus.«

»Wer?« fragte Robin entrüstet.

»Die *Kavirondos*.«

»Aber warum?«

»Um ihn zu essen, natürlich. Die *Kavirondos* haben eine Vorliebe für Menschenfleisch.«

»Dann sind sie *Shenzis*«, sagte Tilly. *Shenzi* war ebenfalls ein sehr nützliches Wort, das alles von ›wild‹ bis ›primitiv‹, ›einfach‹ oder auch ›schmutzig‹ bedeuten konnte.

»Ja, sicher sind sie *Shenzis*«, stimmte ihr Sammy zu. »Die *Kavirondos* sind wie Hyänen, nicht wie Menschen, also gar nicht wie die *Massai* oder die *Kikuju*.«

»Ich frage mich, ob ich Palmer darüber informieren sollte«, bemerkte Robin.

»Ich würde schlafende Hunde nicht wecken«, riet im Tilly.

Wir hatten ein Maultier, das wir Margaret nannten und das sehr zahm und gutmütig war; Margaret kam oft auf die Veranda und fraß Tilly Zuckerstückchen aus der Hand. Ich durfte Margaret reiten, und manchmal begleitete mich Sammy auf seinem Fahrrad über die gewundenen Pfade; ich glaube, er freute sich über die Gelegenheit eines Ausflugs, und außerdem liebte er Kinder. An diesem Nachmittag erhielt ich die Genehmigung, mit Margaret auszureiten, und suchte nach Njombo, der die Pflichten eines Stallburschen übernommen hatte, um ihn zu bitten, daß er mir Margaret sattelte. Aber Njombo war verschwunden. Als ich Sammy fragte, sagte er: »Njombo kommt in ein paar Tagen zurück, Kupanya hat ihn zu sich kommen lassen.«

Ich fühlte eine unangenehme Vorahnung. »Ist es wegen des toten Mannes?«

»Vielleicht«, antwortete Sammy etwas vage.

»Hat denn Njombo ihn getötet?«

»Warum fragst du das?« entgegnete Sammy. »Kimani – das ist der Tote – war auf *Bwana* Palmers *Shamba*, Njombo arbeitet hier.«

»Wenn du es mir sagst, verrate ich meinem Vater kein Wort davon.«

Sammy schaute mich an und lächelte. Er hatte ein wölfisches Lächeln, aber ich vertraute ihm.

»Solche Sachen sind nichts für Kinder.«

»Wenn Kupanya ihn erwischt – wird Njombo dann zum Distriktverwalter geschickt?«

»Njombo geht bestimmt nicht zum Distriktverwalter«, erklärte Sammy entschieden.

»Aber *Bwana* Palmer schickt ihn hin.«

»Es hat nichts mit *Bwana* Palmer zu tun. Njombos Vater, der tot ist, war Kupanyas Bruder, sie waren Kinder aus demselben Bauch. Dieser Kimani war betrunken, und er hat Njombo beleidigt. Sie haben gestritten wegen einer Frau, und Njombo hat ihn mit einem *Panga* geschlagen. Und ohne Zweifel hat ein Feind von Njombo dann den blöden Kimani mit einem Zauber getötet.«

»Aber du sagst, Njombo hat ihn mit einem *Panga* erschlagen.«

»Njombo hat ihn geschlagen, aber nicht sehr fest; viele werden mit *Pangas* oder Speeren geschlagen; wenn Njombos Feind nicht mit diesem Zauber gekommen wäre, dann hätte Kimani vielleicht überlebt. Aber nun werden hohe Strafen zu zahlen sein. Njombo ist arm, deshalb will Kupanya ihm helfen, viele Ziegen aufzutreiben.«

»Aber Kupanya hat versprochen, den Mörder dem Distriktverwalter zu übergeben«, sagte ich völlig verwirrt.

»Kupanya findet schon jemanden, den er dem Verwalter schicken kann, und vielleicht zahlt er ihm ein paar Ziegen;

ich glaube nicht, daß es viel Ärger geben wird«, erklärte Sammy abschließend.

Es schien alles sehr verwickelt zu sein, und mir tat es leid, daß Njombo verschwunden war; ich mochte ihn, er war immer fröhlich und lächelte, hatte lustige Augen und wirkte sehr schnittig mit seiner hübschen perlenbesetzten Ledermütze, die aus der Haut eines Schafsmagens gemacht war.

»Njombo will sich eine Frau kaufen«, fügte Sammy hinzu, »und jetzt muß er all seine Ziegen Kimanis Vater geben, so daß er die Frau nicht bezahlen kann.«

»Hoffentlich kommt er zurück«, sagte ich.

»O ja, sicher kommt er zurück, denn er braucht Rupien, um Ziegen für Kimanis Vater zu kaufen. Kimani war ein wertloser Mann, aber jetzt, als Toter, bringt er seinem Vater Reichtum.« Das schien Kimanis einziger Epitaph zu sein.

Ich konnte Kimani nicht betrauern, da ich ihn nicht gekannt hatte; aber am nächsten Morgen lag die Taube mit dem gebrochenen Bein steif und kalt in der mit Moos ausgelegten Schachtel, ihre halbgeschlossenen Augen waren nicht mehr rot, sondern von einem stumpfen Braun. Dabei hatte so viel Leben gesteckt in dieser pochenden, flaumigen Brust. Sie hatte immer den Kopf zur Seite gelegt und so hungrig die Nahrung gepickt, daß ich nicht glauben konnte, sie würde nie wieder fliegen. Ja, ich war sicher, daß sie sich erholen würde, und der Schlag war hart für mich. Tilly fand mich in Tränen aufgelöst und schlug vor, der Taube ein ehrenvolles Begräbnis zuteilwerden zu lassen. Also hob ich eine Grube aus, beerdigte sie unter dem Feigenbaum und stellte ein kleines Kreuz aus Zweigen darauf.

Die kleine Antilopengeiß dagegen war eine Freude, und sie ließ mich ihren warmen Körper streicheln, während sie mit dem Stummelschwanz wedelte. Doch ich durfte nicht ihre schwarzsamtige Schnauze berühren, die so weich war wie Sämischleder. Sie hatte dichtes, steifes Fell mit einem Hauch von Blau und einem Streifen am Rücken. Manchmal zuckte sie mit den Ohren und hob die Schnauze, und ich wußte, sie suchte in der Luft nach dem Geruch anderer Antilopen, also Nachrichten von zu Hause, und wenn sie etwas witterte, würde sie ruhelos werden und schließlich verschwinden. Wir nannten sie Zwinker. Als sie zu uns gekommen war, hatte sie lange, astdürre Beine, und ihre Augen waren riesengroß; inzwischen war ihr Körper gewachsen, die Proportionen hatten sich allmählich verändert, und sie war recht selbstsicher geworden. Sie spazierte frei herum, kam auch ins Haus und knabberte die Kleinigkeiten, mit denen ich sie fütterte, aus meiner Hand.

Die Hausboys gewöhnten sich an sie; obwohl *Kikuju* Antilopen und andere Böcke töteten, wann immer sie ihrer habhaft werden konnten, wegen der Schäden, die sie in ihren *Shambas* anrichteten, aßen sie niemals das Fleisch wilder Tiere, daher war Zwinker sicher hier. Aber Juma warnte mich vor den *Kavirondos*. »Sie fressen sie, wenn sie sie sehen«, sagte er. »Sie fressen alles, sogar Hyänen!« Das stimmte nicht, aber sicher hätten sie Zwinker gegessen. Zwar hatten wir keine *Kavirondos* auf unserem Grundstück, aber die Kannibalen der Palmers waren nicht weit weg.

Ein paar Tage später kam ein *Toto* mit einem geflochtenen Korb und einer Nachricht für Tilly. In dem Korb, auf einem Bett aus Blättern, saßen zwei grüne Chamäleons, ein Geschenk von Lettice für mich. »Hoffentlich sind es eine Sie und ein Er, das kann mir hier niemand sagen«, schrieb sie. »Auf alle Fälle sind sie gute Freunde.« Tilly und Robin überlegten sich viele phantastische Namen für sie, aber zuletzt nannten wir sie George und Mary, weil Robin fand, daß ihre Kämme wie Kronen aussahen und sie würdige, überlegte Bewegungen machten, wie sie Hoheiten angemessen waren.

Wenn ich sie auf ein Tuch mit Schottenkaros setzte, würden sie explodieren, wie mir Robin versicherte. Ich glaubte ihm und verzichtete auf das Experiment. Ihr Farbrepertoire war übrigens nicht besonders groß, aber sie konnten sich von völlig grün in ein fleckiges Braungrün verwandeln, mit gelben Streifen, was der Rinde mancher Bäume entsprach, und das dauerte nicht länger als zwanzig Minuten. Es war faszinierend zu beobachten, wie blitzartig ihre langen, gegabelten Zungen – so lang wie der ganze Körper – hervorschossen, um eine Fliege von einem Blatt zu lecken, schneller als man mit den Augen folgen konnte. Sie waren wie Miniaturdrachen. Wenn sie eine Fliege im Ganzen verschluckt hatten, schien sich ihr ohnehin gelassener und zufriedener Ausdruck noch zu vertiefen, und dann saßen sie völlig regungslos da. Robin sagte, sie sähen aus wie Stadträte bei einem öffentlichen Bankett, die sich in einen Zustand der Benommenheit gegessen haben. Aber ihr Ausdruck war keineswegs benommen oder schläfrig, sondern wachsam, ruhig und leidenschaftslos.

Wir bauten einen großen Käfig aus Maschendraht um ein Gebüsch, in dem sie unter natürlichen Bedingungen leben konnten. Anfangs fing ich Fliegen für sie, sie aber ignorierten meine Gaben. Es waren unabhängige Wesen, und wenn ich sie in die Hand nahm, bewegten sich ihre Beine wie beim Radfahren. Aber sie hatten keine Angst vor mir und liefen auch nicht davon, wenn sie mich sahen. Eines Tages streckte ich Njombo ein Chamäleon entgegen, und er wich mit dem Ausdruck tiefsten Abscheus zurück.

»Das sind schlechte Dinge«, sagte er und weigerte sich, mir zu erklären, warum. Seine Abneigung war sonderbar, da Chamäleons doch nichts Böses, sondern nur Gutes tun und weder beißen noch stechen können. Aber Alec Wilson fand eine Erklärung in einem seiner Handbücher oder in den Zeitschriften, die auch über Eingeborene berichteten. Das Chamäleon war offenbar von Gott mit einer wichtigen Botschaft für den ersten Menschen ausgestattet worden, der irgendwo in der Nähe des Mount Kenia lebte. ›Du mußt diese Botschaft überbringen und nicht rasten auf dem Weg‹, hieß es. ›Du mußt sie überbringen, bevor der Mond abnimmt.‹

Das Chamäleon lief in bester Form los, doch schon bald hatte es den Zweck seiner Reise vergessen. Es erlebte verschiedene Abenteuer, die ich vergessen habe und die sich auch bei jedem Erzähler anders anhören; auf alle Fälle besuchte es die Unterwelt und traf dort ein paar sehr gefährliche Ungeheuer. Aber mit der Zeit besann es sich wieder auf seinen Auftrag, setzte die Reise fort, und als es ankam, war die Frist schon abgelaufen.

›Sieh, was du getan hast‹, donnerte Gott. ›Die Nachricht, die du bei dir hattest, sollte den Mond davor bewahren, daß er jeden Monat ausgelöscht wird, und die Menschen vor dem Tod. Jetzt ist es zu spät. Von nun an muß der Mond alle vier Wochen einmal verschwinden, und jeder Mann und jede Frau muß sterben, und alles nur, weil du dich nicht an meinen Befehl gehalten hast.‹ Also verachtete man seitdem das arme Chamäleon, das die Menschheit vor dem Tod hätte bewahren können. In gewisser Weise schützte diese Sage das Tier vor der Ausrottung, denn was man verachtete, wurde nicht belästigt. Niemand hätte zum Beispiel auch nur im Traum daran gedacht, einer Hyäne etwas anzutun oder einem Geier.

Ich erfuhr mit der Zeit, daß es für jeden Vogel und jedes Tier eine Legende gab, aber die *Kikuju* verrieten sie nur sehr selten den Europäern; sie wurden von Frauen und alten Männern in den rauchigen, vom Feuer erhellten Abenden an die Kinder weitergegeben. Als meine Taube starb und Sammy mich an jenem Morgen an ihrem Grab fand, erzählte er mir eine Geschichte, an die ich mich noch oft erinnerte, wenn ich die Vögel ihre drei Töne gurren hörte, mit denen die *Kikuju* sie beim Namen nannten: Datuuu-ra, wobei die zweite Silbe wiederholt und schmelzend in die Länge gezogen wurde.

Es war einmal ein Mädchen namens Wanjiru, erzählte Sammy, das an einem Fluß lebte, und ihre Mutter schlug sie so sehr, daß sie ihr das Rückgrat brach. Als ihre Knochen auf dem Gras lagen, pickten die Tauben sie mit den Schnäbeln auf und entschlossen sich, Wanjiru wieder zusammenzusetzen. Also verbanden sie ihre Knochen mit den Gliedern feiner Ketten, wie sie die Schmiede des *Kikuju*volkes herstellten, und versteckten sie in einer Höhle.

Eines Tages kamen ein paar Mädchen, um Wasser zu holen. Eine half der anderen, die vollen Kalebassen aufzuladen, aber niemand wollte dem kleinsten Mädchen helfen, das Wanjirus Schwester war, weil sie durch die Grausamkeit ihrer Mutter entehrt war. Also setzte sich das kleinste Mädchen an den Fluß und weinte. Wanjiru hörte es und kam aus ihrer Höhle, um der Schwester die Kalebasse auf den Rücken zu heben, aber sie beschwor die Kleine, ihr Versteck unter allen Umständen geheimzuhalten.

Doch nach einer Weile wurde das Geheimnis offenbar. Wanjirus Eltern versteckten sich im Gras, und als sie wieder aus der Höhle kam, um ihrer Schwester zu helfen, sprangen sie auf sie zu, packten sie und schleppten sie nach Hause. Doch das wollten die Tauben nicht dulden. Sie flogen in die Hütte und verlangten von Wanjirus Mutter alle Ketten, die sie als Schmuck trug. Als sie diese nicht hergeben wollte, zogen sie die Ketten heraus, mit denen sie Wanjirus Glieder verbunden hatten. Sie fiel auseinander, und ihre Mutter legte die Knochen wieder in die Höhle. Doch die Geschichte endet glücklich: Ein zweitesmal setzten die Tauben Wanjiru zusammen, und von da an lebte sie in der Höhle und gehorchte dem Befehl der Tauben, nic mchr cinem von ihrer Familie zu helfen.

9

Zu Neujahr gingen die meisten Farmer nach Nairobi, wo die Rennen stattfanden. Tilly und Robin blieben im ersten Jahr zu Hause, aber beim zweitenmal wurden sie von den Palmers überredet, mitzukommen, und mich schickte man inzwischen zu Mrs. Nimmo.

Mrs. Nimmo war nett, aber sie bemutterte mich zu sehr. Tilly war so mit den täglichen Erfordernissen unseres Lebens beschäftigt, daß sie wenig Zeit und vermutlich noch weniger Lust hatte, ihre Rolle als Mutter wie eine Bruthenne zu spielen. Das Leben war dazu da, daß ich daran teilnahm, und es bot auch stets viele Beschäftigungsmöglichkeiten, aber die Dinge wurden nicht für mich erfunden, und man behandelte mich nicht mit besonderer Vorsicht, räumte mir auch keine Vorzüge ein. Mrs. Nimmo, die bis dahin kinderlos war – und die verlängerte Abwesenheit von Mr. Nimmo verstärkte keineswegs irgendwelche Aussichten in dieser Richtung –, übergoß mich nun mit einer lang aufgestauten und übertriebenen Mutterliebe. Ich fand das unangenehm und peinlich, obwohl es für mich auch seine guten Seiten hatte, da ich zum Beispiel nur solche Dinge zu essen bekam, die ich ganz besonders mochte, und obendrein für wichtig gehalten wurde. Andererseits mißbilligte es Mrs. Nimmo sehr, wenn ich mich lange Zeit mit mir selbst beschäftigte oder mich mit den *Kikuju* unterhielt, und versuchte deshalb, meine Freiheit einzuschränken.

Mrs. Nimmo war eine große, kräftige, oft unruhige und hastige Frau, die stets den Eindruck des Überquellens vermittelte. Sie war nicht gerade fett, aber üppig gebaut, und ihr Wesen zeigte eine eigenartige Mischung aus Faulheit und Energie. Manchmal lief sie den halben Vormittag mit Lokkenwicklern und in Hausschlappen herum, andererseits war sie außerordentlich penibel, was die Sauberkeit und Ordnung ihres Hauses betraf, die Einhaltung der Mahlzeiten, und daß man sich – was in unserem Haushalt häufig übersehen wurde – die Schuhe säuberte, bevor man das Haus betrat.

In gewisser Weise war sie ihrer Zeit voraus. Küchen zum Beispiel wurden damals als ein Teil des Haushalts betrachtet, um den man sich so wenig wie möglich kümmerte. Es waren kleine, verräucherte Räume, ausgestattet mit einem meist gebraucht gekauften, holzbeheizten Herd, an dem sich viele

Leute drängten, zum Beispiel Angehörige des Kochs, die *Totos* oder einfach Leute, die gerade einmal vorbeischauten. Gekocht wurde in großen, schwarzen Töpfen, die man wie französische Bouillontöpfe niemals reinigte. Alles war mit schwarzem Ruß bedeckt, vor dem Fenster standen Säcke und Tüten, so daß auch dort keine frische Luft hereinkam, es war viel zu dunkel, um ordentlich sehen zu können, und der unerschrockene weiße Besucher stolperte über die *Totos*, die sich in die Ecke kauerten, beunruhigte sich über seltsame Gerüche und floh mit brennenden Augen und erstickten Lungen an die frische Luft. Aus diesen dunklen und übervölkerten Löchern kam dann das Essen, das immer heiß, meistens sehr nahrhaft, und, wenn der Koch Talent hatte, auch noch wohlschmeckend war. Wenn man zu sehr auf Hygiene pochte, wurden die Ergebnisse eher schlechter, und kein Koch blieb lange, wenn sein Arbeitgeber an ihm herummäkelte. Dieses Arrangement kam Tilly gerade recht, die nicht kochen konnte und statt dessen lieber im Garten oder im Farmbetrieb arbeitete. Also konnte sie die Küchenpflichten vergessen und alles Juma überlassen.

Mrs. Nimmo dagegen war eine pflichtbewußte Hausfrau, die gern alles selbst in der Hand behielt. Daher stand sie mit dem Koch ständig auf Kriegsfuß, weil sie verlangte, daß die Säcke stets vom Fenster weggenommen und verstaut, die *Totos* vertrieben und die Kochtöpfe geschrubbt wurden. Aber nachdem sie wie ein Tornado durch die Küche gefahren war, kehrte alles wieder in den Normalzustand zurück, und die Rezepte, die sie ihrem Koch mühsam beigebracht hatte, verschwanden wieder aus dem Programm. Bei solchen Anlässen gab sich ihr Koch als ein geduldiger Mensch, der viel ertragen mußte – was ja auch der Wirklichkeit ziemlich nahe kam –, und Tilly wunderte sich manchmal, daß er noch nicht davongelaufen war. Der Grund dafür kam später ans Licht. Der Koch hatte einem Schmied der *Kikuju* den Auftrag gegeben, den Speisekammerschlüssel zu kopieren, und von da an ihr Haus als ein Versorgungsdepot von Zucker, Kochfett und Paraffin genutzt.

Wenn Weiße solche Vorkommnisse entdeckten, betrachteten sie sie gründsätzlich als Diebstahl und zogen über die Moral der Eingeborenen her. Ich dagegen glaube nicht, daß die Eingeborenen so etwas als Diebstahl ansahen. Die *Kikuju* waren zueinander völlig aufrichtig; keiner plünderte dem anderen die Ernte, Heimstätten wurden nur gegen böse Geister geschützt, und wenn eine Frau einen Korb voll Hirse oder ein Mann ein Schnupftabakshorn oder einen Speer irgendwo vergaß, fanden sie beides bei ihrer Rückkehr unbeschädigt und unberührt vor. Wir Europäer dagegen standen außerhalb des normalen Lebens, und unser Besitz unterlag daher auch nicht den für die Eingeborenen geltenden Gesetzen; er kam wie Gras nach dem Regen, und wenn sich ein *Kikuju* daraus bediente, war das ebenso wenig Diebstahl, wie wenn er den wilden Bienen den Honig raubte.

»Du mußt deinen Milchpudding aufessen«, sagte Mrs. Nimmo immer zu mir – ich kann sie jetzt noch hören mit ihrer flachen Stimme, aus der man dennoch den Singsang des schottischen Tieflandes heraushörte, kann ihr gutmütiges, aber sonderbar unpersönliches Lächeln sehen, ihr rundes, stupsnäsiges Gesicht, dessen Züge sich, so angenehm sie sein mochten, nicht zum Gesamtbild einer Persönlichkeit vereinigten. Ich höre sie sagen: ›Du mußt deinen Milchpudding essen, das ist gut für die Haut‹, oder: ›Iß deinen Porridge, das ist gut fürs Gehirn.‹

»Ich dachte, das gilt für den Fisch?« protestierte ich.

»Für den Fisch gilt es auch, Liebes; Porridge ist für alles gut. Wenn du deinen Porridge ißt, wirst du ein großes hübsches Mädchen werden.«

»Ich will aber kein großes, hübsches Mädchen werden. Ich will ein Jockey werden.«

Mrs. Nimmo gackerte wie eine Henne und schaute mich

mißbilligend an. Das Leben, das ich führte, schien sie zutiefst zu schockieren, und ich hörte, wie sie gegenüber Alec Wilson bemerkte, der einen oder zwei Tage, nachdem ich herübergekommen war, bei ihr vorbeischaute: »Es geht mich ja nichts an, aber wann werden sie das Mädchen eigentlich zur Schule schicken? Es ist doch nicht recht, daß das Kind wie die Eingeborenen aufwächst.«

»Sie haben die Absicht, sie zu Hause auf ein Pensionat zu schicken, sobald die Kaffee-Ernten den erhofften Ertrag bringen«, erklärte Alec.

»Wenn die Kaffee-Ernten Ertrag bringen! Und wenn mein Schiff nach Hause kommt, baue ich mir daraus ein Luftschloß.«

Alec versuchte, nicht zu lächeln, man nahm an, daß Mr. Nimmo enorme Summen aus seinem Verkauf von Elfenbein gewann, und Robin war der Meinung, daß er die Rupien unter dem Boden seiner Hütte vergraben hatte wie die *Kikuju* oder sie in Rinderherden in Uganda investierte. Dabei hielt er Mrs. Nimmo so knapp, daß sie es sich kaum leisten konnte, fünfzig Eier für eine Rupie oder eine Henne für einen Sixpence zu kaufen, was die derzeit üblichen Preise waren, und daß sie ihren Arbeitern einige Monate Lohn schuldete.

»Mr. Nimmo bedauert sehr, daß er in diesem Jahr nicht zu Silvester herkommen kann«, fügte sie sehr frömlich hinzu. »Er schreibt, daß er von Geschäften im Belgisch-Kongo aufgehalten wird. Aber ich nehme an, nächsten Monat kommt er nach Hause.«

Das war eine Formel, die sie ständig benützte; soweit man wußte, schrieb nämlich Mr. Nimmo grundsätzlich keine Briefe, sondern tauchte lediglich zwischen zwei Safaris in unregelmäßigen Abständen zu Hause auf, trank eine Menge Whisky, warf die Hälfte der Arbeiter hinaus, beklagte sich über die Art und Weise, wie Mrs. Nimmo das Geld verschwendete, und war auch schon wieder fort.

Alec ging nicht zu den Rennen; er wollte kein Geld dafür

ausgeben. Und auch unser Nachbar Victor Patterson blieb zu Hause, weil er Besuch erwartete. Alec war hergekommen, um Mrs. Nimmo zu einer Silvesterparty einzuladen. Sie mußte meinetwegen absagen, aber Alec sah ihre Enttäuschung und kam daher mit ihr überein, daß sie selbst die Party veranstalten würde.

»Aber was mache ich zum Dinner«, rief sie in tiefster Verzweiflung, »wo es im ganzen Land kein eßbares Rindfleisch gibt und auch keine anständigen Truthähne, wo das Geflügel klein ist wie Spatzen, und das Hammelfleisch zäh wie altes Stiefelleder!«

»Ich glaube, das Essen wird von zweitrangiger Bedeutung sein, namentlich bei Victor«, meinte Alec. »Und ich nehme an, er bringt seinen eigenen Whisky mit.«

Mrs. Nimmo gluckste und hoffte, daß alles in ordentlichem Rahmen blieb: Mr. Nimmo duldete keine zweifelhaften Dinge unter seinem Dach.

»Sie werden es nicht glauben, aber mein Mann ist sehr wählerisch, wenn er zu Hause ist. Kein Wunder, er ist seit jeher das Beste gewohnt. Sein Vater war einer der geachtetsten Persönlichkeiten in Dundee und wurde zweimal zum Bürgermeister der Stadt gewählt. Und ich habe auch nicht immer so gelebt wie hier. Mein Großvater war Notar, und mein Großonkel Andrew wurde zum Ritter des Löwenordens geschlagen.«

Alec zog sich entsprechend respektvoll zurück und überließ Mrs. Nimmo ihren Vorbereitungen für das Fest, den Besorgungen der Zutaten für das Dinner, dem Aufräumen des Hauses und dem Schikanieren des Kochs, der eine herablassende und gleichgültige Miene an den Tag legte; für ihn bestand kein Grund für diese hektische Aktivität, der Tag war wie jeder andere, es handelte sich weder um eine Hochzeit noch um eine Beschneidung oder eine Verlobung.

»Ich gäbe etwas für ein gutes, saftiges Stück schottisches Rindfleisch oder einen feinen Midlothian-Truthahn!« lamentierte Mrs. Nimmo. »Oder für ein zartes Lamm oder einen Lachs frisch aus dem Rauch! Das hier ist wirklich ein Land der Heiden, und es gibt nichts, was wert wäre, gegessen zu werden. Das Mehl ist so grob und klumpt so stark, daß ich nicht einmal solche Brötchen backen kann, wie sie meine Mutter aus dem Fenster geworfen hätte! Ich mag den jungen Wilson; er ist ein netter junger Mann, aber dieser Mr. Patterson... Nun, vermutlich kann er nichts dagegen tun, daß er Australier ist, und man muß hier draußen die Leute nehmen, wie sie sind. Aber ich hoffe, seine Freunde sind nicht auch von der Sorte, sonst weiß ich nicht, was Mr. Nimmo dazu sagen würde. Er achtet sehr sorgfältig darauf, wer bei ihm zu Gast ist.«

Ich bekam nicht viel zu sehen von Mr. Pattersons Freunden, denn man schickte mich gleich nach der Ankunft zu Bett, aber danach wurde viel von einer Mrs. Walsh gesprochen, und ich habe sie an dem Abend und auch später noch ein paarmal gesehen. Sie gehörte zu den Menschen, die sich in mein Gedächtnis eingebrannt haben, fast wie mit einer Flamme. Sie war tatsächlich eine Person wie eine Flamme, klein, mager, rothaarig und von Energie sprühend. Ihre Augen waren blau und sehr hell, ihr Teint war rosig, und sie sprach mit starkem irischen Akzent. Sie war keine Australierin, hatte aber viele Jahre mit ihrem inzwischen verstorbenen ersten Mann dort gelebt. Mit siebzehn war sie mit ihm in den fernen Kontinent gefahren, um ein Vermögen auf den Goldfeldern von West-Australien zu machen. Sie hatte allerdings kein Vermögen gemacht; sondern alles, was sie besessen hatte, verloren, das heißt ihren Mann und ihre zwei Kinder, von denen das eine ertrunken und das andere von einer Giftschlange gebissen worden war; also hatte sie, noch nicht einmal dreißig Jahre alt, das Land allein und ohne Freunde wieder verlassen, um sich auf ein Leben in Südafrika einzulassen.

Mit ihrem zweiten Mann, einem stillen Engländer namens John Walsh, war sie kurz nach dem Bau der Eisenbahn die Ostküste Afrikas entlang nach Norden gefahren, und dort wollte sie auch bis ans Ende ihrer Tage bleiben. Jeder nannte sie die Pionier-Mary. Als sie in dem Jahr, von dem ich spreche, nach Thika kam, zur Jahreswende 1913/14, war sie längst eine sehr bekannte Persönlichkeit, denn sie reiste durch das gesamte Protektorat, aber auch durch die deutschen Kolonien, um mit den Eingeborenen Handel zu treiben, manchmal auf Ochsenkarren und manchmal auf Maultieren, manchmal mit ihrem Mann und manchmal allein. Sie hatte keine Angst und bewegte sich auch unter Stämmen, die noch völlig unbeeinflußt waren von Europäern. Sie hielt sich mehr oder weniger außerhalb der europäischen Gesetze, hatte meist ein Gewehr über der Schulter, brauchte es aber nie zu benutzen, es sei denn, um sich Wild zum Essen zu schießen. Sie kümmerte sich nicht viel darum, wohin die Reise ging, was sie tat und mit wem sie sprach. Manchmal fuhr sie mit ihrem Ochsenkarren auf den Bahnsteig einer Eisenbahnstation, der in Wirklichkeit nicht mehr war als ein eingeebneter, mit Lehm festgestampfter Streifen gerodeter Erde, und verkaufte Waren an die einheimischen Reisenden: Orangen, Bananen, Eier, gekochte Hühner oder Dinge, die sie gern kauften, wie bunte Baumwolltücher, Kämme, Schmuck und Spiegel oder was auch immer Mrs. Walsh billig im Bazar hatte erstehen können.

Die Eingeborenen, die für sie arbeiteten, fürchteten und achteten sie und hielten sie vielleicht für ein übermenschliches Wesen, denn obwohl sie durchaus weiblich aussah, hatte sie nichts vom Charakter einer Frau; sie war mutig, hart und manchmal sogar wild und jähzornig; daher dachte auch niemand im Traum daran, sie in irgendeiner Weise zu belästigen. So oft ich sie sah, war sie fröhlich und freundlich, obwohl man sie sich durchaus so vorstellen konnte, wie sie ihrem Ruf nach war. Sie hatte etwas, was einen veranlaßte, auf der Hut zu sein, wie in Gegenwart einer Löwin, die zahm war und schnurrte, aber unter den weichen Pfoten gefährliche Krallen verbarg.

Bei Mrs. Nimmo zeigte sie nur die Pfoten, nicht die

Krallen. Sie schaute sich bewundernd in dem Wohnraum mit den Graswänden um, den Mrs. Nimmo mit grünen Zweigen, bunten Kerzen und Papierfähnchen geschmückt hatte.

»Na, guckt euch das an!« rief sie. »Ist das nicht das Hübscheste, was ich seit langem gesehen habe? Es kommt mir vor, als wären wir wieder zu Hause in der Heimat, mit Schnee vor der Tür und den Kirchenglocken, die läuten, den Weihnachtssängern, die auf ihr Glas Port warten... Nein, wirklich, sauber und ordentlich und hübsch wie der Rock eines Gardeleutnants an seinem Hochzeitstag!«

Sie fuhr noch eine Weile in dieser Weise fort, und Mrs. Nimmo konnte nicht genug davon hören. Die Grundausstattung der Grashütte war eher spärlich, aber Mrs. Nimmo hatte alles mit Kleinigkeiten verschönert, zum Beispiel mit Wärmepfannen aus Messing und Holzkohlebecken, die an den schilfverkleideten Wänden hingen, mit den Messinggeschirren von Kutschpferden über dem großen, offenen Kamin und einem Spinnrad, das in einer Ecke Spinnweben sammelte. Und im Kamin brannte ein mächtiges Feuer aus großen Scheiten. Auf einer Transportkiste mit einem Tischtuch aus rotem Chenille stand in einem Blumentopf der Tannenbaum, den sie unter ziemlichen Schwierigkeiten aus Nairobi besorgt hatte. Lametta, funkelnde Kugeln und anderer Schmuck hing an den Zweigen, und sie hatte den Baum mit roten, blauen und gelben Kerzen geschmückt; wenn man die Augen halb zukniff, sah er aus wie ein dunkles, geducktes Tier mit goldenem Fell und silbernem Geschirr, und für mich war das alles ganz wundervoll.

Die Pionier-Mary zog ein etwas unordentliches Paket aus der riesigen Tasche ihres Buschhemds und sagte, sie hätte mir gern etwas Schönes gekauft, das mir Spaß machen würde, ein Spielzeug oder ein Buch, wenn sie gewußt hätte, daß hier ein Kind wohnt, doch in letzter Minute habe sie nur das hier finden können. Es war ein kleines Krokodil, ungefähr zwanzig Zentimeter lang, unbeholfen abgehäutet und mit Gras ausgestopft, aber sehr gewinnend, weil es ein komplettes Reptil in Miniaturgröße war, vom Schwanz über die kleinen Krallen und die Höcker am Rückgrat bis zu den scharfen Zähnchen, die aus den gefährlichen Kiefern wuchsen. Es war interessant, zu erfahren, daß Krokodile schon so wie dieses, nämlich voll entwickelt, geboren werden: kleine, schnappende, wilde Bestien von dem Augenblick an, wo sie diese Erde betreten. Ich hielt mein Krokodilbaby hoch in Ehren und hatte es einige Jahre lang, bis es von einem jungen Hund zerfetzt wurde.

»Es freut mich, daß es dir gefällt«, sagte die Pionier-Mary, »auch wenn es nicht unbedingt das richtige Geschenk für ein Kind ist. Und man kann auch nicht gerade behaupten, daß ein Krokodil in die Tage des Weihnachtsfestes paßt, nicht einmal ein neugeborenes. Aber du hättest sicher auch nicht viel Freude an dem Krimskrams, den ich für die Nigger bei mir habe, und wo hätte ich hier draußen ein Geschäft für Spielzeug und andere schöne Dinge finden können? Jetzt müssen wir die Knochen ausruhen vom letzten Jahr und uns viel Kraft für das neue wünschen. Hol die Flasche raus, John, und wünsche Mrs. Nimmo Glück und Gesundheit und ihrem Mann ebenfalls, und Gott segne unsere Freunde und verdamme unsere Feinde!«

Mrs. Nimmo schaute etwas verärgert drein; sie trank nicht und betrachtete die drei schlanken, wenig eleganten Kolonisten, die ihr Heim betreten hatten, mit deutlichem Mißfallen.

»Es tut mir leid, aber ich habe kein Sodawasser«, sagte sie ziemlich kühl.

»Ich brauche keine Bläschen in meinem Alkohol«, antwortete Victor Patterson. »Die Luftblasen überlasse ich den Politikern.« Als er lachte, war es wieder, als führten seine Zähne ein Eigenleben und wollten etwas ganz anderes sagen. Seine langen, schmalen Backenknochen hatten sich ständig bewegt wie bei einem Pferd; jetzt ging er zur Tür und spuckte überraschend und laut nach draußen. »Trocken wie ein Schiffskeks«, sagte er und schaute hinaus in die Nacht. »Der Himmel glatt wie eine Kuh.«

Robin hatte einmal die Bemerkung gemacht, daß er Victor für zu australisch halte, um wahr zu sein; er nahm an, daß er in Wirklichkeit ein Bischof in incognito war, der die Sprache auf der Berlitz-School gelernt hatte, oder ein getarnter, flüchtiger Bankier. In Wirklichkeit war er nacheinander Goldschürfer, Helfer auf einer Schaffarm und Hafenarbeiter gewesen, hatte aber nebenbei noch eine ganze Reihe von typisch männlichen Freiluft-Berufen ausgeübt. Sein ledriges, etwas blasses Gesicht erinnerte mich an Robins alte, schweinslederne Brieftasche, aber seine Augen waren blau, offen wie die eines Kindes und nur an den Rändern ein wenig blutunterlaufen.

Ich konnte Mr. Patterson recht gut leiden, und sei es auch nur wegen seines komischen Gebisses, doch auch dem war es offenbar nicht gelungen, Mrs. Nimmo für sich einzunehmen.

»Ich hoffe nur, diese beiden Gentlemen benehmen sich nicht wie die Rowdys«, sagte sie zu Alec, der mit ihr gekommen war, als sie mich zu Bett brachte.

»Das hoffe ich auch, obwohl ich es nicht garantieren würde.«

»In solchen Zeiten braucht eine Frau ihren Mann. Mr. Nimmo würde es nicht dulden, daß so etwas unter seinem Dach geschieht. Wenn es Ärger geben sollte, Mr. Wilson, verlasse ich mich ganz auf Sie.«

Alec warf einen Blick auf die anderen Gäste. Sowohl Victor als auch John Walsh waren kräftige, langsame und entschlossene Männer, hart wie Felsblöcke und beinahe so unbeweglich.

»Für solch einen Fall sollten Sie alles Zerbrechliche zur Seite räumen und die Maultiere für einen raschen Aufbruch bereithalten«, riet ihr jetzt Alec.

»Ich bitte Sie! Wie können Sie so etwas sagen! Das ist nicht sehr galant, Mr. Wilson.«

»Ich kenne meine Grenzen. Wenn es Streit gibt, können Sie mich unter Ihrem Bett suchen.«

Überraschenderweise kicherte Mrs. Nimmo jetzt, und damit kam ein völlig anderer Ausdruck auf ihr Gesicht. Sie schien die Gesellschaft plötzlich nicht mehr abzulehnen, sondern sich im Gegenteil auf die Party zu freuen.

»Was Sie nicht sagen!« gackerte sie. »Bitte, kümmern Sie sich um die Gäste, während ich das Kind ins Bett bringe.«

Ich haßte es, zu Bett gebracht zu werden, und wollte statt dessen an der Party teilnehmen, aber Mrs. Nimmo ließ sich nicht erweichen. Wenn man mich nur in die Obhut von Pionier-Mary gegeben hätte, dachte ich, dann wäre alles ganz anders gewesen. Die hätte sich bestimmt nicht darum gekümmert, ob ich mir die Zähne geputzt, die Kleidung zusammengelegt und die Abendgebete gesprochen habe. Irgendwo draußen ertönten Trommeln, das Gegenstück zu Mrs. Nimmos Party, und dort tanzte man vermutlich im Feuerschein, sang und stampfte, und für die Älteren gab es Bier, für die Jungen Liebe. Vom nächsten Höhenzug heulte eine Hyäne herüber und machte sich an ihr grausiges, aber hygienisches Geschäft. Die Dunkelheit wurde durchlöchert vom hohen Schrei der Fledermäuse, dem Ruf einer Eule, dann erschüttert von plötzlichem, lauten Bellen. Ich fand keinen Schlaf, kletterte nach einiger Zeit aus dem Bett und schlich mich hinaus aus meiner Rundhütte in die graue, sternenhelle Nacht, die nach Jasmin- und Kaffeeblüten duftete. In der Küche herrschte reges Treiben, und aus dem hellen Wohnraum ertönte lautes Lachen. Ich konnte durch eines der Fenster hineinsehen; die Gäste waren mit dem Essen fertig und saßen am offenen Feuer um einen Teich flackernder, blauer Flämmchen, die hin und her hüpften wie Schmetterlinge. Dann nahm einer von ihnen eine blaue, hüpfende Flamme in die Hand und steckte sie sich in den Mund.

Beinahe hätte ich einen Schrei des Erstaunens ausgestoßen, denn es sah aus wie Zauberei, und die Leute wirkten unheimlich und unvertraut in dem tanzenden Licht. Konnte es sein, daß das ein geheimer Ritus der Erwachsenen war, eine jener sonderbaren und sündigen Ausschweifungen, auf die sie immer anspielten, ohne sie deutlich auszusprechen? Dann hielten sie inne, lachten schallend, füllten ihre Gläser neu und begannen zu singen. Die blauen Flämmchen starben, und ich sah, daß sie eine Schüssel vor sich hatten. Sie hatten Rosinen in Alkohol getränkt und sie dann angezündet, gegessen und sich dazu alles Gute zum neuen Jahr gewünscht. Jetzt sangen sie laut; die Pionier-Mary schien in ihrem Element zu sein: ihr rotes Haar war gelöst, ihre Bluse halb aufgeknöpft, die Stiefel hatte sie von den Füßen gestreift, und das Glas, das sie in der Hand hatte, stellte sie nicht mehr ab. Zu meiner Überraschung stimmte Mrs. Nimmo in die Gesänge ein, wedelte mit den Armen durch die Luft und trampelte im Takt dazu auf den Boden.

»Jetzt müßten wir tanzen, das wäre gut«, rief sie, und bald danach schwangen sie, Alec und die Walshs sich im Kreis zu einem schottischen Volkstanz, während Victor Patterson einem Kamm und einem Stück Seidenpapier seltsame Töne entlockte. Mary tanzte wie eine Besessene durch den ganzen Raum, stieß dazu gelegentlich tierähnliche Schreie aus, riß die Beine hoch und klatschte in die Hände, sehr zum Kummer von Mrs. Nimmo, die lebhaft umhertaumelte, aber große Mühe hatte, die Schritte, die Ordnung und den Takt einzuhalten. Mr. Walsh tanzte sehr ruhig, und Alec schien keinen der Schritte zu kennen. Die beiden Frauen schubsten ihn herum, lachten ihn aus, er spielte den Trottel. Als der Tanz abbrach, sank Mrs. Nimmo auf einen Stuhl und Alec auf ihre Knie, was zur allgemeinen Belustigung beitrug. Das war nicht mehr die Mrs. Nimmo, die ich kannte, und auch Alec hatte sich sehr verändert. Abgesehen davon kam mir die Sache ziemlich albern vor, und ich ging zurück ins Bett.

Später wurde ich von Schüssen geweckt. Durch mein Fenster sah ich das Mondlicht, und ich hörte das Klimpern von Zaumzeug und gleich danach Hufgetrappel. Im Haus brüllten verschiedene Stimmen, dann dröhnten zwei weitere Schüsse durch die Dunkelheit, gefolgt von einem fürchterlichen Krachen, das irgendwie blechern klang, einem Weheschrei und dann dem hysterischen Weinen einer Frau. Ich kuschelte mich unter die Decke, wo ich warm und angenehm und, wie ich hoffte, auch sicher vor Kugeln lag. Als ich etwas später vorsichtig wieder den Kopf herausstreckte, hatten die Schreie aufgehört, und an ihre Stelle war überraschenderweise Gelächter getreten, vielleicht etwas hysterisch, und in das Lachen mischte sich Stampfen und Schnauben von Maultieren.

Ich kam gerade noch rechtzeitig zum Fenster, um zu sehen, wie sich eine Gestalt auf ein Maultier schwang, das Gewehr wie ein Banner über dem Kopf haltend, gefolgt von zwei weiteren Reitern. Wieder ging das Gewehr los, während die Kavalkade in den mondhellen Busch verschwand und nur noch gedämpfte Echos von den Hügelrücken zurückwarf; einer der Männer erhob noch einmal seine Stimme in einem lauten Hallo und schickte den ersten Echos weitere hinterher. Die Rufe wurden leiser, die Echos verstummten, und allmählich kehrte die majestätische Stille der Nacht zurück.

Aus dem Haus hörte ich unterdrücktes Jammern, eine Gestalt taumelte heraus auf die Veranda und klagte: »Ich sage dir, einmal und nie wieder! Nie wieder! Ich habe sie von meinem Großvater, dem Notar; als ich ein kleines Mädchen war, hat Mutter sie immer so vorsichtig wie eine Henne mit Küken vor sich her die Treppe hinaufgetragen, und da kommt diese Frau daher... Dieses elende Luder...«

»Ich hatte Ihnen geraten, das Silber wegzuschließen«, sagte Alec, der neben ihr stand und den davonreitenden Unruhestiftern nachschaute. »Aber an die Wärmepfannen habe ich nicht gedacht.«

»Ich bringe sie vor Gericht! Die größte hat ein Loch, genau in der Mitte...«

»Ein fabelhafter Blattschuß«, fügte Alec bewundernd hinzu.

»Ach, das ist alles, woran du denkst, und keiner kümmert sich um meine armen Pfannen!«

»Sie werden sie hier kaum brauchen, Mississimmo«, sagte Alec mit einer Stimme, die klang, als ob er den Mund voller Federn hätte.

»Maggy für dich, Mr. Wilson. Jetzt sind wir alte Freunde.« Ein unerwartetes und vielleicht auch unbeabsichtigtes Kichern entschlüpfte Mrs. Nimmo. »Du hast wirklich zu komisch ausgesehen, als du dich hinter den Stuhl in Deckung begeben hast, nachdem das Gewehr losgegangen ist.«

»Ich bin nicht geeignet als Kanonenfutter«, erwiderte Alec mit Würde.«

»Wenn Mr. Nimmo hiergewesen wäre – der hätte so etwas niemals geduldet.«

»Ich glaube, ich muß jetzt auch nach Hause.«

»Was, und du läßt mich unbeschützt hier, allein mit dieser Bande betrunkener Straßenräuber? Ist das die feine Art eines Gentlemans?«

»Vielleicht nicht ganz ...«

»Sie müssen hierbleiben und mich beschützen, Mr. Wilson.«

»Alec für Sie, Mississimmo – für dich, Maggy.«

»Also dann, Alec.«

»Ich soll hier bei dir bleiben?«

»Ich bin eine einsame, verlassene Frau.«

»Aber nicht heute nacht, Maggy.«

»Natürlich meinte ich damit nicht –«

»Aber ich«, sagte Alec unerwartet laut. Er schien die Federn geschluckt zu haben, und jetzt war sein Mund trocken und leer.

»Oh, wie kannst du nur!« rief Mrs. Nimmo, doch es klang nicht so, als ob sie beunruhigt wäre. Alec trat daraufhin näher zu ihr hin, um ihr seine Antwort ins Ohr zu flüstern, und nachdem das Gespräch zu Ende schien, ging ich wieder zu Bett und träumte von Hufen, die durch tiefe schwarze Täler donnerten, auf Höhlen zu, in denen Feuer brannten, von Kanonaden in wilden Schlachten und von Siegesgebrüll; ich dagegen ritt Margaret, das Maultier, das immer langsamer wurde, und hatte George und Mary bei mir, die so groß waren wie Krokodile und mich nach unten drückten. Aus ihren Nasenlöchern kamen blaue Flämmchen; sie wandten mir ihre Köpfe zu, öffneten die gewaltigen Kiefer, und zwischen ihren Zähnen, die so groß waren wie die Trommeln der Eingeborenen, tanzte die Pionier-Mary einen wilden Tanz.

Es war kein angenehmer Traum; dennoch erwachte ich erholt und ausgeruht an einem neuen, taufrischen Morgen. Die Tauben gurrten, die Webervögel zwitscherten und die Würger riefen. Die Sonne warf einen breiten, goldenen Streifen auf den festgestampften Lehmboden, und von draußen drang die vertraute Ouvertüre des afrikanischen Morgens herein: das Swisch-swisch eines Reisigbesens, der sachte und rhythmisch den Pfad vor dem Haus kehrte, swisch-swisch, wie das Flüstern der Wellen am Strand, von Pausen unterbrochen, dazu das Trappeln von Füßen und die Melodie hoher Stimmen, die einander zuriefen, lachend und voller Hoffnung, denn nun war die Nacht vorbei und die Sonne kam mir wie frisch gewaschen vor, und sie war es auch, nach der Legende der *Kikuju*, in der sie nachts in die Quellen der Flüsse sank und hinuntergetragen wurde zum Meer, um in sein reinigendes Wasser zu tauchen, aus dem sie dann an jedem Morgen strahlend und sauber wieder emporstieg.

Der Hausboy und ein *Toto* räumten den Wohnraum auf, der aussah, als ob darin die ganze Nacht über ein Bulle gewütet hätte. Die Wärmepfannen und Holzkohlenbecken lagen auf dem Boden, das Spinnrad war umgekippt, und alle Möbel standen schief. Als Alec auftauchte, sah er zerknittert aus, hatte glasige Augen und ging wie einer, der nicht gesehen werden will. Aber er nickte mir dennoch zu, zuckte bei der Bewegung ein wenig zusammen und sagte:

»Wenn ich einem Kind am Beginn des Lebens einen Rat geben würde, dann diesen: Feiere nie das Neue Jahr mit einer gemischten Gesellschaft aus Schotten, Iren und Australiern; das ist eine so explosive Mischung wie TNT. Noch besser ist es, das Neue Jahr gar nicht zu feiern, und wenn du schon mußt, dann such dir als Gesellschaft eine unverheiratete Tante und vergewissere dich, daß sie Abstinenzlerin ist.«

»Haben die Leute auf etwas geschossen?«

»Nur auf Maggys Messingpfannen, glaube ich.«

Das Frühstück war ein schweigsames Mahl, das heißt zumindest Alec war still und aß sehr wenig. Wir hatten verlorene Eier. Ich spielte stets mit verlorenen Eiern und schnitt das Eiweiß sorgfältig von den Rändern ab, um den Augenblick solange wie möglich hinauszuschieben, wo ich den Dotter anstach und eine kleine gelbe Flut freisetzte, genau wie ich in unserer ovalen Zinkbadewanne die Beine so langsam wie möglich ausstreckte, bis auf jeder Kniescheibe nur eine kleine Insel aus heller Haut mitten im Wasser übrigblieb, und ganz allmählich die Fläche dieser Inseln immer mehr verringerte, bis sich zuletzt das Wasser darüber schloß.

Mrs. Nimmo, die solche Spiele nicht kannte, fragte in scharfem Ton: »Was machst du denn, Kind, mit deinem Ei?«

In diesem Augenblick stach ich mit meiner Gabel zu und erklärte zufrieden: »Schauen Sie, es blutet!« Zu meiner Überraschung fuhr Alec stöhnend hoch und verließ rasch den Raum.

»Ist etwas los?« fragte ich.

»Ihm ist nicht gut, dem armen Kerl«, sagte Mrs. Nimmo. Sie machte sich mehr Sorgen über die Beschädigung ihres Eigentums, vor allem eines gestickten Tuches mit der Aufschrift *Alle Wasser können nicht löschen die Liebe, und nicht verschlingen kann sie die Flut* in rotem Kreuzstich auf senfgelbem Hintergrund. Durch die Mitte von *löschen* zog sich ein häßlicher Riß.

»Wenn ich denke, daß es noch von meiner Tante Kate stammt, die es gestickt hat, bevor sie heiratete und nach Indien ging! Es hat einen großen persönlichen Wert für mich, einen *sehr großen*. Mein Haus, und sie benehmen sich wie in einer üblen Kneipe! Ich kann mir gar nicht ausdenken, was Mr. Nimmo sagen wird, wenn er nach Hause kommt.«

»Ich kaufe Ihnen etwas Besseres«, versprach ich ihr, denn ich hatte die Absicht, mir ein Pony schenken zu lassen und damit viele Rennen zu gewinnen. Ich wußte, daß man für jedes gewonnene Rennen einen Silberpokal bekam, und der war zweifellos sehr viel wert.

»Das ist lieb von dir«, sagte Mrs. Nimmo und tätschelte meine Hand. »Ich weiß, daß du das tust, wenn dein Schiff erst im Hafen ist.«

»Ich habe gar kein Schiff«, widersprach ich ihr.

»Wir haben alle eines, sozusagen, aber manchmal braucht es sehr lange, bis es nach Hause findet.«

Das war ein neuer Gedanke: Jeder hatte ein Schiff, das auf einem fernen Ozean dahinsegelte, offenbar ziel- und steuerlos. Ich fragte mich, was mit Tillys und Robins Schiff sein mochte.

»Und – sinken sie auch?« fragte ich.

»Bedauerlicherweise, ja.«

Das erklärte vieles. Das Schiff der Palmers jedenfalls würde ein Klavier und ausgestopfte Tierköpfe an Bord haben.

Alec Wilson kam zurück, noch immer blaß, aber besser aussehend als zuvor, und er nahm Mrs. Nimmos Hand.

»Ich danke dir für deine Gastfreundschaft und alles.« Er sprach ziemlich komisch und schaute sie dabei an.

Sie zog ihre Hand zurück, schürzte die Lippen und antwortete ziemlich förmlich: »Es war sehr gütig, daß Sie geblieben sind, Mr. Wilson; ich wäre nicht gern allein hiergewesen mit dem Kind, solange diese wilden, gottlosen Wesen sich in dieser Gegend aufhalten.«

»Wann immer du Schutz brauchst, Maggy, ich komme gern. Du brauchst mich nur zu rufen.«

»Danke, Mr. Wilson, ich werde es mir merken, aber ich glaube kaum, daß es notwendig sein wird. Mr. Nimmo kann jeden Tag zurück sein.«

Ich fragte mich, warum Mrs. Nimmo Alec nicht mehr wie einen Freund, sondern wie einen flüchtigen Bekannten behandelte, aber Alec schien es nichts auszumachen, und er ritt recht fröhlich davon, obwohl er sich noch darüber beklagte, daß sich sein Mund anfühlte wie das Innere eines Papageienkäfigs. Am nächsten Tag ritt auch ich auf Margaret nach Hause, begleitet von Njombo, der – genau wie Sammy vorausgesagt hatte – zurückgekommen und so fröhlich und unbeschwert wie immer war. Er hatte sich den Schädel glattrasiert, so daß er glänzte wie ein Goldstück. Wo er doch jetzt ein Mörder war, hatte ich eigentlich eine Veränderung in seinem Aussehen erwartet, aber der glattrasierte Schädel war die einzige, die ich erkennen konnte.

»Bei *Memsabu Ngwari* hat es ein Fest gegeben«, bemerkte er. – *Ngwari* war das Wort für Spottdrossel, und sie nannten Mrs. Nimmo so, weil sie so viel plapperte, und zwar fortwährend und in einer einzigen Tonlage. – Die meisten *Kikuju* interessierten sich nur wenig für unser Verhalten und unsere Bräuche, aber Njombo war ein neugieriger Mensch und versuchte gelegentlich, herauszufinden, was wir mit unserem Verhalten bezweckten. »Vielleicht hat sie damit Gott um Regen gebeten. In den *Shambas* ist alles vertrocknet.«

»Es war nicht wegen Regen«, erklärte ich. »Gestern hat ein neues Jahr angefangen.«

Das stimmte Njombo nachdenklich. Die *Kikuju* berechneten die Zeit nicht nach Jahren, neuen oder alten, und sie teilten sie auch nicht in Abschnitte ein. Die Zeit floß dahin wie ein Bach. Es gab Regenzeiten und Trockenzeiten: Hirseregen waren kurz und bald vorbei, Bohnenregen dauerten länger. Es war eine Regel, nach jeder Hirseernte eine Beschneidungsfeier abzuhalten, und die Jungen und Mädchen, die damit in den Kreis der Erwachsenen aufgenommen wurden, erhielten einen allgemeinen Namen, zum Beispiel *Heuschrecke*, wenn es eine entsprechende Invasion gegeben hatte, oder *Viel Hirse*, *Blattern*, *Brennender Wald*, *Hungrige Vögel*, *Ohrringe* oder *Maismühle*, je nach dem Ereignis oder einem bedeutenden Zwischenfall. Natürlich wurde nicht jeder im gleichen Alter beschnitten, aber dieses System schuf einen ungefähren Überblick. Leute von der Altersgruppe *Blattern* zum Beispiel waren 1894 beschnitten worden, also jetzt Anfang dreißig. Njombos Altersgruppe wurde *Eisenwellen* genannt, und sie bezeichnete vermutlich die Einführung von Wellblechdächern in seinem Bezirk.

»Das kann doch kein neues Jahr sein«, bemerkte er nach längerem Nachdenken, »wenn niemand pflanzen kann, weil alles trocken ist, und wenn auch die Ernte noch nicht reif ist. Nein, das glaube ich nicht; die *Memsabu* mit dem Gewehr und dem roten Haar ist eine mächtige Zauberin und ist gekommen, um uns mit dem Regen zu helfen.«

Ich fragte Njombo, wie sie uns denn geholfen habe und wie sie das in Zukunft tun würde.

»Sie frißt Feuer«, sagte er.

»Ja, das hab' ich gesehen. Aber die anderen haben es auch gegessen.«

»Es wird Regen geben, du wirst schon sehen. Vielleicht schenkt ihr dein Vater eine Kuh, dann macht sie ein Opfer, damit seine Kaffeebäume wachsen, und sie macht seine Frau fruchtbar. Der Geist der roten *Memsabu* ist sehr stark.«

Daß die Pionier-Mary über ungewöhnliche Kräfte verfügte, war mir ebenso klar wie Njombo. Während ich mir überlegte, ob ich sie bitten sollte, mir ein Pony zu verschaffen, kam ein Grasbock über den Weg und verschwand mit großartigen, weiten Sätzen, fast wie ein Vogel, im hohen

Gras auf der anderen Seite. Njombo schleuderte den leichten Speer, den er immer bei sich hatte, in Richtung auf den Bock, aber die Klinge verfehlte ihr Ziel und grub sich statt dessen in die Rinde eines Feigenbaumes. Njombo sprang hinterher, zog den Speer wieder heraus und wirkte sehr niedergeschlagen, als er zurückkam. Er schaute ein paar Sekunden lang den Baum an, dann bückte er sich und grub ein kleines Loch in die rote Erde neben dem Pfad. Margaret wurde ungeduldig, schüttelte sich und warf den Kopf hin und her.

»Warten!«, befahl Njombo. Er nahm eine große, malvenfarbene Blüte mit einigen Blättern, zerdrückte sie in der Hand, mischte sie mit etwas Pulver aus einem Horngefäß, das er am Nacken hängen hatte, stopfte alles in das Loch und strich dann mit dem Fuß die Erde darüber.

»Es ist schlecht, wenn man diesen Baum verletzt«, sagte er düster, dann setzten wir unseren Weg fort, wobei Njombo weiterhin in sehr gedrückter Stimmung war. Manche Bäume waren heilig, andere nicht, und wir hatten keine Ahnung, wie wir die einen von den anderen unterscheiden konnten; die *Kikuju* dagegen wußten es und hatten sich bei manchen Gelegenheiten geweigert, auf Wunsch von Robin einen der Bäume zu fällen. Offenbar hatte Njombo mit diesem Feigenbaum Pech gehabt. Er trug viele Amulette an seinem glänzenden Körper: zwei Ziegenhörner, darunter auch das eine, aus dem er das Pulver genommen hatte, ein Armband mit kleinen Holzklappern am rechten Arm, einen Lederbeutel an einer Kette und an seinem rechten Bein einen kleinen Holzzylinder, der Staub und zerriebene Blätter von verschiedenen Pfaden enthielt, gemischt mit glückbringender Medizin, um gegen die Übel geschützt zu sein, denen man auf den Straßen und Wegen dieser Welt begegnen mochte.

Dennoch schien das Unglück, das er mit der Verletzung des heiligen Baumes herbeigerufen hatte, nicht durch den Zauber abgewehrt worden zu sein. Selbst auf dem Pfad, der einen kleinen, mit Bananenstauden eingesäumten Flußlauf überquerte, durch den unser Land von dem der Nimmos getrennt wurde, lauerten, wie ich jetzt erkannte, düstere und unheimliche Gefahren, die uns mehr bedrohten als die Löwen und Flußpferde, welche dort einst Schutz gesucht und sich jetzt in die Weite der Steppe zurückgezogen hatten, um vor der Ausrottung durch die Menschen sicher zu sein.

10

Tilly versuchte, mich in ihrer freien Zeit nach der Arbeit in Farm und Garten auf die in ungewisser Zukunft ins Auge gefaßte Schule vorzubereiten. Zum Glück las ich gern, und sie ließ mich oft lange mit dem jeweils wichtigen Buch allein, doch es gelang uns nicht, immer die richtige Art von Literatur zu bekommen, und manchmal mußte ich auf alte Ausgaben des *Field*-Magazins zurückgreifen oder sogar auf Hand- und Hinweisbücher, die sich mit allem möglichen befaßten, vom Spitzenklöppeln bis zum Errichten einfacher Destilliereinrichtungen – Robin hatte vor, eine zu bauen, um damit Essenzen verschiedener Art herstellen zu können. Außerdem stand uns noch ein Taschenlexikon in winziger Schrift zur Verfügung.

Diese kleinen Buchstaben überstiegen jedoch, wie ich fand, meine Fähigkeiten, und wenn Tilly draußen zu tun hatte, legte ich das Lexikon beiseite und versuchte statt dessen, George und Mary beim Fliegenfressen zu beobachten, mich nach Vogelnestern umzusehen oder mit Njombo oder Sammy zu unterhalten, mit Zwinker zu spielen und andere nicht sonderlich erzieherische Dinge zu treiben. Wir hatten einen Atlas, und Tilly brachte mir bei, die einzelnen Länder abzupausen und neue Karten anzufertigen. Der starke, ölige Geruch des Durchschlagpapiers faszinierte mich, und ich liebte seine glatte, elastische Struktur, obwohl es schwierig zu handhaben war. Nachdem ich die Kontinente in ihren Umrissen durchgepaust hatte, zeichnete ich die einzelnen Länder ein, dann die Flüsse, Städte, Eisenbahnen und Berge und kolorierte alles in bunten Farben, was sehr gut aussah.

Nach einer Weile hatten Tilly und ich diese Arbeit satt, und ich ging dazu über, Länder zu erfinden. Es waren immer Inseln mit ausgedehnten Sumpfgebieten, denn ich liebte die hübschen kleinen Symbole, mit denen die Kartenzeichner das Sumpfland andeuteten. Außerdem waren sie gebirgig, denn starke Konturen verliehen den Karten einen dramatischen, bedeutsamen Eindruck. Als das alles seinen Reiz verlor, las mir Tilly einen Essay von Francis Bacon über Gartenkunst vor und brachte mir bei, einen Garten nach seinen Richtlinien zu entwerfen.

Der Grundriß des Gartens, zusammengesetzt aus gleich großen Rechtecken, war sehr klar, aber ich fand es schwierig, eine Hecke mit Bögen zu skizzieren und über jedem Bogen ein bauchiges Türmchen einzuzeichnen, groß genug für einen Vogelkäfig; zwischen den Türmchen sollten obendrein noch Figuren aus runden Buntglasscheiben stehen, damit die Sonne darauf spielen konnte. Sicher, ich zweifelte nicht daran, daß das alles sehr fröhlich und auch hübsch aussehen würde, ganz zu schweigen von den Alleen, Labyrinthen, Treppen, Brunnen, Teichen und Bäumen, mit denen sein dreißig Morgen großer Garten ausgestattet war.

Von Bacons Garten kamen wir zu seinem Haus, und der Tisch, an dem ich lernte, war bald übersät mit Entwürfen von Bankettsälen, Türmen, Kapellen, Kellern und Vorratskammern. Das Haus war, wenn ich mich recht erinnere, zweigeteilt: eine Seite für das Wohnen, die andere für Feste und triumphale Feiern, die, wie ich hoffte, zahlreich dort stattfinden würden. Ich fragte mich freilich, wer die Kinderzimmer für kranke Prinzen bevölkern sollte, da es bei uns vermutlich keine solchen geben würde. Als ich fertig war, zählte ich über fünfzig Zimmer und fragte Tilly, wer sie bewohnen sollte, doch sie meinte, ich sollte nicht so phantasielos sein.

Eines Tages saß ich am Tisch und entwarf einen klösterlichen Innenhof mit Statuen, als Lettice Palmer hereinkam, wie immer leicht nach Heliotrop duftend, frisch und elegant, obwohl sie in der Hitze des Tages herübergeritten war. In ihrer Handtasche hatte sie ein kleines Buch mit dünnen, leeren Papierblättern, und sie pflegte eines davon herauszureißen und sich damit das Gesicht abzuwischen, wenn ihr heiß war oder wenn sie sich staubig fühlte. Das stellte auf wunderbare Weise ihr kühles, trockenes Aussehen wieder völlig her.

Jetzt warf sie einen Blick auf die überall verstreuten Blätter und bemerkte:

»Dein Vater fällt, was Häuser betrifft, offenbar vom einen Extrem ins andere; will er jetzt die Sackvilles übertreffen, baut er ein noch größeres Knole?«

Ich erklärte ihr die Sache mit Bacon, und Lettice nahm das Buch und warf einen Blick hinein. Sie hatte ihren wuchtigen Hut abgenommen, ihr rotbraunes Haar war glänzend und glatt wie eine frisch aus der Schale gepellte Roßkastanie. Ihre Haut war wie die schwer duftenden, wächsernen Blüten des roten Jasmins, deren Geruch die Nachtluft tränkte, und an ihren Schläfen sah man winzig kleine, blaue Äderchen wie Flüsse auf meinen Landkarten und um ihren breiten Mund zwei Fältchen. Sie trug eine dünne blaue Seidenbluse und einen Reitrock; ihre Taille war wespenschlank, und man sah die Bewegung ihrer Brust beim Atmen wie bei einem Vogel, den man vorsichtig in der Hand hält.

»›Nie gab es einen stolzen Mann‹«, las sie, »›der sich selbst so überschätzt hätte wie ein Liebender die angebetete Person: und daher kann man wohl sagen, daß es unmöglich ist, zu lieben und dennoch weise zu sein.‹ Aufgeblasener alter Trottel. Komm jetzt, draußen wartet eine Überraschung auf dich.«

Auf dem Rasen – oder auf dem, was später einmal einer werden sollte – stand ein Stallbursche und hielt zwei Ponys am Zaumzeug; das eine war ihr munterer Südafrikaner, das andere hatte ich noch nie zuvor gesehen: ein kleines, weißes, etwas plumpes Tier mit kurzen Beinen, einem kurzen Hals und argwöhnischem Gesichtsausdruck.

»Dein Wunsch ist erfüllt«, sagte sie. »Mach das Beste daraus, denn wenn du älter bist, wird dir so etwas nur noch selten passieren, und wenn, wirst du oft feststellen, daß du dir das Falsche gewünscht hast.«

Ich gab keine Antwort, als hätte ich nicht begriffen, was sie damit meinte.

»Nun, bist du auf einmal taub?«

Das war noch peinlicher, und ich brachte erst recht kein Wort hervor.

»Das Pony ist ein Geschenk für dich«, erklärte Lettice geduldig. »Du hast dir doch immer eines gewünscht, oder? Aber vielleicht hast du inzwischen deine Meinung geändert und möchtest jetzt lieber ein hübsches Kleid oder eine sprechende Puppe?«

Ich schüttelte den Kopf, war viel zu überwältigt, als daß ich etwas sagen konnte, und schaute das Pony an, das sich vor meinen Augen allmählich verwandelte. Aus dem plumpen Somali mit dem rauhen Fell wurde ein wunderschönes milchweißes Streitroß mit fliehendem Fuß und stolzem Auge – aber auch wieder nicht zu stolz, um mich als Freundin und Herrin anzuerkennen. Es schaute mich, wie mir sofort auffiel, mit einem Blick an, der anderen verborgen blieb, einem Blick des Erkennens und gegenseitiger Verschwörung.

Es gelang mir nicht, meinen Dank über das Geschenk in angemessener Weise auszudrücken; ich murmelte ein paar unzusammenhängende Worte und streichelte das Pony. Seine Nüstern waren weich und elastisch wie Waldmoos, und sein Atem roch gut. Es spitzte ein Ohr, als wollte es sagen, daß es meinen Annäherungsversuch billigte, und hatte wohl schon begriffen, daß es bei mir bleiben würde.

»Du wirst dir einen Namen ausdenken müssen für ihn«, sagte Lettice. »Etwas sehr Feines, Großartiges wie Galahad oder Barbarossa. Er kommt aus einem Ort, der Moyale heißt.«

Das war der Name, der ihm blieb: Moyale. Ich überlegte mir mehrere andere, nur Njombo wollte nichts davon wissen. Moyale sagte ihm zwar auch nichts, aber er konnte es wenigstens aussprechen.

Tilly und Robin waren ebenso überrascht und überwältigt wie ich. Tilly wurde rot vor Verlegenheit und war fast ärgerlich; sie mochte keine Geschenke, die zu groß waren, als daß sie sich revanchieren konnte, aber natürlich war nicht daran zu denken, Moyale an die edle Spenderin zurückzugeben.

»Ian Crawfurd hat ihn mir besorgt«, sagte Lettice. Den Namen hatte ich zuvor noch nicht gehört, aber später tauchte er häufig in den Gesprächen meiner Eltern auf.

»Es ist mit einer Gruppe von der Grenze nach Abessinien heruntergekommen«, fügte sie hinzu. »Sie haben die Ponys durch die Wüste geführt, wo sonst nur Kamele leben, aber es regnete. Eines Nachts wurden sie von Plünderern überfallen und lieferten ihnen eine regelrechte Schlacht, ein andermal sind Löwen in die Gruppe eingebrochen und haben die Ponys auseinandergetrieben; auf diese Weise haben sie drei oder vier verloren.«

Mehr denn je wurde Moyale dadurch ein romantisches, verzaubertes Wesen für mich. Herausgeputzt in Gold und Scharlach, mit silbernem Zaumzeug und wehender Mähne, hatte er Prinzen auf das mit Zelten versehene Schlachtfeld getragen und war durch die Nacht galoppiert, um die Nachricht vom Sieg den Mädchen zu überbringen, die mit Hibiskusblüten im dunklen Haar in einem von hohen Mauern umgebenen Fort eingeschlossen waren.

»Hoffentlich ist er gesalzen«, sagte Tilly.

»Sie wollen ihn doch nicht essen, oder?« fragte Lettice. Aber das war, wie Tilly erläuterte, ein Begriff dafür, daß ein Pony die Pferdekrankheit überstanden hatte und immun dagegen war.

Njombo, der sich vor allem mit Maultieren beschäftigte, war entzückt über Moyale. »Was für ein Ponyhengst!« rief er. »Er wird galoppieren wie ein Zebra, er ist stark und gesund und doch nicht wild; jetzt hast du ein Pferd, das sogar gut genug für König George wäre.«

Wir fanden eine Bürste und striegelten ihn jeden Tag. Sein Fell wies viele Narben und Risse auf und ein Brandmal an der Flanke. Für mich waren diese Narben die Folgen von Speerwürfen und Säbelhieben aus dem Krieg. Sicher hatte Moyale kein behütetes Leben geführt, und daher betrachtete er Njombo und auch mich zunächst mit Zurückhaltung, aber bald wurde er ganz zahm und lernte schnell, Zucker oder Karotten aus der Hand zu fressen. Da wir keinen Würfelzucker hatten, fütterte ich ihn mit dunkelbraunem *Jagoree*, den die Inder aus heimischen Zuckerrohr machten, und der einen schweren, brandigen, etwas ekelhaften Geschmack hatte.

Für das Streitroß eines Prinzen voller Kampfesnarben war Moyale überraschend sanft. Ich glaube, er war von Natur aus faul, und nun endlich hatte er die Möglichkeit, sich dieser seiner Natur hinzugeben. Er trottete friedlich dahin, ein Ohr gespitzt, das andere außer Dienst, in Ruhestellung, aber das Leben hatte ihm das Gefühl für Wachsamkeit eingeimpft, und manchmal fühlte ich, wie ein Strom durch seinen Körper lief. Einmal scheute er heftig, ging durch und warf mich in einen dornigen Busch, wartete dann aber höflich, damit ich wieder aufsteigen konnte. Sein Hauptfehler war ein hartes Maul, vermutlich das unvermeidliche Ergebnis der langen, brutalen Kandare, wie sie die somalischen und die boranischen Reiter benützten. Unsere milde englische Kandare mußte ihm federleicht vorkommen, und er hätte sie, wenn er gewollt hätte, völlig mißachten können, aber er war nicht ehrgeizig, und vermutlich wußte er, daß es ihm gut ging, weil er keine Sporen mehr zu spüren bekam, keine Peitsche, keine Kinnketten und nicht mehr den Durst und Hunger der abessinischen Wüste.

Bald danach traf Ian Crawfurd ein und wohnte bei den Palmers, die Tilly und Robin für den Abend einluden. Ich mußte auch mitkommen, da sie mich nicht alleine lassen konnten, und sie vereinbarten, daß ich dort schlafen sollte, statt nachts zurückzureiten. Man gab mir ein Zelt, sehr zu meinem Vergnügen, denn ich liebte nichts mehr, als im Zelt zu schlafen. Am Tag war der heiße, dschungelartige Geruch, der so dicht wie Pudding schien, ganz herrlich, und der dunkelgrüne Schimmer im Inneren erinnerte mich an Fruchtgelee. Nachts hatte das Zelt den atavistischen Charme einer Höhle: eine warme, schützende, heimliche Höhle, eine ganz intime Zuflucht und ein privates Königreich. Wenn man auf dem Feldbett lag, konnte man Schattenspiele auf der Wand machen; man brauchte nur die Hand zwischen die Lampe und die Außenwand zu halten, und auf dem Boden war jeder Grashalm ein Schattenstrich. Man konnte sich vorstellen, daß man in einen großen Wald hinunterschaute, in dem jede Ameise, die mit einem winzigen Bröckchen in den Freßzangen dahinstolperte, wie ein riesiger Dickhäuter aussah, der einen Felsen schleppte, um ihn auf seine Feinde zu schleudern.

Tilly wollte die Klappe zurückschlagen, um Luft hineinzulassen, aber ich flehte sie an, sie wieder zu schließen.

»Du brauchst doch keine Angst zu haben«, sagte sie.

»Es gibt Kannibalen.«

»Kannibalen! Du mußt deine Phantasie unbedingt etwas zügeln!«

Ich erinnerte sie an die *Kavirondos*, die vielleicht – obwohl das niemand sicher wußte – den Mann gegessen hatte, der Njombos Opfer geworden war.

»Unsinn«, sagte Tilly. »Das war nur eine Erfindung von Sammy. Außerdem essen sie ja nur Leute, die schon tot sind.«

Trotzdem schloß sie die Klappe und ließ die Lampe brennen. Das Zelt war so nahe am Wohnraum, daß ich hier und da Gelächter hören konnte – das heißt, eigentlich dauernd. Ian Crawfurd war ein junger Mann, der auf seinem Weg durchs Leben eine Spur von Lachen hinter sich ließ. Sicher, Hereward Palmer war der bestaussehende Mann in meiner Bekanntschaft, aber Ian Crawfurd fand ich noch attraktiver. Er war noch blonder – sein Haar sah im Lampenlicht fast silbern aus –, und sein Gesicht zog die Blicke der anderen auf sich, weil sich sein Ausdruck ständig änderte wie Wolkenschatten, die über einen Bergrücken ziehen, und weil die Backenknochen so schön geformt waren, als ob sie sorgfältig modelliert worden wären. Herewards Züge waren dagegen hart wie aus Gußeisen. Ians Wangen und Schläfen waren weich geformt wie chinesisches Porzellan. Damit will ich keineswegs andeuten, daß irgend etwas an ihm weichlich oder feminin gewesen wäre: im Gegenteil, er war sehnig und kraftvoll, aber er ging nicht so schwer wie Hereward, sondern präzise und federnd wie ein Spurenleser. Wenn er sprach, neigte er oft den Kopf ein wenig zur Seite, und seine blaugrauen Augen leuchteten aufrichtig und klar.

Ian Crawfurd war ein freundlicher Mensch, der das Leben amüsant und angenehm fand, was es ja auch für einen jungen, gesunden, abenteuerlustigen Mann sein konnte. Er war zu Pferd gekommen, begleitet von einem großen, mageren, stolzen *Somali*, der sich einen leuchtend tomatenroten Schal lose um den Kopf geschlungen hatte und alles, was er sah, zu verachten schien. In seinen Augen waren wir zweifellos fette, kraftlose, in ihrer Tradition erstarrte Heiden, die sich mit Hunden umgaben und Schweinefleisch aßen; nur Treue, die nach dem Mut wichtigste Tugend, zwang ihn, sich mit uns abzugeben, aber er mußte sich vorkommen wie ein Adler in einem Papageienkäfig.

Als ich erwachte, fiel ein Streifen Sonnenlicht unter der Klappe meines Zelts hindurch auf den Boden, und draußen gurgelten die Tauben wie Wasser, das man aus einem engen Krug in ein Becken gießt. Außerdem hörte ich die drei Töne einer fallenden Kadenz, halb ein Pfeifen, halb ein Rufen, eines schwer zu beschreibenden, aber stimmgewaltigen

Vogels, den die *Kikuju* den *Feuerholzwerfer* nannten – warum, kann ich nicht sagen. Ich stand auf, stattete Moyale meinen Morgenbesuch ab und traf Ian Crawfurd beim Stall, wo er sich auf einen frühen Ausritt vorbereitete. Sein hellblondes Haar leuchtete wie eine goldene Krone im Sonnenlicht. Er trug aus irgendeinem Grund einen Lederriemen um das rechte Handgelenk und sah in Hemd und Breeches so schlank wie ein Windhund aus.

»Es freut mich, daß du das Pony magst«, sagte er. »Ich habe es aus einer Gruppe von mindestens zwanzig Tieren ausgesucht und fand, daß es das netteste, wenn auch nicht unbedingt das schönste war.«

»Hat es denn zuvor einem Prinzen gehört?«

Ian Crawfurd schaute mich nachdenklich an und erklärte dann, daß man das in gewisser Weise durchaus sagen könne. »Es gehörte einem *Ras*, und ein *Ras* ist eine Art Prinz, wenn auch häufig ein Schurke zugleich. Ich würde sagen, das eine gehört nicht selten zum anderen. Der *Ras* wollte nicht, daß das Pony aus Abessinien fortgeführt wurde, obwohl er einen rotem Umhang und eine Winchester-Büchse dafür bekam und mir außerdem sein Wort gegeben hatte; also mußte dein Pony zusammen mit den neunzehn anderen aus dem Land geschmuggelt werden.«

Ich hatte schon gehört, daß man Uhren schmuggelte oder Parfüm; aber Ponys …?

»Das ist eine lange Geschichte«, sagte Ian Crawfurd. »Zu lang, um sie vor dem Frühstück zu erzählen; reiten wir doch erst einmal den Hügel hinauf, und dann kannst du mir zeigen, wer hier wo lebt und in was für Tiere du sie verwandeln würdest, wenn du bei einer Hexe gelernt hättest, wie man so etwas macht.«

Ein jeder Mensch – fuhr er fort, mir zu erklären – hätte eine gewisse Ähnlichkeit mit einem Vogel, einem Säugetier oder einem Reptil – und nicht immer seien die Tiere so, wie man sie allgemein einschätzte. Tauben zum Beispiel seien unangenehme Wesen, die ständig plapperten und stritten und gierig und falsch seien, während Adler sehr scheu seien und Kobras nichts mehr liebten als sich bei jemandem im Bett zusammenzurollen und friedlich in der Wärme zu schlafen und nur dann Gift spuckten, wenn man sie erschreckte.

Ich fand, Mrs. Nimmo könnte in einen Strauß verwandelt werden, weil sie ein großes Hinterteil hatte, das hin und her wackelte, wenn sie rasch ging, und er wählte für Captain Palmer die Giraffe, weil er so lang und schlank sei und große Füße und ein dickes Fell hätte. Alec Wilson wurde in einen fledermausohrigen Fuchs verwandelt wegen seiner großen Ohren und der braunen Augen; Victor Patterson in eine große Trappgans, entsprechend seinen weiten Schritten, dem langen Hals und seiner Hartnäckigkeit – »und sie sollten beide gehängt werden«, sagte Ian Crawfurd dazu und lachte.

Als ich Lettice Palmer erwähnte, lachte er wieder, aber anders, und schüttelte den Kopf.

»Die müssen wir auslassen«, sagte er.

»Aber warum?«

Er zeigte mit dem Peitschenknauf nach der Sonne, die rasch über den gelbbraunen Höhenrücken stieg, in Richtung auf ein paar duftige Wölkchen, die leicht wie Schaumgebäck aussahen. »Wenn die Sonne zufällig ins Sternbild der Jungfrau tritt und die Flut sich wendet und ein Adler im gleichen Moment auf dem Kopf der Sphinx sitzt, dann könnte unser Zauber Wirklichkeit werden, und wir würden sehr dumm dreinschauen, wenn wir zum Frühstück hinunterkämen und feststellten, daß unsere Gastgeberin sich in ein kleines Känguruh verwandelt hat.«

Ich war enttäuscht von Ian; wie fast alle Erwachsenen hatte er etwas Vernünftiges begonnen und es dann in Albernheit enden lassen. Aber wenn ich ihn anschaute, war es mir unmöglich, mich über ihn zu ärgern; er war so fröhlich und lebhaft und lächelte so freundlich und gutwillig, ja, er strahlte wie der junge Morgen und man konnte ihn sich gar nicht mürrisch oder schlechtgelaunt vorstellen, und was er auch tat, es war einem recht.

»Vielleicht ist sie ein Vogel«, schlug ich vor, entschlossen, mit unserem Spiel fortzufahren. »Ein Vogel mit wunderbaren Federn. Und gütig, natürlich.«

»Ich weiß nicht, ob es solche Vögel gibt«, sagte Ian, der offenbar von dieser Spezies nicht viel hielt. »Dann schon eher die milchweiße Hirschkuh, unsterblich und heilig – wenn das nicht allzu blasphemisch ist.«

Wir wendeten unsere Ponys, die sich augenblicklich aus plumpen, schwerblütigen Wesen in sich bäumende, feurige Rösser verwandelten, die Köpfe in den Nacken rissen und mit den Vorderläufen ungeduldig auf dem Boden trappelten. Auf dem Ritt hierher hatte Moyale seine Umgebung mit herablassender Gleichgültigkeit betrachtet, aber jetzt wurde für ihn jeder Busch ein Gegenstand höchsten Argwohns, dem man sich mit aufgestellten Ohren, geblähten Nüstern und steifen Beinen näherte. Ich ritt einen Moyale, der wie ein Blitz und getrieben von Angst durch die Büsche schoß. Er hätte tun können, was er wollte – ich hatte nicht die Kraft, ihn daran zu hindern.

Wir nahmen eine Abkürzung durch den Busch, und Ian, der vorausritt, hielt plötzlich sein Pony an und gab mir ein Signal mit seiner Reitpeitsche. Unsere Ponys, die auf das leiseste Gefühl der Gefahr reagierten, blieben stocksteif stehen. Es gehörte zu der Spannung eines jeden Ausritts hier, daß man nie wußte, was einem unterwegs begegnete: außer Schilfböcken, Antilopen und anderem Kleinwild gab es eine Menge Leoparden, und auch Löwen kamen hier und da von den Steppen auf Besuch hierher.

Dann sah ich, wie Ian sich entspannte und sein Pony vorwärts trieb. Das Gras reichte dem Pony bis über die Knie. Wir hielten auf einem kleinen Hügel und sahen jetzt unter uns nichts Gefährlicheres als einen Kreis von niedergetretenem Gras, der wie eine kleine Rennbahn aussah, etwa einen halben Meter im Querschnitt, eine perfekte, kleine

Arena, und um diesen Kreis einen schwarzen Vogel mit glänzenden Federn und einer Halskrause wie die Höflinge bei den Tudors, nur daß sie ebenfalls schwarz war, dazu mit nach hinten geworfenem Kopf und ausgestreckten Flügeln, der wie ein übergeschnappter Ballettänzer hüpfte, erst auf dem einen Bein, dann auf dem anderen. In der Mitte des Kreises, auf einem Haufen Gras, duckte sich ein zweiter, kleinerer und unscheinbarer Vogel und streckte dabei den Hals vor und zurück, als ob ihm etwas in die Kehle geraten wäre.

»Whydah-Vögel« sagte Ian leise. »Schau sie dir an, du siehst sie nicht oft bei ihrem Spiel.«

Wir schauten schweigend zu, während die Vögel vier oder fünf Meter entfernt von uns ihre grotesken Riten ausführten. Der tanzende Hahn schien zu stolpern und zu fallen, dann fing er sich und sprang hoch, als wollte er wegfliegen, aber gleich danach landete er wieder auf dem Boden. Nach einer Weile wurde es der Henne, die in der Mitte saß, offensichtlich langweilig, und sie begann, in dem Grashaufen unter sich nach Körnern zu picken. Sei es wegen ihrer Gleichgültigkeit oder aus einem anderen Grund: Auch die Aufmerksamkeit des Hahns schwand, seine Halskrause legte sich, er ließ die Flügel sinken, die Schwanzfedern gingen nach unten, und kurz danach flog er einfach davon. Wir warteten, um zu sehen, ob die Henne ihm folgte. Aber nein, sie hatte etwas anderes vor. Gleich danach landete ein zweiter, schwarzglänzender Hahn im Ring, stellte die Halskrause auf, schlug ein Rad mit den langen Schwanzfedern und begann auf und ab zu hüpfen wie ein schwarzer Wasserstrahl von einem Springbrunnen im Gras.

Ich weiß nicht, wie lange wir ihnen noch zugesehen hätten, doch Moyale fühlte sich vernachlässigt und stieß ein heftiges Niesen aus. Ihm folgte erschrecktes Gegacker, ein Flügelklatschen, und beide Vögel flatterten auf und verschwanden hinter der Hügelkette.

Es war ihr Hochzeitstanz, wie mir Ian Crawfurd erklärte.

Einer nach dem anderen, führten sich die Hähne der Henne vor, die in der Mitte saß und alles genau beobachtete; nach einer Weile entschied sie sich dann für einen der Bewerber.

»Und was wird mit den anderen?« fragte ich.

»Sie fliegen weg und suchen sich eine andere Henne, um sie mit ihrem Flügelschlagen und den kraftvollen, männlichen Sprüngen zu begeistern.«

»Dann bleiben aber sicher ein paar Hähne übrig, die keine Henne bekommen«, meinte ich.

»Ja, das sind die ewigen Junggesellen: kein Nest, in das man nach Hause kommt, keine kleinen Küken, denen man Insekten mitbringt, niemand, der die Brust aufbläht und singt, wenn andere Hähne vorbeikommen.«

»Das klingt sehr traurig.«

»Ja, und das ist es auch. Es war einmal ein Hahn, der liebte die schönste Henne aller Whydah-Vögel, sagen wir, die schwärzeste und die gütigste; aber ein anderer Hahn, einer mit schwärzeren Flügeln und längeren Schwanzfedern, hatte sie zur seinen gemacht. Also teilte sie das Nest eines anderen und saß neben ihm, und als ihr Erwählter vor ihr tanzte, nickte sie nur und sagte ›Bravo, bravo‹. Der erste Hahn wußte, daß sie nicht die seine werden konnte, weil er zu spät gekommen war, und weil er nicht so schwarze Flügel und so lange Schwanzfedern hatte. Also flog er weit weg in die Berge und suchte dort nach Würmern und Käfern und solchen Dingen. Manchmal fand er welche, aber sie schmeckten nicht besonders gut, und er wußte, daß sie ihm nie schmecken würden, wenn er sie allein aß, ohne seine geliebte Henne, die so weit weg war von ihm.«

Ian Crawfurd hielt inne, ich dachte, um Worte zu suchen für den Schluß – doch das schien schon alles zu sein. Ich mochte keine Geschichten ohne Schluß.

»Und was geschah dann?« fragte ich.

»Nichts geschah – und daran erkennt man eine wahre Geschichte im Gegensatz zu einer erfundenen. Eine erfundene Geschichte hat immer ein ordentliches und befriedigendes Ende. Aber wahre Geschichten haben kein Ende, jedenfalls nicht, bis ihre Helden und Heldinnen sterben, und meistens selbst dann nicht, weil das, was sie getan oder nicht getan haben, in der Erinnerung weiterlebt.«

»Braucht man denn in jeder Geschichte einen Helden und eine Heldin?« fragte ich.

»Ja, in jeder – seit Adam und Eva.«

Und nachdenklich kam ich zu der Erkenntnis, daß auch diese Geschichte kein richtiges Ende hatte; sie begann zwar sehr gut, aber dann schweifte sie ab zu Kain und Abel, und ich erinnerte mich nicht, daß jemals berichtet wurde, was später aus Eva geworden ist. Ian Crawfurd hatte vermutlich recht, aber es war dennoch unbefriedigend, denn eigentlich sollte alles einen Anfang, eine Mitte und ein Ende haben.

11

Ahmed, der Somali wartete schon, um Ian willkommen zu heißen, gekleidet in eine Robe aus weißer Tussaseide, eine grüne Schärpe und seinen lose geschlungenen, tomatenroten Turban. Er verbeugte sich und hielt unter weitem Ausholen des Arms eine hohl gemachte Hand an die Mitte der Stirn. Es sah aus, als ob er einen gestrickten Umhang und ein Schwert von seinem Herrn in Empfang nehmen sollte; in Wirklichkeit warf ihm Ian sein Fernglas zu und drückte die Hoffnung aus, daß der hochmütige Edle etwas Nahrhaftes hatte finden können, wo es hier doch keine Kamelmilch gab.

Ahmed umgab sich mit der Aura eines hochgezüchteten Rennpferdes. Seine langen, dünnen grauen Finger schienen für den Griff eines Dolchs wie geschaffen zu sein, sein Auge war stolz und einsam wie das eines Turmfalken. Mit dem Ausdruck eines Hofmarschalls, der ein Herzogtum gegen Quittung überreicht, neigte er den Kopf und erwiderte: »Ich habe gegessen, *Bwana*.«

Beim Frühstück bemerkte Lettice Palmer: »In Ahmeds Gegenwart fühle ich mich irgendwie unangenehm und beengt; das heißt, ich werde das Gefühl nicht los, daß ich eigentlich auf den Knien liegen sollte wie ein tscherkessischer Sklave, um ihm eine Schüssel mit Rosenwasser zu reichen. Er ist der erste und einzige wahrhaft königliche Mensch, dem ich begegnet bin.«

»Das Gefühl hatte ich zunächst auch«, räumte Ian ein, »aber sein Benehmen ist so perfekt, daß er es fertigbringt, mich wie einen geborenen Kalifen zu behandeln, dem nur Prinzen nahetreten dürfen; auf diese Weise sind wir beide zufrieden.«

»Ich hatte einmal einen ganz ähnlichen *Jemadar*, damals an der Grenze«, erklärte Hereward. »Ein fabelhafter Kerl; er hat einmal vier Paschtunen ganz allein getötet und eine Maxim-Büchse zurückerobert, nachdem er in beide Beine getroffen worden war.«

»Und er hat sie alle zum Frühstück gegessen«, sagte Lettice scharf. Sie schaute gleich danach wieder zerknirscht drein und fragte Hereward, wie er mit der Arbeit auf der Farm zurechtkomme. Hereward antwortete unterwürfig; natürlich war er ihr Sklave. Er hatte die Arbeiter in Gruppen von verschiedenen Farben eingeteilt: die blaue, die rote und so weiter. In seinem Büro, einer kleinen, vom Lager abgetrennten Koje, hatte er eine große Landkarte seiner Farm an die Wand gehängt, in die er Stecknadeln mit bunten Köpfen steckte, so daß er immer auf einen Blick sehen konnte, wo die jeweilige Gruppe gerade arbeitete oder arbeiten sollte. Er hatte die Absicht, eine gesunde Rivalität zwischen den einzelnen Gruppen zu entwickeln, aber was das betraf, wurde er von den Afrikanern enttäuscht; wenn es überhaupt Rivalität gab, dann drückte sie sich keineswegs in Begriffen der Arbeitswelt aus.

Was ihn darüberhinaus zur Verzweiflung brachte, war die Neigung seiner Männer, von einer Gruppe zur anderen zu wandern, gerade wie es ihnen paßte. Wenn er die blaue

Gruppe zum Roden von Baumstümpfen einsetzte, eine schweißtreibende, anstrengende Arbeit, und die rote Gruppe sollte die Kaffeeschößlinge vor der Sonne schützen, eine Arbeit, die unten am Fluß und im Schatten durchgeführt wurde, stellte er spätestens um zehn Uhr vormittags fest, daß die rote Gruppe auf doppelte Stärke angewachsen war, während er von der blauen fast keinen Mann mehr auf dem Feld antreffen konnte. Die Vorarbeiter, die er daraufhin ansprach, schauten ihn nur beleidigt an, zuckten mit den Schultern und brachten irgendeine Ausrede vor, die nichts mit der Wahrheit zu tun hatte, sondern seinen Zorn besänftigen sollte. Das war unter Afrikanern ein Ausdruck von Höflichkeit, der Wunsch zu gefallen, aber natürlich ärgerte es die weißen Männer und vor allem und gerade Hereward.

»Ein jeder von den Kerlen lügt wie gedruckt, und keiner hat auch nur eine Ahnung von Disziplin!« pflegte er auszurufen. Und dann fügte er meist mit Märtyrerstimme hinzu: »Ich glaube, ich muß versuchen, es ihnen einfach einzuprügeln.«

Er gab sich die größte Mühe, und es war ungerecht, daß Lettice seine Anstrengungen für lächerlich hielt. In der Regel gelang es ihr, die Gefühle zu verbergen, aber in Ians Gegenwart schien ihr das besonders schwer zu fallen. An diesem Tag, beim Frühstück, während Hereward sich als so mitteilsam erwies, sah ich, wie sich ihre Blicke mehrfach trafen und dann auf die Teller senkten. Ihre Lippen zuckten ein ganz klein wenig, dann nahmen die beiden gleichzeitig Messer und Gabel in die Hand und fuhren mit dem Frühstück fort.

Es tat mir immer leid, wenn die Zeit gekommen war, die Palmers zu verlassen. Ihr Wohnraum war ganz anders als der unsrige, obwohl er dieselbe Form hatte, die Schilfverkleidung an den Wänden und die Eidechsen am Dach. Ihre Möbel waren geschwungen mit Verzierungen und Schnörkeln, und sie sahen vielleicht noch unpassender aus als die unsrigen, aber ich fand es hübsch. Es gab Kissen aus dunkelgrünem Samt, andere waren mit golden gestreiftem Satin bezogen, der wie das Innere von Butterblumen leuchtete. Zena und Chang hatten jeder ein eigenes Kissen. In schönen, geschliffenen Glasvasen und Porzellanschalen standen immer Blumen herum, und Lettice hatte einen Porzellanschrank mit Schäfern, Musikern, Hausierern und ähnlichen Figuren, die zwischen Bäumen, Blättern und Blumen aller erdenklichen Farben und Formen aufgestellt waren. Vermutlich waren sie nicht besonders wertvoll, aber sie faszinierten mich Blatt für Blatt, und alles, jeder Fuß und jeder Finger, war so hübsch und so wirklichkeitsgetreu. Hereward meinte, es sei absurd, solche Dinge in einer Grashütte in Afrika aufzustellen, denn sie würden nur zerbrechen, aber Lettice ließ niemanden an sie heran und staubte sie selbst ab.

Sie hatten auch mehrere Gemälde. Eines, das jeder bewunderte, war ein Porträt von Lettice, auf dem sie fabelhaft, aber hochmütig und ziemlich unpersönlich aussah, ganz anders, als ich sie kannte. Es war sehr schön gemalt, doch man konnte nicht das Leben fühlen, das von ihrem Gesicht ausging. Es stammte von einem bekannten Porträtmaler, der an der Akademie unterrichtete. Hereward bewunderte es sehr. Ich dagegen zog zwei andere Gemälde vor, die ebenfalls im Wohnraum hingen. Das eine stammte von Lettice selbst, hatte also keinen Wert, aber ich schaute es immer an, wenn ich hineinkam. Es war das Bild einer Schlucht in Skandinavien mit hohen, schneebeladenen Kiefern, dunklen, moosigen Felsen und einem Wasserfall; es strömte Stille, Geheimnis und das Gefühl von langen Winternächten aus. Man konnte sich vorstellen, wie schwarze Bären zwischen den Kiefern umhertrotteten, und man roch geradezu die Kälte und den Duft von Harz; außerdem fühlte man, daß irgendwelche unsichtbaren Tiere auf der Lauer lagen. Das andere Bild war völlig anders: ein paar Segelboote, die auf einem sehr blauen Fluß schwammen, Leute, die von einer Brücke aus angelten, und alles wie das Sonnenlicht auf dem Wasser in blitzende, brillante Farbtupfen aufgelöst. Es war das fröhlichste Bild, das ich je gesehen hatte, aber Hereward sagte, daß es ein unheimliches Gekleckse sei; er konnte sogar wütend darüber werden, obwohl ich mir nicht denken konnte, warum. Sicher, man sah deutlich die einzelnen Pinselstriche und die Farbkleckse, aber trotzdem tanzten die Boote vor den Augen auf dem Wasser, man fühlte, daß es warm war, ein sonniger Frühlingstag, und daß die Fischer sich sehr vergnügten.

Abgesehen von diesen interessanten Dingen, zu denen noch viele andere kamen sowie eine Menge Bücher in bunten, aufregenden Umschlägen, roch es im Wohnraum der Palmers immer ganz köstlich. Getrocknete Rosenblätter und Lavendel, gemischt mit Patschuli in chinesischen Duftgefäßen sorgten dafür. Sogar das Gartenhäuschen – wie Lettice die Toilette nannte – hatte ein paar hübsche Dinge, die in allen anderen Toiletten fehlten. Statt der üblichen Papierrolle hatte Lettice einzelne Bromo-Blätter zu einem Stapel zusammengeschichtet, der von einer Klappfeder gehalten und in einem flachen Körbchen bereitgestellt war, und obenauf lag ein Beutel mit getrocknetem Lavendel. Auf einem Regal lag eine in grünes Leder gebundene Ausgabe der *Meditationen des Marcus Aurelius*, daneben eine Nummer der *Revue des Deux Mondes*, aber mir persönlich sagte besonders das Heft *Modernes Leben in Sport und Theater* zu, das ebenfalls zur Lektüre bereitlag. An der Rückseite der Tür hing ein Maximum-Minimum-Thermometer, und von außen ließ Lettice Geißblatt über die Wände wuchern.

Unser eigenes Haus war im Vergleich dazu längst nicht so interessant und aufregend, dafür ziemlich beengt. Wir wohnten und aßen in einem einzigen, viereckigen Raum voller Möbel, von der Kommode, die ich schon erwähnt habe, und einem guten Mahagonischreibtisch, auf dem sich immer Kontobücher, Briefe, Rechnungen und Kataloge türmten, bis zu einem roh gezimmerten Kartentisch, selbstgemachten Sesseln mit Sitzen aus geflochtenen Lederriemen, zwei alten, gepolsterten, mit Leder überzogenen Lehnsesseln, deren Polstermaterial an einigen Stellen zu sehen war, ein paar kleinen Sitzhockern und verschiedenen anderen, notwendigen Dingen. Die eine Seite wurde von einem offenen Kamin beherrscht, der samt Sims und Abzug der einzige Gegenstand aus Stein war. Davor stand ein ziemlich unpassender viktorianischer Ofenschirm, den Tillys Mutter gemacht hatte und der viel zu klein war für die große Öffnung, eine Maus, die eine Höhle bewacht.

An den Wänden, die mit Strohmatten ausgekleidet waren, konnten keine Bilder befestigt werden, jedenfalls nicht auf die Dauer – mehrere waren bereits heruntergefallen; es gab keinen Plafond, nur einen Wald aus Balken, die mit Sisalhanf zusammengebunden waren, und das von Insekten raschelnde Dach; der Boden wellte sich – bis er zementiert wurde – so sehr, daß sämtliche Möbelstücke wackelten, und wir mußten stets kleine Holzstückchen oder zusammengelegtes Papier unter die Füße der Möbel stopfen, um eine Standfestigkeit zu erreichen, die doch nicht von Dauer war. Auch wir hatten immer eine Menge Blumen, die freilich um ihren Platz kämpfen mußten zwischen Büchern und Farbdosen, Zeitschriften und veterinärmedizinischen Schriften, Tillys Handarbeitszeug, Robins Maschinenskizzen, meinen Vogeleiern und jedermanns Krimskrams; manchmal standen sie in hohen Silbervasen oder in einer chinesischen Porzellanschale, manchmal auch in einem Marmeladenglas – was Tilly gerade zur Hand war.

Der Wohnraum wurde an der einen Seite von Tillys und Robins Schlafzimmer flankiert, das sie mit mehreren Hunden teilten, und auf der anderen von meinem Zimmer, das eigentlich zweigeteilt war: die eine Hälfte gehörte mir, die andere beherbergte die kleine Zinkbadewanne. Meine Hälfte enthielt nicht viel mehr als eine Kommode, die ein hiesiger *Fundi* gemacht hatte, und ein Feldbett mit einem gegerbten Affenfell davor auf dem Boden. Das Feldbett sollte seit langem durch etwas Besseres ersetzt werden, aber ich war froh, daß es nie dazu kam, denn ich konnte mich dort kuscheln und verkriechen wie in einer Höhle, was bei guten Matratzen nicht möglich ist, und sein Knarren war mir so vertraut wie die Stimme eines alten Freundes. Eine Sammlung von Holz- und Porzellantieren stand auf der Kommode, aber ich besaß keinen Spiegel – ich glaube, es gab eine ganze Weile überhaupt keinen im Haus bis auf einen kleinen Taschenspiegel aus Tillys Handtasche, den Robin im ›Bad‹ beim Rasieren gegen einen Packkarton lehnte.

Hier und da wurde das Bad in eine Ambulanz verwandelt. Es gab einen alten Mann namens Rohio, der im Reservat lebte und manchmal zu uns auf Besuch kam; sein Sohn Karioki fuhr den Ochsenkarren, der unser Wasser vom Fluß heraufbrachte, und half gelegentlich Tilly im Garten, mit einer Hacke neue Beete vorzubereiten.

Die Hacke hielt er übrigens verkehrtherum, das heißt, er grub und entfaltete das Gras mit dem Stiel, vielleicht weil ein Grabstab das traditionelle Werkzeug der *Kikuju* war, vielleicht aber auch als Protest gegen Robins starres Beharren darauf, daß eine einmalige Fahrt zum Fluß, die bereits um acht Uhr morgens beendet war, nicht als Arbeit für den ganzen Tag galt.

Rohio war ein freundlicher Mensch, der nichts mehr liebte als ein langes Gespräch über das Wetter, die Ernte, die Menschen und die Affären. Ein paarmal brachte er mir kleine Geschenke, zum Beispiel ein Stück köstliches, kühles Zuckerrohr zum Lutschen oder einen Beutel voll Erdnüsse.

Eines Tages sah er krank und gebeugt aus; dazu hatte er einen schlimmen Husten. Tilly gab ihm eine starke Medizin und riet ihm, gleich nach Hause zu gehen und sich ins Bett zu legen. Er stieß das langgezogene *Kikuju*-›aa-aa-aa-aa‹ aus, das alles mögliche heißen konnte, massierte sich den wolligen Schädel mit seiner mageren Hand und ging unsicher wie ein Betrunkener davon, aber natürlich war er ganz nüchtern. Das war am Nachmittag. Kurz vor Sonnenuntergang kam Karioki auf die Veranda und sagte: »Rohio ist sehr krank.«

»Wie krank?«

»Auf der Brust. Er kann nicht atmen und braucht Medizin...«

»Ach, du meine Güte«, sagte Tilly auf Englisch, »wir haben eine Verabredung zum Abendessen bei Alec; er macht eine große Sache daraus, also können wir ihn nicht enttäuschen... Bring mich zu deinem Vater«, fügte sie auf Kisuaheli hinzu, und sie gingen zu den Hütten der Eingeborenen.

Das Fazit war, daß Rohio, der inzwischen das Bewußtsein verloren hatte, ins Haus getragen und unter einem Berg von Decken im ›Bad‹ aufgebahrt wurde. Tilly wagte es nicht, ihm weitere Medizin zu verabreichen, aus Angst, er könnte ersticken daran; er hatte hohes Fieber, und sie stellte die Diagnose Lungenentzündung.

»Jetzt können wir nur hoffen, daß er es ausschwitzt«, sagte sie. »Ich finde, wir sollten trotzdem zu Alec reiten; hier können wir nichts mehr für ihn tun, und außerdem haben wir nichts zum Essen im Haus.«

Robin und Tilly ließen mich nur selten allein, aber sie vertrauten Sammy so sehr, daß sie mich manchmal, wenn sie nur zu den nächsten Nachbarn gingen, in seiner Obhut zurückließen. Bei derartigen Gelegenheiten kam Sammy und setzte sich zu mir auf die Veranda, und wenn ich mich zum Schlafen niederlegte, hörte ich ihn manchmal durch die offene Tür leise mit verschiedenen Freunden und Bekannten reden. Diesmal allerdings hörte ich ein Geräusch, das wie ein Kessel mit losem Deckel klang, in dem es heftig kochte, und dieses Geräusch kam vom alten Rohio nebenan. Robin hatte mir erklärt, daß man als Bewußtloser ganz tief schläft, also wußte ich, daß er keine Schmerzen hatte, und das rasselnde Geräusch hielt mich nicht wach.

Als ich am nächsten Morgen aufwachte, hatte die Sonne einen Streifen Gold auf die rote Erde vor meinem Bett gelegt. Ich zog mich rasch an und schaute hinüber durch die Tür ins Badezimmer. (Wir schlossen niemals nachts die Türen ab.) Eine Gestalt lag gekrümmt auf einem Berg von

Decken, hielt sich unheimlich still, und ich hörte nicht einmal mehr das Geräusch des kochenden Wasserkessels. Mir lief es ganz kalt über den Rücken; Rohio mußte tot sein.

Ich traf Tilly draußen mit Sammy an, sie teilte gerade die Arbeit des Tages ein. Sie berichtete, daß es ein ereignisreicher Abend gewesen sei. Bei Alec waren den Maultieren die Geschirre abgenommen worden, und man hatte die Tiere in den Stall gebracht; den Buggy hatten Robin und Tilly unter einem Baum stehengelassen. Als Robin nach dem Essen mit einer Laterne ins Freie kam, hatte er eine Zahl dunkler Gestalten in der Nacht verschwinden sehen und dazu unheimliche Geräusche gehört.

»Ich dachte schon, ich bin übergeschnappt«, berichtete er, »vor allem, als ich sah, daß das Gras weiß war und schäumte wie Bier.« Das war die Polsterfüllung des Buggys, die über den ganzen Boden verstreut lag; der Rest hing zerfetzt über den Rädern. Über der ganzen Szene hing ein schwacher, süßlicher Aasgeruch.

»Hyänen«, erklärte Alec sofort. »Sie waren in letzter Zeit ziemlich frech; neulich habe ich eine gesehen, die am Fußende meines Betts stand und versuchte, mir ins Auge zu schauen.«

Als Robin und Tilly in dem arg verwüsteten Buggy nach Hause kamen, trat ihnen Sammy entgegen mit den Worten: »Rohio ist fast tot. Er kann nicht mehr gesund werden. Jetzt müssen wir ihn hinausbringen ins Freie...«

»Das ist bei uns nicht Brauch«, fuhr ihn Tilly an und dachte dabei an die gierigen Hyänen mit ihren langen, scharfen Fängen. Die Krise hatte bei dem Kranken eingesetzt; er kämpfte verzweifelt um jeden Atemzug, und es sah so aus, als könnte er den Kampf nicht mehr lange fortsetzen.

»Sein Herz schafft es nicht«, sagte sie traurig. »Das einzige, was mir einfällt, ist ein Schluck Brandy; es kann ihm nicht schaden, und ich fürchte ohnehin...«

Robin brachte die Flasche, die wir für Notfälle bereit hatten, und öffnete sie, dann gelang es Tilly, dem Alten ein paar Schlucke von dem Zeug einzuflößen.

»Es kann nicht schaden, und vielleicht hilft es ihm ja doch«, meinte Robin. »Gib ihm noch etwas mehr.«

Während Sammy die Lampe hielt, gaben sie dem Alten löffelweise den Brandy ein, bis die halbe Flasche leer war.

»Das nennt man friß oder stirb«, bemerkte Tilly. Dann häuften sie wieder die Decken über den Alten und gingen zu Bett, wobei sie Karioki sagten, er solle sie wecken, wenn sich etwas veränderte. Die beiden dachten immer noch an die hungrigen Hyänen. Tilly behauptete, daß die Hunde heulen würden, wenn Rohio starb.

Aber die Hunde heulten nicht, und Rohio war am nächsten Morgen über den Berg und schlief ganz normal. Er blieb ein paar Tage bei uns im Bad liegen, wurde mit Fleischbrühe und Grütze gefüttert und konnte erstaunlich bald schon wieder ohne Hilfe gehen. Karioki rasierte ihm den Schädel glatt wie ein Ei, was ein Zeichen der Rekonvaleszenz war. Rohios Freude darüber, daß er wieder die Sonne und die Bäume sehen konnte und das Leben rings um ihn weiterging, war rührend.

»Gott hat mir geholfen, und du hast mir geholfen«, sagte er zu Tilly, »und jetzt werde ich stark wie ein Büffel und gehe über die Berge und zeuge Kinder – ich, ein alter Mann, dessen Söhne schon beschnitten sind. Deine Medizin ist wirksam, und mein Herz ist stark.«

In der Sprache der *Kikuju* gab es keine Worte des Dankes, und deshalb hielten die meisten Europäer sie für undankbar. Sicher, sie setzten voraus, daß andere ihnen halfen, wenn sie Hilfe nötig hatten, und fühlten nur höchst selten, wenn überhaupt, daß man dadurch seinem Wohltäter in irgendeiner Weise verpflichtet war. Europäer wußten meist wahre Geschichten zu erzählen, in denen Eingeborene die Hand gebissen hatten, die sie fütterte, und gerade dieser Charakterzug verursachte viel Enttäuschung. Vielleicht war Dankbarkeit einfach eine Gewohnheit, welche die Afrikaner untereinander nie entwickelt hatten, und daher waren sie auch nicht imstande, sie gegenüber Europäern zu zeigen. Vielleicht aber waren in ihren Augen die Europäer Wesen einer anderen Ordnung, bei denen die üblichen Regeln keine Gültigkeit hatten; wenn sie helfen wollten, dann taten sie das aus eigennützigen Motiven, und man dankte ihnen nicht mehr als den Flüssen, die das Wasser brachten, oder den Bäumen, die den Schatten spendeten.

Der alte Rohio bildete freilich eine Ausnahme. Obwohl er uns nie mit Worten dankte, drückte er den Dank in Taten aus, und nach seiner Genesung brachte er Tilly, wann immer er Karioki besuchen kam, ein Geschenk mit: mal ein paar Eier in einem geflochtenen Körbchen, mal einen Sack Süßkartoffeln, den eine seiner Frauen auf dem Rücken schleppte. Er hockte sich in den Schatten der Veranda, nahm eine Prise Schnupftabak und döste oder saß einfach still da, bis Tilly erschien; dann stand er auf und streckte ihr das Geschenk hin mit einem kleinen Nicken, das seinen langen Ohrschmuck – mit Perlen verzierte Lederstreifen – wie ein Pendel schwingen ließ; dazu nahm er ihre Hand zwischen die seinen und schüttelte sie sachte, wie man einen fruchttragenden Zweig schüttelt, und berichtete ihr dann die Neuigkeiten aus seiner Familie.

Obwohl Njombo aus dem Reservat zurückgekommen war, wußte Hereward noch immer nicht, daß er es war, der den Vorarbeiter getötet hatte, und drängte Häuptling Kupanya erneut, den Schuldigen vorzuführen. Kupanya hielt ihn weiter hin mit umständlichen, ungenauen Nachrichten, so daß Hereward sich eines Tages entschloß, hinzureiten, selbst mit dem Häuptling zu sprechen und seinen Besuch mit einer Jagd auf Perlhühner zu kombinieren. Die Perlhühner galten bei den *Kikuju* als Landplage, weil sie in die *Shambas* kamen und alle Sämlinge auskratzten. Die Jungen jagten sie mit Stöcken und schlugen sie nachts von den Bäumen herunter, wo sie zu rasten pflegten. Daher war den

Kikuju die Idee einer Perlhuhnjagd höchst willkommen, und das galt auch für uns, denn wir waren es allmählich leid, immer nur das zähe Fleisch der einheimischen Schafe oder Ochsen zu essen, das obendrein auch noch ziemlich geschmacklos war, oder die mageren Hühner, und wir freuten uns schon auf eine Mahlzeit mit diesen fetten, saftigen Vögeln. Also machten wir uns eines Morgens, ausgerüstet mit einem Picknick-Lunch in den Satteltaschen, mit Ponys und Maultieren auf den Weg: die Palmers mit Ian Crawfurd, Alec Wilson und wir drei.

Zuerst ritten wir durch das Khakigras, die vereinzelten Feuerbüsche und Feigenbäume und den aromatisch duftenden Busch, eine Landschaft, die wir gewohnt waren. Wir sahen wenig Anzeichen von Leben außer einer Herde Ziegen mit ihrem Hirten, einem kleinen nackten Jungen. Aber bald betraten wir das Reservat, und obwohl keine Grenze es anzeigte, veränderte sich die Umgebung schlagartig. Dörfer mit Rundhütten tauchten auf, eine jede mit gespaltenen Stämmen eingezäunt, und auf den Hügelrücken sah man das Flickwerk kleiner, unregelmäßiger Felder. Die jungen Maispflanzen stachen vom Untergrund der fetten, dunkelroten Erde ab wie Halma-Kegel auf einem schokoladefarbenen Spielbrett.

Die Frauen in den *Shambas* richteten sich auf, um uns zu beobachten. Manche gingen in Deckung wie erschreckte Hasen, so daß die Babys auf ihrem Rücken hopsten, denn sie hatten nie zuvor Maultiere oder Ponys gesehen und glaubten, es seien böse Geister oder gefährliche Ungeheuer wie Zentauren; die Vorstellung, daß ein Mensch auf einem Tier sitzen könne, erschien ihnen wild und seltsam. Die schrillen Rufe der Frauen eilten uns voraus und drangen aus dem Busch und aus den Wäldern; in der Stille konnte man sie leicht von einem Hügelrücken zum anderen hören.

Nach steilem Anstieg über einen rutschigen Hang legten wir eine Pause ein, um unsere Reittiere ausruhen zu lassen und die bebauten Felder an den Hängen, die dunklen Wälder vor uns, die Dächer der Hütten, die wie Pilze nach oben ragten und die Bananenstauden mit den schlappen Blättern zu betrachten, die sie teilweise verdeckten. Die *Kikuju* hüteten ihr Privatleben; ein jedes Dorf war von Busch und dichtem Wald umgeben, ein jedes hatte seinen eigenen, gewundenen Dorfpfad, der durch Zauber geschützt werden konnte. Das Land war grüner als auf unseren Farmen und fruchtbarer; man sah, daß hier oben mehr Regen fiel, die Luft war kühler, und im Busch blühten wilde Blumen, wucherten üppige Kletterpflanzen und dichte Blütenbüsche, vor allem einer, eine Abart des Zimtbaums, der Dornen wie kleine, goldene Florette trug und kräftige Farben hatte wie der Ginster.

»Bis jetzt haben wir nur Frauen und Kinder gesehen«, bemerkte Lettice. »Aber es muß hier doch auch irgendwo Männer geben.«

»Sie liegen unter den Bäumen und schlafen oder trinken Bier«, antwortete Hereward, »und die Frauen tun die Arbeit. Faule Schweinehunde.«

»Ach was, glückliche faule Hunde«, sagte Robin in bedauerndem Ton.

Herewards Schnurrbart sträubte sich. »Wenn junge Hunde nicht arbeiten wollen, sollte man sie dazu zwingen. Keine Disziplin, das ist das Problem hier. Die Regierung –«

»Ich glaube, irgendwann waren wir alle einmal so« unterbrach ihn Lettice rasch. »Wir haben uns mit Blättern bedeckt und Menschenopfer gebracht, bis die Römer kamen. Eigentlich seltsam, wenn man sich vorstellt, daß wir ausgerechnet von den Italienern zu zivilisierten Menschen gemacht wurden.«

»Die Römer kann man wohl kaum als Italiener bezeichnen«, bemerkte Hereward.

»Ich wüßte nicht, wie sonst.«

»Da fällt mir diese italienische Missionsstation weiter oben in den Hügeln ein«, sagte Alec. »Ich nehme an, die Mönche versuchen nun, auch die *Kikuju* zu zivilisierten

Menschen zu machen, doch die Ergebnisse sind bisher offenbar ziemlich bescheiden.«

»Wenn Ihnen einmal etwas fehlt, sollten Sie dort danach suchen«, fügte Hereward hinzu. »Es heißt, die Boys oben in der Mission klauen wie die Elstern.«

»Vielleicht sollten wir dort nach meinem Parfümzerstäuber und meiner Ausgabe von *Eugenie Grandet* fragen«, schlug Lettice vor.

Hereward stieg etwas verärgert auf sein Pony, mit einem Gesichtsausdruck wie ein Kamel, und Lettice errötete leicht. Bevor sie sich eine beschwichtigende Bemerkung ausdenken konnte, fiel Ian in die Bresche mit einem Hinweis auf die Moslems, der Hereward Gelegenheit gab, ihre Tugenden zu preisen. Obwohl selbst ein überzeugter Christ, hatte Hereward nicht die Absicht, Angehörige der unterworfenen Rassen zu bekehren, sondern überließ sie lieber dem Propheten, dessen Ansichten über Disziplin, Alkohol und Frauen er für sehr gesund und vernünftig hielt.

Kupanya wartete auf uns unter einem großen Feigenbaum vor seinem eingezäunten Grundstück, das fast so groß war wie ein ganzes Dorf, weil er so viele Frauen und Kinder hatte.

»Werden die Leute Häuptlinge, weil sie reich sind, oder werden sie reich, weil sie Häuptlinge sind?« fragte Lettice.

»Das geht beides Hand in Hand«, antwortete Ian.

Kupanya hatte sich einen Umhang aus grauer Affenhaut umgelegt und trug eine Art Tschako aus einem anderen Leder, an dem viele Schmuckstücke und Amulette befestigt waren. Das war ein Kompliment an uns; normalerweise trug er eine Decke wie jeder andere und hatte nur einen Stab mit Messingknauf bei sich, der seinen Häuptlings-Status unter Beweis stellte. Rings um ihn saß eine Runde alter Männer mit weisen Gesichtern und mageren, ausgezehrten Körpern, abgesehen von einem oder zwei, die ziemlich viel Fett angesetzt hatten. Sie zeigten kluge, faltige, autoritätsbewußte Gesichter und die Würde von Greisen, deren Wort geachtet wird.

»Das sind die wahren Herrscher des Stammes«, sagte Ian. »Kupanya ist mehr oder weniger nur eine Art Sprecher.«

Njombo hatte mir erzählt, daß Kupanya zu seiner Zeit ein berühmter Krieger gewesen war und mehrere *Massai* getötet und sogar einen Europäer verwundet hatte. Seine Geschicklichkeit mit dem Speer hatte ihm viel Kriegsbeute eingebracht, und mit höherem Alter hatte er die Kontrolle der Stammesangelegenheiten übernommen und war zu einem vermögenden Mann geworden; zudem hatte ihn sein Charakter zu einer Persönlichkeit von Autorität gemacht. Als sich der Distriktverwalter nach einem geeigneten Häuptling umgesehen hatte, war Kupanya der geeignetste Mann gewesen.

»Sein Reichtum ist gewachsen wie ein Kürbis«, bemerkte Njombo damals, und nun sah er selbst wie einer aus, groß, voll und reif.

Er gab uns das Bier der Eingeborenen, das Hereward mit einer Grimasse wieder ausspuckte; Ian dagegen trank es interessiert und bemerkte, es schmecke nach saurer Hefe. Alec meinte, man bekomme sicher furchtbare Kopfschmerzen, wenn man mehr als einen Schluck trinke. Und dann hätten sich Gespräche über das Wetter und die Ernte wohl den ganzen Tag fortgesetzt, wenn Hereward nicht ungeduldig geworden wäre.

»Ich warte seit langem darauf, daß ihr mir den Mann schickt, der meinen Vorarbeiter getötet hat«, sagte er. »Jetzt bin ich es leid. Wenn ihr ihn nicht umgehend nach Fort Hall schickt, lasse ich die Polizei-Askaris kommen, und die werden ihn finden.«

»Und wenn wir diesen Mann finden«, fragte Kupanya, »muß er dann nach Fort Hall?«

»Sicher.«

»Und dann?«

»Es gibt einen Prozeß, vor einem Richter, und wenn er schuldig ist, muß er ins Gefängnis.«

»Und wenn er nicht schuldig ist?«

»Dann wird er freigelassen, aber dann kommen die Askaris und suchen nach dem wahren Schuldigen, und zwar so lange, bis sie ihn gefunden haben. Denkt also nicht, daß ihr uns mit einem Unschuldigen abspeisen könnt und die Sache damit erledigt ist.«

»Warum sollte ich so etwas tun?« fragte Kupanya in gekränktem Ton. »Bin ich nicht ein Häuptling, und ist es nicht mein erster Wunsch, die Regierung zu unterstützen?«

»In diesem Fall ist deine Aufgabe leicht. Du mußt den Mörder finden und ihn zum Distriktsverwalter schicken.«

»Habe ich die Augen eines Geists und nicht die eines Mannes? Kann ich in die Herzen der Menschen schauen und sagen, was sie getan haben?«

»Gut«, erwiderte Hereward in seinem trockenen Ton, »ich schicke euch die *Askaris*.«

Niemand wollte, daß die *Askaris* hierherkamen, denn sie waren so schlimm wie die Heuschrecken, eine wahre Plage, nur daß die Heuschrecken keine Rupien fraßen oder Töchter belästigten. Kupanya tippte mit seinem Stab auf den Boden und schaute nachdenklich und mürrisch drein. Nach einer Konversation in *Kikuju* mit seinen Stammesältesten erhob er sich voller Würde von seinem dreibeinigen Ratsstuhl und sagte:

»Warte, *Bwana*. Wenn Gott mir beisteht, finde ich den Mann.« Dann stakte er davon, und einige der anderen folgten ihm. Die übrigen blieben im Kreis hocken und reichten ein Horn herum, das mit Bier gefüllt war. Ihre Augen waren glasig und wäßrig, und einige der Männer wurden schläfrig, als die Sonne immer heißer vom Himmel brannte.

Inzwischen hatten sich alle möglichen Leute um den Feigenbaum versammelt, um uns zu betrachten. Man hatte Tilly und Lettice Kissen herausgebracht, damit sie bequemer sitzen konnten, und sie thronten nun sehr elegant im Schatten und hatten ihre Reitröcke um sich ausgebreitet. Viele der *Kikuju*-Männer, die kräftig und stark, wenn auch keineswegs unangenehm nach ranzigem Fett und roter Erde rochen, trugen kurze, lederne Lendenschürzen, die nicht einmal ihre Geschlechtsteile bedeckten; wenn sie zu nahe kamen, scheuchte Hereward sie davon und warf ihnen empörte Blicke zu.

»Vielleicht hätten wir auf diese Expedition keine Ladys mitbringen sollen«, murmelte er Alec zu, aber Tilly hatte es gehört.

»Oder wir hätten ohne die Gentlemen herkommen sollen«, meinte sie und zeigte auf eine Zahl gut gefetteter junger Mädchen mit rasierten Köpfen, die nichts anhatten außer sehr kleinen Dreiecken aus Leder und Perlenschnüren, und deren Brüste erst halb entwickelt und daher fest und an der richtigen Stelle waren.

»Wenn Menschen braun oder schwarz sind, macht die Nacktheit nichts aus«, bemerkte Lettice. »Weiße Körper dagegen sehen aus wie Lehm, der erst noch gebrannt werden muß. Eingeborene sind schon fertig und aus dem Feuer; vielleicht kommt es uns deshalb nicht unanständig vor.«

»Lettice, bitte!« tadelte sie Hereward. »Und in Gegenwart eines Kindes!« Er tat so, als sei er zutiefst entrüstet. Aber dann kam Kupanya zurück und brachte einen gefesselten, schlanken jungen Kerl mit, der den Kopf hängen ließ und dreinschaute, als wollte er sich in Nichts auflösen, in eine Wolke oder einen Windstoß. Seine Lippen waren groß und breit, die Unterlippe hing nach unten, und er hatte einen benommenen, hilflosen Ausdruck auf dem Gesicht.

»Das ist der Mann!« verkündete Kupanya in triumphierendem Ton, als wäre er mit Ketten an den Füßen in einem unbewaffneten Kampf gegen Goliath als Sieger hervorgegangen.

»Er sieht aber überhaupt nicht wie ein Mörder aus« bemerkte Lettice.

»Und ich glaube auch nicht, daß er einer ist«, fügte Ian hinzu.

»Fragt ihn«, forderte Kupanya sie auf und machte eine Handbewegung in Richtung auf ihren Gesprächsgegenstand.

»Hast du meinen Vorarbeiter im Kampf getötet?« herrschte ihn Hereward an.

»Ja, *Bwana*.«

»Und warum?« Jetzt blickte der Mann zum erstenmal auf und schaute noch erschrockener drein, als sei das ein völlig neuer Gedanke.

»Warum?«

»Ja, warum, Idiot; man tötet nicht ohne einen Grund.«

Es folgte ein rascher Wortwechsel in der *Kikuju*-Sprache.

»Ich habe ihn getötet, weil er mich zuerst geschlagen hat. Ich habe zurückgeschlagen, und er ist zu Boden gefallen und gestorben.«

»Gut, jetzt soll der Distriktverwalter entscheiden. Dieser Mann muß heute mit uns zurückkommen«, ordnete Hereward an. Der junge Mann lächelte, drehte sich noch einmal um und sagte in etwas stockendem Englisch:

»Gute Nacht, Sir. Selig sind die, welche gesündigt haben.«

»Großer Gott! Wo hast du denn das gelernt?«

»Guten Morgen, Sir. Gott schütze den König.«

»Ein Missions-Boy!« rief Hereward.

»Ja, *Bwana*, erwiderte der junge Mann und verfiel jetzt wieder in Kisuaheli. »Ich kann ein Buch lesen. Ich kann einen Brief schreiben.«

»Wie schade, daß er nicht dabei geblieben ist«, bemerkte Alec.

»Sehen Sie?« sagte Hereward triumphierend. »Erst Diebe, dann Mörder.«

»Er kommt mir noch immer nicht danach vor«, bemerkte Lettice.

»Das zeigt wieder mal, was sie bei der Mission lernen.

Laßt ihn lieber von zwei kräftigen Männern bewachen, Kupanya, damit er nicht entkommt.«

»Er wird nicht entkommen«, versicherte Kupanya.

12

Die Perlhühner konnten erst geschossen werden, wenn die Sonne schon mehr als die Hälfte ihres Weges zurückgelegt hatte, also setzten wir uns unter den Schatten eines Baums nicht weit von Kupanyas Dorf, um Picknick zu machen. In unserem kühlen Schattenkreis, der wie ein dichter, raschelnder Schirm vor der Sonne schützte, befanden wir uns in einer Welt, die ganz anders war als die sonnengetränkten Hügel des *Kikuju*-Reservats, welche sich weit bis an den riesigen Horizont erstreckten, unter einem Himmel, der blau war wie wilder Rittersporn und dekoriert mit lebhaften kleinen Wolken, die ihren Schatten wie dunkle Inseln auf die Hänge und die Täler warfen. Es war, als säßen wir in einem kleinen, verdunkelten Auditorium und schauten hinaus auf eine Bühne, die einen Teil der großen Welt umfaßte.

»Wenn man diesen kleinen Flußläufen bis zu ihrer Quelle nachgeht«, fragte Lettice, »wo kommt man dann hin?«

»Auf die Gipfel der Aberdare-Berge; dort ist es öde, kalt und sumpfig, und es heißt, daß die Löwen dort geflecktes Fell haben«, anwortete Ian.

»Und dort unten, was ist da?« Lettice deutete mit der Hand, in der sie ein Sandwich hielt, in die Ferne, wo ein brauner Streifen am Horizont den Beginn der großen Steppen andeutete.

»Das ist das Tal des Tana, wo man vielleicht den größten Reichtum an wilden Tieren auf der ganzen Welt findet.«

»Da muß ich einmal hin«, sagte Lettice.

»Sie würden das Klima sehr ungesund und heiß finden.«

»Das ist gerade ein Teil der Attraktion.«

Alec Wilson, der offenbar seinen ganzen Mut zusammennahm, bemerkte: »Das ist keine Sache für eine Frau wie Sie, Mrs. Palmer. Ich meine, das Wandern und Kampieren und solche Dinge passen nicht zum Leben einer Lady von Ihren – ich meine, für jemanden, der... Also, ich will sagen...« Er wurde nicht nur rosa, sondern knallrot vor Verlegenheit.

»Für jemanden, der so untüchtig ist wie ich?«

»Nein, nein, das wollte ich auf keinen Fall unterstellen...«

»Entschuldigen Sie; ich weiß, daß Sie es nicht so gemeint haben.« Sie lächelte Alec mit ungewöhnlicher Wärme an, um ihn für ihre Bemerkung zu entschädigen.

»Sie meinen, daß Mrs. Palmer zu gut ist für einen so wilden Kontinent wie Afrika«, versuchte Ian zu verbessern. »Da haben Sie wahrscheinlich recht.«

»Ein ziemlich hoher Anspruch, den Sie da in mich setzen«, meinte Lettice.

»Natürlich geht es nicht darum, wer größer ist, Lettice oder der afrikanische Kontinent«, meinte Tilly. »Es ist vor allem eine Frage, wie wir uns den Bedingungen anzupassen vermögen.«

»Ich glaube, es ist gefährlich, das Thema zu weit auszuspinnen«, erwiderte Lettice. »Und vielleicht ist Anpassung gerade das, das die Eingeborenen getan haben. Ich zweifle allerdings daran, daß Hereward es gern sähe, wenn ich auf dem Rücken Feuerholz durch die Gegend schleppen würde, mit nichts auf dem Leib als ein paar Perlenschnüren und einem bißchen fettigem Leder, und wenn ich eine Hütte mit Ziegen und Hühnern teilen müßte.«

»Ich habe nicht den Wunsch, meine Frau wie eine Wilde zu sehen«, stimmte Hereward zu. Irgendwie hatte man bei ihm immer das Gefühl, er stecke in einer Uniform.

»Das hier ist aber ein Land der Wilden, also wäre es vielleicht besser. Das Talent, Aquarelle zu malen und deutsche Lieder zu singen, ist nicht sehr hilfreich, wenn zum

Beispiel eine Seuche ausbricht oder eine Puffotter in die Küche geraten ist.«

Es besteht keine Notwendigkeit, daß sich Frauen mit solchen Dingen befassen«, entgegnete Hereward.

»Schön und gut, das ist eine sehr galante Einstellung, mein Lieber, aber die Frauen haben nicht immer Männer zur Verfügung, die so etwas für sie übernehmen können. Wenn ich mir eine *Kikuju*-Frau ansehe, wie sie sich mit ihrem Baby und einer gewaltigen Ladung, die an die vierzig Kilo wiegen mag, mühsam einen Berg hinaufkämpft, bekomme ich immer Schuldgefühle.«

»Wie lächerlich!« rief Hereward. »Es sind doch nur Eingeborene. Willst du dich auf ihre Ebene hinunterbegeben?«

»Ich hoffe sehr, daß ich nie gezwungen werde, es zu versuchen.«

»Die Idee ist doch eigentlich eher«, warf Tilly ein, »daß sie versuchen sollten, sich auf unserer Ebene emporzuheben.«

»Glauben Sie wirklich«, fragte Lettice nachdenklich, »daß sie eines Tages Aquarelle malen und deutsche Lieder singen können?«

»Es erscheint zweifelhaft«, stimmte ihr Robin zu und betrachtete eine Prozession von drei Frauen, die unter ihren Lasten gebeugt an uns vorbeischwankten, wobei ihre kupfernen Armreife in der Sonne blinkten. Sie wandten ihre glattrasierten Köpfe mit dem ledernen Tragriemen ein wenig zur Seite, um uns mit geduldigen, trägen Blicken zu betrachten.

»Das ist vermutlich der eigentliche Sinn, weshalb wir hier sind«, bemerkte Tilly. »Vielleicht erleben wir selbst ein paar schwierige Jahre hier, aber wenn es uns gelungen ist, den Menschen ein wenig Zivilisation beizubringen, dann verschwindet all dieser Dreck, verschwinden die Krankheiten und der Aberglaube, und sie werden zum erstenmal in ihrer Geschichte wie anständige Menschen leben können.« Tilly war rot geworden und sehr erregt, als sie es sagte, so, als wäre ihr dieser Gedanke lieb und teuer.

»Also, ich bin nicht aus diesem Grund hier«, warf Alec Wilson während einer Gesprächspause ein, die Tillys Bemerkung gefolgt war. »Ich bin nicht hergekommen, um irgend jemanden zu zivilisieren. Ich bin nach Afrika gegangen, um der Sklaverei zu entkommen, unter der man zu Hause lebt, wenn man nichts geerbt hat. Ich habe die Absicht, mir hier, wenn sich die Gelegenheit bietet, ein Vermögen zu machen. Danach gehe ich nach Hause zurück und gebe es aus. Und wenn das dazu hilft, daß hier jemand zivilisiert wird, dann soll es mich freuen – aber es würde mich auch sehr überraschen.«

»Natürlich hilft es indirekt«, sagte Tilly.

»Sie brauchen ein Beispiel«, stimmte Hereward zu.

»Und glaubst du, daß wir ihnen ein Beispiel geben?« fragte Lettice.

»Ich hätte gedacht, das selbstverständlich, meine Liebe. Selbst wenn es nur eine Frage von Wasser und Seife ist, von sauberen Häusern, rudimentärer Hygiene, ordentlicher Bekleidung und – na ja, eben Anstand.«

»Und wie man die Frauen behandeln sollte«, fügte Tilly hinzu.

»Mr. Crawfurd hat noch nicht seine Meinung geäußert«, stellte Lettice fest.

»Ja, also, was das betrifft, ich glaube zum Beispiel nicht, daß Ahmed bereit wäre, unserem Beispiel zu folgen, soweit es die Behandlung der Frauen betrifft. Im Gegenteil, wenn ihn irgend etwas an uns wirklich schockiert, dann ist es die Art, wie sich unsere Frauen betragen.«

»Es steht ihm kaum an, schockiert zu sein«, sagte Hereward.

»Er ist geradezu entsetzt – wenn das der bessere Ausdruck ist – darüber, daß sie einem Mann widersprechen, und über ihre Untätigkeit. Einen Mann arbeiten zu sehen, während eine Frau nichts tut, verstößt gegen das, was er unter

Anstand versteht. Und was die Umgangsweise betrifft, in der die Frauen mit anderen Männern verkehren, so hält er sie für überaus schamlos.«

Hereward lief rot an und schaute drein, als ob er im nächsten Moment explodieren würde wie ein Feuerwerk, aber er hatte so viel dagegen zu sagen, daß er gar nichts sagte. Alec versuchte, die Wogen zu glätten. »Captain Palmer hat uns noch nicht gesagt, weshalb er hierhergekommen ist: um ein Beispiel zu geben oder um sich ein Vermögen zu machen.«

»Ich bin hier, weil ich eine kleine Rolle spielen will beim Gestalten einer neuen Kolonie unter der englischen Krone. Das scheint mir ein durchaus plausibler, akzeptabler Grund zu sein. Und was die Eingeborenen betrifft: Sie haben großes Glück, unter britische Herrschaft gekommen zu sein.«

Diese Erklärung setzte einen Schlußstrich unter die Konversation, wie das oft bei Herewards Bemerkungen der Fall war, während bei Lettice und Ian oder bei Robin und Tilly der Ball hin und her flog, bis das Gespräch durch irgendwelche äußeren Einwirkungen unterbrochen wurde. Wir lagen schweigend unter dem Baum, schauten hinauf zum Himmel, der hier und da durch die sacht sich bewegenden Blätter lugte, und hörten das Rascheln der schwer in Ähren stehenden Gräser, das entfernte Klingeln der Ziegenglöckchen und das nie endende Zirpen der Grillen, die damit die Hitze und die Helligkeit in Geräusch umzusetzen schienen. In diesen hohen Mittagsstunden waren die menschlichen Geräusche weitgehend gedämpft, und man glaubte statt dessen zu hören, wie die Erde die Hitze in sich aufsog, glaubte das schwache, trockene Rasseln von Insektenfüßen auf dem von der Hitze gebackenen Lehm zu vernehmen.

Ian lag auf dem Rücken und ließ durch sein blondes Haar für sich selbst eine kleine Sonne entstehen, wie es mir vorkam. Es war Mode bei den jungen Männern – ich glaube, nach dem Vorbild der Brüder Berkeley und Galbraith

Cole –, einen der leichten, dünnen Wollschals um die Schultern zu tragen, wie sie die *Somali* trugen, und auch Ian hatte einen, auf den er sich gelegt hatte, in einem Blau, das genau dem des Himmels entsprach. Lettice hatte sich auf einen Ellbogen gestützt und kratzte mit einem Zweig Muster auf den Boden. Auf Tillys Frisierkommode stand ein kleines Nadelkästchen aus Perlmutt, dessen kühler, schimmernder Glanz mit einem Hauch von Farbe am ehesten dem Teint von Lettice entsprach.

Ian betrachtete sie konzentriert, fast mit Verwunderung. Sie hob den Blick, und dann schauten sie sich schweigend an. Vor nicht allzu langer Zeit hatte Robin einen Felsen aus dem Steinbruch gesprengt. Nachdem die Lunte gezündet war, hatten wir einige hundert Meter entfernt davon auf die Detonation gewartet. Jetzt hatte ich genau das gleiche Gefühl: so, als warteten wir auf etwas Großes, Dramatisches; aber natürlich gab es nichts dergleichen an diesem friedlichen, schläfrigen Mittag im Schatten eines Baums.

Eine Ameise, die einen Brocken über die staubige Erde schleppte, geriet in das Muster, das Lettice auf den Boden gezeichnet hatte. Mit ihrem Zweig versuchte Lettice jetzt, die Ameise von ihrer Richtung abzulenken, aber sie schlug immer wieder den einmal festgelegten Kurs ein.

»So ein winziges Ding«, sagte Lettice. »Und dennoch ist ihr Wille stärker als der meine. Ich bin sicher, ich gebe eher auf als diese Ameise.«

»Sie spielen die Rolle der Fortuna, die nicht zu Unrecht eine Frau ist«, meinte Ian.

»Aber nein, diese Rolle ist mir zu groß.« Lettice warf den Zweig weg. »Soll doch die Ameise ihre Beute nach Hause bringen.«

Danach schwieg man wieder eine Weile. Lettice versuchte jetzt, mit dem Zeigefinger in den Staub zu zeichnen, während die tastenden Sonnenstrahlen, die sich durch das Blätterdach stahlen, ein gesprenkeltes Muster aus Licht und Schatten auf ihre Gestalt warfen. Ich konnte nicht erkennen, ob Ian sie beobachtete oder die Welt im Sonnenschein jenseits unseres Schattens. Die anderen unterhielten sich wieder; wenn eine Pause entstand, zirpten die Grillen, klingelten die Ziegenglöckchen und bildeten zusammen mit dem Rascheln der Blätter einen Geräuschteppich. Ian sprach so leise, daß ich ihn kaum hören konnte.

»Lettice, ich bin Ihnen ausgeliefert wie dieses arme Insekt. Ich glaube, Sie haben meinen Willen gelähmt.«

»Ich habe gar nichts getan«, sagte Lettice ebenfalls sehr leise und grub mit dem Zeigefinger im Boden.

»Sie waren da. Sie sind da. Das reicht.«

»Still«, murmelte sie. »Sie sind indiskret.«

»Genau wie ein Vulkan, wie ein Taifun, wie die Flammen eines explodierenden Hochofens. Es ist zu spät für Diskretion.«

»Zu spät...« echote Lettice mit einer Stimme, die steif und sonderbar klang. Sie atmete schneller, als ob sie einen Berg hinaufging. Einen Augenblick wartete sie, wollte erst wieder Atem schöpfen, dann schaute sie zu Ian hinüber und lächelte.

»Sie dürfen nicht versuchen, mich zu hypnotisieren, Ian; Sie sind ja wie der Fliegende Holländer. Denken Sie an die Ameise. Es brachte ihr zwar Unannehmlichkeiten, aber dann ist sie weitergeeilt in Richtung auf ihr Ziel.«

»Aber sie hat gewußt, wohin; das ist der Unterschied zwischen Ameisen und Menschen. Und jetzt haben Sie meinen Kurs festgelegt.«

»Worüber sprecht ihr denn?« fragte Hereward und brach dabei seine Diskussion ab.

»Ian beschreibt die Gewohnheiten der Ameisen.«

»Wir haben genügend Zeit mit müßigem Geschwätz vertan«, erklärte Hereward daraufhin und stand auf. »Wo sind denn unsere Treiber? Vermutlich in tiefem Schlaf.«

Und dann begann die Perlhuhnjagd. Ich blieb bei Lettice, den Ponys und den Maultieren; die Männer gingen mit den Treibern hinunter in die Täler, und Tilly, die den Sport kennenlernen wollte, kam mit ihnen. Zunächst hatte sie Scheu vor dem Gewehr, lernte aber bald, wie man es handhabte, und Hereward bemerkte mit Bewunderung, daß sie eine fabelhafte Schützin werden könnte.

»Wenn man selbst schießt, ist das längst nicht so beunruhigend, als wenn andere es tun«, erklärte Tilly.

»Genau wie bei den Sünden«, sagte Lettice.

»Was für Sünden?«

»Ganz gleich. Wenn die anderen sie begehen, ist man entsetzt, aber wenn man sie selbst begeht, kommen sie einem ganz natürlich vor.«

»Ich hoffe, du sprichst nicht aus Erfahrung, meine Liebe«, sagte Hereward.

»O nein. Aber du weißt, ich bin recht belesen.«

Ich ritt mit Lettice über die gewundenen Pfade, während die Schatten auf den roten und grünen Hügelflanken länger wurden und die Täler dazwischen zu dunklen Teichen machten. Die runden, strohgedeckten Hütten an den Hängen strahlten golden wie frischer Honig, und das gefiederte Gras mit rosa- und silberfarbenen Ähren neigte sich in Wellen vor der sanften Brise, was mich immer traurig stimmte, obwohl ich nicht weiß, warum. Die Treiber machten großen Radau auf ihrem Weg durch die *Shambas* unter uns und wedelten mit ihren Stöcken. Perlhühner sind gute Laufvögel; das Problem ist, sie von den Füßen und in die Luft zu scheuchen. Wir hörten eine Anzahl Schüsse und viel Gebrüll. Auch kleine Antilopenböcke waren in der Gegend, und das machte mir Sorgen, denn jeder in der Gegend konnte ein Verwandter von Zwinker sein oder ein Waisenkind zurücklassen, wenn man ihn tötete, das dann nie gefunden werden und im Busch sterben würde.

»Warum schießen sie eigentlich nicht die Ziegen statt der Antilopen?« fragte ich. »Von denen gibt es viel mehr.«

»Zum einen gehören die Ziegen jemandem«, erklärte Lettice. »Und dann ist es kein Sport, Ziegen abzuknallen.«

Ich fragte, warum.

»Weil sie stillstehen und nicht wegrennen.«

Offensichtlich war das sehr vernünftig von den Ziegen, und ich fühlte einen neu erwachten Respekt vor ihnen. Es war das gleiche mit den Vögeln, fiel mir später ein; wenn ein Perlhuhn im Baum saß, würde Hereward nicht darauf schießen. Statt dessen wartete er, bis es wegflog, und dann schoß er es ab. Das verstärkte zwar die Wahrscheinlichkeit, daß er es nicht genau traf und nur verletzte, aber als ich einmal eine derartige Bemerkung machte, wurde er böse und sagte, ich hätte eben keine Ahnung, was das Wort Sport bedeute.

Was allerdings die Antilope betraf, hatte ich mit meiner Befürchtung ganz recht gehabt. Wir hörten Schreie und sahen dann, wie eines von den Tieren unter uns in ein bestelltes Feld lief, dann in einem Dickicht verschwand, wo es die Treiber schnell umstellt hatten. Hereward und Tilly näherten sich Seite an Seite der Zuflucht der Antilope. Das kleine Tier brach aus und versuchte, den Hang hinaufzukommen, aber ein *Kikuju* warf seinen Stock und trieb es in die entgegengesetzte Richtung. Ein paar Sekunden danach tauchte es auf der anderen Seite des Gestrüpps auf, wo es von den Treibern wieder in eine andere Richtung gehetzt wurde. Schließlich versuchte es, zwischen Hereward und Tilly hindurchzukommen. Ich weiß nicht, wer von den beiden auf das Tier geschossen hat, aber es ging mit einem so furchtbaren Quieken zu Boden, daß Lettice sich die Hände an die Ohren legte. Ich glaube, man hatte die Antilope ins Rückgrat getroffen, und ihre Hinterläufe waren gelähmt. Hereward lief darauf zu,und nach einem weiteren Schuß lag sie still da.

Ich rannte den Hang hinunter und darauf zu. Es war eine Ricke mit weißem Bauch, ohne Horn, und einem weichen, graubraunen Fell. Ihre Füße waren scharf gezeichnet und feingliedrig wie bei einer Tänzerin.

»Hoffentlich hat sie kein Kind«, sagte ich.

»Sie hat ein Kind im Bauch«, bemerkte einer der *Kikuju*. Er nahm ein Messer heraus und schlitzte das Tier in der

Mitte des Leibes auf. Das Fleisch trennte sich, wie wenn man einen Briefumschlag aufschlitzt, das Rot und Blau der Eingeweide trat heraus und lag dann in einem zuckenden Haufen daneben auf dem Boden. Der Mann steckte die Hand hinein und zog ein fast fertig entwickeltes Antilopenbaby heraus, das schon richtiges Fell hatte und kurz vor der Geburt gestanden haben mußte. Selbst die winzigen Füße, nicht größer als ein Fingernagel, waren schon fertig geformt, und auch die Augenwimpern waren zu erkennen. Es lag halb in einem schleimigen Sack aus durchsichtigem Gewebe, den der Treiber zerrissen hatte, und sah so tragisch aus, daß ich in Tränen ausbrach.

»Wie schade«, räumte Hereward ein. »Aber wir konnten nicht sehen, daß das Tier in diesem Zustand war.«

»Armes, kleines Ding«, sagte Tilly und versuchte, mich zu trösten. »Aber vielleicht wäre das Baby später von einem Leoparden gefressen worden oder in eine Falle geraten.«

Das jedoch schien es nur noch schlimmer zu machen. Der *Kikuju* weidete die Antilope schnell und geschickt aus und warf die Eingeweide mit dem ungeborenen Baby in den Busch, dann hängte er das tote Tier über seinen Stock, um es zu tragen. Der Kopf der Antilope hing nach unten, und aus dem Maul tropfte ihr das Blut.

»Ich will nach Hause«, sagte ich und hatte plötzlich große Angst, daß Zwinker ausgerissen war und gejagt worden sein könnte.

»Wir reiten zusammen heim«, sagte Lettice, die inzwischen ebenfalls bei dem toten Tier angekommen war. »Die anderen können ja noch weiter ihre Perlhühner jagen.«

Einige der Treiber begleiteten uns, darunter der junge Mann, den Kupanya als den Mörder vorgestellt hatte und der offenbar noch nicht in Haft genommen worden war. Er schien all seinen Kummer vergessen und mit Vergnügen und Energie die Rolle des Treibers übernommen zu haben. Um seine Stellung als Missionsboy zu unterstreichen, trug er Khaki-Shorts, während die anderen ihre Decken um den Körper geschlungen hatten. Nach einer Weile brach unsere Eskorte in kurze, bruchstückhafte Gesänge aus. Die Lieder der *Kikuju* waren immer in Moll und klangen für mich klagend und melancholisch, aber in Wirklichkeit waren es keineswegs Klagelieder. Meistens wurde damit irgendein Sieg im Krieg oder in der Liebe gefeiert. Vielleicht feierte dieses Lied den Tod des Antilopenweibchens und seines ungeborenen Babys, und wenn, dann war das ein kurzer Nachruf. Der Sänger machte daraus einen Triumph seiner Schnelligkeit als Treiber und der wunderbaren Flinte des Weißen. Aber mir kam es wie ein billiger Triumpf vor, und es dauerte lange, bis ich die Antilope vergessen konnte, die vielleicht versucht hatte, ein Nest für ihr Kind zu bereiten, und dabei so roh von Angst, Schmerz und Tod überrumpelt worden war.

Beim letzten Wasserlauf, den wir überqueren mußten, bevor wir nach Hause kamen, wartete Ian auf uns; er saß auf einem Felsblock und hatte sich seinen blauen Somali-Schal um die Schulter geschlungen. Als er auf sein Pony stieg, waren seine Bewegungen ebenso gewandt und elegant wie die einer Antilope, geschmeidig und ökonomisch. Hereward stampfte immer umher wie ein Störenfried, aber Ian bewegte sich, als ob er wie die Antilopen und die *Kikuju* hier auf dieser Erde geboren worden wäre.

»Ich habe genug Perlhühner geschossen«, sagte er. »Die anderen jagen noch mit den Treibern in den letzten *Shambas*. Hereward ist glücklich, er bringt Tilly das Jagen bei, und er glaubt, sie hängt ihm an den Lippen.«

»Sie dürfen nicht unfreundlich über Hereward sprechen«, wandte Lettice ein.

»Sie haben recht, das sollte ich nicht tun, aber er ist wirklich ein ganz besonderes Exemplar; man sollte ihn ausstopfen lassen.«

Wir mußten auf dem schmalen Pfad hintereinander reiten, aber als wir dann ein Stück über offenes Weideland kamen, ritt Ian wieder neben Lettice her.

»Sie werden uns bald verlassen«, sagte sie und schaute geradeaus und nicht auf ihn.

»Ja, wir haben noch eine Safari nach Abessinien geplant. Aber ich hoffe, das ist dann meine letzte.«

»Haben Sie denn ein Vermögen gemacht und ziehen sich daraufhin zurück?« fragte Lettice leichthin.

»Weder noch, aber nach einer Weile bin ich zu der Erkenntnis gekommen, daß auch die Freiheit den Menschen zum Sklaven machen kann.«

Sie ritten schweigend nebeneinander her, und ich folgte ihnen, wobei ich mich ganz und gar nicht für ihr Gespräch interessierte, sondern nur dafür, wie es Zwinker jetzt gehen mochte. Dennoch fühlte ich eine Spannung in der Luft, die mich veranlaßte, ihnen zuzuhören.

»Es gab einen Skandal, als ich mit Hereward davongelaufen bin«, sagte Lettice gerade. »Sie wissen, ich war früher schon einmal verheiratet.«

»Ich fürchte, das alles ändert gar nichts«, erwiderte Ian und rieb seinem Pony die Ohren mit dem Peitschenknauf. »Aber es ist natürlich sehr interessant.«

»Nun, es ist der Gegenstand vieler billiger Theaterstücke und Romane. Ich habe mit achtzehn einen Mann geheiratet, der viel älter war als ich. Ich glaube, man munkelte, mein Vater hätte mich beim Kartenspielen an ihn verloren, doch ich bezweifle, daß es so gewesen ist. Jedenfalls ist mir dieser Mann von meinen Eltern regelrecht aufgedrängt worden, aber wahrscheinlich habe ich selbst auch gedacht, ich sei in ihn verliebt.«

»Diese Geschichte klingt eigentlich ein bißchen nach dem Fernen Osten«, bemerkte Ian. Er hatte sich den blauen Schal um die Taille geschlungen und ritt neben ihr. »Ahmed würde denken, das sei viel Lärm um nichts. Ihn hätte vielleicht nur die Summe interessiert, die Ihr Vater beim Kartenspielen verloren hat.«

»Vielleicht ist das auch ein besserer Blickpunkt, aber mit achtzehn war ich mit solchen Dingen nicht vertraut. Und ich war überaus unglücklich, was sehr unbedacht war von mir, weil dieses Arrangement allen anderen Beteiligten so sehr in den Kram paßte. Hereward hatte Mitleid mit mir; er sah gut aus und war sehr lieb zu mir. Außerdem war er sehr impulsiv, daher sind wir einfach durchgebrannt. Natürlich mußte er den Militärdienst quittieren, und ich brauchte einige Zeit, bis ich erkannte, was das für ihn bedeutet haben muß. Hereward ist der geborene Soldat. Und jetzt sind wir also hier. Er hat viel für mich aufgegeben, und ich hoffe, daß er noch in diesem Leben seinen Dank dafür erhält. Ja, ich glaube, daß das der Fall sein wird: Er ist dabei, für sich eine neue Bestimmung zu erkennen. Jetzt verstehen Sie, Ian, warum Sie Ihre Freiheit behalten oder jemand anderen finden müssen, dem Sie sie opfern.«

Ian schwieg so lange, daß ich dachte, er hätte vergessen, wo er war, und als er sich dann wieder daran erinnerte, sprach er so leise, daß ich ihn kaum verstehen konnte.

»Sie haben mich gewarnt, aber ich bin nicht der Typ, der in Bengalen auf Tigerjagd geht oder auf die höchsten Gipfel des Himalayas steigt. Ich kann auch nicht behaupten, daß mein Herz für Hereward blutet. Wir sind beide jung, und die Zeit steht auf unserer Seite.«

»Auch wenn man jung ist, sollte man die Zeit nicht sinnlos vergeuden.«

Ian hielt sein Pony an und legte eine Hand auf die Zügel von Lettices Pony. »Schauen Sie sich diesen Sonnenuntergang an: Die Zeit kann nicht vergeudet sein, wenn es solche Dinge zu bestaunen gibt, solche herrlichen Schauspiele für das Auge.«

Der Sonnenuntergang war tatsächlich beeindruckend. Der ganze Himmel im Westen stand in scharlachroten Flammen. Tiefviolette Wolken waren rot gestreift und gesprenkelt, und limonengrüne und safrangelbe Bogen wölbten sich über den Zenit. Es sah aus, als ob die ganze Welt brannte.

»Wunderbar, aber extravagant«, sagte Lettice. »Es ist alles irgendwie – zügellos, ja.«

»Richtig; das ist ein Himmel, über den die wütende Walküre reiten könnte«, stimmte ihr Ian zu.

»Ich finde, es liegt mehr Schönheit in einem Schmetterlingsflügel oder in einer Muschel als in diesem Sonnenuntergang, aber er ist von einer barbarischen Verschwendung, und ich gestehe, es liegt auch ein wenig Entsetzen darin.«

Sie sprachen weiter über den Sonnenuntergang und über die Gedanken, welche er bei ihnen wachrief, und das waren nicht wenige, denn ein jeder regte den anderen zu immer neuen an. Ich hörte ihnen nicht mehr zu. Der scharlachrote Himmel, das goldene Licht, das herunterströmte ins Tal, und seine Auflösung mit dem Hereinbrechen der Dunkelheit, als ob im Himmel eine große Lampe abgedreht worden wäre, erfüllte mich mit der schrecklichen Melancholie, die manchmal die Herzen der Kinder befällt und die weder erklärt noch den anderen mitgeteilt werden kann. Es war, als ob man den Tag, der einzigartig gewesen war und nie mehr wiederkehren würde, brutal niedergeschlagen hätte, als ob er wie die Antilopengeiß am Ausbluten wäre, bis ihn zuletzt das Vergessen verschluckte – so, als ob etwas in jedem von uns damit gestorben wäre und nie mehr zum Leben erweckt werden könnte. Ich hielt es für schrecklich wichtig, diesen Moment festzuhalten, das Leben dieses Tages zu erhalten, seinen Tod für immer zu verschieben, und hoffte, daß die Erinnerung an jeden Augenblick, an jeden Farbfleck dieses unglaublichen Himmels in meine Gedanken eingebrannt und Teil meiner Existenz werden würde wie ein Auge oder eine Hand.

Die *Kikuju* allerdings achteten nicht auf die große Tragödie beim Tod dieses Tages. Sie sprachen von mir unbekannten Dingen mit ihren flüssigen, musikalischen Stimmen, spuckten aus, sangen und schlangen sich die Decken fester um die Schultern. Ich kam mir vor wie ein Missionar, den der Anblick von vielen Tausenden unschuldiger Seelen zu Tode quält, Seelen, die zugrundegehen mußten, nur weil ihnen die Worte fehlten, die sie gerettet hätten. Als ich auf den Himmel zeigte, in dem jetzt das Rot verschwunden war, und sagte: »Schaut, es ist gut«, was das einzige mir zur Verfügung stehende Wort war, blickten sie höflich auf, nickten, und einer sagte: »Ja, es ist gut«, und fuhr dann in seinem Gespräch fort.

Vielleicht hatte er Worte für seine Gefühle, und sie waren den meinen ähnlich, aber ich würde es nie erfahren, und auch das war beunruhigend. Die Sonne war untergegangen, die Nacht kam rasch, und es wurde kalt. Wir ließen unsere Ponys trotten, und bald war ein Licht zu sehen, das man auf die Veranda der Palmers gestellt hatte, damit wir den Weg nicht verfehlten.

13

Eines Tages erklärte Sammy, er wolle heiraten und hätte dafür gern ein paar Tage Urlaub.

»Du hast doch schon zwei Frauen«, hielt ihm Robin vor. »Du wirst anscheinend sehr reich.« Der Ton war ein wenig ärgerlich, denn Sammys Lohn konnte ihm unmöglich so viel eingebracht haben, und nicht selten verschwand auf der Farm das eine oder andere, in letzter Zeit und in größeren Mengen besonders Maismehl, das in der Lagerhütte verstaut war. Robin hatte zwar als einziger den Schlüssel dazu, doch Sammy mußte ihn häufig von ihm ausborgen, und ein *Kikuju*-Schmied, der feine Ketten für Schnupftabaksgefäße und rasiermesserscharfe Schwerter herstellen konnte, dachte sich vermutlich wenig dabei, einen Schlüssel zu kopieren.

»Mein Vater besitzt großen Reichtum im *Massai*land«, sagte Sammy, als habe er Robins Gedanken erraten. »Er hat viele Töchter, und ihr Brautgeld macht ihn reich.«

»Na gut, du kannst dir freinehmen«, stimmte Robin seinem Urlaubswunsch zu. Und er fügte ein wenig bedauernd zu Tilly hinzu: »Wenn jede von Tante Veronicas

Töchtern großen Reichtum bedeutet hätte, wäre sie eine vermögende Frau gewesen und hätte mir ihren Reichtum vererben können.«

»Wenn Sammy in sein Reservat geht, kann es vielleicht ein halbes Jahr dauern, bis er wieder zurück zur Arbeit kommt«, bemerkte Tilly.

»Zum Glück ist die Braut hier in der Nähe. Sie ist eine *Kikuju*,* soviel ich weiß, entweder eine Verwandte von Kupanya oder von Njombo, vielleicht von beiden. Also muß er gar nicht weggehen von hier, und ich nehme an, die Feier findet auf der Farm statt. Ich überlege, was wir ihm als Hochzeitsgeschenk geben können.«

Als er ihn fragte, zögerte Sammy keinen Augenblick mit der Antwort. Er hielt einen fetten Schafbock oder besser noch einen Ochsen für angebracht.

Robin wußte bereits aus Erfahrung, daß man mit dem Geschenk eines Ochsen vorsichtig umgehen mußte. Es war erstaunlich, daß immer, wenn Weihnachten oder ein anderes größeres Ereignis wie eine Beschneidungszeremonie naherückte, der allerbeste Ochse im Stall sich ein Bein brach und erschossen werden mußte. Was Robin und Tilly dabei ärgerte, war nicht so sehr der Betrug, sondern die Quälerei, die so etwas für den Ochsen mit sich brachte, dem man das Bein vermutlich mit einer Hacke oder einer Eisenstange gebrochen hatte. Die *Kikuju* waren vielleicht nicht absichtlich grausam zu Tieren, aber sie waren schrecklich gefühllos. Wenn es ihnen auch nicht unbedingt Vergnügen machte, zuzusehen, wie ein Tier litt, so war es ihnen zumindest egal, und keiner dachte daran, das Tier vor den Schmerzen zu bewahren oder zu retten. In ihren Augen war der Schmerz etwas, das ertragen werden mußte, ob man nun Tier war oder Mensch; und was die Tiere betraf, so rechneten sie ihnen ohnehin keine Gefühle und Empfindungen zu.

Ein kleiner, magerer Ochse wurde für das Fest ausgewählt und in der Nähe des Hauses angebunden, damit man ihn mit Mais und Süßkartoffeln mästen konnte, und Robin kündigte an, daß jeder eine Strafe von zwei Rupien aufgebrummt bekomme, wenn bis dahin ein anderer Ochse verletzt würde, und daß in diesem Fall der Kadaver an die Inder in Thika verkauft werden würde. Daraufhin blieb die Ochsenherde intakt.

Bei Sammys Hochzeit schien es keine besondere Zeremonie zu geben, sondern nur die Herstellung, den Transport und den Genuß von Unmengen Bier. Dieses alkoholische Getränk wurde aus Zuckerrohr hergestellt und in großen Kalebassen fermentiert, die wie dickbäuchige Stammesälteste um das Feuer in der Mitte einer Hütte saßen und leise vor sich hinperlten, wobei der Schaum über den Rand herunterlief, so wie alten Männern der Speichel aus den Mundwinkeln die faltigen Wangen herunterläuft.

Sobald das Bier fertig war, verschlossen mehrere Frauen, die mit Sammys Haushalt in Verbindung standen, die großen Gefäße mit Palmblättern, schnallten sie sich auf die Rücken und gingen damit zum Heim des Brautvaters, der einer von Kupanyas Stammesältesten und engsten Freunden war.

Etwa um diese Zeit kam Njombo von einem weiteren Besuch im Reservat zurück. Er war wie ausgewechselt, ohne die frühere, lebhafte und fröhliche Art, dafür mürrisch und lustlos trotz der Stallungen aus Stein, die inzwischen fertig waren, und zweier neuer Ponys, einem hübschen Braunen namens Luzifer – ein Name, dem er trotz seines Araberbluts nicht ganz gerecht wurde – und Dorcas, eine kastanienbraune Stute. Immer wenn Sammy in der Nähe der Ställe auftauchte, schaute Njombo in die andere Richtung oder ging mit ausdruckslosem, versteinertem Gesicht weg. Die lustige Mütze aus der Haut eines Schafsmagens, die er getragen hatte, war fort; in seinen Ohren fehlte der Schmuck, seine Decke war einfarbig, und er lachte und scherzte nicht mehr mit seinen Freunden. Als ich Sammy fragte, was denn mit Njombo los sei, antwortete der mit Verachtung in der Stimme: »Njombo ist ein Narr. Wenn einer den Bananenbaum in seiner *Shamba* abschneidet, hat er dann vielleicht noch Bananen in seinem Kochtopf?« Doch diese Auskunft schien die Angelegenheit nicht zu klären.

Ich erinnere mich nicht mehr, wie ich hinter die Wahrheit gekommen bin, aber fest stand, daß Sammy die Frau heiratete, die für Njombo bestimmt war. Der arme Njombo war nur nicht imstande, das Brautgeld zu bezahlen; alles, was er besaß oder borgen konnte, mußte als Blutgeld an die Familie von Palmers ermordetem Vorarbeiter bezahlt werden. Also war Sammy schlau in die Bresche gesprungen und hatte ihm das Mädchen ausgespannt.

Niemand zweifelte an der Rechtmäßigkeit eines solchen Vorgehens, nicht einmal Njombo, aber er dachte für einen *Kikuju* sehr undiszipliniert und haderte trotz allem mit seinem Schicksal.

»Vielleicht wäre es besser gewesen, wenn du ins Gefängnis gegangen wärst«, meinte ich.

»Wie hätte ich ins Gefängnis gehen können? Ich meine, wenn ich es getan hätte, wer hätte dann die Schulden bezahlt?

Inzwischen war der Missionsboy, den man Hereward vorgeführt hatte und der Kamau hieß, nach Fort Hall geschickt worden, wo man ihn festnahm und in Kürze für etwas vor Gericht stellen würde, was er gar nicht getan hatte und wovon er so gut wie gar nichts wußte.

»Das ist unfair«, erklärte ich.

Aber Njombo zeigte dafür keinerlei Verständnis. *Huju*, sagte er – dieser Mann, diese Kreatur – »ist wie eine Trappgans, die im hohen Gras dahinstakt und den Strauß beneidet. Sein Vater ist Kupanya etwas schuldig, also muß er ihm helfen, diese Schuld zu begleichen.«

Etwa zu dieser Zeit kam der Distriktsverwalter aus Fort Hall hierher, um Nachforschungen über den Mord anzustellen.

Er trug eine Khakiuniform mit blankpolierten Knöpfen und einen großen Tropenhelm mit Rangabzeichen. Er wurde begleitet von einem Gefolgsmann, der uns durch seine Schlauheit und seine Größe beeindruckte. Wenn er auf eine Inspektionssafari ging, ritt er hinter dreißig oder vierzig Lastenträgern her, aber diesmal kam er auf einem Maultier geritten ohne seine Camping-Ausrüstung und blieb über Nacht bei uns. Zuerst war er recht steif und zurückhaltend im Betragen. Er war schließlich ein Beamter, ein Vertreter des Staates, und es war nicht korrekt, wenn man allzu frei und freundlich mit dem Gesindel auf den Farmen umging. Tilly hatte einen Kurs für ein kleines Jagdrennen ausgesteckt, und nach dem Tee wurde der Verwalter dazu überredet, an dem Wettrennen zusammen mit mehreren Nachbarn teilzunehmen. Diese Hindernisrennen führten meist zu einigen Stürzen und viel Gelächter, und am Ende lachte und scherzte Mr. Spicer, der Distriktsverwalter, wie jeder andere. Er entschuldigte sich dafür, daß er nicht schon früher hergekommen sei, aber er habe es mit einer Viertelmillion *Kikuju* zu tun und nur einen Assistenten, der obendrein mit Fieber zu Bett liege, und er selbst habe erst einmal die Hüttensteuer erheben müssen, und Kupanya habe ihm schließlich einen Gefangenen geschickt.

Am nächsten Morgen hielt er ein Verhör ab. Er saß auf einem Feldsessel unter einem Baum, während alles um ihn herum auf dem Boden hockte. Einer nach dem anderen, berichteten die Zeugen über den Streit, der zum Tod von Palmers Vorarbeiter geführt hatte. Der angeklagte junge Bursche, sagten sie, habe einen *Rungu* gepackt, einen der Stöcke mit schwerem Knauf, den die Krieger trugen, und habe damit in Notwehr dem Vorarbeiter den Schädel eingeschlagen.

»Wenn es Notwehr war«, fragte Mr. Spicer, »warum hat dann der Angeklagte keine Verletzungen davongetragen?«

Der Vorarbeiter, sagten sie, sei mit einem Messer auf ihn losgegangen, und nur Kamaus Schnelligkeit habe ihn vor größeren Verletzungen bewahrt.

»Wer bezahlt das Blutgeld an die Familie des Toten?«

Diese Frage hatte ein solches Durcheinander von Erklärungen zur Folge, in denen es um Verwandtschaften und um Ziegen ging, daß Mr. Spicer bald von Argumenten eingedeckt und eingesponnen war wie Gulliver von den Liliputanern, ohne die Aussicht, sich jemals wieder davon befreien zu können. Er wählte drei oder vier Zeugen aus, befahl ihnen, sich in Fort Hall in soundsovielen Tagen zu melden, und kam dann zum Frühstück ins Haus.

»Ich hoffe, der Junge wird nicht zu einer allzu langen Strafe verurteilt«, sagte Lettice. »Er kam mir eigentlich viel zu klein für einen Mörder vor, und er war alles andere als gewalttätig.«

»Missionsboys«, rief Hereward voller Abneigung. »Der Ruin des Guten unter den Eingeborenen. Was kann man anderes erwarten?«

»Ich muß gestehen, ich habe diese Missionsboys auch immer im Verdacht«, bestätigte Mr. Spicer. »Nicht, weil sie das Verbrechen begangen haben könnten, sondern weil sie uns von den Häuptlingen als Täter präsentiert werden; keiner kann sie leiden. Aber wenn alle Zeugen seine Tat beeiden und wenn der Angeklagte seine Schuld gesteht, kann ich nicht anders und muß ihn verurteilen. In diesem Fall jedoch plädiert der Angeklagte auf Notwehr...«

»Hoffen wir, daß er damit durchkommt«, bemerkte Lettice. »Es ist schon traurig genug, sich vorzustellen, daß er im Gefängnis schmachtet.«

»Von Schmachten kann nicht die Rede sein«, entgegnete Mr. Spicer. »Ich muß die Gefangenen häufig zählen, und es sind fast immer zuviele. Als ich das erste Mal kontrollierte, war die Zahl der Gefangenen fast doppelt so hoch wie sie sein sollte. Im Reservat herrschte Knappheit an Nahrungsmitteln, und die Wärter hatten viele ihrer Verwandten eingeschleust, für die das Gefängnis wie eine Art Klub war. Sie konnten sogar einen Teil der

Ration an ihre Frauen weitergeben. Aus unserem Gefängnis kann man leicht entwischen, unser Problem ist genau das Gegenteil; wir haben Mühe, die Leute fernzuhalten.«

»Trotzdem«, beharrte Lettice, als er dabei war, sein Maultier zu besteigen, »ich hoffe, Sie springen nicht zu hart um mit dem armen Kerl.«

Mr. Spicer setzte seinen Tropenhelm auf und schien sich dadurch augenblicklich von einem gewöhlichen Menschen in eine höhere, ernstere und ehrfurchtgebietendere Persönlichkeit zu verwandeln. Sogar sein Gesichtsausdruck und der Ton seiner Stimme änderten sich. Er rückte den Tropenhelm mit dem funkelnden Rangabzeichen gerade und sagte sehr nachdrücklich: »Sie können der britischen Justiz ruhig Ihr Vertrauen schenken.« Damit ritt er davon.

»Dieser Helm hat eine Art Zauberwirkung, wie Samsons Lockenpracht«, erklärte Lettice nachdenklich. »In ihm schläft sein Selbstbewußtsein, und man kann es nach Belieben aufsetzen und abnehmen.«

»Na ja, es ist die Uniform«, fügte Hereward verständnisvoll hinzu.

Ein paar Monate lang hörten wir nichts mehr von dem Fall, und dann tauchte eines Tages Kamau, der Missionsboy, wieder auf, sah gut und viel wohlgenährter aus, war mit sich selbst zufrieden und hatte ein neues Hemd an.

»Ich bin nicht schuldig«, sagte er, wobei er die englischen Worte benützte, wenn auch etwas steif, als würden sie ihm nicht so recht passen.

»Nun, mich geht es ja nichts an«, erwiderte Robin. Zu der Zeit wurden mit Unterstützung Herewards indischer Bauarbeiter die Fundamente unseres Steinhauses gelegt, und die Arbeit ging nur langsam voran, so daß Robins Gedanken voll mit den dabei entstehenden Komplikationen beschäftigt waren. Kamau erklärte, er wolle für uns arbeiten, er sei ein Bürohelfer, der sich um die Lagerbestände und um die Lohntickets kümmern könne. Robin bezweifelte das, aber er stellte ihn für einen sehr geringen Lohn ein. Sammy schüttelte darüber den Kopf und sagte, daß es Ärger geben würde.

»Warum hat ihn der Distriktsverwalter zurückgeschickt?« fragte er ziemlich verdrossen. »Er hat doch selbst gesagt, daß er den Vorarbeiter getötet hat. Und alle Zeugen haben dem zugestimmt.«

»Vielleicht dachte der Distriktsverwalter, daß sie alle gelogen haben«, entgegnete Robin. »Und genauso ist es ja auch gewesen.«

»Es ist nicht gut«, sagte Sammy entschieden und ohne zu erklären, warum es nicht gut war. Sammy stand natürlich auf der Seite von Kupanya, was für uns eine große Hilfe war, weil es uns nie an Arbeitskräften mangelte. Manchmal sah ich seine junge Frau, Kupanyas Tochter, wenn sie in der Nähe von Sammys Haus ihren Arbeiten nachging, oder auf seiner *Shamba*, die einen Teil unseres besten Farmlandes umfaßte. Sie hieß Wanjui, war unbekümmert und attraktiv, mit feinen Gliedern wie aus frisch geformtem Lehm, ein Kind von kaum mehr als fünfzehn Jahren. Jetzt, als verheiratete Frau, hatte sie sich das Haar geschoren, und sie trug einen mit Perlen verzierten, ledernen Lendenschurz und viele Drahtreifen an den Armen, denn Sammy war ein reicher Mann und konnte es sich leisten, sie gut auszustaffieren. Zusammen mit seiner zweiten Frau – die erste war in *Massai*land – bestellte sie die *Shamba*, pflanzte Mais oder erntete Hirse, je nach Jahreszeit. Soweit wir das sehen konnten, war sie fröhlich und glücklich, und wenn sie Njombo nachtrauerte, so zeigte sie das keineswegs. Sicher, Njombo war jünger und flotter, aber nicht annähernd so reich wie ihr Mann.

Einige Monate später, nach der Regenzeit, berichtete Sammy Tilly in düsterem Ton, daß Wanjui krank sei, und er bat sie, ihr Medizin zu geben. Nachdem Tilly Wanjui in ihrer Hütte besucht hatte, ließ sie Maggy Nimmo kommen. Mrs. Nimmo kam immer nur unter Protest, erklärte, sie sei schon lange keine Krankenschwester mehr und habe keinerlei medizinische Ausrüstung, obwohl man von ihr die Arbeit eines Doktors erwarte, aber sie kam dann doch, in einem langen, geschlitzten Rock auf einem Maultier reitend.

»Es ist die übliche Geschichte«, sagte sie zu Tilly, nachdem sie sich Wanjui angesehen hatte. »Eine Fehlgeburt, und dann diese dreckigen Heilmittel, die alles noch schlimmer machen. Wie diese Frauen leben können, ist mir ein Rätsel, vor allem, da sie sich auch noch selbst verstümmeln. Was kann man tun für das Mädchen, in dieser schmutzigen, dunklen Hütte, wo es alle erdenklichen Infektionen bekommen wird? Sie hat nur eine Chance: Man muß sie in ein Krankenhaus bringen.«

Inzwischen war eine Nebenstrecke der Eisenbahn bis Thika ausgebaut worden, und der Zug nach Nairobi verkehrte dreimal die Woche in beide Richtungen. Dadurch kamen wir uns alle sehr zivilisiert vor. Der Zug war zwar nicht gerade ideal eingerichtet für Kranke, und die fünf Meilen bis Thika in einem Ochsenkarren oder einem Maultier-Buggy waren noch immer ein Hindernis, vor allem in der Regenzeit, wenn die zwei Wasserläufe, die man zu überqueren hatte, ihre provisorischen Brücken überspülten und sich in unpassierbare Sturzbäche verwandelte. Immerhin, in acht Monaten im Jahr konnte ein Kranker, der nicht allzu krank war, in sechs bis sieben Stunden nach Nairobi gebracht werden, vorausgesetzt, er erkrankte an einem Montag, Mittwoch oder Freitag.

Tilly legte ein paar Decken in das Maultier-Buggy, um darin ein provisorisches Bett zu machen. Als alles fertig war, tauchte Sammy unter der Tür auf, schaute verlegen drein und sagte, Wanjui weigere sich, zu fahren.

»Dann muß man sie dazu zwingen«, sagte Tilly.

Sammy schüttelte den Kopf. »Es sind ein paar Verwandte gekommen... Bei ihnen sind auch zwei alte Frauen... Sie haben ihre eigene Medizin...«

Tilly war wütend, aber es half nichts. Sammy selbst hätte sie ins Krankenhaus geschickt, aber in diesem Notfall hatte das Wort eines Ehemanns nur wenig Gewicht. Die Sache wurde von Kupanyas Familie in die Hand gekommen. Mrs. Nimmo berichtete, daß zwei alte Krähen die Hütte in Beschlag genommen hätten und daß ein Hexendoktor mit einer Kalebasse voll Amuletten und Zaubermitteln davor hockte und eine Ziege zur Opferung bereithalte.

»Das Mädchen wird sterben«, sagte sie, »wenn sie nicht sehr bald in ordentliche Behandlung gegeben wird. Wenn man mich fragt, ich würde sie mit Gewalt ins Krankenhaus bringen.«

Doch das war ausgeschlossen. Sammy unterstützte jetzt auch die alten Frauen, und Wanjui blieb in ihrer Hütte. Seit Jahrhunderten wurden solche Dinge auf diese Weise gehandhabt, und inzwischen hätte sie wahrscheinlich auch die Reise nicht mehr überstanden. Kamau kam und sagte, er wolle für Wanjui beten, doch das könne er nur in seiner Hütte tun, daher wolle er für den Rest des Tages frei nehmen. Robin erwiderte, er könne ebensogut in seinem Büro beten, aber Kamau erwiderte, Gott könne ihn dort nicht hören, und daraus entspann sich ein theologischer Streit.

Mein eigenes Interesse konzentrierte sich auf die Ziege, die zum Opfer vorgesehen war. Es war wirklich unfair gegenüber diesem armen Tier, und daher entschloß ich mich, die Ziege zu retten. Es mußte ohne Mitwisser und geheim geschehen, das war mir klar, denn Tilly hätte es mir ebenso entschieden verboten, wie die *Kikuju* dagegen gewesen wären. Ja, eigentlich durfte ich überhaupt nicht wissen, was da vor sich ging, aber da ich meine Schularbeiten im Wohnraum machte, wo die meisten Gespräche stattfanden, war mir nicht entgangen, worum es sich da handelte.

Nach dem Mittagessen schlich ich, statt mich hinzulegen, wie ich es sollte, hinaus in Sammys Lager, wo ich erwartete, daß alles im Zustand höchster Aktivität und großer Trauer sein würde. Aber statt dessen schienen die Leute wie üblich während der Mittagshitze zu schlafen; ein paar Kinder spielten im Staub, eine Frau saß im Schatten einer Hütte und flocht einen Korb aus dem Hanf von Kletterpflanzen, und man sah weder Sammy noch eine von den ›alten Krähen‹. Und wo war die zum Opfer bestimmte Ziege? Ein kleiner, gewundener Pfad verschwand in einer Pflanzung mit hohem Mais. Ich folgte ihm durch einen dichten, hellgrünen, raschelnden Wald, und kam zu einem brachliegenden Fleck rings um einen Baum. Im Schatten des Baumes hockten mehrere Männer und taten etwas, das ich zuerst nicht sehen konnte. Ich schaute eine Weile zu, wagte nicht, mich zu bewegen, aus Angst, daß sie wütend darüber würden oder ich Zeuge war bei irgendeinem alten, verbotenen Ritus. Aber was sie taten, schien nicht allzu geheim zu sein, und die Männer schauten sich auch nicht um, also schlich ich mich näher hin, um zu sehen, was da vor sich ging.

Ich kam zu spät, konnte die Ziege nicht mehr retten. Ihr Bauch war aufgeschlitzt, einige ihrer Organe lagen auf dem Boden, und man hatte das Tier abgehäutet – das alles war mir durchaus vertraut, und ich fand nichts besonderes dabei. Doch das Schlimme war, daß die Ziege noch lebte! Ein Mann hielt ihr den Kopf und drückte ihr das Maul zu, damit sie nicht blutete, aber ich sah einen Augenblick lang die Augen des Tiers, sah, wie die abgehäuteten Glieder noch zuckten. Da drehte ich mich um und rannte den ganzen Weg zurück. Tilly fand mich draußen auf dem Rasen, wo ich Zwinker den Rücken kratzte, was meine Antilope ganz besonders gern hatte. Sie wollte mich schelten, weil ich mich nicht wie befohlen hingelegt hatte nach dem Essen, merkte aber, daß etwas vorgegangen sein mußte, und fragte, warum ich ohne Hut draußen in der Sonne sei, ein Versehen, das nach Ansicht aller den sofortigen Tod zur Folge haben konnte.

»Zwinker darf nie etwas zustoßen«, sagte ich.

»Das wäre ein sehr langweiliges Leben für sie«, bemerkte Tilly. »Sie ist allmählich groß genug, daß sie sich nach einem Mann umschaut.«

»Dann müssen wir ihr einen besorgen.«

»Eine Antilope auf der Farm ist mehr als genug«, erklärte Tilly sehr entschieden. Sie hatte die Blumenbeete mit Drahtnetzen sichern müssen, aber Zwinker hüpfte mühelos darüber, und die Beete waren eher Gefängnisse für Blumen als ein Schmuck für den Garten, mit Stacheldrahtzäunen überall, wo etwas blühte oder wuchs. Hier und da stieß Zwinker jemanden in den Hintern und ging dann ganz harmlos davon, als amüsiere sie sich über das Theater, das die Leute darüber machten. Tilly lebte in der Hoffnung, daß der Ruf der Wildnis die Antilope eines Tages fortlocken würde, aber ich glaubte, Zwinker hänge so sehr an mir, daß sie unsere Farm der Freiheit im Busch vorziehe.

»Früher oder später wird man sie freilassen müssen«, fügte Tilly jetzt hinzu.

»Nein, nein, was auch passiert, Zwinker darf nichts geschehen.«

Tilly schaute erst mich an, dann Zwinker, und sagte, sie wünschte, man hätte sie schon damals nicht hierbehalten, aber da es nun schon so war, würden wir auch auf sie aufpassen. Ich war besessen von der Angst, man könnte Zwinker als Opfertier benützen. Sie war sehr zutraulich und frech geworden, betrat das Haus in einer sehr selbstbewußten Weise und wählte ihren Weg wie eine Königin. Die *Kikuju* sagten, sie sei zu fett, und wir sollten sie schlachten. Ich wüßte, daß die *Kikuju* sie nicht schlachten würden, aber sie konnten sie quälen und töten.

Als ich einmal meine Hand an einer zerbrochenen Flasche verletzt hatte, hatte Tilly die Wunde mit etwas versiegelt, das wie durchsichtige Seide glänzte und *Neuhaut* hieß. An diesem Abend kam mir die ganze Welt vor wie eine glatte Schicht Neuhaut über einer tiefen, pulsierenden Wunde. Die Oberfläche glänzte wie die Schuppen eines gesunden Fischs, aber darunter lauerten Angst und Entsetzen. Ich dachte an die unschuldige Ziege, der man auf furchtbare Weise das Leben nach und nach mit dem Messer beendet hatte, und ich dachte an Wanjui, die gerettet und gepflegt hätte werden können und nun hilflos in den Händen der zwei alten Weiber war und im Dunkeln ihrer Hütte sterben mußte; unser Leben ging weiter, als wäre nichts geschehen, und wir konnten nichts tun, all diese Schmerzen zu lindern. Am nächsten Morgen sagte Sammy, der in letzter Zeit ganz mürrisch und fast schon grob geworden war, daß Wanjui tot sei. Später am Tag sah ich Rauch drüben bei seiner Hütte. Wanjui war in der Hütte gestorben, deshalb mußte die Hütte niedergebrannt werden, während man ihren Leichnam für die Hyänen hinausbrachte in den Busch.

14

Für Sammy häuften sich jetzt die Probleme. Nicht lange nach dem Tod seiner Frau geschah seinem ältesten Sohn, einem Jungen im Beschneidungsalter, etwas Schreckliches. Robin hielt das Material für die Sprengungen im Steinbruch strengstens hinter Schloß und Riegel, und nur er selbst und Sammy durften damit umgehen. Eines Tages stellte Robin fest, daß einige der Zündpatronen verschwunden waren. Es wurde ständig das eine oder andere bei uns gestohlen, aber bisher keine Zündpatronen, und Robin konnte nur hoffen, daß sie irgendwie verlorengegangen waren und daß niemand es hatte zugeben wollen. Sammy bestritt, überhaupt etwas davon zu wissen, und nach einer Weile schwand das Interesse an der Sache.

Eines Nachmittags, als alle dösten – selbst Tilly hielt sich im Haus auf – hörten wir eine Explosion aus der Gegend von Sammys Hütte und, nach einer Pause, die Schreie von Frauen und das Brüllen mehrerer Männer. Tilly rannte hinaus, befahl mir, im Haus zu bleiben, aber ich ging aus Neugier doch hinaus und sah einen Mann und eine Frau, die uns, wie mir schien, ein großes, längliches Stück Fleisch brachten, das rot glänzte. Ich sauste rasch wieder hinein und fuhr fort, die Blumen aus einem Sämereienkatalog abzumalen. Tilly blieb lange weg und sah zerzaust und erschöpft aus, als sie zurückkam. Auf ihrer Bluse hatte sie Blutflecken. Sie schrieb eine Nachricht für Mrs. Nimmo und schickte einen Boy, um Robin zu holen, dann setzte sie sich hin, nahm ihre Stickerei zur Hand und schnitt mir jede Frage abrupt ab.

Sammys Sohn hatte versucht, eine Zündpatrone zwischen zwei Steinen zu hämmern, um sich einen Schmuck daraus zu machen. Ich hörte nachher, daß sein einer Arm nur noch an einem Hautfetzen hing und daß sein ganzes Gesicht zerfetzt worden war und wie ein rohes Stück Fleisch aussah. Irgendwie war es Tilly gelungen, die Blutungen zu stillen, bis Mrs. Nimmo kam, die die Sache etwas professioneller anpackte, aber es war natürlich ein Fall für den Chirurgen. Und diesmal gab es keine Diskussionen. Der schwerverletzte Junge wurde in eine Decke gehüllt, ins Buggy gesetzt und zum Hotel Blue Posts gefahren, und Major Breeches, der inzwischen einen Motorwagen besaß, brachte ihn nach Nairobi, was die Fahrt auf zwei bis drei Stunden verkürzte.

Sammy ging etwa eine Woche später nach Nairobi und berichtete bei seiner Rückkehr, daß der Junge lebte, aber ein Auge und einen Arm verloren habe. Danach herrschte auf der Farm eine Atmosphäre, die zwar nicht völlig düster, aber auch alles andere als fröhlich war. Robin klagte darüber, daß die Leute die Arbeit häufiger als üblich niederlegten und nicht mehr sangen, wenn sie den Busch rodeten oder ausjäteten. Einige von den regelmäßigen und bis dahin verläßlichsten *Kikuju* verschwanden. Sammy sagte etwas vage, sie seien krank oder hätten kranke Angehörige. Es war erstaunlich, wie belastend eine solche Stimmung sein konnte. Der Himmel war strahlend blau, die Sonne schien, es regnete, wenn es nötig war, die Blumen blühten, die Arbeit schritt voran, und doch herrschte allgemein schlechte Laune, und alle fühlten sich unwohl. Hereward sagte, es sei alles nur Einbildung, und wir brauchten eben ein bißchen

Abwechslung. Glücklicherweise war etwas derartiges in Sicht: Ian Crawfurd hatte geschrieben und vorgeschlagen, nach Beendiung seiner letzten Safari im Norden mit den Palmers sowie Tilly und Robin auf eine Jagd-Safari zu gehen.

»Das schafft ein wenig Abstand zu all diesem lumpigen Kleinkram«, erklärte Hereward zustimmend. »Besonders gut für Lettice, lenkt sie ab vom Trübsalblasen.«

»Bläst sie denn Trübsal?« fragte Tilly. »Mir ist nichts dergleichen aufgefallen.«

»Schwieriges Land für Frauen«, sagte Hereward etwas unbestimmt. »Die senkrechte Sonneneinstrahlung.« Er kam jetzt sehr oft zu uns herüber, um sich von Tilly beraten zu lassen. Vielleicht wirkten ihre fröhliche, begeisterungsfähige Art und ihre Energie anregend auf ihn. Tilly jedenfalls blies niemals Trübsal und achtete einfach nicht auf die senkrechte Sonneneinstrahlung.

Njombo war jetzt schon wieder einige Zeit bei der Arbeit, und auch er teilte die allgemeine Malaise. Jetzt, wo wir drei Ponys hatten, war seine Aufgabe sehr wichtig geworden, denn die Ponys brauchten mehr Aufmerksamkeit als die Maultiere. Er hatte ein angeborenes Talent, sich um die Tiere zu kümmern, und war obendrein itelligent, so daß er außer Sammy und Juma einer der wenigen Angestellten war, die wir als bleibende Stütze der Haushalts und der Farm betrachteten.

Daher war es sehr enttäuschend, als er eines Tages verschwand, ohne jemandem auch nur ein Wort zu sagen. Als Robin sich erkundigte, hieß es: »Vielleicht ist Njombo krank«, aber niemand schien Genaueres zu wissen, und Sammy zuckte nur mit den Schultern und sagte, Njombo sei töricht wie ein Huhn, und man würde andere finden, die seine Arbeit ebenso gut tun könnten.

Das stimmte nicht, und Sammy wußte es genau. Obwohl Desertion, wie wir es nannten, bei den Arbeitern etwas Alltägliches war, und obwohl der Distriktverwalter dagegen einschreiten konnte, verzichteten die meisten Farmer darauf, es sei denn, die Arbeitsniederlegungen kamen einem Streik gleich oder standen mit einem Diebstahl oder anderen Verbrechen in Beziehung. Aber in diesem Fall war Robin sehr verändert. Njombo hatte bei uns eine Vertrauensstellung genossen und war verschwunden, ohne auch nur ein Wort zu sagen oder eine Nachricht zu hinterlassen. Robin schickte eine Aufforderung in das Reservat, aber auch darauf rührte sich nichts, also ritt er voller Zorn hinauf, um mit Kupanya zu sprechen. Der Häuptling empfing Robin mit seiner üblichen, unverbindlichen Freundlichkeit und schenkte ihm ein Huhn, was Robin noch mehr in Wut brachte, weil er selbst vergessen hatte, Kupanya ein Gastgeschenk mitzubringen.

»Ich werde Leute nach diesem Mann ausschicken«, sagte Kupanya, als er die Beschwerde gehört hatte. »Aber es kann sein, daß er krank ist.«

»Wenn er krank ist, dann muß er behandelt werden«, erwiderte Robin.

»Es gibt Ärzte für die Weißen und Ärzte für die Schwarzen. Vielleicht ist er zu einem Doktor für die Schwarzen gegangen.«

»Dann ist er ein Narr«, erwiderte Robin und war durch die Barriere der fremden Sprache zu seinem Bedauern daran gehindert, sich noch weiter über den Aberglauben und die Quacksalberei der Buschdoktoren auszulassen. »Sagt ihm, er soll sofort zurückkommen, sonst bringe ich seinen Fall vor den Distriktverwalter.«

Eine Woche später kam Njombo zurück und ließ schweigend die Kopfwäsche, die ihm Robin erteilte und die er wohl auch erwartet hatte, über sich ergehen. Er hatte an Gewicht verloren, sah krank aus, und seine Rückkehr schien die Dinge nur noch zu beschleunigen. Sehr schnell fiel er jetzt vom Fleisch, die Knochen traten hervor, seine Wangen wurden hohl und seine Haut trocken, als ob ihn etwas buchstäblich aussaugen würde. Robin sagte, er sehe aus, als ob die Vampire über ihn hergefallen wären, und Tilly behandelte ihn erfolglos mit Epsom-Salz, Hustensaft, Portwein und Chinin.

Einmal monatlich fuhr Robin mit dem Maultier-Buggy nach Nairobi, um die Löhne abzuholen, die er sich in kleinen Säckchen voller Rupien geben ließ, welche auf der Fahrt zu seinen Füßen im Buggy lagen. Jetzt stand wieder eine solche Fahrt bevor, und man entschoß sich, Njombo ins Krankenhaus zu bringen. Da er dazu niemals seine Zustimmung geben würde, sagte man ihm lediglich, er müsse mitkommen und sich um die Maultiere kümmern. Als wir das Krankenhaus für die Eingeborenen erreicht hatten, ging Robin einfach mit ihm hinein, und er wurde buchstäblich von den Krankenpflegern festgehalten. Inzwischen war er so schwach geworden, daß er kaum Widerstand zeigte und nur noch vor Verzweiflung mit den Augen rollte. Robin erläuterte die Sache einem europäischen Doktor, und der versprach, alles zu tun, was in seiner Macht stehe.

»Aber glauben Sie nicht, wir könnten ihn mit Sicherheit heilen«, fügte der Arzt hinzu. »Es gibt Dutzende von Tropenkrankheiten, für die wir noch nicht einmal einen Namen, geschweige denn eine Therapie haben.«

Mir fehlte Njombo sehr, dessen Liebe zu den Ponys beinahe der meinen gleichkam, merkte aber, daß Kamau versuchte, Njombos Beschützerrolle bei mir zu übernehmen. Er entdeckte, daß ich gern wilde Blumen sammelte, und tauchte mit einer in der Hand auf, um sie mir zögernd zu schenken, weil er vielleicht dachte, ich suchte nach einer bestimmten, anderen Art. Er war immer hocherfreut, wenn ich sie nahm und mich dafür bei ihm bedankte, bevor ich sie in einem alten Katalog vom Armee- und Marinelager preßte. Kamau tat mir sehr leid, weil ihn niemand mochte, und Robin sagte, er sei ein sehr schlechter Bürodiener und höchstwahrscheinlich unehrlich. Immerhin hatte er ihm schon mehrmals gekündigt. Kamau tat dann stets so, als habe er nicht kapiert, kam lächelnd wieder, verhielt sich freundlich und unterwürfig und durfte daraufhin bleiben.

Ich sagte Kamau, daß wir Njombo ins Krankenhaus gebracht hätten. Er schüttelte den Kopf.

»Njombo kann nicht gesund werden.«

»O doch, sicher. Die Ärzte dort geben ihm Medizin.«

»Die Medizin vom weißen Doktor ist nicht stark genug für Njombo.«

»Njombo ist ein Mensch wie jeder andere.«

»Aber es gibt schlechte Männer, Hexer...« Kamau sah aus, als sei ihm plötzlich kalt geworden, und er neigte sich wie gegen den Wind. »Njombo war blöde, daß er Sammys Sohn Unglück gebracht hat.«

»Sammys Sohn war blöde, weil er die Zündpatrone mit einem Stein bearbeitet hat.«

»Es hat nur ihn verletzt und niemand anders. Leute haben gesehen, wie Njombo den Stein ausgegraben und ihm gegeben hat... Aber das sind schlechte Dinge. Wenn der *Bwana* nach Nairobi geht, werde ich ihn bitten, daß er mir eine Uhr mitbringt.«

Kamau interessierte sich mehr als die ürigen *Kikuju* für das, was wir taten, trugen und besaßen, und wollte es uns gleichtun; Robin dagegen hielt ihn für einen Dieb. Übrigens weigerte sich Kamau nach diesem Gespräch, noch ein Wort über Njombo zu sagen, und von da an wurde sein Name nicht mehr erwähnt. Es war, als ob Njombo bereits tot und vergessen wäre. Man konnte sehr genau erkennen, daß die *Kikuju*, wenn einer von ihnen gestorben war, diese Lücke sofort schlossen, und daß niemand mehr den Namen erwähnte, wie ein Riß, der schnell geflickt wird, damit das Kleid wieder ganz aussieht und benützt werden kann wie zuvor.

Und dann kam Njombo eines Tages zurück, die Beine dünn wie Holzstecken, sehr zerbrechlich und gebeugt wie ein krankes Huhn. Es war ein Wunder, daß er es zu Fuß von Thika bis zu uns geschafft hatte. Seine Haut sah grau aus. Er hatte einen Zettel bei sich, auf dem stand: ›Ich kann nichts mehr tun für diesen Mann. Er ist eigentlich gesund, aber er hat sich offenbar entschlossen, zu sterben.‹

Das war ein schwerer Schlag, nicht nur für Tillys und Robins Hoffnung auf eine Genesung Njombos, sondern auch für ihren Glauben an die Medizin der Europäer, von der sie angenommen hatten, daß sie dem heidnischen Aberglauben und der Toxikologie der Eingeborenen turmhoch überlegen sei. Tilly brachte ihn auf ihre ›Krankenstation‹ und befahl Juma, ihn mit starker Fleischbrühe zu füttern. Aber er hatte keinen Lebenswillen und verschmähte die Bouillon, und kein Mitglied seiner Familie kam, um ihn zu pflegen. Es war traurig, diesen jungen Mann, der so kühn und so fröhlich gewesen war, in einer so beklagenswerten Lage zu sehen, wie eine blühende Pflanze, deren Wurzeln verfaulten und für die es keine Heilung gab.

»Ich verstehe nicht, wieso es irgendein Gift sein soll«, sagte Tilly, »wo er doch keinen Bissen ißt; ich bin sicher, die Krankheit ist in seinem Kopf und nirgendwo anders. Wir müssen ihn davon überzeugen, daß der böse Zauber oder der Fluch oder was auch immer es sein mag, nur in seiner Einbildung besteht, und daß all diese Dinge keine Macht haben, ihm wirklich zu schaden, wenn er selbst sich ihnen widersetzt.«

»Das ist ziemlich schwierig«, bemerkte Robin, »vor allem, da es doch ganz offensichtlich der Fall ist.«

»Aber nur, weil er selbst es glaubt. Es ist tatsächlich eine Frage des Glaubens.«

»Vielleicht könnte die Kirche ihm helfen«, meinte Robin. »Es ist ja gewissermaßen ihr Geschäft, nicht wahr?«

Tilly stimmte ihm in diesem Punkt zu, und daraufhin ritten wir alle hinauf zur italienischen Mission, die ein paar Meilen innerhalb des Reservats lag. Alles dort war vom Einfachsten: eine Kirche aus Lehm und Stroh, eine offene Hütte als Schule und dazu eine Ansammlung von weiteren Hütten. Die Patres waren klein, bärtig, dunkel und stets freundlich, aber sie sprachen kaum Englisch, so daß das Gespräch in Pidgin-Kisuaheli geführt werden mußte. Obwohl sie fromme, gottergebene und schwer arbeitende Männer waren, entgingen sie nicht der Kritik sowohl von seiten der Europäer – die ihnen vorwarfen, auf einem Niveau zu leben, das, wenn überhaupt, kaum höher war als das der Eingeborenen, die afrikanischen Wertbegriffe zu zerstören und eine Weltanschauung zu lehren, die fast ebenso erfüllt war von Aberglauben und Magie wie die heidnischen Riten, die sie gerade zerstören wollten –, als auch von seiten der Afrikaner, die nicht nur allen fremden Lehren, welche nicht den Bräuchen der *Kikuju* entsprachen, zutiefst mißtrauten, sondern auch nicht bereit waren, den Klosterbrüdern einen Teil ihres Landes zuzugestehen. Um die Missionsstation zu erhalten, die nur ganz geringe Gelder von der Mutterkirche erhielt, hatten die Patres Kaffee gepflanzt, und es war für die Eingeborenen nicht leicht zu verstehen, daß dies Männer Gottes waren und sie daher das Recht hatten, ihre Büsche in einem Gebiet zu pflanzen, das die Regierung den *Kikuju* vorbehalten hatte mit dem Versprechen, es keineswegs an die Europäer zu vermitteln.

Die Patres führten uns in ihren Wohnraum, der wenig mehr als einen selbst gezimmerten, rohen Holztisch, ein paar Feldstühle und mehrere Heiligenbilder und Statuetten enthielt, und boten uns Wein an. Tilly versuchte, ihnen unser Problem in ihrem beschränkten Kisuaheli beizubringen, und sie hörten verständnisvoll zu, nickten und lächelten.

»Wir hoffen, daß Sie zu uns kommen und diesen bösen Geist austreiben wie bei den Schweinen von Gadarene«, schloß Tilly.

»Hat der Kranke schon das Wasser Gottes gehabt?« fragte der Sprecher der Missionsbrüder. Tilly war einen Moment lang verwirrt, doch dann wurde ihr klar, daß er sich damit auf die Taufe bezog, wofür das Kisuaheli kein Wort hatte, ebenso, wie es kein Wort für den Heiligen Geist gab, den die

Missionare einfach als den Vogel Gottes bezeichneten, oder für die Jungfrau Maria. Tilly antwortete, daß Njombo nicht getauft sei.

»Dann können wir ihm den bösen Geist nicht austreiben.«

Tilly war verärgert. »Aber predigen Sie nicht, daß das Wort Gottes stärker ist als der Zauber der *Kikuju*?«

»Wenn Gott einen Menschen noch nicht zu sich aufgenommen hat, dann gehört er nicht Gott an, sondern den heidnischen Bräuchen der *Kikuju*. Wenn dagegen das Wasser Gottes auf sein Haupt gekommen ist...«

»Sie wollen doch nicht sagen, daß Sie ihm, nur weil er noch nicht dieses Wasser auf seinem Kopf hatte, nicht helfen können?«

Die Priester schüttelten traurig die Köpfe. Es tue ihnen leid, aber sie blieben dabei: Njombo sei außerhalb ihrer Zuständigkeit. Nur das Schaf, das zur Herde gehöre, könne gerettet werden.

»Na schön, dann müßt ihr ihm eben das Wasser Gottes geben.«

Die Patres gestikulierten und stießen laute Rufe aus. »Erst muß er das Verlangen nach dem Wasser empfinden. Er muß lernen und verstehen. Vielleicht in einem Monat...«

»Er stirbt in ein paar Tagen.«

Sie zuckten bedauernd mit den Schultern und lächelten. Einer von ihnen stocherte nachdenklich in seinen Zähnen. Auf ihren Köpfen trugen sie seltsame, weiße Tropenhelme, ganz rund und mit einer flachen Hutkrone, und ihre Füße steckten in schwarzen Stiefeln aus faltigem, gesprungenem Leder, deren Spitzen nach oben gebogen waren zum Himmel, dem sie dienten.

»Das ist lächerlich«, beschwerte sich Tilly auf Englisch. »Sie wollen Njombos Leben nicht retten, weil er nicht getauft ist, und sie wollen ihn nicht taufen, weil er stirbt. Wenn das ihre Vorstellung vom Christentum ist...«

»Ich verstehe ihr Argument«, sagte Robin. »Wenn

Njombo nicht wirklich an ihre Art von Magie glaubt, können sie ihn nicht retten. Und er ist viel zu krank, um nun noch die Lehren des Christentums in sich aufnehmen zu können.«

Tilly war sehr erregt und frustriert und hatte danach nicht mehr viel für die kleinen italienischen Patres übrig. Alle Quellen unserer Zivilisation waren machtlos gegen das Wort irgendeines obskuren, unwissenden, heidnischen Zauberers mit seinen Bohnen, Knochen und Pulvern. Sie empfand es als eine ganz persönliche Schmach, vor allem, weil Njombo ja sozusagen zu uns gehörte. Er stand unter unserem Schutz, und wir hatten versagt, als es daran gegangen war, unseren Teil der Verpflichtungen zu erfüllen; das lag ihr im Magen.

Bei unserer Rückkehr wartete Alec auf uns, und wir berieten uns mit ihm. Er kam gut mit den *Kikuju* zurecht und wußte, vermutlich weil er Junggeselle war und niemanden außer den Eingeborenen zum Sprechen hatte, weit besser als unsere anderen Nachbarn, was da vor sich ging. Außer seinem Eingeborenennamen *Bado Kwisha* hatte er einen zweiten Namen, den er nicht erfahren sollte: die *Kikuju* nannten ihn den *Bwana Mistkäfer*, was nicht unbedingt schmeichelhaft klang, aber nicht unfreundlich gemeint war. Alec glaubte, es sei ein Attribut seiner Beständigkeit, denn es gibt nichts Beständigeres und Geduldigeres als einen Mistkäfer, der seinen kleinen Ball aus Dung mit unendlicher Sorgfalt und Entschlossenheit über mühsamste Pfade rollt; aber Njombo hatte mir einmal verraten, daß das nicht der Grund war, weshalb er den Namen erhalten hatte. Er erklärte mir, wenn Alec auf einem Pony sitze – er war ein recht ungeschickter Reiter –, sehe er so aus, als schiebe er das Pferd vor sich her, und außerdem bewege er die Beine wie das Insekt, von dem er den Namen hatte. Ich versuchte vergebens, irgendeine Ähnlichkeit zu erkennen, weil der Mistkäfer einen so dicken Panzer hatte und Spindelbeine, obwohl ich natürlich sah, daß Alec in wenig attraktiver Weise sein Pony vorwärtstrieb.

»Es gibt nur einen einzigen Mann, der Njombo retten kann«, erklärte Alec, »und das ist Sammy; er hat ihn mit dem Zauber belegt, weil er glaubt, Njombos Zauber hätte seinem Sohn so geschadet, und nur er kann ihn wieder von ihm nehmen.«

Das hört sich ja an, als wäre es ein Regenmantel«, protestierte Robin. »Sammy hört in dem Punkt nicht auf mich.«

»Nun, dann müssen wir sehen, was seine Achillesferse ist. Und die ist nicht schwer zu finden bei einem *Massai*.«

»Sie meinen sein Vieh.«

»Natürlich. Wenn Sie die Herde einkreisen und ihm drohen, daß Sie allen die Kehlen durchschneiden, falls Njombo sich nicht erholt, oder daß Sie die Rinder Njombos Vater übergeben, dann, glaube ich, wird Sammy sehr schnell bereit sein, die Heilung in die Wege zu leiten.«

Robin versuchte es, jedoch ohne Erfolg. Sein Problem lag darin, daß er selbst nicht vor seiner Autorität überzeugt war. Ein kleiner Wurm nagte stets in seinem Unterbewußtsein: Was kann ich tun, wenn er sich weigert? Wie kann ich ihn dazu bringen, daß er mir gehorcht? Um den Wurm zu zerquetschen, gab er sich eine sehr ernste Haltung und sprach abgehackt wie ein Sergeant beim Exerzieren. Das paßte überhaupt nicht zu seiner Art, denn Robin war in der Regel gütig und ein wenig verträumt. Es war ungewöhnlich, die Veränderung zu beobachten; wie eine Münze, die man in die Luft wirft, konnte er zwei völlig verschiedene Seiten seines Wesens zeigen, und doch waren beide ein- und dieselbe.

Er ließ Sammy in sein Büro kommen, schlug mit der Handfläche auf den Tisch und sagte:

»Sammy, du bist der Vorarbeiter, und du hast einen Streit mit Njombo gehabt, was sehr schlimm ist. Du benimmst dich nicht wie ein Mensch, der lesen kann, sondern wie ein Wilder. Begreifst du denn nicht, daß diese *Kikuju*-Bräuche schlecht und außerdem altmodisch sind? Wenn Njombo stirbt, bist du ein Mörder.«

»Ich verstehe nicht, was Ihr sagt«, erwiderte Sammy stur.

»Du wirst es sehr schnell verstehen, wenn ich dein Vieh zusammentreibe und es Stück für Stück erschieße. Und genau das werde ich tun, Sammy. Wenn du bis morgen abend diesen Fluch, diesen Zauber nicht rückgängig gemacht hast, das heißt, wenn Njombo keine Anzeichen einer Besserung erkennen läßt, dann wird genau das geschehen. Jedes einzelne von deinen Rindern wird dann getötet.«

Sammy schaute ihn düster an wie ein schwarzer Berg, und seine Augen rollten, aber er sagte nichts. Obwohl er sehr wütend wurde, konnten Robins Drohungen ihn nicht überzeugen.

»Sehr gut: Entweder, du sorgst dafür, daß es Njombo besser geht, oder dein Vieh ist tot. Und zwar Stück für Stück. Mehr habe ich dir nicht zu sagen.«

Robin wußte, daß Sammy, wenn er die Möglichkeit dazu hätte, sein Vieh zu einem Freund im Reservat zaubern würde, also hatte er es in den von Dornengestrüpp gesicherten *Boma* treiben und bewachen lassen, wo auch unsere Ochsen die Nacht verbrachten.

»Und was soll ich tun, wenn Sammy Njombo nun nicht entzaubert?« fragte Robin. »Ich kann doch nicht sechzehn Rinder töten, so daß ich danach den Distriktsverwalter am Hals habe? Ich bin sicher, das ist alles höchst ungesetzlich.«

»Auch das Verwünschen und Verzaubern von Menschen ist ungesetzlich; du könntest Sammy dafür anzeigen.«

»O ja, anzeigen! Ich nehme an, die Chancen, in einem Hexenprozeß zu einer Verurteilung des Hexers zu kommen, sind so groß, wie die eines Maultiers, ein Derby zu gewinnen.«

Tilly ließ mich nicht zu Njombo, der jetzt wieder, wie sie berichtete, bewegungslos in seiner dunklen Hütte lag und dabei allmählich verblich wie eine alte Photographie. Seine Rippen standen hervor, sein Puls war sehr schwach, und er schien kaum noch zu atmen. »Er begeht Selbstmord allein durch seine Willenskraft«, sagte sie. Die Hütte, in der er lag, gewann einen geheimnisvollen und düsteren Charakter, als sei sie abgesondert und von bedrohlichen Mächten in Besitz genommen. Ich wurde immer nervös, wenn ich in ihre Nähe kam, und erwartete, daß irgendein schwarzes Wesen an der Tür hockte oder daß gespenstische Erscheinungen durch das Dach hinein und herausflitzten. Die Hütte sah selbst schon wie tot aus ohne den leichten, bläulichen Rauch, der stets über den anderen Hütten hing, die noch von Leben und Menschen erfüllt waren.

15

Im Laufe des Tages wurde allen klar, daß nichts geschehen würde, um Njombo zu ›enthexen‹, und daß unser Bluff fehlgeschlagen war. Robin nahm sein Gewehr aus dem Schrank und ließ es als deutlichen Hinweis offen liegen.

»Ein Haufen toter Rinder rettet Njombo auch nicht«, bemerkte Tilly. »Ich finde, einer von uns sollte mit Kupanya sprechen. Njombo ist schließlich mit ihm verwandt, und der hat zweifellos einen bedeutenden Einfluß.«

»Aber Sammy hat seine Tochter geheiratet«, bemerkte Robin dazu. »Damit hat der ganze Ärger angefangen.«

»Wenn Njombo stirbt, können wir den Mordfall, wie er sich wirklich ereignet hat, dem Verwalter mitteilen und dadurch Kupanya bei der Regierung in ein schlechtes Licht setzen. Wir können zumindest damit drohen.«

Robin wollte die Farm nicht verlassen, solange so viel Spannung in der Luft lag, also bot sich Hereward an, Tilly zu begleiten, und ich durfte ebenfalls mitkommen. Wir machten uns in der Nachmittagshitze auf den roten Pfad zu Kupanya, Hereward untadelig und aufrecht in fabelhaft geschnittenen Breeches und auf Hochglanz polierten Stiefeln, auf einem gut genährten, lebhaften Polo-Pony; ich selbst dahinter auf Moyale, der inzwischen ziemlich fett und eigensinnig geworden war, die Ohren nach hinten legte und den Kopf schüttelte, wenn ich versuchte, ihn durch leichtes Trommeln gegen die Rippen zu einer schnelleren Gangart zu bewegen.

Hereward gab freimütig seine Meinung zum Besten, was unsere Probleme betraf. »Wenn ich das mal so sagen darf, Robin ist einfach zu nachsichtig mit diesen Kerlen. Ich würde diesem Sammy fünfundzwanzig Hiebe geben, und das wäre das Ende aller Schwierigkeiten.«

»Es wäre auch das Ende von Njombo«, bemerkte Tilly.

»Das ist nichts als Unsinn, wenn Sie mich fragen. Er ist vergiftet worden, das ist es. Sie können diesen Njombo nicht Tag und Nacht bewachen, Sie wissen nicht, wer sich hineinschleicht und ihm irgendein verheerendes Gebräu einflößt. Meine Güte, was machen Sie sich für Mühe mit Ihren Boys! Nicht jede Frau wäre bereit, Ihre Pflichten zu übernehmen. Robin ist ein glücklicher Mann.«

Tilly errötete, murmelte etwas darüber, daß Robin ohnehin genügend am Hals habe, und trieb ihr Pony so an, daß es in schnelleren Trab verfiel und Hereward hinter ihr blieb. Es war die Tageszeit, wo die Hitze sich wie eine Glocke auf die Erde senkt und einem alle Energie auspreßt, wo die Menschen sich müßig in den Schatten legen wie die Forellen, die sich Nase an Nase im Bachbett drängen, und wo selbst die Tauben kaum noch das Bedürfnis spüren, die Umwelt durch ihr Gurren auf sich aufmerksam zu machen. Frauen saßen mit ausgestreckten Beinen unter den Büschen, hatten die *Pangas* neben sich auf die Erde gelegt und säugten ihre Kinder. Selbst die Fliegen waren ein bißchen benommen und ließen sich immer und immer wieder auf den Köpfen der Ponys und auf unseren Armen und Händen nieder, wobei sie sich nicht weiter davon stören ließen, daß wir beständig nach ihnen schlugen. Regen braute sich zusammen; die Luft war feucht und stickig, und die fernen Höhenrücken sahen so klar und scharf aus wie Scherenschnitte.

Kupanyas Hütten waren verlassen bis auf ein paar nackte

Kinder und ein altes Weib, dessen Gesicht so zerknittert war wie die Schale einer Walnuß, und das mit verkrümmten Fingern einen Kornsack zu flicken versuchte. Man hatte das Gefühl, daß sie einen anschaute, aber als Hereward ihr etwas zurief, erhielt er keine Antwort.

»Hätte ein Jagdhorn mitbringen sollen«, sagte er. »Das würde sie herausholen.«

Ein Kind huschte von Hütte zu Hütte, eine Frau streckte den Kopf aus einer Tür und zog ihn wieder zurück; man fühlte, wie allmählich alles wieder zum Leben erwachte. Zuletzt, nach einer noch längeren Pause, trat Kupanya selbst so zögernd aus einer der Hütten wie ein fest sitzender Kork, den man aus einer Flasche zieht. Er schaute uns mit glasigen Augen an und hatte nur eine Decke umgeschlagen, die er sich jetzt über eine Schulter drapierte. Wenn er uns erwartete, kleidete er sich in seinen *Kaross* aus Affenfell und sah darin beeindruckend aus. So dagegen wirkte er zwar auch beeindruckend, aber auf andere Weise: kräftig, mit Muskeln bepackt und agil; seine gesunde Haut glänzte wie der Lauf eines gut gepflegten Gewehrs. Man glaubte ihm ohne weiteres, daß er noch vor kurzem *Massai*-Krieger erschlagen und Vieh geplündert hatte; man sah geradezu, wie er seinen buntbemalten Körper im Tanz bewegte, mit Rasseln an den Knöcheln und Federn in seinem zu Zöpfen gebundenem Haar.

Hereward erklärte ihm den Grund unseres Besuchs mit lauter, bellender Stimme, als ob er bei einer Parade die Befehle austeilte. Der Häuptling hörte mit müdem Nachmittagsgesicht zu und antwortete dann: »Njombo? Ich kenne den Mann nicht.«

»Lügen Sie mich nicht an. Er ist einer Ihrer Verwandten.«

»Wenn er mein Land verlassen hat, um für die Europäer zu arbeiten, gehört er nicht mehr zu mir, sondern zu ihnen.«

»Ob er zu Ihnen oder zu uns gehört, tut jetzt nichts zur Sache«, erklärte Tilly. »Hören Sie mir lieber zu. Jemand versucht, Njombo mit dem Zauber eines Medizinmannes zu töten. Wenn das nicht sofort aufhört, und zwar noch heute oder spätestens bis morgen früh, werden wir dem Distriktverwalter mitteilen, daß Sie es geduldet haben. Dann wird der Verwalter seine *Askaris* schicken, und die werden Sie festnehmen. Er wird Sie ins Gefängnis schicken und Ihnen eine Strafe aufbrummen, die Sie Hunderte von Ziegen kostet; außerdem wird er Ihnen den Häuptlingsstab wegnehmen und einem anderen Mann geben. Das ist die Wahrheit. Und ich wiederhole noch einmal unsere Warnung. Wenn der Zauber nicht bis morgen mittag von Njombo gewichen ist, weiß der Distriktverwalter spätestens bei Sonnenuntergang, was hier geschieht.«

Kupanya stand eine Weile schweigend da und hatte die Augen auf den Boden gerichtet, mit einem Ausdruck, der so dunkel war wie die Wolken des Gewitters, das am Horizont hochstieg. Die Luft war ohne Bewegung, die Fliegen klebten an allem, was lebte, und als sich eine Ziege über den Hof bewegte, bleiben die kleinen, roten Staubwölkchen noch kurz in der Luft, bevor sie zur Erde sanken wie Distelwolle.

»Ich verstehe diese Worte nicht«, sagte Kupanya zuletzt. »Das alles hat nichts mit mir zu tun. Wenn der Distriktverwalter kommen will – ich bin jederzeit bereit, ihn zu empfangen.«

»Der Distriktverwalter wird nicht kommen«, erwiderte Tilly. »Er wird *Askaris* schicken, und die werden Sie zu ihm bringen, mit Fesseln an den Händen. Haben Sie nicht gehört, daß der Gouverneur streng jede weitere Ausübung von bösem Zauber verboten hat? Also müssen Sie der Sache jetzt ein Ende machen. Sie haben Zeit bis morgen mittag; wenn Njombo bis dahin gestorben ist, wird der Verwalter erfahren, daß Sie ihn ermordet haben.«

Mit diesem letzten Schuß sprang Tilly auf ihr Pony, und wir ritten davon, ohne auf Kupanyas Proteste oder sein weiteres Leugnen zu warten.

»Das haben Sie fabelhaft gemacht!« sagte Hereward voll

Begeisterung. »Bei Gott, ich möchte nicht an Ihre spitze Zunge stoßen.«

»Ich hoffe nur, er nimmt uns nicht beim Wort mit unserem Bluff«, erwiderte Tilly rasch, denn sie mochte keine Komplimente und war obendrein nicht einmal sicher, ob dies eines war. »Wenn wir ihm wirklich den Verwalter schicken, würde dieser wahrscheinlich gar nichts unternehmen, jedenfalls nicht in den nächsten paar Wochen.«

»Sie haben den Häuptling nervös gemacht, meine Liebe, das war deutlich zu sehen.«

»Beeilen wir uns lieber; es kommt ein Gewitter.«

Es war unglaublich, wie schnell sich eine riesige schwarze Wolke über uns bildete, die den ganzen Himmel ausfüllte. Die Luft wurde schwarz und düster, die Bergrücken duckten sich unter einem fahlen, bleiernen Licht, als warteten sie auf den jüngsten Tag, an dem sich die Erde öffnet und ihre Toten ausspeit. Ein kalter Wind schüttelte die Bäume wie eine gefährliche Kavalkade wilder Reiter, und dann erhellte ein Blitz die ganze Szenerie mit unwirklichem, weißem Licht, als hätte sich ein Spalt in der Oberfläche der Wirklichkeit geöffnet und den Blick freigegeben auf eine Unterwelt voll geheimer Teufel und drohendem Verderben. Die Bäume beugten sich jetzt vor dem Ansturm, als wollten sie ihre Zweige in den Boden versenken.

Der Donner, der dem Blitz folgte, brachte unsere Ponys zum Stehen, die Tiere zitterten am ganzen Körper. Wir glitten auf den Boden und klammerten uns an ihr Zaumzeug. Dic ganze Luft war elektrisiert, explosiv und schwarz. Riesige Regentropfen prasselten herunter, kalt wie Eis und von einer geradezu persönlichen Bösartigkeit, als wollten sie uns die Kleider vom Leib reißen; die Tropfen platschten auf unsere Füße, und im nächsten Moment blendete uns wieder ein Blitz, und alles war für ein paar Momente lang unsichtbar und doch erfüllt von schmerzender Helligkeit.

»Die Bananen«, brüllte Hereward und begann mit dem Pony an seiner Seite darauf zuzurennen. Wir waren in der

Nähe eines Wasserlaufs zwischen zwei Höhenrücken, und daneben wuchsen Bananenstauden mit ihren gebeugten Wedeln, die sich über das Wasser neigten. Als wir die Bananenstauden erreicht hatten, brach der Sturm erst richtig los. Die Luft um uns tobte, als ob sich ein wildes, riesiges Monstrum auf die Erde gesenkt hätte und nun versuchte, sie mit Zähnen und Klauen zu zerfetzen. Die Bananenwedel boten keinen Schutz; sie wurden hin und her gerissen wie zerfetzte Lappen. Wir drückten uns aneinander, zusammen mit den zitternden Ponys, und waren in wenigen Sekunden durch und durch naß. Es war entsetzlich und erschreckend, aber auch großartig und beeindruckend, diese wütende Wand aus eiskaltem Wasser zu erleben, die uns fortzuspülen drohte, eine graue Mauer, die uns die Sicht nahm, und das Brüllen des Sturms, das Krachen des Donners, das Zittern seiner Erschütterungen und die Blitze, die den Himmel spalteten. Es war alles so zielbewußt, ein Zorn, der einem nicht mutwillig erschien – aber gegen wen richtete er sich? Nicht gegen uns, die wir uns am Rand des Wasserlaufs aneinanderkauerten – wir waren so klein und unbedeutend, aber es war schwer, nicht wie die *Kikuju* zu glauben, daß Gott selbst erzürnt war und in diesem Gewittersturm raste, und daß die Blitze das Funkeln seines Schwerts waren, das er gegen die Bösen schwang, die ihn so in Zorn gebracht hatten.

Der Gewittersturm rollte durch das Tal, durchnäßte und kühlte uns, doch als er vorüber war, fühlten wir uns belebt, erfrischt und dankbar. Noch immer dröhnte der Donner, aber der Sturm hatte schon nachgelassen, und die Wasserwand wurde dünner, wurde zu einzelnen, letzten Tropfen. Die Ponys bewegten wieder die Köpfe und stampften in dem dicken, schokoladenbraunen Schlamm.

»Das war knapp«, sagte Hereward mit seltsam steifer Stimme. »Ich möchte nicht noch einmal einen Blitz aus dieser Nähe sehen. Haben Sie es gut überstanden, Tilly?«

»Das sehen Sie ja«, antwortete Tilly mürrisch und zeigte damit, wie erschrocken sie sein mußte.

»Ich hätte mir nie verziehen, wenn Ihnen etwas zugestoßen wäre.«

»Es wäre wohl kaum Ihre Schuld gewesen, Hereward. Und es wäre dann ja uns allen zugestoßen.«

»Nun, es gibt ein schlimmeres Ende. Manchmal denke ich, es wäre der beste Ausweg für mich.«

»Was für ein Unsinn!« rief Tilly und versuchte, das Zaumzeug ihres Ponys zu lockern. »Wozu sollten Sie einen Ausweg suchen? Sie haben doch alles, was Sie sich wünschen können.«

»Es freut mich, diesen Eindruck zu erwecken.« Herewards Stimme klang alles andere als froh, sondern eher beleidigt, obwohl er offenbar bereit war, Nachsicht zu üben. »Ich glaube, die meisten Männer würden die Zuneigung ihrer Frauen zu den Dingen zählen, die sie sich wünschen.«

»Wollen Sie mir damit sagen, daß Lettice...«

»Ich bin vielleicht ein Trottel von Soldat, aber ich bin nicht blind.«

»Ach, kommen Sie, Hereward... Helfen Sie mir lieber mit diesem Gurt hier.«

Hereward, dessen Schnurrbarthaare sich sträubten, kam eifrig ihrer Bitte nach und ließ eine Hand über Tillys Finger gleiten, als er nach dem nassen Leder griff und es aus der Schale löste.

»Genug gesagt, meine Liebe. Ich glaube, wir verstehen uns. Sie sind eine sehr mutige Frau, wissen Sie.«

»Ich bin momentan eine sehr nasse Frau. Und ich brauche dringend einen Schluck Tee.«

Es war kein angenehmer Ritt zurück nach Hause. Der kalte, rutschige Sattel schabte an meinem Hintern, alles klebte mir am Körper, und der arme Moyale rutschte, taumelte und stolperte die Hügel hinauf und hinunter, die jetzt von kleinen, roten Rinnsalen durchzogen wurden. Das Gewitter hatte einen Himmel voller Sturmwolken zurückgelassen, durch die schon bald eine rote, wilde Sonne schien, die Nebelschwaden aus der durchnäßten Erde aufsteigen ließ.

Der Sturm hatte die Farm überflutet, und in einen Feigenbaum am Hang hatte der Blitz eingeschlagen. Robin meinte, er habe gefühlt, wie der Blitz einschlug, es sei wie der Auftritt des Dämonenkönigs in einer besonders reich ausgestatteten Pantomime gewesen.

Hereward ritt schnell zurück zu Lettice, die sich, wie er sagte, vor Gewittern furchtbar ängstigte und sich mit ihren Pekinesen in einem Schrank oder unter der Bettdecke versteckte.

»Armer Hereward«, seufzte Tilly. »Er ist vollkommen absurd, aber ich kann nicht anders, er tut mir einfach leid.«

»Ein aufgeblasenes Arschloch«, kommentierte Robin. Er redete nicht oft Schlechtes über andere, aber seine Begeisterung für Hereward war deutlicher Ernüchterung gewichen, vor allem, weil er fand, daß sich Hereward den anderen gegenüber herablassend gab. »Ich kann mir wirklich nicht vorstellen, wieso Lettice mit ihm durchgebrannt ist.«

»Er ist auf seine Weise recht attraktiv, wenn auch bei weitem nicht so attraktiv wie ...« Tilly sah, daß ich neben ihnen stand, und fügte hinzu: »Geh jetzt, zieh deine nassen Sachen aus; dann stecke ich dich in die heiße Wanne.«

Wenn ich ein *Kikuju* wäre, dachte ich, dann müßte ich nie in die heiße Wanne, also hatten sie es auch nicht nötig, warm zu werden und eine Erkältung zu unterdrücken; andererseits hatten sie ihre Haut geölt, so daß das Wasser besser an ihnen ablief, wie zum Beispiel bei einem Vogel oder bei Zwinker, deren dickes Fell ihre Haut so warm und trocken hielt, als ob es gar nicht geregnet hätte.

Der Regen hatte die *Siafu* gebracht. Diese ekelhaften schwarzen Prozessionen gnadenloser Insekten ergossen sich zwischen den Schlammbänken durch den Garten, über die Veranda und durch die Küche. Die *Kikuju* streuten heiße Asche um das Haus und um ihre Hütten und lenkten die widerlichen Armeen auf diese Weise ab; außerdem stellten wir die Füße unserer Betten in Blechdosen, die mit Wasser gefüllt waren. Das war das einzige, womit man die *Siafu* abwehren könnte: mit Asche und mit Wasser. Tilly nahm die Hunde an die Leine, wenn sie sie mit nach draußen nahm, denn wenn einer von ihnen in eine solche Straße von Insekten trat, würde er halb geblendet herumspringen und von den Millionen von Ameisen überwältigt werden; schon mancher Hund war auf diese Weise ums Leben gekommen.

Von allem Unangenehmen auf dieser Welt fürchtete ich am meisten die *Siafu*. Stumm, zielbewußt und in unendlicher Zahl überwältigten sie einen in einem Augenblick, zogen in ganzen Schwärmen in die Nase, ins Haar, in die Augen und töten mit gnadenloser Grausamkeit. Nicht, daß ich jemals von einem Mann oder einer Frau gehört hätte, die durch diese Ameisen getötet worden wären, aber es schien durchaus möglich. Die *Siafu* hatten Rinder und Pferde umgebracht. Und wohin zogen sie, diese Wesen mit ihren chitingepanzerten Körpern, den überentwickelten Kiefern und den giftigen, Schmerz erzeugenden Körpersäften, diese Unermüdlichen, die es immer eilig zu haben schienen, niemals ruhten, sondern weiterzogen in zahllosen, entsetzlichen Millionenheeren, ein niemals endender Strom dichtgedrängter Körper, der tagelang fließen konnte? Woher waren sie gekommen, welche Macht trieb sie weiter? Hatte eine jede von den Ameisen ein Gehirn, ein Herz, einen Willen? Wenn es so war, wieso handelten dann all diese einzelnen Wesen, diese Abermillionen, gemeinsam, als wären sie ein einziges Wesen mit einem einzigen Herzen, Gehirn und Willen? Das waren Geheimnisse, so tief wie das Universum, Geheimnisse, die niemand lösen konnte.

Und was war mit Njombo, der allein in seiner dunklen Hütte lag, bewußtlos, aber noch atmend? Wenn die *Siafu* über seinen Körper zogen, würden sie ihn abnagen bis auf die Gebeine, wie sie Hühner und Hunde abnagten, alles, was hilflos war und auf ihrem Weg lag. Auch Tilly kam dieser Gedanke, und sie befahl Juma, Asche um die Hütte zu streuen, aber als sie später hinausging, stellte sie fest, daß nichts geschehen war.

»Die Asche ist aus«, sagte Juma mürrisch.

»Gut, dann mußt du Njombo hierhertragen und auf die Veranda legen, wo er sicher ist vor den Ameisen.«

Juma wich zurück, murmelte etwas und verschwand in die Küche. Als Tilly eine halbe Stunde später nachschaute, war Asche rings um die dunkle, stille Hütte ausgestreut worden.

Obwohl geschützt durch die Konservendosen mit Wasser, ging ich beunruhigt zu Bett und fürchtete, daß trotz aller Vorsichtsmaßnahmen diese beißenden Armeen einen Weg fanden, durch unsere Abwehr zu brechen. Ich stellte mir bei jedem Rascheln der schilfverkleideten Wände vor, daß eine Invasion stattgefunden habe und daß die Ameisen jetzt an der Decke entlangzogen, ehe sie sich auf mein Bett fallen ließen. Tilly erlaubte mir, die Safarilampe auf kleiner Flamme brennen zu lassen, aber das machte es nur noch schlimmer, weil ich in den Schatten, welche die Lampe warf, die Umrisse des Feindes zu sehen glaubte, die sich an der Wand entlang bewegten. In der Nacht regnete es heftig ohne weitere Gewitter, und ich hoffte, das Wasser würde die Ameisen ertränken oder zumindest verscheuchen.

Abgesehen vom Regen war die Nacht sehr ruhig, aber einmal wachte ich auf und hörte das unheimliche Heulen einer Hyäne, das einem immer durch die Knochen fuhr, nicht weit vom Haus entfernt. Es hieß, daß Hyänen feige seien, aber in ihrem nächtlichen Geheul lag etwas Wissendes, Schlaues, als wollten sie sagen: Eines Tages bist auch du dran, und dein Fleisch wird verrotten wie das aller Menschen; auch du wirst dich einreihen in die Legion der Gesichtslosen, der in Auflösung Begriffenen. Die Hyäne wartete zweifellos auf Njombo, und vielleicht zerrten sie schon an seinen Armen und Beinen, während ich im Bett lag, so daß es bald keinen Njombo mehr geben würde, nichts, was zeigte, daß er je gelebt, gelacht, existiert hatte, und daß alles, was Mensch an ihm gewesen war, in ein paar Augenblicken der Befriedigung für diese breitschultrigen Schatten der Nacht ein Ende gefunden hatte.

Ich erwachte wie immer durch das hohe, metallische Klirren von Eisen auf Eisen – eine große Stange, auf die mit einem dünneren Eisenstab gehämmert wurde –, das die Schwarzen täglich zur Arbeit rief. An einem so milden, goldenen Morgen, wo die Vögel zwitscherten, kamen einem die Ängste der Nacht albern vor; die *Siafu* waren verschwunden, die Tauben gurrten, Zwinker glänzte wie eine Königin, das Fell naß vom Tau, und zupfte wählerisch an den Blättern eines Buschs, der kleine Kaskaden von Wasser auf ihre Nase goß. Die *Kikuju* grüßten uns und ihre Leute mit Lächeln, und niemand dachte daran, daß es so etwas wie Angst und Schmerzen geben konnte. Dennoch lag Njombo wie zuvor in der dunklen Hütte, noch am Leben, wie Tilly berichtete, aber nur gerade noch; seine Arme und Beine waren so mager und zerbrechlich, daß man sich fragte, ob überhaupt noch Blut in ihnen war. Sie hatte ihn aufgestützt und ihm etwas einzuflößen versucht, aber er schien zu schwach zu sein zum Schlucken.

»Also heute oder nie«, sagte sie. Dann befahl sie dem Stallknecht, der seine Stelle einnahm, ein Maultier zu satteln und sich vorzubereiten, um gegen Mittag mit einer Botschaft für den Distriktverwalter loszureiten, in der Hoffnung, das würde Kupanyas Spione davon überzeugen, daß wir es ernst meinten mit unserer Drohung.

»Und was geschieht«, fragte Robin, »wenn Sammy und Kupanya nicht darauf reagieren?«

»Dann müssen wir Njombo in den Maultier-Buggy setzen und ihn nach Fort Hall bringen, tot oder lebendig. Auf diese Weise erzwingen wir einen Prozeß und bringen Kupanya in Schwierigkeiten, auch wenn wir damit Njombos Leben nicht mehr retten können.«

Das Seltsamste von allem war, daß keiner von Njombos Verwandten aufgetaucht war, um sich um ihn zu kümmern.

Ein *Kikuju* ist normalerweise eingebettet in seine Familie wie Erz im Gestein oder ein Zahn im Kiefer: ein organischer Teil der Familie, der keine eigene Existenz führen könnte. Doch in diesem Fall ließen sie ihn im Stich, allein und verlassen in der Obhut nicht nur von Fremden, sondern von Wesen aus einer anderen Welt. Als ich später am Vormittag Kamau sah, fragte ich, warum keiner von Njombos Familie kam, um ihn zu pflegen.

»Sie haben Angst«, antwortete er.

»Angst wovor?«

Kamau schaute mich von der Seite an. »Angst... Vor seiner Krankheit.«

»Meine Mutter hat aber keine Angst.«

»Es ist eine Krankheit, die den Europäern nichts anhaben kann... Da ist ein Mann, der ein paar kleine Stachelschweine zu verkaufen hat. Möchtest du welche haben?«

»Wird Njombo sterben?«

Kamau schaute mich aufgeregt an. »Tz, tz, das geht mich nichts an, und es ist nichts für Kinder... Es sind zwei Stachelschweine, ungefähr so groß.« Er deutete es mit den Händen an.

»Wo ist Sammy hingegangen?«

»Kupanya hat nach ihm geschickt.«

»Dann bringt er vielleicht Medizin für Njombo?«

»Sammy kann ihm keine Medizin geben. Aber da ist ein Mann...«

»So etwas wie ein Doktor?«

»Es ist schlecht, über solche Dinge zu reden. Stimmt es, daß in England die Rinder groß wie Elefanten sind, und daß es Männer gibt, die nicht rot und nicht schwarz, sondern blau sind?«

Kamau interessierte sich sehr für England, und manchmal gaben wir ihm alte Illustrierten zum Ansehen. Er hatte den König und die Königin an die Wand des Büros geklebt, dazu einige andere Bilder aus der *Illustrated London News*, einschließlich eines verkehrt aufgehängten Photos aus einem

Bericht über die Marine. Da er nie zuvor das Meer gesehen hatte und erst kürzlich zum erstenmal davon hörte, war es nicht leicht für uns, ihm ein Schlachtschiff oder auch nur irgendein Wasserfahrzeug zu schildern. »Es ist wie ein Wagen auf dem Wasser«, war noch das beste, was uns zur Erklärung einfiel.

Nach dem Frühstück ging Robin wie immer hinaus auf die Plantage, Tilly machte sich an die Arbeit in Lager und Büro, und ich zeichnete einen Tiger mit scharfen, großen Zähnen, der von einem prähistorischen Menschen gejagt wurde; momentan befaßte sich mein Geschichtsunterricht nach dem amerikanischen Bürgerkrieg mit dem Pleistozän, was ich dem Eintreffen eines Buches über die Frühgeschichte des Menschen zu verdanken hatte.

Tilly kam zu Mittag ins Haus zurück und gab Juma den Auftrag, Fleischsuppe zuzubereiten. Sie wirkte wütend und ernst und bemerkte nach einem Blick auf das Buch über die Frühgeschichte des Menschen: »All diese Jahrhunderte, und fast gar nichts hat sich geändert – außer, daß wir nicht mehr so haarig sind, natürlich, doch das ist eigentlich eher eine oberflächliche Veränderung. Wenn die Kaffeernte etwas eingebracht hat, müssen wir dir ein Klavier besorgen. Lettice kann dir Stunden geben – möchtest du Klavierspielen lernen?«

»O ja, sehr gern«, sagte ich und stellte mir vor, wie meine Hände über die Tasten glitten und herrliche Melodien schufen, so daß mir viele Zuhörer applaudierten.

»Meine Familie war nicht gerade besonders musikalisch«, sagte Tilly nachdenklich, »aber die Highlander müssen Musik in sich haben, wenn es gelingt, sie vom Dudelsack fernzuhalten... Doch ich glaube, das führt momentan zu weit.«

Juma tauchte in der Tür auf, ohne die Bouillon, und sagte: »Es ist vielleicht das Beste, diese Sache noch ein bißchen warten zu lassen, *Mamsabu.*«

»Ich sagte bereits, sobald es Mittag geworden ist...«

»Kupanya ist weit weg, und wenn Sie ein bißchen warten, vielleicht geschieht doch noch etwas...«

»Ich warte bis zwei Uhr«, erklärte Tilly entschlossen. Sie wirkte sofort zuversichtlicher und dachte, daß der Bluff vielleicht doch noch gewirkt hatte. »Es ist, wie wenn man auf dünnem Eis geht«, bemerkte sie. Aber in Wirklichkeit war es, als ob man in der einen Welt lebte und wußte, daß es noch eine andere gab, und daß die zwei sich nie begegneten. Manchmal, wenn Tilly einen Kuchen machte, durfte ich das Eiweiß schlagen; dazu hatten wir ein Gerät mit rotem Griff und einer Kurbel, die man drehen mußte. Dabei drehten sich die zwei Arme des Schneeschlägers völlig unabhängig voneinander und berührten sich nie, so daß vielleicht der eine Arm gar nichts vom anderen wußte – und doch waren beide da und wurden von derselben Kurbel gedreht, und das Eiweiß wurde mit beiden geschlagen. Ich dachte damals nicht daran, aber danach wurde mir klar, daß sich unsere zwei Welten vielleicht genauso nebeneinander drehten.

Robin kam zurück von der Plantage und war wütend auf Sammy, der alles liegengelassen hatte und in unverantwortlicher Weise verschwunden war. Aber beim Lunch hörten wir, daß er zurückgekehrt war, und Robin schickte nach ihm. Statt Sammy kam eine Nachricht, in der es hieß, er würde sich später melden.

»Ich glaube, das ist ein gutes Zeichen«, sagte Tilly, während Robin zu explodieren drohte. »Vielleicht hat Sammy einen Zauberer mitgebracht, der Njombo entzaubern kann, und vielleicht sind sie jetzt schon dabei.«

»Ich glaube, wir haben beide den Verstand verloren«, knurrte Robin. »Wir wissen, daß das alles nichts als Hokuspokus ist, der außerdem noch gegen die Gesetze verstößt, und wir spielen mit, statt das Ganze einfach dem Distriktverwalter zu übergeben, der ihnen schon Vernunft in die harten Schädel prügeln wird.«

Der Nachmittag verging still und ohne bemerkenswerte Ereignisse. Ich hatte irgendeine dramatische Entwicklung erwartet, vielleicht Trommeln oder Gesänge oder das Heulen der bösen Geister oder wenigstens das Meckern einer geopferten Ziege; ich fragte mich schon die ganze Zeit, ob irgendein halb ausgeweidetes Tier mit seinen Todesschmerzen für die Wiederherstellung von Njombos Gesundheit büßen mußte.

Gegen vier kam Sammy an die Tür. Er lächelte nicht wie üblich, sondern senkte den Blick und teilte uns in mürrischem Ton mit: »Kommen Sie, sehen Sie sich Njombo an.«

Zu einer anderen Zeit hätte sein befehlender Ton Tilly verärgert, aber jetzt war sie zu erleichtert und voller Hoffnung, als daß es ihr etwas ausmachte. Sie kehrte nach einer halben Stunde zurück, mit einer Siegesmeldung. Njombo hatte die Augen geöffnet und sogar schon etwas Bouillon und einen Schluck Brandy getrunken. Wie die Säfte des Frühlings hatte sich wieder Leben in sein Blut gemischt.

»Als ich ihn aufsetzte, war er federleicht; seine Knochen schienen kaum etwas zu wiegen«, sagte Tilly. »Er hatte Kalk auf dem Gesicht und den Armen und roch sehr sonderbar. Weiß der Himmel, was da drinnen vor sich gegangen ist, aber was es auch war, ich glaube, es hat Njombo gerettet. Jetzt mußt du Sammy ordentlich die Leviten lesen und ihm sagen, wenn so etwas noch einmal geschieht, kommt er ins Gefängnis.«

»Wir haben keinen Beweis dafür, daß es Sammy war«, bemerkte Robin.

»Wir haben überhaupt keinen Beweis für irgend etwas. Ja, der Beweis selbst ist etwas Exotisches hier wie die arme kleine Eiche, die wir gepflanzt haben. Gott sei Dank, daß es vorbei ist – hoffentlich gibt es keinen Rückfall. Und jetzt will ich meinen Tee.«

Wieviel bildet man sich ein, wieviel beobachtet man wirklich? Man kann nicht das Licht von der Luft getrennt betrachten, nicht die Feuchtigkeit ohne das Wasser. Mir kam es nach dem Tee so vor, als ob sich alles verändert hätte; aus den Hütten der *Kikuju* waren wieder Gesänge zu hören, die Frauen lachten wie gurgelndes Wasser, als sie das Feuerholz nach Hause brachten, der Sturm und das Gewitter vom Tag zuvor waren vorbei und vergessen. Ein paar Jahre später hatten wir einen Papagei im Käfig, zu dem ein grünes Tuch gehörte, mit dem wir den Käfig beim Schlafengehen zudeckten. Wie seltsam muß es gewesen sein für den Papagei, dachte ich, zu erleben, daß aus dem Tag innerhalb einer einzigen Sekunde Nacht wurde. Und nun kam es mir vor, als ob plötzlich ein Tuch von der Farm genommen worden wäre, das lange darübergelegen hatte, und das Tageslicht konnte wieder ungehindert auf uns einströmen.

Am nächsten Tag kam Alec Wilson herüber, voll von Neuigkeiten und Klatsch. Es sei Kupanya gewesen, sagte er, der Njombo gerettet habe. Kupanya habe sich nur wegen des Gewitters eingeschaltet, das unmittelbar nach unserem Besuch hereingebrochen war und ihn davon überzeugte, daß Gott zürnte und nicht wollte, daß Njombo sterben müsse. »Der Distriktverwalter war Kupanya völlig egal«, sagte Alec, »aber vor dem Zorn des Allmächtigen hatte er doch einigen Respekt.«

»Es ist immer gut, Freunde an höchster Stelle zu haben«, bemerkte Tilly.

Der Häuptling hatte nach einem Zauberer geschickt, dem es gelungen war, den Bann zu brechen und Sammy um seine Rache zu bringen. Sammy war wütend, denn er glaubte immer noch, daß Njombo aus Eifersucht und Haß seine junge Frau durch Zauberei getötet und die Explosion verursacht hatte, bei der sein Sohn so schwer verletzt worden war. Und es gab keinen Zweifel, daß Njombos Zeit abgelaufen wäre, wenn sich Kupanya nicht anders entschieden hätte.

»Ich hätte es nicht geglaubt«, sagte Tilly, »wenn ich es nicht mit eigenen Augen gesehen hätte.«

»Ich nehme an, wir Europäer haben solche Dinge bis vor nicht allzu langer Zeit auch geglaubt«, sagte Alec.

»Und viele von uns glauben sie heute noch«, fügte Robin

hinzu. »Eine meiner Kusinen in der Nähe von Argyll hat ein Wachsbild ihres Nachbarn gemacht, eines unangenehmen alten Mannes, der einen Prozeß gegen sie gewonnen hatte, in dem es um die Fischrechte ging. Sie hat Nadeln in das Modell gestochen, und der Mann bekam so starkes Rheuma, daß er ins Ausland mußte, um sich zu kurieren; dann hat er verdorbenen Fisch gegessen und ist an der Vergiftung gestorben.«

»Das Rheuma hätte er vermutlich so und so bekommen, vor allem, wenn er in einem feuchten schottischen Schloß lebte«, bemerkte Alec.

»Er lebte aber in einem ganz trockenen Schloß«, erwiderte Robin. »Und er starb tatsächlich an der Fischvergiftung.«

»Er war über siebzig«, sagte Tilly.

»Kusine Margaret jedenfalls glaubte, daß sie ihn getötet hatte, und das ermutigte sie so sehr, daß sie es auch noch bei seinem Verwalter versuchte, doch der ging danach bald nach Kanada, und sie hat nicht erfahren, ob es auch in diesem Fall geklappt hat.«

Es war bemerkenswert, wie rasch sich Njombo erholte, wenn man bedachte, daß er, wie Tilly sagte, schon so gut wie weg vom Fenster gewesen war und mager aussah wie eine Bohnenstange, als er das erste Mal wieder aus seiner Hütte kam. Er sprach nie mit uns über das, was er erlebt hatte, und wir stellten ihm keine Fragen, aber ich sah in ihm immer einen Mann, der von den Toten auferstanden war.

16

Eines Tages kam Hereward herüber und bat um Robins Hilfe. Das Klavier war auf der Station angekommen, in einer riesigen Kiste, und um es an seinen Bestimmungsort zu bringen, bedarf es der gemeinsamen Anstrengung beider Farmen.

»Wir brauchen zwei Ochsengespanne«, sagte Hereward.

»Ich glaube, zuerst müssen wir ein paar Bäume absägen, damit wir den Weg etwas verbreitern.«

Die eigentliche Operation hatte geradezu militärischen Charakter. An strategisch wichtigen Punkten wurden Männer stationiert, um die Treiber zu dirigieren, andere in Reserve gehalten, vor allem an schwierigen und steilen Stellen, um die Kraft der Ochsen durch Menschenkraft zu verstärken, und außerdem wurden mehrere Leute gebeten, die Straße am Vormittag des Transports freizuhalten. Der größte Gefahrenpunkt war die Überquerung des Flusses mit den ziemlich steilen Ufern zu beiden Seiten. Den Wasserlauf hatte man zwar provisorisch mit Balken überbrückt, aber die waren in den Regenperioden zum Teil weggeschwemmt worden oder untergegangen, und die Böschungen bedeuteten für die Transportmannschaft erhebliche Anstrengungen. Manchmal rollte der Wagen rückwärts, und Hereward fürchtete sein Klavier könnte umkippen und im Wasser landen. Auch seine ausgestopften Tierköpfe kamen mit dieser Sendung, in mehrere Kisten verpackt, doch sie waren ihm kaum der Rede wert, vielleicht, weil er erkannt hatte, daß Tierhörner nach Afrika zu bringen etwas ähnliches war, wie wenn man Gewürznelken nach Sansibar schickte.

Wir ritten alle hinunter nach Thika, um zu sehen, wie die Riesenkiste auf einen Wagen umgeladen wurde. Eine Mannschaft von Arbeitern war dazu engagiert worden, und eine noch größere Zahl von Zuschauern und Neugierigen hatte sich freiwillig versammelt; dazu wieselte der indische Stationsvorsteher aufgeregt hin und her. Hereward, der in seiner Reithose fabelhaft und makellos aussah wie immer, bellte kurze Befehle, auf die keiner achtete, und versuchte, die Kräfte zu ordnen, die jedoch überhaupt nicht auf seinen Schlachtplan hörten.

»Ich frage mich, was die Boys in der Kiste vermuten«, bemerkte Tilly. »Vielleicht ein Haus; sie ist fast so groß wie ihre Hütten.«

Als Njombo, der inzwischen genesen war und uns auf

einem Maultier begleitete, tatsächlich danach fragte, zwangen ihre mangelhaften Sprachkenntnisse Tilly zu der Antwort: »Es ist ein Ding, mit dem man Geräusch machen kann.«

Njombo, aus seiner Ruhe aufgeschreckt, stieß einen lauten Ruf aus und sagte dann: »Das muß aber ein sehr großes Geräusch sein.«

»Nicht groß, aber schön. Man macht es mit den Händen.«

»Aber wer kann das?«

»Memsabu Mrefu.« Herewards offizieller Namen bei den Eingeborenen war *Mrefu*, das hieß ›groß‹; er hatte auch noch einen anderen, und der hieß *Gottesanbeterin*, doch das sagten sie nie, wenn ein Europäer dabei war, weil es für sie eine Beleidigung war, einen Mann mit einem Insekt zu vergleichen, das sogar ein Kind zerdrücken konnte.

»Wie können *Memsabus* Hände so ein großes Ding benützen?« fragte Njombo skeptisch. »Das ist eher etwas für einen Riesen.«

Tilly gab es auf, ihm weitere Erklärungen über das Klavier zu geben, und stellte sich in den Schatten der Wellblechhütte des Stationsvorstehers, um Hereward und Robin zuzusehen, wie sie den Wagen und die Hilfsmannschaft in eine günstige Position brachten. Das Klavier wurde schließlich verkehrtherum auf den Wagen geladen, und das brachte Hereward in Wut, aber er konnte die Kiste nicht mehr umdrehen. Mit großen Riemen festgeschnallt, schwankte sie davon über die holperige Fahrspur, himmelweit entfernt von den Konzertsälen oder Salons, für die es seine Hersteller bestimmt hatten.

»Eine blöde Idee, wirklich«, bemerkte Hereward. »Lettice wollte es unbedingt haben, aber was nützt einem hier draußen ein Klavier?«

»Ich bin sicher, es macht Lettice Spaß, darauf zu spielen.«

»Na schön, wenn es sie glücklich macht, dann ist es wenigstens die Mühe wert. Sie sind hier draußen ihre beste Freundin, Tilly, ich darf Ihnen das sagen. Ich mache mir

Sorgen um Lettice. Manchmal frage ich mich, ob das hier das richtige Leben ist für sie. Sie hat mitunter sehr sonderbare Ideen.«

»Das ist mir bisher nicht aufgefallen«, widersprach Tilly vorsichtig.

»Einmal will sie sich ein Musikzimmer bauen lassen für das Klavier, in der Art eines Rosengartens mit Springbrunnen und italienischen Statuen; tags darauf redet sie davon, wir sollten hier alles verkaufen und in Yorkshire leben, ausgerechnet, und sie wolle ihre Verbindungen spielen lassen, damit ich wieder zurückkönne zu meinem Regiment, was natürlich außerhalb jeder Debatte steht. Jetzt hat sie es sich in den Kopf gesetzt, daß die Eingeborenen versuchen, Chang und Zena zu vergiften; sie hackt ihnen selbst das Fleisch und besteht darauf, mit den kleinen Biestern im Ankleidezimmer zu schlafen und die Türen abzuschließen. Alles nichts als Flausen und Spinnereien, vom einen Extrem ins andere. Ich wollte, Sie würden einmal mit ihr reden, Tilly.«

»Ich würde mir keine allzu großen Sorgen machen, Hereward; vermutlich ist es die Höhe über dem Meeresspiegel, oder es kommt von der senkrechten Sonneneinstrahlung.«

Hereward stieß ein scharfes Bellen aus wie ein Schakal.

»Genau das habe ich ihr auch gesagt, aber nun will sie mit Crawfurd auf diese Safari gehen. Verrückte Idee – für Lettice, meine ich. Natürlich ganz in Ordnung für eine gefestigte, starke Frau wie Sie.«

Tilly schaute ihn an und war wenig begeistert von dem Kompliment. »Es ist vielleicht auch für Lettice gut. Und man sagt, Ian Crawfurd sei ein großartiger Schütze und kenne das Land wie seine Hosentasche.«

»Ein junger Hund, wenn Sie mich fragen. Aber natürlich darf ich nicht erwarten, daß meine Meinung etwas bedeutet.«

Wir hatten den Fluß erreicht, und an der gegenüberliegenden Böschung entstand eine Krise. Vorangetrieben durch ungeheures Gebrüll und Peitschenknallen hatten die Ochsen an Tempo zugelegt, als sie sich dem Ufer näherten, und hätten die Steigung auch geschafft, wenn sich die riesige Kiste nicht unglücklich in den Ästen eines Baums verfangen hätte. Die Ochsen stemmten sich vergebens ins Joch, der Wagen begann rückwärts zu rollen und zog die kleinen Tiere mit sich, Robin, der neben der Mannschaft herritt, bellte »Hü, hü, hü«, so laut er konnte. Jeder nahm den Ruf auf; er echote rings um das Flußtal wie ein Schlachtruf, während sich der Wagen wieder nach vorn bewegte, die Ochsen sich mit den Hufen in den weichen Boden stemmten und mehrere Männer sich in die Speichen des Wagens hängten. Zwei von den *Kikuju* kamen schließlich mit großen Felsbrocken, die sie unter die Räder zu stecken versuchten, was in letzter Minute wenigstens verhinderte, daß der Wagen wieder zurückrollte. Die Kiste, die inzwischen von dem Ast befreit worden war, hing gefährlich schief auf dem Wagen; noch ein paar Meter, und sie wäre umgekippt und gegen die Felsen der Böschung geschmettert worden. Aber zum Glück ging alles gut, und der Wagen erreichte die andere Seite des Flusses.

Mittlerweile hatte sich eine beträchtliche Zahl von Zuschauern aus dem scheinbar einsamen Land eingefunden, die wohlgemeinte Ratschläge anboten, während die Ochsentreiber und ihre Kameraden die dramatischeren Teile der Episode mit viel Mimik und ausladenden Gesten beschrieben, so daß man noch einmal erlebte, wie die Ochsen zerrten und zogen, der Wagen vorwärts kroch, sich dann im Baum verfing und zurückrutschte – vom heroischen Kampf der Treiber, den Wagen zu blockieren, bis hin zu dem brillanten Augenblick, dem Triumph der beiden Männer, die mit den Felsbrocken gekommen waren und sich selbst in höchste Gefahr begeben hatten, um die Aufgabe und damit den Tag zu retten. Es war noch viel aufregender als der wirkliche Vorfall, und ich fand Robin und Hereward recht unhöflich, als sie das Palaver abschnitten und darauf bestanden, daß die Kiste aus der Verankerung gelockert, neu und fester auf dem Wagen vertäut und wieder gesichert wurde, während die Ochsen Gelegenheit hatten, sich zu erholen, und die Menge mit Faszination zusah.

»Vollidioten«, sagte Robin. »Sie haben die Radklötze vergessen. Dabei habe ich es ihnen mindestens dreimal gesagt.«

»Was kann man erwarten?« stimmte ihm Hereward zu. »Wir gehen immer davon aus, daß Gott ihnen ein Gehirn gegeben hat, aber sie tun alles, um es nicht benützen zu müssen.«

Inzwischen war klargeworden, daß die Ochsentreiber nicht sehr klug gewesen waren, aber was für eine Geschichte konnten sie erzählen, wenn sie heil nach Hause kamen!

Mit der neu vertäuten und besser verteilten Last erreichte der Wagen die Farm der Palmers ohne weitere Abenteuer. Eine oder zwei Wochen danach wurden wir zur Einweihung des Klaviers zu ihnen eingeladen. Mittlerweile waren sie in ihren Bungalow aus Stein eingezogen, der allen als Gipfel des Luxus erscheinen mußte; das Haus hatte drei Zimmer für Gäste, Teakholzböden, Bogenfenster, ein Badezimmer und Giebel im holländischen Stil mit Stukkaturen an der Decke. Lettice hatte gehofft, daß das Haus ein Schindeldach bekommen würde, aber das wäre selbst Hereward zu teuer geworden, daher war man zurückgekehrt zum grüngestrichenen Wellblech.

»Sie haben eine neue Frisur«, bemerkte Tilly. Lettice trug das Haar jetzt zu einem weichen, schimmernden Knoten hochgetürmt auf dem Kopf, und sie hatte ein Netz mit kleinen, bronzefarbenen Blättern hineingewoben.

»Ich dachte mir, ich ziehe mich wenigstens an wie eine Konzertpianistin, auch wenn ich nicht so spielen kann«, erklärte sie. »Meine Finger sind wie Würstchen und hämmern auf den Tasten wie die wilden Esel, die auf Jamsheeds Grab herumtrampelten, aber das macht nichts, ich dachte, wir könnten ja alle zusammen im Chor mitsingen. Ian ist zurück, haben Sie das gewußt, und er möchte, daß wir bald mit ihm auf Safari gehen.«

Das mit Ian war eine gute Nachricht, und ich stahl mich hoffnungsvoll hinaus ins Freie, um ihn zu finden. Inzwischen hatte ich einiges über Prester John gelesen, daher war Abessinien für mich zu einem Land der Reichtümer und Geheimnisse geworden, wo die Prinzen Kronen mit Rubinen trugen und in Schlössern auf umwölkten Gipfeln wohnten.

Ian sagte, er habe einen Prinzen getroffen, wenn auch ohne Krone, obwohl der Griff seines Schwerts mit Juwelen besetzt gewesen sei. Mit diesem Schwert habe er sich bei einem Bankett das Fleisch in Stücken abgesäbelt, und ein Mundschenk, ein Boy von zwölf oder dreizehn Jahren, habe Wein aus einem goldenen Pokal eingeschenkt und sich vor den Prinzen hingekniet, nachdem der Vorkoster den ersten Schluck getrunken hatte. Und obwohl Ian keine Schlösser gesehen hatte, war er doch zumindest in einem Kloster gewesen, das auf einem so steilen Hügel erbaut war, daß man nicht mit dem Pony hinaufreiten konnte. In dem Kloster wohnten heilige Männer mit langen Bärten und fünf Prinzen, Verwandte des Kaisers, denen man in der Jugend die Augen ausgebrannt hatte, damit sie nie Anspruch auf den Thron erheben und auch keine bewaffneten Revolten gegen den Löwen von Juda anzetteln konnten.

Hereward sah sich veranlaßt auszurufen: »Welch schreckliche Grausamkeit! Was sind das für barbarische Teufel.«

»Ja, sicher sind sie barbarisch«, stimmte ihm Ian zu, »aber sie taten es, um die Einheit ihres Landes zu erhalten und um Bürgerkriege zu vermeiden.«

»Ich sehe keinen Grund, sie in irgendeiner Weise zu rechtfertigen.«

»Sie gehen vermutlich davon aus, daß es besser ist, vier oder fünf junge Männer zu blenden als das ganze Land in dynastische Kämpfe zu verwickeln, die Tausende von Menschen das Leben kosten.«

»Ich glaube nicht, daß sie das wirklich bedacht haben«, sagte Hereward. »Als nächstes werden Sie noch versuchen, sie zu rechtfertigen, weil sie die Gewohnheit haben, die Gefangenen zu verstümmeln, wie seinerzeit die unglücklichen Italiener, die sie bei der Schlacht von Adowa in ihre Gewalt bekommen haben.«

Um das Thema zu wechseln, berichtete uns Ian über einen anderen und glücklicheren Gefangenen, den er in Addis Abeba getroffen hatte. Es war ein Schotte, der von Lord Napiers Kriegszug übriggeblieben war, jetzt ein älterer Mann von beträchtlichem Ansehen und Einfluß beim Kaiser. Ian und seine Freunde hatten mehr Ponys kaufen wollen, aber Kaiser Menelik hatte den Export verboten; der britische Gesandte hatte gemeint, er könne gar nichts tun, und sie sollten ruhig gleich wieder nach Hause reiten, aber dieser ehemalige Häftling, der Schotte, brachte alles innerhalb von drei Tagen über die Bühne zum Preis von hundert Pfund, die er sich von Ian in Maria Theresia-Talern ausbezahlen ließ.

Hereward schaute angewidert drein und sagte so steif wie nur möglich: »Verzeihen Sie, daß ich es so offen sage: Ein Engländer, der sich in einem Niggerland zu Bestechungen hinreißen läßt, besudelt unseren Namen im Angesicht der ganzen Welt.«

Sein Satz fiel wie Blei in ein Wasserbecken; es klatschte, und dann herrschte Schweigen, während sich jeder überlegte, was er dazu sagen konnte. Schließlich bemerkte Lettice:

»Wenn die Abessinier das Mittel der Bestechung gewohnt sind, dann werden sie es auch anwenden, und Ian kann sie schließlich nicht im Alleingang reformieren. Außerdem, als wir in Rom waren ...«

»Ich konnte nie den Unterschied zwischen Bestechung und Trinkgeld verstehen«, sagte Robin. »Aber wenn man das eine tut, ist man ein Lump, ebenso wie wenn man das andere verweigert. Es ist wirklich sehr schwierig.«

»Vermutlich ist es nur eine Frage des richtigen Augenblicks«, meinte Ian. »Das eine kommt vor der Dienstleistung, das andere danach. Würden Sie besser von uns denken, Hereward, wenn Sie wüßten, daß wir unser pourboire erst gegeben haben, nachdem er uns den Weg bei Menelik geebnet hatte, statt zuvor?«

»Das ist Haarspalterei«, erwiderte Hereward barsch. »Bei mir ist Recht Recht, und Unrecht ist Unrecht.«

»Du kannst dich glücklich schätzen, daß du die Dinge so klar zu sehen vermagst«, bemerkte Lettice.

»Das hat nichts mit Glück zu tun. Recht und Unrecht kann jeder erkennen. Es ist oft unbequem, und deshalb behauptet man, daß die Unterscheidung schwierig sei, nur, um das Recht umgehen zu können. Das ist alles.«

»Es ist auch genug«, erklärte Lettice. »Ich sehe, daß ich jetzt in Orpheus' Rolle schlüpfen muß, freilich ohne über seinen Genius zu verfügen. Also seid gnädig mit mir, wenn schon nicht gegen die Abessinier oder Ians moralische Haltung.«

Unsere Ohren waren an Rhythmus und Dissonanzen gewöhnt, an Kadenzen und monotone Gesänge, aber nicht an Melodien. Obwohl Lettice vielleicht keine Pianistin der allerersten Güte war, so schien mir das Spiel ihrer Hände, die wie Schmetterlinge über die Tasten glitten, auf geradezu wunderbare Weise dem Instrument einen Strom der Harmonie zu entlocken. Eine zischende Lampe warf einen Lichtkreis auf ihr schimmerndes kastanienbraunes Haar mit den Bronzeblättern, auf ihre blasse Haut und auf die glänzende Oberfläche des Klaviers, die still und tief wirkte wie ein Bergsee. Das war ein Augenblick des Zaubers, der sich uns allen ein paar Augenblicke lang enthüllte, eine verborgene Welt voller Anmut und Wunder, jenseits derer, von der uns unsere Augen berichteten, eine Welt, die keine Worte beschreiben konnte, so körperlos wie eine Wolke, so irisierend wie eine Libelle und so unschuldig wie das Herz einer Rose.

Als sie das Stück beendet hatte, herrschte eine Stille, die keiner zu brechen wagte. Sie schien eine eigene, greifbare Existenz angenommen zu haben. Lettice selbst löste sie, indem sie eine paar Noten sortierte und dann zu singen begann. Wahrscheinlich kam ihre Stimme nicht ihrem Spiel gleich, aber sie wirkte offen und hübsch, und sie sang fröhliche kleine Lieder in französischer Sprache. Ian sprang auf und stellte sich neben sie und schaute ihr über die Schulter, so natürlich und unbekümmert wie einer der *Somali*-Reiter, in deren Gesellschaft er sich oft aufhielt. Vermutlich hatte die Musik unsere Empfindungen verdeutlicht, und so sah ich die beiden nebeneinander im Lampenlicht als andere Wesen, schöner und höher entwickelt, mehr vergeistigt und weniger aus Fleisch und Blut, mehr ideal und weniger real, oder sie hatten eine andere, schönere Realität geschaffen als die, welche wir gemeinhin vorfanden.

Jedenfalls sahen sie wunderbar aus und waren voller Lachen, als sie miteinander sangen, leicht wie Luftblasen und so fröhlich. Ians Stimme war klar und einfach und ließ mich an Sherry in einem Kristallglas denken – an das Aussehen, nicht den Geschmack, den ich noch gar nicht kannte. Er erinnerte mich an keines der Lieder, das sie an diesem Abend sangen, bis auf eines, bei dem wir alle einstimmten, das französisch-kanadische Alouette; und später mußte ich immer, wenn ich die kleine Melodie hörte, an diesen Abend denken und an Lettice am Klavier, mit Ian neben ihr, und uns, die wir mit mehr Begeisterung als Akkuratesse einstimmten in das Gefühl von Fröhlichkeit und Freundschaft, und an den Raum mit dem wunderbaren Duft, der allem eigen war, was Lettice umgab.

17

Die meisten der Kannibalen kehrten nach Hause zurück, als das Haus der Palmers fertig war, aber zwei oder drei ließen sich mit Frauen und Kindern in unserer Gegend nieder, eine kleine Gruppe von Fremden, die für die *Kikuju* wie ein Pfahl im Fleisch waren. Die Frauen trugen nichts als einen dreieckigen Lendenschurz aus Leder, der kaum größer war als meine Hand und an Stricken von ihrer Taille hingen; dafür hatten sie eine Menge dicker Reifen um die Arme und Beine, die so eng waren, daß sich das Fleisch zu beiden Seiten des Metalls nach außen wölbte. Sie gingen mit freiem, aufrechtem Gang, trugen die Lasten auf dem Kopf statt auf den Schultern und rauchten aus Lehmpfeifen mit langem Stiel. Die *Kikuju*, deren Frauen Lendenschurze trugen, welche ihnen bis zum Knie reichten, hielten die *Kavirondos* für unanständige Wilde und wollten so wenig wie möglich mit ihnen zu tun haben.

Bald hatten sie sich Ziegen gekauft, die, wie alles Getier, das sie sich hielten, die Nacht in mit Dornengestrüpp eingezäunten *Bomas* verbrachten, welche die wilden Tiere fernhalten sollten. Doch in dem Punkt versagten die *Bomas* der *Kavirondos*. Sie verloren mehrere Ziegen und beschuldigten die *Kikuju*, sie ihnen gestohlen zu haben. Die *Kikuju* leugneten es entschieden und schoben die Schuld statt dessen auf einen Leoparden, dessen Spur sie vor den *Bomas* entdeckt zu haben behaupteten. Die *Kavirondos* erwiderten, daß die Spur einer harmlosen Hyäne gehörte, blieben bei ihrem Vorwurf, und so entwickelte sich ein *Shauri*, den Hereward schlichten wollte.

Das Wort *Shauri* war eines, das wir sehr häufig benützten. Es konnte einen Streit bedeuten, aber auch eine gerichtliche Anzeige, eine Vereinbarung, einen Vergleich, eine Diskussion, die Wahrnehmung bestimmter Interessen – fast alles. Hier bedeutete es einen Wettbewerb in Rhetorik zwischen den Sprechern der *Kikuju* und der *Kavirondos*. Nachdem er sich das Palaver ein paar Stunden lang angehört hatte, fällte Hereward sein Urteil, und eines, auf das er stolz war. Wenn die *Kikuju* so sicher seien, daß es ein Leopard war, sagte er, dann sollten sie ihn mit einer Falle fangen, und sie hätten den Streit gewonnen. Wenn es ihnen nicht gelinge und wenn keine weiteren Beweise beigebracht werden könnten, dann müßten sie den *Kavirondos* eine Anzahl von Ziegen ersetzen, die der Zahl der verschwundenen Tiere entsprach.

»Irgendwie unfair«, bemerkte Hereward. »Ich meine, Fallen. Da ist es schon besser, sich an ihn heranzupirschen und ihn dann zu erledigen, doch dazu besteht leider kaum eine Chance.

Tilly warnte Hereward, er solle besonders auf die Hunde aufpassen. Sie waren das Lieblingsfressen der Leoparden, die fast alles riskierten, um einen zu erwischen. Aber Hereward stand auf der Seite der *Kavirondos* und ließ sich nicht von dem angeblichen Leopard beunruhigen.

Dafür mußte er bezahlen – das heißt, der arme Chang. Die Palmers waren beim Abendessen, die Doppeltür, die hinausführte auf die Veranda, stand offen, und Chang lag draußen in einem Korbsessel. Chang und Zena folgten Lettice auf Schritt und Tritt, und es war eigentlich ungewöhnlich, daß Chang nicht neben ihren Füßen lag, aber er war nicht mehr als sechs oder sieben Schritte entfernt, und kein Mensch glaubte an irgendeine Gefahr. Selbst nachdem es passiert war, wurde ihnen nicht gleich klar, was sich da ereignet hatte. Lettice hörte einen dumpfen Laut und etwas, das wie ein Keuchen klang, ein Geräusch, als ob etwas zerrissen wurde, und dann noch ein schwaches Geräusch, als ob der Stuhl auf den Fliesen ein wenig verschoben wurde. Hereward stand auf, um nachzusehen, bemerkte aber nichts.

Draußen war es dunkel, eine mondlose Nacht. Lettice rief nach Chang, und als er nicht kam, besah sich Hereward den Sessel genauer und merkte, daß er herumgedreht worden war.

Natürlich gab es danach großes Geschrei. Jeder rief nach dem Hund und suchte mit Lampen, fand aber nichts. Schließlich stieß einer von den *Kikuju* einen Schrei aus: Er hatte die Spur gefunden. Hereward war die Sache zwar keineswegs klar, aber alle anderen behaupteten, es müsse ein Leopard gewesen sein, ohne jeden Zweifel. Und Chang tauchte danach nie mehr auf. Ich fragte mich, ob das Haar des armen Chang dem Leopard Magenbeschwerden verursachte, aber Juma meinte, ihre Mägen seien wie Fleischmaschinen, die alles zerhackten. Einmal zeigte man mir Leopardenlosung, in der noch unverdaute Felle von Mäusen zu erkennen waren, welche die Leoparden ebenfalls mit Vorliebe fraßen, auch wenn man denken konnte, sie seien ihnen zu klein. Nach solchen Begriffen freilich war Chang eine recht üppige Mahlzeit gewesen.

Lettice geriet vor Kummer und Selbstvorwürfen fast in Raserei. »Wenn ich ihn doch nur gerufen hätte... Wenn ich mir auch nur eine Sekunde lang gedacht hätte... Wenn ich...« Es war zu spät. Von nun an ließ sie Zena fast nicht mehr aus den Armen und weigerte sich, irgendwelchen Trost anzunehmen.

»Sie haben doch noch Zena«, sagte Tilly.

»Ach, sie waren unzertrennlich. Es ist, wie wenn Pyramus seine Thisbe verliert, oder Julia ihren Romeo; wie könnte Zena ohne ihn leben? Wie kann ich es? Ich glaube, es ist eine Strafe, aber warum soll sie den armen, unschuldigen Chang treffen?«

»Das beste ist, schnell einen neuen Pekinesen zu besorgen, auch wenn Sie verständlicherweise fühlen, daß Sie es nie und nimmer ertragen können, einen anderen Hund an seine Stelle zu setzen. Wie einen Zahn.«

»Nein, ich will keinen anderen haben; ich sollte in einem einsamen Kloster leben und mich durch ein Loch in der Wand ernähren lassen; ich weiß, ich bringe jedem Wesen, das ich liebe, nichts als Unheil.«

»Ich finde, Sie sollten sich keine so großen Vorwürfe machen«, schlug Tilly behutsam vor. »Leoparden gehören nun mal zu den typischen Gefahren dieses Landes.«

»Hugh hatte eine Blinddarmentzündung, habe ich Ihnen das gesagt?« Lettice sprach nur selten über ihren Sohn. »Er ist fast daran gestorben, der arme Kleine, und was für eine Mutter bin ich für ihn?«

»Vielleicht sollten Sie ihn hierherbringen.«

»Das ist das einzige, worauf ich hoffe, aber Hereward... Ich gebe zu, er hat ja recht: In einem Jahr muß Hugh zur Schule, und hier ist das nicht möglich, aber selbst ein Jahr, das wäre eine kleine Ewigkeit; ein Jahr mit meinem Jungen würde mir so viel bedeuten. Doch jetzt fühle ich, wenn er wirklich käme, ich würde es doch nur zulassen, daß er von einer Schlange gebissen oder von einem Löwen gefressen würde, oder er würde die Ruhr bekommen oder den Typhus oder die Malaria...«

Als Tilly nach Hause kam, sagte sie Robin, daß sie Lettice einen neuen Pekinesen besorgen wollte, damit sie von Chang abgelenkt würde.

»Diese Hunde sind außerordentlich teuer«, bemerkte Robin.

»Aber der Preis für einen Pekinesen wird uns nicht gleich zugrunde richten.«

»Nein, aber die Bank...«

»Dann müssen wir eben ein bißchen Kapital locker machen.« Das war Tillys letztes Mittel, wenn alle anderen versagten, doch Robin erklärte bedauernd: »Dazu ist es leider zu spät.«

»Ich bin sicher, wir können irgend etwas verkaufen«, schloß Tilly hoffnungsvoll. Sie hatte ein paar Truthähne, die sie für den Weihnachtsmarkt mästete, und jeden Morgen kam sie aus ihrem sogenannten ›unordentlichen‹ Raum neben dem Lager mit tränenden Augen und einem geröteten Gesicht, weil sie wieder einmal die Zwiebeln gehackt hatte, die die Truthähne so gern fraßen. Jetzt vermutete sie, daß ein

Paar, das zum Züchten geeignet war, leicht den Preis eines kleinen Pekinesen einbringen würde.

Mittlerweile veranstaltete man eine Jagd auf den Leoparden. Hereward verließ die Farm bei Tagesanbruch mit einer riesigen Flinte und einem Team aus Amateur-Spurensuchern, Waffenträgern und Treibern, aber bald hatten sie die Spur im Busch und im tiefen Gras verloren. Man wußte nicht, in welche Richtung die Bestie gegangen war. Vielleicht war sie unserem kleinen Wasserlauf gefolgt bis zu seiner Mündung in den Thika und von dort aus hinunter in die Athi-Steppe, ohne unterwegs auf menschliche Behausungen zu treffen. Der größte Teil dieses Gebiets war Niemandsland zwischen den *Kikuju* der waldbestandenen Hochebenen und den *Massai* und *Kamba* der Steppe, ein Gebiet, das weder das eine noch das andere war, weder Wald noch Feld, weder Gebirge noch Ebene. Wenn er flußaufwärts gegangen war, hätte der Leopard bald das Reservat erreicht, das stärker bevölkert war, aber er konnte andererseits auch in den Wäldern verschwunden sein und sogar in den wilden Bergzügen der Aberdares. Selbst Hereward mußte zugeben, daß der Möglichkeiten zu viele waren, um zu erraten, wohin sich die Beute begeben hatte, und daß man sie höchstens noch durch Telepathie finden konnte oder durch Zufall. Daher stimmte er widerwillig zu, niedrige Tricks und Raffinesse anzuwenden statt der männlichen Tugenden des wahren Jägers: Erfahrung, Geduld und Mut.

Bei den niedrigen Tricks freilich waren die *Kikuju* in ihrem Elcment, und bald zeigte sich, daß jeder von ihnen ein erfahrener Leopardenfänger war, aber daß man verschiedene Arten von Fallen anlegen konnte. So gab es eine Konstruktion, bei der der Beute ein vergifteter Speer auf den Rücken fiel, oder man hob eine Grube aus mit vergifteten Pfählen, auf die die Beute fiel; man konnte eine Schlinge auslegen, die sich ihr um den Hals legte, eine Eisenfeder, die um das Bein zuschnappte, oder man baute einen Käfig, dessen Tor sich hinter der Beute schloß, die man auf diese Weise lebendig fing – es schien eine unendliche Zahl von Möglichkeiten und Techniken zu geben. Das einzige, was alle gemeinsam hatten, war die Ziege, die man als Köder benützte. Arme Ziegen, sie mußten wirklich alle Qualen erleiden für die Bequemlichkeit, das Vergnügen und den Aberglauben der Menschen.

Ich vergaß, welche Art von Falle man als erstes baute, aber ich erinnere mich, daß wir statt des Leoparden eine Hyäne darin fingen, die keiner von den *Kikuju* entfernen wollte. Hyänen waren unrein, weil sie Aas fraßen, aber darüber hinaus waren sie auch der liebste Aufenthaltsort der Geister von Verstorbenen; diese klagenden Augen, die man in der Dunkelheit funkeln sah, dicht hinter dem Licht des Feuers, konnten auch die Augen deines Großvaters oder deines Onkels sein, der gekommen war, um sich für Beleidigungen zu rächen, die man ihm zu Lebzeiten angetan hatte.

Das Fell der gefangenen Hyäne war ein stumpfes Grau mit schmutzigweißen Flecken. Der breite, kräftige Rücken endete in langen, abfallenden Hinterschenkeln, ein Körperbau, der den Tieren ihren seltsam hüpfenden Gang verlieh. Njombo betrachtete die Hyäne angeekelt und behauptete, Hyänen seien alle lahm. Als ich ihn fragte, warum, deutete er auf ein paar scheckige Krähenvögel, die in sicherer Entfernung von den Geiern umherhüpften, und erzählte mir eines seiner Kindermärchen. Vor langer Zeit besaß der Vater aller scheckigen Krähen eine Kalebasse, die mit etwas Weißem gefüllt war, und die Hyänen glaubten, es sei Fett.

»Wo hast du das Fett her?« fragten die Hyänen. Die Krähe antwortete: »Aus dem Himmel hinter dem Mond.« – »Bring uns hin«, sagten die Hyänen, »damit wir auch etwas von dem Fett bekommen.« »Gut«, antwortete die Krähe. »Haltet euch an meinen Füßen fest, an meinem Hals und an meinen Flügeln.« Das taten die Hyänen, und die Krähe flog hoch mit ihnen, hoch, immer höher, bis hinauf zu den Sternen. »Könnt ihr jetzt etwas dahinter sehen?« fragte die Krähe. »Nein, wir können nichts sehen.« »Sehr gut.« Die Krähe gab ihnen einen kräftigen Stoß, schlug mit den Flügeln, und die Hyänen fielen hinunter auf den Boden und waren alle tot bis auf eine. Das war ein Weibchen, und sie hatte sich nur die Beine gebrochen. Sie bekam Junge, und alle *Totos* der Hyäne wurden mit gebrochenen Beinen geboren. Seit diesem Tag humpeln die Hyänen.

Jemand meinte, Mr. Roos würde bestimmt wissen, welche Falle am besten geeignet wäre, und er könnte auch den Bau einer solchen Falle überwachen. Tilly hatte mir für einen Wochentag Ferien gegeben, weil es Zeit geworden war, die Zitrusbäume zu okulieren, die jetzt mit ihren glänzenden, sattgrünen Blättern in der Nähe des Hauses standen. Weder sie noch Robin hatte jemals Bäume okuliert, aber sie hatte ein illustriertes Buch darüber und beschäftigte sich den größten Teil des Tages in der Zitruspflanzung mit einem Messer und einer dünnen Schnur, also gestattete man mir, einen kurzen Brief zu Mr. Roos zu bringen.

Obwohl seine Farm an die unsere grenzte, war ein Ritt dorthin wie ein Abenteuerausflug in ein unbekanntes Land. Wir sahen Mr. Roos nur selten – er kam und ging unberechenbar wie ein Elefant –, und sein Leben war für mich voller Geheimnisse. Seine Unterkunft auf der Farm war kaum das, was man ein Haus nennen konnte; es war eher eine Hütte wie die der Eingeborenen, außer daß es auf der einen Seite eine Veranda gab und auf der anderen eine Feuerstelle, die Mr. Roos mit Wellblechplatten verkleidet hatte. Über seiner Behausung hing stets ein seltsamer Geruch, was wahrscheinlich von den Stücken rohen Fleisches kam, die er in einem großen Käfig an einer Stange aufgehängt hatte, um die Fliegen anzulocken und so dem Inneren der Hütte fernzuhalten. Wenn dieses *Biltongue*, wie die Südafrikaner das bukanierte Fleisch nannten, getrocknet war, wurde es hart wie Holz und roch gar nicht mehr unangenehm, aber in den früheren Stadien tränkte es die Luft mit scheußlichem Gestank. Ein seltsamer Anblick, die Behausung eines Europäers, um die kein Garten angelegt war, ja, wo nicht einmal ein paar Salvien oder Margeriten oder die Andeutung eines Rasens zu sehen waren. Statt dessen wucherte rings um die Hütte das harte, fahlgelbe Gras Afrikas, und die Schafe mit den fetten Schwänzen grasten bis hin zur Veranda, auf der ein nackter Tisch, ein Feldstuhl und der weiße Knochenschädel eines Elefanten standen. Es gab nur einen Farbfleck: eine Winde, die mit ihren himmelblauen Blüten an der einen Seite der Hütte bis aufs Dach wucherte.

Meine Eltern hielten Mr. Roos für einen harten, ungeselligen Mann, aber zu mir war er immer freundlich, wenn ich ihn sah, was freilich selten genug geschah. Manchmal trug er einen schwarzen, struppigen Bart, und manchmal verliehen ihm die Stoppeln des schon einige Tage nicht mehr rasierten Gesichts ein düsteres Aussehen. Sein Hut war noch älter, schmutziger und ramponierter als der von Robin, und statt Stiefeln trug er Sandalen, die er sich selbst machte, aus dem Leder von Elen- oder Kongoni-Antilopen. Sein Gesicht war mit Falten und Sprüngen übersät wie die Rinde eines Olivenbaums und fast so dunkel, aber er hatte strahlend blaue Augen, die einem in dieser Umgebung sonderbar vorkamen, und ein breites Lächeln, das die Falten vertiefte und ein paar gelbe, schief angeordnete Zähne enthüllte. Viele fehlten; er hatte sie verloren, als er von einem Büffel niedergetrampelt worden war; außerdem hatte er dabei eine tiefe Narbe auf der Innenseite des einen Arms abbekommen, wo ihn der Büffel aufgespießt hatte, und zweifellos noch viele Narben, die man nicht sehen konnte. Ich dachte immer, er müsse aus Holz geschnitzt sein, weil er so hart war und so braun.

Mr. Roos schnitt mit einem Buschmesser Widerlager für ein Ochsenjoch aus dem Ast eines Dornenbaums. Er steckte den Brief ein, ohne auch nur einen Blick darauf zu werfen, und sagte:

»Na, du kommst ja nicht gerade oft zu mir herüber, was? Nachbarn und doch Fremde, he? Was hältst du davon, wenn ich dir jetzt das Nest eines – »Und er fügte ein Wort hinzu, das ich längst wieder vergessen habe, das aber so ähnlich wie *Boomklop* klang und von dessen Bedeutung ich keine Ahnung hatte. Ich nickte ein wenig nervös.

»Dann komm mit.«

Mr. Roos ging voraus, auf die Rückseite seiner Hütte, und ich folgte ihm, fragte mich, was ein *Boomklop* sein mochte und ob ich wirklich einen zu sehen bekommen würde, oder ob Mr. Roos irgendwelche düsteren Dinge im Sinn hatte. Zu Hause sagte man, er sei ›gerieben‹ und sein Handel mit den Eingeborenen um Schafe und Rinder wurde als ›hart an der Grenze‹ beschrieben. Vielleicht war der *Boomklop* nur eine Ausrede, und er wollte mich fangen und an jemanden verkaufen, obwohl ich mir nicht vorstellen konnte, an wen und zu welchem Zweck. Aber vielleicht machte er auch *Biltongue* aus mir, trocknete meine Haut, um daraus Sandalen zu machen oder verfütterte mich an den *Boomklop*, der vielleicht ja auch ein großes, wildes Tier war mit Hörnern wie ein Rhinozeros und einem Maul wie ein Krokodil.

Ich blieb ein paar Schritte zurück und schlug Mr. Roos vor, er sollte erst einmal den Brief lesen, den er in die Tasche gesteckt hatte.

»Dafür ist noch genügend Zeit«, sagte er. »Ich wette, du weißt, was drinnensteht.«

»Es geht um den Leopard.«

Mr. Roos blieb abrupt stehen und stellte mir dann Fragen. Seine Miene verriet nicht, was er dachte, aber ich hatte das Gefühl, daß es ihn freute. Jetzt, wo ich ihm ziemlich nahe gekommen war, sah ich die kleinen Streifen von Schmutz, die sich so tief in die Falten seines lederartigen Halses gesenkt hatten, daß man sie sicher nicht mehr durch einfaches Waschen entfernen konnte. Es roch stark nach Leder und Alaun. Häute, so hart und steif wie Bretter, die fahlen, zähen Unterseiten der Sonne ausgesetzt, waren auf einem Platz hinter der Hütte gespannt, dazu Schädel, an denen Hörner wuchsen, und im Gras lag Fleisch in verschiedenen

Stadien der Verwesung und zog die Fliegen an. Es war alles ziemlich unheimlich. Mr. Roos zeigte auf eine gespannte Haut und bemerkte: »Da schau dir den Löwen an, Mann. Zehn Fuß von der Nase zum Schwanz, ein Prachtkerl. Und was für ein Treck, drei Tage hat er mich an der Nase herumgeführt, und dann ist er doch als erster müde geworden. Er hat vier Beine, siehst du, und ich nur zwei, aber das hat ihm auch nichts geholfen.«

»Sie müssen gut auf den Beinen sein«, bemerkte ich höflich.

»Mann, ich bin von Bulawayo hierher zu Fuß gegangen, mit nichts als einer Ochsenpeitsche in der Hand.«

»Ist das weiter als Nairobi?«

Er lachte schallend, zog dann das Kinn ein und sagte, es sei viel weiter, dann ging er den Abhang hinunter zum Fluß, wo angeblich der *Boomklop* war. Dieses Wesen wurde von Minute zu Minute erschreckender, und wer weiß, vielleicht war es viele Meilen von hier entfernt. Also stammelte ich und fühlte mich dabei unwürdig und feige, daß ich sofort zurückreiten müsse mit einer Antwort, und den *Boomklop* könnten wir uns ja für ein andermal aufheben.

»Glaubst du vielleicht, ich fresse kleine Mädchen?« fuhr mich Mr. Roos in drohendem Ton an.

Da dies, im Zusammenhang mit dem *Boomklop*, keineswegs von der Hand zu weisen war, brachte ich den Mund nicht auf zu einer Antwort. Mr. Roos ließ sich erweichen, sagte, er würde vielleicht einen anderen *Boomklop* finden, wenn ich ihn das nächste Mal besuchte, und ich sollte zu Hause sagen, er würde später rüberkommen und eine Falle für den Leoparden bauen. In seinem Ton lag spürbare Verachtung für uns ahnungslose *Roüneks*, die nicht einmal eine Falle bauen konnten, geschweige einen so großen Löwen schießen oder von Bulawayo bis hierher zu Fuß gehen, einer Rasse, bei der selbst die Kinder schon so töricht waren, daß sie Angst hatten vor einem *Boomklop*.

Als er bei uns eintraf, prüfte er Herewards Falle mit sehr

kritischem Blick. Erstens hatte sie einen lebenden Köder statt eines Batzens stinkenden Fleischs, das die Leoparden besonders bevorzugten. Und Mr. Roos erklärte, sie horteten das Fleisch in den Zweigen der Bäume, wo die Hyänen und Schakale nicht hinkämen. Außerdem seien sie schlau, und wenn sie eine lebendige, angebundene Ziege sähen, wüßten sie sofort, daß das eine Falle war und daß sie hereingelegt werden sollten. Also praktizierte Mr. Roos ein Stück fauliges Fleisch in die Astgabel eines Baums, gerade so hoch, daß man es nicht erreichen konnte, und versteckte in der Nähe des Baumstamms eine gefährliche Stahlfeder mit zackigen, verrosteten Zähnen, die Hereward mit tiefer Abneigung betrachtete.

»Aber dabei kann dann von sportlicher Jagd nicht mehr die Rede sein.«

»Was wollen Sie: Sport oder lebendige Rinder?« Hereward wollte natürlich beides, aber Lettice war so verzweifelt über ihren toten Chang und die bedrohte Zena, daß er vor allem den toten Leoparden zu seinen Füßen liegen sehen wollte.

Die Falle war geschickt gestellt. Sie war an zwei Seiten von Busch umgeben, so daß das Tier fast nur aus einer Richtung an den Baum herankommen konnte, und so gut versteckt, daß man sie nicht einmal sah, wenn man wußte, daß sie dort sein mußte.

Zwei Nächte lang geschah nichts. Dann hörten wir gleich am dritten Morgen, daß ein Leopard gefangen worden, aber wieder entkommen sei. Robin konnte Mr. Roos nicht ausstehen, daher freute es ihn, den Beweis erbracht zu sehen, daß auch er nicht unfehlbar war.

»Ich war mir von vornherein im klaren, daß der Kerl nur so schlau daherredet. Und jetzt hat er uns einen verletzten, wütenden Leopard beschert! Nun soll er sehen, wie er ihn erledigt. Alles furchtbare Angeber, die nur das Maul aufreißen, diese Holländer...«

Ich machte mir vor allem um Zwinker große Sorgen.

Wenn der Leopard imstande war, Chang von der Terrasse zu schnappen, dann lud ihn Zwinker, die frei auf der Farm umherlief, geradezu dazu ein. Sie schlief in einem Schuppen neben dem Lager, aber tagsüber unternahm sie ihre Streifzüge durch die ganze nähere Umgebung, weiß Gott, wohin. – Manchmal freilich wußten wir es: So spazierte sie einmal zu einem Beet mit jungen Kaffeepflanzen und knabberte allen die Köpfe ab, und ein andermal verwüstete sie unsere gesamte Bohnenernte. – Als Randall Swift auf einen Besuch vorbeikam, sprang sie hinter einem Busch hervor und stieß ihn von seinem Fahrrad. Sie spielte Verstecken mit den Hunden, aber Robins Lieblingshund, ein alter und fett gewordener Spaniel namens Bancroft – nach dem Schauspieler, mit dem er nach Robins Meinung in seinen jungen Jahren eine gewisse Ähnlichkeit gehabt hatte – weigerte sich, mit ihr zu spielen und zog sich in trauriger Stimmung und mißgelaunt in die Ecke zurück, wenn Zwinker ihre schwarze, zuckende Nase durch die Tür steckte. Zwinker neckte ihn darauf gnadenlos, während er sie in einer pathetischen Mischung aus Zorn und demütigem Bitten anfunkelte. Also waren sowohl Robin als auch Tilly voreingenommen gegen Zwinker und wollten sie loswerden, auch wenn sie nicht wollten, daß ihnen der Leopard diese Mühe abnahm. Niemand konnte Zwinkers Charme ganz entgehen, und außerdem hatte sie sich mehr oder weniger hilflos unserem Schutz ausgeliefert.

18

Jetzt, wo der Leopard verwundet war, wurde es ernst; da er wußte, daß er sterben würde und nichts mehr zu verlieren hatte, versuchte er vielleicht, sich bei seinen Feinden auf schreckliche Weise zu rächen. Daher wurde rasch eine Leopardenjagd organisiert.

Ich ritt mit Robin und Tilly zu der Stelle, wo er aus der Falle entkommen war. Dort hatte sich schon eine Reihe von Leuten versammelt. Der Leopard hatte die Falle nicht losgerissen, wie wir vermutet hatten. Da hing sie noch, am Ende der Kette, mit viel Fell und Blut an den rostigen Zähnen. Wo Mr. Roos sie versteckt hatte, waren der Busch zertrampelt und der Boden aufgewühlt, das Gras war mit Blut befleckt, und an den Dornen hingen Flocken von gelbem Fell. Es mußte einen schrecklichen Kampf gegeben haben, eine Szene des Aufruhrs, der Wut und der Agonie, bis es der Bestie gelungen war, sich auf die verzweifeltste und zugleich einzig sinnvolle Weise zu befreien. Der Leopard hatte sich offenbar seinen zerrissenen, blutenden Fuß selbst abgebissen, um die Freiheit wiederzugewinnen.

Sogar Mr. Roos schüttelte den Kopf. »Nie gehört, daß so was schon mal passiert wäre. Mann, das ist ein *Kali*, das steht fest.« *Kali* war auch eines von den Wörtern, die wir häufig benützten; es bedeutete wild oder kühn, rasend oder schlechtgelaunt, im ganzen gesehen ein eher respektvoller Begriff.

Die meisten der *Kikuju*-Arbeiter bei den Palmers hatten sich wieder in Krieger verwandelt, einfach dadurch, daß sie ihre *Pangas* weggelegt und statt dessen ihre Speere mit den langen Klingen bei sich hatten und ihre Schwerter in den zinnoberroten Scheiden trugen. Nun standen sie herum und palaverten aufgeregt oder blieben stumm, aber angespannt wie Sprungfedern, starrten in den Busch mit Augen, die vor Freude und Begeisterung strahlten, und alle alten Träume vom ruhmvollen Leben als Krieger kehrten in ihre Herzen zurück.

Hereward und Alec Wilson bewegten sich ebenfalls mit neuem Elan in Haltung und Stimme und schauten zielbewußt und zugleich freudig drein. Selbst Robin war ganz wach und grinste übers ganze Gesicht. Nur Mr. Roos wirkte unverändert, aber bei ihm war ja die Jagd das wesentliche Element des Lebens. Die Spur des Leoparden war bis zu einer Stelle mit dichtem Gebüsch und Felsen am Ufer eine Meile flußaufwärts verfolgt worden, und dort hatte er sich zweifellos in seinem Zorn und seiner Not versteckt.

»Ich weiß nicht, wie ihr es euch vorstellt«, bemerkte Hereward und deutete damit an, daß er jedenfalls bereits entschieden hatte, was zu tun war. »Der Busch ist zu dicht, um ihn zu durchkämmen – wäre auch nicht fair gegen die Treiber. Ich gehe hin und scheuche ihn auf mit der Vierfünfzig, und wenn die Bestie auf mich losgehen sollte, mache ich kurzen Prozeß. Ihr drei geht voraus, um dem Leoparden den Rückzug abzuschneiden, und erledigt ihn, wenn er versuchen sollte, in Richtung auf das Reservat zu entkommen. Alec, sehen Sie diese Klippe über dem Gebüsch, in dem er sich verkrochen hat? Das ist ihr Posten. Robin, Sie gehen hinunter zum Fluß bis zu dem Schilffleck – können Sie ihn sehen? Und Sie, Roos, gehen auf die andere Seite des Flusses und steigen auf den großen Baum, so daß Sie das diesseitige Ufer überblicken und ihn abschießen können, falls es ihm gelingt, an den anderen vorbeizukommen.«

Obwohl Hereward seine Befehle in Form von Vorschlägen vorbrachte, rechnete er nicht damit, daß man sie negieren könnte; die Jagd fand auf seinem Grund und Boden statt, also hatte er das Recht, sie zu dirigieren. Aber Mr. Roos war kein Mann, der sich, was die Jagd betraf, von anderen Vorschläge machen, geschweige denn Befehle erteilen ließ. Während Robin und Alec gehorsam davontrotteten, um die ihnen bestimmten Posten einzunehmen, hockte Mr. Roos auf den Hacken wie ein *Kikuju* – eine sehr nützliche Position, wenn man sie beherrscht – und untersuchte weiter die Falle und ihre Kette, ohne auf den Schlachtplan Herewards zu achten oder ihm Folge zu leisten.

Hereward warf den Kopf nach hinten auf seine typische, merkwürdige Weise, die einem Lächeln oder einer eisigen Unmutsbekundung vorausgehen konnte, und deutete damit an, daß er nicht weitermachen könne, bevor Mr. Roos seine vorgesehene Position eingenommen habe.

»Na los, Mann, dann erledigen Sie ihn doch selbst. Das Fell gehört Ihnen.«

»Großer Gott! Ist das alles, woran Sie denken: das Fell der Bestie?«

Hereward warf einen Blick auf den Rücken von Mr. Roos, als hätte er einen Opferstockräuber auf frischer Tat ertappt, und ging ohne ein weiteres Wort weg. Wenn er mit Tilly sprach, war sein Ton gewöhnlich milde und gewinnend, aber jetzt schien er so erzürnt zu sein, daß er sie buchstäblich anbellte und ihr befahl, sie solle mich sofort zurückbringen in die Sicherheit des Hauses und Lettice in ihrer Trauer beistehen.

»Wenn Sie mir ein Gewehr borgen, übernehme ich den Posten von Mr. Roos«, schlug Tilly vor. Es gab nichts, was ihr mehr Kummer bereitete, als wenn sie bei etwas, das Spannung und neue Erfahrung versprach, nicht teilnehmen durfte. Furcht kannte sie nicht, jedenfalls, soweit es das Tierreich betraf; nur bei Maschinen war sie manchmal ein wenig nervös.

»Haben Sie den Verstand verloren?« fuhr Hereward sie an. »Ich kann es auf keinen Fall zulassen, daß eine Frau, die unter meinem Schutz steht, einer solchen Gefahr ausgesetzt wird, wie sie eine verwundete Bestie bedeutet.«

»Das erscheint mir nun doch übertrieben«, bemerkte Tilly. »Ich werde auf jeden Fall die Jagd auf den Leoparden beobachten, und Sie können wohl kaum behaupten, ich sei nicht genügend geschützt hier, angesichts all dieser schwerbewaffneten Krieger!«

Hereward war keineswegs einverstanden, aber er wollte sie nicht mit allzu schroffem Befehl zurückschicken, weil er befürchtete, daß sie sich dann mit Mr. Roos auf die Seite der Rebellen begab. »Und dann behauptet man, die Holländer seien die geborenen Jäger!« murmelte er. »Feiglinge, ja, das sind sie. Und geldgierig, das ist richtig. Nur daran interessiert, was sie für das Fell bekommen. Keine Spur von Sportsgeist in ihnen, nicht die geringste...«

Die *Kikuju* waren keine so begeisterten Jäger wie die *Massai*, die daraus geradezu eine Kriegsübung machten und sich in glanzvollen Staat warfen, um einen Löwen mit Speeren zu umringen, anzustacheln und dann zu erledigen. Dennoch genossen sie die Jagd, und ihre Speere hatten ohnehin schon längere Zeit ungenutzt dagelegen oder in den Strohmatten ihrer Häuser gesteckt: jetzt holten sie sie voller Mut heraus und hofften, von den goldenen Flügeln des Ruhms gestreift und vom heißen Atem der Gefahr angestachelt zu werden; außerdem brauchten sie ein Thema für die Erntelieder und wollten in den Herzen der jungen Frauen eine Flamme der Bewunderung für den Glanz und den Mut der jungen Männer wecken.

Wie traurig für sie, daß sie nun einfach am Hang stehen sollten, in voller Kriegsrüstung, aber ohne Auftrag, etwas zu unternehmen, und das alles nur wegen der Befehle, die Hereward erteilte. Natürlich verhielt sich Hereward wie ein guter Offizier, der nicht unnötig das Leben seiner Männer in Gefahr brachte und sich selbst als einzigen dieser Gefahr aussetzte. Ein verwundeter Leopard ist – wie er selbst es bezeichnet hätte – ein unangenehmer Patron, und ein Mann mit Speer wäre für ihn leichte Beute gewesen. Kein Zweifel, daß Hereward sich korrekt verhielt, aber die jungen Männer blieben frustriert und schweigend zurück auf dem Hang wie Gäste, die man zu einem Bankett gebeten hatte und die sich auf goldenen Wein in Kristallpokalen, auf gefüllte Schnepfen und Pfauenzungen und vielleicht auch auf Tänzerinnen mit Brüsten wie Rosenknospen gefreut hatten und statt dessen Schinkenbrote und dünnen, lauwarmen Tee geboten bekamen, auf den provisorischen Tischen und harten Bänken eines Institutsaals.

Wenn man Jagdschilderungen liest, scheint alles sehr klar und vernünftig zu sein, und jeder Beteiligte weiß, was er zu tun hat, aber wenn man eine Jagd in der

Wirklichkeit beobachtet, gibt es im Grunde wenig zu sehen, und die Ereignisse folgen einander keineswegs in logischem Zusammenhang.

In diesem speziellen Fall geschah erst lange gar nichts, und ich begann mich bald zu langweilen; selbst Moyale hatte sich sattgefressen und stand halb im Schlaf da, wedelte gelegentlich mit dem Schweif und zuckte mit den Ohren, um wenigstens einige von den unzähligen Fliegen in Bewegung zu halten. Ich fing ein Gespräch mit Njombo an, aber Tilly brachte uns zum Schweigen, damit wir die Jagd nicht störten. Mr. Roos war verschwunden. Wir hatten nicht gesehen, wie er weggegangen war; der Busch, das hohe Gras oder das Schilf am Fluß hatten ihn verschluckt. In seiner unauffälligen, durchlöcherten Khakikleidung verschmolz er mit seiner Umgebung wie eine Antilope oder ein Löwe. Aber ich hatte das Gefühl, daß er sich nicht so einfach von der Jagd ausschließen ließ. Wir sahen auch Alec nicht, aber Robins Hut ragte in einiger Entfernung hinter einem Felsen hervor.

Ein- oder zweimal sahen wir auch Herewards Kopf und Schultern beim langsamen Vordringen durch das dichte Gebüsch auf halbem Weg zum Fluß. Er folgte der Spur des Leoparden, und es mußte eine aufregende Sache sein, da er nicht weiter als höchstens zwei oder drei Meter vorausschauen und so vielleicht auf die Bestie stoßen konnte, bevor es ihm gelang, das Gewehr hochzureißen. Sein Waffenträger, der ein zweites Gewehr mit sich führte, war angeblich in seiner Jugend *Askari* gewesen bei einer der Handelsexpeditionen, die von der Küste nach Uganda und zurück gezogen waren, und galt daher als zuverlässig und als ein Mann mit eisernen Nerven, aber bisher hatte noch keiner ihn in Aktion gesehen, und man wußte daher auch nicht, ob seine Behauptungen stimmten oder nicht. Alec und Robin waren zu weit weg, um Hereward zur Hilfe zu kommen, falls er von dem verwundeten Tier angefallen wurde.

Als das Schweigen endlich gebrochen wurde, herrschte allgemeines Durcheinander. Erst fiel ein sehr lauter Schuß, vermutlich aus Herewards riesigem 450er Gewehr, dann, fast gleichzeitig, ein zweiter; dem folgte ein Geräusch, wie wenn man einen Baumwollstoff zerreißt, und ein Schrei – alles innerhalb weniger Sekunden. Die Krieger in unserer Nähe gaben kurze, scharfe Laute von sich, die wie Bellen klangen. In der Ferne tauchte Robins Hut auf, und man sah, daß er ihn in der Luft schwenkte. Danach folgte ein Ausbruch verschiedener Geräusche: wieder ein Schrei, ein Schuß, diesmal nicht so laut, ein Knacken im Busch, ein Stimmengewirr unter den Kriegern. Tilly hatte ein Fernglas dabei, und ich hörte, wie sie plötzlich mit erstickter Stimme »Paß auf!« rief, bevor sie den Atem in einem deutlichen Stöhnen ausstieß. Die *Kikuju*, die sich bis dahin zurückgehalten hatten, rannten den Abhang hinunter, brüllten und wedelten mit den Speeren, die sie nun nicht mehr benützen konnten, waren angespannt wie Violinsaiten, schwitzten vor Erregung und hüpften mit langen Sätzen wie die Riedböcke von Felsblock zu Felsblock und durch das hohe Gras. Ich versuchte, ihnen auf Moyale zu folgen, aber Tilly hielt mir die Zügel fest.

»Warte«, befahl sie. »Es ist etwas schiefgelaufen; ich glaube, da war noch ein zweiter Leopard...«

Doch dann sah sie Herewards Tropenhelm, bevor die Krieger bei ihm waren, und wir machten uns auf den Weg den Abhang hinunter.

Die Spannung, die in der Luft lag, hatte auch unsere Ponys ergriffen, und selbst Moyale stampfte und schüttelte den Kopf; vielleicht erinnerten ihn die Schüsse und Gerüche, die zu schwach für unsere Nasen waren, an seine Jugendarbeit auf der Steppe von Ogaden, wo er Giraffen oder sogar Löwen gejagt hatte, angetrieben von den Sporen seiner sehnigen, speerschwingenden Reiter. Die Krieger hatten bereits ihren stampfenden Kreis gebildet und schwankten mit gebeugten Knien und herausgestreckten Hinterteilen von der einen auf die andere Seite wie Strauße beim Laufen. Dazu stimmten sie eine Art Gesang an, kurze, scharfe, kehlige Laute, die bald zu einem schier endlosen Lobgesang verschmolzen. Sie machten Platz für unsere Ponys, und wir ritten in das Zentrum des Kreises, wo Hereward wie ein Storch die anderen überragte und mit befriedigtem Stolz in die Menge blickte.

Es gab tatsächlich zwei Leoparden, die vielleicht fünfzehn Meter voneinander entfernt im Busch lagen, halb versteckt vom hohen Gras, das ebenso fahlgelb war wie ihr Fell. Der eine hatte einen roten Stumpf anstelle des Vorderfußes, und die Fliegen umschwärmten die Wunde, ohne auf die Menschen zu achten, nur auf die Befriedigung ihrer Freßgier bedacht; sein Fell war blutbefleckt und zerwühlt. Er hatte die blauen, gummiartigen Lippen zurückgezogen und zeigte scharfe, gelbliche Schneidezähne, und auf seinem runden, katzenartigen Gesicht war ein schrecklicher, wilder Ausdruck zu erkennen, die Verkörperung wütender Bestialität. Und er hatte, mit seinem schwer verletzten Bein, auch allen Grund, wütend zu sein, aber Herewards Gewehr hatte ihm die letzte Chance auf die Befriedigung seiner Rachegelüste geraubt.

Der andere Leopard lag ausgestreckt da, als ob er schlafe, und ich konnte erst keine Verletzung an ihm erkennen, fürchtete sogar für einen Moment, daß er vielleicht gar nicht tot war. Es war ein wunderschönes Tier, das weiche Fell mit der barbarischen Zeichnung war wie Samt über den erstarrten Muskeln, und ich glaubte fast, er würde aufspringen, wenn man seine drahtigen Schnurrbarthaare kitzelte, und wie der Blitz verschwinden.

Nervös berührte ich den Leopard; sein Fleisch war noch warm, und ich hielt es für ausgeschlossen, daß etwas so Großartiges, ein so vollkommenes Geschöpf tot und leer vor mir auf dem Gras liegen konnte. Ich strich mit dem Finger über eine seiner Pfoten, die groß war wie ein Teller und rauh wie Seidenpapier, aber doch nachgebend und elastisch, und ließ die Hand entlanggleiten an seiner Flanke, die zur Schnelligkeit bestimmt war wie die Flanke eines Rennpferds;

ich spürte die harten Sehnen und Muskeln unter dem seidig weichen Fell und fühlte die Vollkommenheit seines Körpers, in dem kein einziges Molekül verschwendet und überflüssig war, nichts zuviel, nichts zuwenig, nichts häßlich oder mißgebildet, das Ganze dem Zweck nach geformt zu einer wunderbaren, gelben Maschine der Schnelligkeit, Wildheit und Geschicklichkeit. Warum mußte es tot und nutzlos hier auf dem Boden liegen, warum arbeiteten die Kräfte der Zersetzung bereits in seinem allmählich klumpenden Blut? Ich kannte die Antwort, die meine Eltern befriedigte: der Leopard hatte ihren Besitz nicht genügend respektiert, ihre Ziegen, Kälber und Hunde bedroht, aber er war ein viel edleres Tier als die elenden Ziegen, die er als Beute schlug, viel edler auch als der arme Chang, und in den Sekunden, wo ich den Leoparden berührte, kam mir diese Antwort geradezu lächerlich vor; man hätte vielmehr die Ziegen einem so königlichen Wesen als Tribut anbieten müssen...

Mr. Roos, mit zerrissenem Hemdsärmel, bückte sich, um genau wie ich das Fell zu streicheln, aber aus einem anderen Grund. Er schaute ebenso wie Hereward zufrieden drein.

Hereward hatte Mr. Roos bereits gedankt, und nicht allzu begeistert, wie ich annehme, obwohl er ihm das Leben gerettet hatte. Denn Hereward hatte zwar den verletzten Leoparden mit Erfolg erlegt, aber er beugte sich gerade über den Leichnam, als seine Genossin, von deren Anwesenheit er nichts ahnte, geräuschlos aus dem Busch auf ihn zukam. Mr. Roos, der wie durch ein Wunder am richtigen Ort war, erschoß die Leopardin genau in dem Augenblick, als sie zum Sprung auf Hereward ansetzte. Hereward fuhr gerade noch herum und sah, wie sie tot neben ihm zusammenbrach.

»Ich kann mir nicht denken, wie zum Teufel Sie es fertiggebracht haben, genau an der richtigen Stelle zu stehen«, sagte Hereward ziemlich mürrisch. »Wenn es Glück war, dann ist es unglaublich.«

Mr. Roos schüttelte den Kopf und lachte. »Von Glück kann nicht die Rede sein, Mann. Dort, wo man einen *Chui* findet, da muß man auch nach dem zweiten, seinem Genossen, suchen.«

»Aber ich verstehe nicht, warum Sie gerade dort nach ihm gesucht haben.«

Das Ufer war voll kleiner Felsen und grasüberwucherten Buckeln, die sich durch das Buschwerk drängten. Mr. Roos zeigte auf einen vor uns.

»Das ist ein Platz, wo man damit rechnen kann. Ich meine, ich habe mir gesagt, dort muß seine Gefährtin sein. Ich sehe nach; wenn sie da ist, erschieße ich sie, wenn nicht, kann es nicht schaden. Aber sie war da, sie kam, und ich habe sie erschossen.«

Es hörte sich so einfach an, wie wenn man eine Tasse Tee machte, und vielleicht war es das auch für Mr. Roos, dessen eigene Wildheit noch nicht ganz verschüttet war von der Zivilisation, und der sein Gewehr benutzte, als wäre es ein zusätzliches Glied seines Körpers.

»Kann ich das Fell behalten?«

»Natürlich, mein Lieber.« Hereward schaute hinunter und erkannte mit leichtem Stirnrunzeln, daß es bei weitem das bessere von den beiden war. »Das ist einiges wert, möchte ich meinen«, fügte er hinzu.

Mr. Roos nahm eine Hautfalte des toten Leopards zwischen Daumen und Zeigefinger, ließ das Fell dann wieder los. »Ein paar Rupien ist es sicher wert«, stimmte er zurückhaltend zu und konnte doch nicht einen Unterton vom Selbstgefälligkeit unterdrücken.

»Ihm ging es keinen Augenblick um mein Leben«, bemerkte Hereward später. »Er war nur hinter dem guten Fell her.«

»Und es war großes Glück, daß er Sie als Nebenprodukt gerettet hat«, erwiderte Tilly. »Er muß die ganze Zeit über gewußt haben, daß es einen zweiten Leoparden gab, aber er hat keinem davon ein Sterbenswörtchen gesagt.«

»Weil er befürchtet hat, einer von uns würde ihn

erschießen und das Fell behalten. Ob jemand dabei umkam, war ihm egal... Kein Funken Sportsgeist, wie ich schon sagte.«

Daß ein Mann ohne den Funken von Sportsgeist, obendrein auch noch ein Bure, sein Leben gerettet hatte, muß bei Hereward einen empfindlichen Punkt getroffen haben; vielleicht wäre es ihm sogar lieber gewesen, wenn die Bestie ihn angefallen hätte und dann von seinen bloßen Händen erwürgt worden wäre, wie man sich das manchmal von besonders mutigen Männern erzählte.

»Manchmal frage ich mich, ob es Lettice nicht ebenso gleichgültig ist wie dem Holländer, wenn mich ein Leopard zerfleischt«, bemerkte er düster, als wir zurückritten.

»Wie können Sie so etwas sagen, Hereward!«

»Das sage ich natürlich nur zu Ihnen. Sie sind eine verständnisvolle Frau, Tilly... Ich glaube, sie würde sich mehr um mich kümmern, wenn ich ein Hund wäre.«

»Dann hätten Sie es auch nötiger. Hunde müssen täglich von den Zecken befreit werden, und außerdem muß man ihnen ständig versichern, daß alle sie lieben.«

»Männer haben das genauso nötig«, sagte Hereward in einem Ton, als wolle er sich unter Schmerzen die Märtyrerkrone aufs Haupt drücken.

Aber Lettice rechtfertigte Herewards düstere Behauptungen in keiner Weise. Sie war hocherfreut, daß wir alle unbeschädigt zurückkamen, entsetzt, als sie von Herewards Abenteuer erfuhr, und ganz offensichtlich dem Himmel dankbar für seine Rettung.

»Du mußt vorsichtiger sein, Hereward, du mußt vorsichtiger sein«, rief sie, »obwohl es natürlich albern ist, einem Mann so etwas zu sagen; niemand ist gern vorsichtig, und wenn, dann traut ihm keine Frau, denn das enthüllt eine feige, verdächtige Natur, genau die Art von Mann, der Fallen stellt – ich meine nicht für Leoparden, sondern für seine Frau... Und der arme Leopard, ich bin ja froh, daß man ihn aus seinen Schmerzen erlöst hat, aber die Gefährtin, wie tragisch, und welche Treue – treu bis zum Tod, ohne große öffentliche Gelöbnisse. Wieviel netter sind doch die Tiere als wir, wenn wir sie genauer kennenlernen.«

»Der Leopard hatte nicht die Absicht, nett zu sein zu Hereward«, bemerkte Tilly trocken.

»*Le léopard est un méchant animal; quand l'on attaque, il se défend.* Sicher, aber ich glaube, wir sind alle so, wenn auch nicht so geschmeidig und elegant wie ein Leopard, und wir töten unsere Nahrung, bevor wir sie essen, was vielleicht etwas zivilisierter ist – wenn auch nicht im Fall der Austern, wie mir eben einfällt... Wo ist eigentlich Mr. Roos? Wenn er dir schon das Leben gerettet hat, Hereward, sollten wir ihm da nicht wenigstens eine Tasse Kaffee anbieten?«

»Er hat das bessere von den zwei Fellen bekommen«, erwiderte Hereward säuerlich, aber er lud Mr. Roos dann doch ein, der auf der Veranda saß und seinen alten Hut zwischen den Knien festgeklemmt hatte, mit einem Streifen Leopardenfell anstelle eines Hutbands, und Mr. Roos erzählte von den Tieren, die er an den verschiedensten Orten getötet hatte: Löwen und Elefanten, Büffel und Rhinozerosse, und sprach dann mit Hereward über die Vorteile verschiedener Gewehre, großer und kleiner. Als er sich schließlich verabschiedete, grinste er mich an und sagte: »Du besuchst mich doch wieder, und dann schauen wir den *Boomklop* an, ja?«

Ich hatte während der ganzen Leopardenjagd an den *Boomklop* denken müssen, denn zurückschauend kam ich mir absurd und albern vor im Hinblick auf ein Tier, das wahrscheinlich nichts weiter als ein Vogel war und das Mr. Roos, was immer es auch war, sicherlich in seiner Gewalt hatte. Ja, ich schämte mich über mein Verhalten und errötete. Es wäre mir sehr unangenehm gewesen, wenn die anderen es erfahren hätten.

»Darf ich bald kommen?« fragte ich, um meine Scharte so bald wie möglich wieder auszuwetzen.

»Jederzeit, Mann. Spring nur auf dein Pony und komm.«

An Tillys Miene erkannte ich, daß ihr das gar nicht recht war.

»Was ist ein *Boomklop*?« fragte sie, als Mr. Roos gegangen war.

»Ich habe keine Ahnung«, antwortete ich wahrheitsgemäß.

»Natürlich weißt du es. Es scheint etwas zu sein, was dir Mr. Roos gezeigt hat.«

»Er hat es mir nicht gezeigt, weil –«

»Weil – was?«

Es wurde immer unangenehmer. Ich konnte nicht antworten: ›Weil ich Angst hatte.‹ Also sagte ich lahm: »Es ist jemand gekommen ...«

»Ist es denn etwas, das er dir nur *allein* zeigen kann?« fragte Tilly und war jetzt wirklich beunruhigt.

»Er würde doch sicher nicht ...« sagte Lettice in ebenfalls besorgtem Ton.

»Man kann nie wissen«, meinte Tilly dunkel.

»Natürlich, wenn man so allein lebt ...«

»Es sei denn, es stimmt, was man sich sagt, über das Eingeborenenmädchen ...«

Keiner von beiden schien einen Satz zu Ende sprechen zu können, und ich fühlte, daß etwas furchtbar Strafendes in der Luft lag, obwohl gar keine Schandtat begangen worden war – eine Situation, die sich nicht selten einstellt, obwohl es natürlich eine große Spannweite gab für Zustimmungen, Ablehnungen und die Definition einer Schandtat.

»Der *Boomklop* hat ein Nest«, sagte ich jetzt entschieden.

»Ein – was?« fragte Tilly, als könnte sie ihren Ohren nicht trauen.

»Das hat Mr. Roos jedenfalls gesagt. Aber natürlich hatte er keine Zeit –«

»Was auch geschieht, du wirst jedenfalls nicht mehr allein zu ihm hinüberreiten. Und wenn Mr. Roos jemals das Angebot macht, dir einen *Boomklop* zu zeigen, dann wirst du es sofort dankend ablehnen, hast du verstanden?«

»Vielleicht wäre es gut, ihr eine Pfeife zu geben, dann könnte sie nach Hilfe pfeifen, wenn sie in Not geraten ist«, schlug Lettice vor.

»Aber würde dann auch jemand zur Hilfe kommen?«

»Das ist natürlich das Problem«, stimmte Lettice zu. »Die nächsten Polizisten sind fast fünfzig Meilen entfernt und wahrscheinlich noch nicht einmal auf das Pfeifen geschult. Vielleicht hat Hereward doch recht, wenn er Hugh nicht herkommen läßt.«

»Ich muß in Zukunft eben noch vorsichtiger sein und sie nicht aus meiner Nähe lassen.«

Jetzt sah es ganz so aus, als ob ich recht gehabt hätte mit dem *Boomklop*; es schien eines der wildesten Tiere überhaupt zu sein, mit dem man nicht scherzen durfte. Sein Nest stellte ich mir so groß wie einen Dornenbusch vor und seine Eier wie Straußeneier, und wahrscheinlich war er eine Art Drachen, dem das Feuer aus der Nase kam. Dennoch war ich sicher, Mr. Roos hätte ihn im Zaum halten können, und nachdem man es mir so ausdrücklich verboten hatte, entschloß ich mich, bei der nächsten Gelegenheit hinüberzureiten zu Mr. Roos und ihn zu bitten, daß er mir das Nest zeigte.

Chang war gerächt, aber Zena war jetzt einsam und hatte keine Lust mehr auf die kurzen Spaziergänge mit Lettice, die ihr früher so viel Spaß gemacht hatten. Tilly stand bereits in Verbindung mit Roger Stilbeck, der einen Pekinesenzüchter kannte. Sie waren tatsächlich sehr teuer, und Tilly stellte fest, daß sie fast alle ihre Truthühner und -hähne verkaufen mußte, nicht nur ein Paar, um einen einzigen Welpen kaufen zu können.

»Du bist verrückt, wenn du es tust«, erklärte Robin, der zum erstenmal den vorsichtigen, vernünftigen Mann spielte. »Denk doch, was die Truthähne an Weihnachten wert sind! Außerdem können sich die Palmers leicht ein Dutzend Pekinesen leisten, wenn sie sie wollen. Sie sind viel reicher als wir.«

»Es geht da nicht ums Geld; Lettice ist so traurig und bedrückt, und ich möchte tun was ich kann, um sie ein bißchen aufzumuntern.«

»Es muß dazu doch billigere Möglichkeiten geben«, meinte Robin.

»Wenn der Welpe erwachsen ist, kann Lettice mit Zena züchten, und dann gibt sie mir sicher einen aus dem Wurf, dann verkaufen wir den Welpen und haben unser Geld zurück.«

»Das wäre richtig, wenn du hier einen Interessenten fändest, um den Welpen loszuwerden.«

»Loszuwerden? Der Freund von Roger Stilbeck hat eine Warteliste von Interessenten, die er erst in zwei Jahren beliefern kann. Vielleicht wäre es noch besser, wenn wir, sobald wir einen Welpen von Lettice bekommen haben, uns noch einen zweiten kaufen und dann selbst züchten. Es steckt eine Menge Geld in Rassehunden mit Stammbaum, genau wie in Pferden; wenn wir einsteigen, solange der Markt noch nicht überschwemmt ist...«

Bevor die Truthähne und -hühner verkauft werden konnten, erhielt Tilly ein Geburtstagsgeschenk von ihrer Schwester, die in eine Glückssträhne geraten war – ob durch steigende Aktien, eine gute Wette oder eine Erbschaft, weiß ich nicht mehr; jedenfalls hatte sie Tilly 25 Pfund geschickt. Das sah man als einen Akt Gottes an; Tilly fuhr nach Nairobi und kaufte Lettice einen Pekinesenwelpen für 10 Pfund, einen neuen Sattel und eine hydraulische Pumpe aus zweiter Hand, die Robin sich wünschte, um Wasser aus dem Fluß in eine Leitung zu pumpen und den Ochsen den steilen, rutschigen Weg zu ersparen.

Der Welpe kam mit den Rupien auf Robins nächster monatlicher Fahrt nach Nairobi: ein kleines, kremfarbenes Wollknäuel mit einer hellrosa Zunge, zwei großen Knopfaugen und einem ungeheuren Vorrat an Energie. Lettice war entzückt und nannte ihn Puffball.

19

Robin meinte, daß er zuviel zu tun hatte, um an der Safari teilzunehmen, die Ian Crawfurd geplant hatte, und Tilly erklärte, daß sie ohne ihn nicht mitkommen würde. Doch dann drängte er sie, daß sie sich diese einmalige Chance nicht entgehen lassen solle, und Hereward beschwor sie sehr überzeugend, sie müsse unbedingt Lettice Gesellschaft leisten, bis sie schließlich nachgab, und von da an störten die Aufregungen und Vorbereitungen auf die bevorstehende Abreise in einschneidender Weise das Leben auf den beiden Farmen. Ian besorgte Träger, Ausrüstungen und Vorräte in Nairobi, aber Tilly wollte sich unbedingt auch um Proviant kümmern, und daher gab es oft ganze Tage, an denen Hühner gebraten, Marmelade eingekocht und irgendwelche Lotionen hergestellt wurden, die auf wertvollen Geheimrezepten beruhten, ursprünglich von einer Familie aus Indien stammten und unweigerlich Insektenstiche, Sonnenbrand und sonstige Hautschäden sowie innere Beschwerden heilten.

Ian zog mit der Safari von Nairobi nach Thika, wo er erst einmal ein Lager aufschlug, und Tilly und die Palmers ritten dorthin, um ihn zu treffen, begleitet von Robin und mir. Wir alle sollten ein letztes, gemeinsames Frühstück im Hotel Blue Posts einnehmen, dann würden wir uns von ihnen verabschieden, bevor sie auf ihre lange Reise gingen.

Als wir über den letzten Hügelkamm oberhalb des Blue Posts kamen, sahen wir die Safari, die unter uns vorbeizog. Die Träger marschierten munter mit der unverbrauchten Kraft des frühen Morgens und sangen ein fröhliches Lied. Ihre Ladungen hatten alle denkbaren Formen und Größen: lange Zeltstangen, die zwar zerlegt, aber dennoch so unhandlich waren, daß sie kaum durch den Busch zu manövrieren waren; eine Zinkbadewanne mit Laternen, Klappstühle und Feldtische, dicke Rollen von Bettzeug, kräftige Pappkartons voll Lebensmitteln – alles, was man sich denken konnte. Es war wie eine kleine Armee auf dem Marsch, und sie wurde bewacht von drei oder vier *Askaris*, die wildentschlossen und erhaben dreinschauten, was nicht wunderte, da sie nichts zu tragen hatten außer ihren Gewehren und den Wasserflaschen. Die Träger waren in allen möglichen Aufmachungen erschienen: ausgefranste Shorts, Westen, die fast nur noch aus Löchern bestanden, Fußballerstrümpfe, ausgediente Mäntel, und natürlich die roten Decken. Es war schließlich eine Arbeits-Safari und nicht eines von den Luxusunternehmen, wie es die Firma Newland, Tarlton und Co. durchführte, deren Träger wie die Polizei-*Askaris* mit langen, blauen Trikots ausgestattet waren, auf die man in Rot die Buchstaben ›N & T‹ gestickt hatte. Es war Regel oder Brauch bei den Ausstattern einer Safari, daß jeder Träger ein Paar Stiefel erhielt – doch das war viel zu gut, als daß sie es sich auf der Safari verderben wollten, und außerdem waren die meisten Träger kein festes Schuhwerk gewohnt, so daß sie von den Stiefeln nur Blasen und wunde Stellen an den Füßen bekommen hätten. Daher hatte jeder Träger zu seiner Last noch ein Paar Stiefel um den Hals hängen.

Als die Träger mit ihren schwankenden Lasten unter uns vorbeikamen, erhob sich ihr herausfordernder Gesang zwischen den Felsen, ein staubiges Halo hing um die Rücken der beiden *Askaris*, die das Ende des Zuges bewachten. Zwei zurückgebliebene Träger, denen die Ladung fast vom Rükken rutschte, versuchten im Laufschritt, den Anschluß zu finden, und dann kam der Zug auch schon außer Sicht. Er folgte der Wagenspur, die nach unten verlief, wo sie den Fluß auf einer Brücke aus einfachen Bohlen überquerte. Kurz danach war die Safari fort, auf dem Weg zu weit entfernten, romantischen Gegenden jenseits der letzten Farmen, dorthin, wo die wilden Tiere Afrikas ihre Ebenen und Steppen und geheimen, schilfüberwucherten Wasserlöcher ganz für sich hatten, und wenn man zwischen den Dornbüschen neben einem ausgetrockneten Flußbett kampierte, konnte es sein, daß man ein Stück Land betrat, auf das noch kein Mensch, schwarz oder weiß, jemals seinen Fuß gesetzt hatte. Das waren Augenblicke, in denen das Herz schneller schlug, während sich meine Gedanken mit Kummer und Sorgen erfüllten, weil die anderen dort hingingen und ich selbst zurückbleiben mußte und niemals diese die Phantasie weckenden Gegenden zu sehen oder einen Geschmack von der Einsamkeit bekommen würde, das Gefühl einer Welt, wo die Natur noch ihr reines und ausgeklügeltes Gleichgewicht erhalten hatte, frei von der Zerstörungswut des Menschen.

»Du wirst sicher auch auf eine Safari gehen, wenn du älter geworden bist«, versprach mir Tilly, die meine niedergeschlagene Stimmung erkannt hatte.

»Ich werde nie älter«, sagte ich düster.

»Ach was, schon morgen bist du älter. Du bist sogar schon ein bißchen älter, wenn du zurückkommst auf die Farm.«

»Mein Gott, was bist du glücklich zu schätzen in deiner Jugend«, fügte Lettice hinzu, »und du solltest froh sein darüber statt traurig.«

»Man redet den Kindern immer ein, daß sie sich glücklich schätzen sollen, weil sie etwas haben, was sie gar nicht wollen«, bemerkte Robin. »Zum Beispiel: Man sagt, sie sollen froh sein, weil sie noch so viel Zeit vor sich haben, weil man ihnen eine teure Schulbildung ermöglicht, weil sie gesund ernährt werden und weil sie vernünftige Eltern haben. Ich kann mir vorstellen, daß das ziemlich ärgerlich ist.«

»Vielleicht ist es ebenso schlimm, wenn man glaubt, daß man nicht schnell genug älter wird, wie wenn man fühlt, daß man zu rasch altert«, stimmte Lettice zu. »Wir versuchen immer, die Zeit in einer Weise fortschreiten zu lassen, wie es uns paßt, genau wie die störrischen Ponys. Es ist sicher besser, wenn wir beide, die Zeit und die Ponys, einfach so laufen lassen, wie es ihre Natur ist, ohne viel Aufhebens davon zu machen.«

»Genau das ist es, was die Eingeborenen tun«, bemerkte Tilly.

»Und vielleicht sind sie deshalb glücklicher als wir. Vielleicht ist es ein Fehler, wenn wir versuchen, sie zu ändern und ihnen damit nur neue Sorgen bringen, wie eine Zeit, die auf Flügeln dahineilt. Und mit ihr, welche Schmerzen, welche aufgeblähten, überspannten Ideen... Es wird eine angenehme Abwechslung sein, davon wegzukommen in die Wildnis, so, als ob man den Garten Eden besuchte, bevor Adams Neugier all den Kummer über die Menschheit gebracht hat. – Aber da ist Ian; er versucht, kultiviert auszusehen trotz seines Buschmann-Kostüms, und ich hoffe, er hat ein gutes Frühstück bestellt, das letzte, das wir in der Zivilisation haben werden – wenn man das Blue Posts so bezeichnen kann –, Gott weiß, für wie lange.«

Sie wollten erst über die Steppe unterhalb des Hochlands der *Kikuju* ziehen, die viel Wild und viele Zecken zu bieten versprach, dann nach Meru am Nordhang des Mount Kenia, wo sic zuletzt Nahrung kaufen konnten. Von Meru aus wollten sie nach Norden über den Guaso Nyiro-Fluß hinaus nach Archers' Post, wo es genug Wasser gab und gute Jagdmöglichkeiten. Und danach wollte man weiter sehen. Noch weiter nördlich davon lagen vierhundert Meilen Wüste und dahinter die Berge Abessiniens, im Westen ebenfalls Wüste, die großen Höhenzüge, wo die Schraubenantilopen heimisch waren, und jener seltsame, ferne und langgezogene See, der in einer Wüste aus Sand und Lava lag, erst etwa zwanzig Jahre zuvor von dem Deutschen Afrikaforscher von Höhnel entdeckt und nach dem Kronprinzen Rudolf von Habsburg benannt worden war. Im Osten gab es ebenfalls Wüste, und dahinter das Ende des Guaso Nyiro-Flusses, der in den Lorian-Sümpfen versickerte. Dann waren sie rings von Geheimnisvollem und Unwirtlichem umgeben, Landschaften, in denen die Natur abgeschliffen war bis auf die Knochen, wo jeder Tropfen Wasser von einem Tier oder einer Pflanze gehütet wurde und wo die Vögel mit den Tautropfen auskommen mußten, die nur manchmal an den kratzigen, harten Gräsern und Pflanzen hängenblieben, welche sich ausgetrocknet am Boden entlangzogen auf der Suche nach Nahrung; wo die wilden Tiere lange Hälse hatten, damit sie die jungen Triebe der Baumkronen fressen konnten, und wo stachelige Büsche in der einen Jahreszeit nur Blüten, in der anderen nur Blätter trieben, niemals beides gleichzeitig, und die Hälfte des Jahres schwarz und tot wie altes Eisen aussahen.

Nur gut, daß Ian das Land kannte, denn dort gab es keine Straßen, keine Pfade, keine Wagenspuren und keine Siedlungen, und wenn das Wasser ausging, war man innerhalb weniger Tage dem Verdursten preisgegeben. Ian war mehrmals quer durch die Wüste nach Abessinien gezogen, im Auftrag der Boma-Handelsgesellschaft, die von drei oder vier begeisterten jungen Männern gegründet worden war, welche miteinander gerade tausend Pfund aufgebracht hatten, dazu eine Konzession von Kaiser Menelik und den Segen des britischen Außenministeriums, was ihnen die Möglichkeit gab, den Handel zwischen Äthiopien und dem britischen Schutzgebiet zu eröffnen. Bisher freilich hatte sich diese Handelsbeziehung lediglich auf den Kauf von kräftigen, kleinen *Somali*-Ponys beschränkt, welche die Äthiopier nur ungern hergaben, und auf die hervorragenden Rinder des Boran.

Der treibende Geist der Handelsgesellschaft war Jack Riddell, ein Freund von Ian und junger Soldat, der den Dienst quittiert hatte, um in Afrika nach dem großen Abenteuer zu suchen. Wenn er es nicht fand, schuf er es sich selbst; in Nairobi ritt er, wenn ihn der Hafer stach, mit dem Pony in die Bar des Norfolk Hotels oder schoß die Straßenlaternen in der Government Road aus; in Abessinien galoppierte er mit seinen Ponys über das Gebiet eines feindlichen Fürsten, verfolgt von Schwertkämpfern, trank *Taj* und schwadronierte mit freundlicheren Landbesitzern die ganze Nacht. Man sagte ihm nach, daß er einen blühenden, obwohl illegalen Handel mit Elfenbein trieb. Es gab eine Geschichte, nach der der Gouverneur, welcher geschworen hatte, ihn dabei zu erwischen, und deshalb Wachen bei jedem Wasserloch von der einen zur anderen Grenze hatte postieren lassen, auf einer Gartenparty prophezeite, daß dem Schurken bei seinem nächsten Versuch das Handwerk gelegt würde – als Jack Riddell auftauchte, sich höflich und respektvoll verbeugte und dann ihm und den anderen Persönlichkeiten die Hand schüttelte.

Im Blue Posts gab es für uns ein großes Frühstück, und wir saßen auf der Veranda, während sich Hereward damit beschäftigte, Sattel- und Zaumzeug sowie die Waffen zu überprüfen, wobei ihn Ahmed mit einer Mischung aus Hochmut und Abneigung unterstützte. Ians Begleiter trug diesmal einen Khakianzug, hatte sich aber einen grünen Schal lose um das stolze, kleine Haupt geschlungen, das hoch erhoben auf einem stengeldünnen Hals ruhte – was ein wenig an die Gerenuks und Giraffen erinnerte, die bald ihre Begleiter sein würden. Ahmed war unterwegs zu seinem Heimatland, seinem eigenen Volk, und in seiner Haltung lag ein Hauch von Vorfreude und Spannung, was für ihn sehr ungewöhnlich war.

»Ich würde ihm dutzendmal mein Leben anvertrauen«, sagte Ian, »aber wenn ihn ein unbewaffneter, harmloser junger Kerl ärgert, ist er ebenso imstande, ihm ein Messer zwischen die Rippen zu stoßen, wie er mir den Steigbügel hält, wenn ich aufs Pferd steige, und er würde sich auch nicht mehr dabei denken.« Und dann berichtete er uns von Ahmeds Volk: von den ständigen Stammesfehden, den Heldentaten, den Leistungen des Ausharrens und Überlebens in dieser Welt der Wüste, die so ganz anders war als die unsere und doch Seite an Seite mit ihr zu existieren vermochte, ganz versunken in das eigene, eigentümliche Leben, die eigenen Kämpfe, und ohne von uns oder unseren Absichten und Schwierigkeiten auch nur etwas zu ahnen.

»Sie tragen weiße Mäntel, bunte Röcke und Turbane, so bunt und leuchtend wie Edelsteine«, sagte Ian, »dazu werfen sie sich Schals über die Schultern, stecken sich Schwerter an die Gürtel, können auf jedem Pferd reiten und drei Tage durch eine Wüste aus Lavafelsen wandern ohne Wasser und ohne die Kamelmilch, von der sie sich ernähren, was sie übrigens schlank und kräftig macht und ihrer Haut einen gesunden Glanz verleiht. Wenn es Zeit ist, daß sie weiterziehen, reißen sie ihre Quartiere aus Stöcken und Matten ab, packen alles auf die Rücken der Kamele, zusammen mit den großen, ledernen Wassersäcken und all ihren Haushaltsgegenständen und reiten zu anderen Quellen und Tümpeln, die das lebensnotwendige Wasser liefern. Sie verehren Allah und glauben, daß kein Mann geeignet ist, sich eine Frau zu nehmen, wenn er nicht zuvor einen Feind getötet hat; aber sie schätzen die Klugheit, und wenn sie den Feind überlisten und ohne Anwendung von Waffen besiegen können, ist es ihnen um so lieber. Sie fürchten nicht den Tod wie wir; er kommt zu allen, und man kann ihm nicht entgehen, ebenso wenig wie einem Sturm oder einer Hungersnot. Ihre Philosophie ist es, das Leben so zu nehmen, wie es kommt.«

Die Zeit für den Aufbruch nahte; ich weinte genauso wie Tilly, als sie sich verabschiedete, und dann schauten wir zu, wie sie auf ihre Maultiere stiegen und die staubige Straße entlangtrotteten, sich an der ersten Kurve noch einmal umdrehten, um uns zuzuwinken, und schließlich verschwunden waren.

Der Ritt zurück auf die Farm war traurig und bedrükkend. Dort erschien mir alles tot und leer, obwohl das Leben seinen gewohnten Gang nahm, und es fiel uns nicht leicht, wieder den Alltagstrott aufzunehmen. Robin wäre so gern mit den anderen auf die Safari gegangen, aber er arbeitete immer noch an seiner Destilliervorrichtung, wobei die Konstruktion in ein kritisches Stadium getreten zu sein schien; außerdem mußte sich jemand um die Farmen kümmern, sowohl um die unsrige als auch um die von Hereward. Ich wurde wie ein Paket bei Mrs. Nimmo abgeliefert, zusammen mit der Anweisung, einen Behälter für die Jagdtrophäen zu flechten – Tilly hatte sich und mir das Korbflechten aus einem Buch beigebracht –, die Könige von England in der Reihenfolge zu lernen, außerdem das große und kleine Einmaleins, das wir zuvor irgendwie übersehen hatten, und den Lebenszyklus des Lungenkrauts; zusätzlich sollte ich die Tierkreiszeichen skizzieren. Bei ihrer Rückkehr würde sie eine Prüfung abhalten. Wenn ich alles konnte und wußte, würde ich einen neuen Sattel für Moyale bekommen – der derzeitige war schon ganz zerfetzt –, wenn ich jedoch versagte, müßte ich eine Woche lang früh zu Bett gehen.

Der Hauptgrund, weshalb ich nicht zu Mrs. Nimmo wollte, war Zwinker. Nicht nur, daß ich mich sehr ungern von ihr trennte, ich fürchtete vor allem, daß ihr etwas zustoßen könnte. Nachts war sie sicher in ihrer Hütte, aber tagsüber spazierte sie oft bis hinunter zum Fluß, und man hatte sie schon aus dem Teich in der Nähe unserer Baumschule für Kaffeepflanzen trinken gesehen, dicht unter dem Wasserfall, wo die Python hauste. Sie war eigentlich ein harmloses Reptil und kam nie aus dem Teich, um die Leute, die auf der Plantage arbeiteten, zu erschrecken, aber wenn ein Tier oder ein Kind unvorsichtig genug waren, ins Wasser zu steigen oder auch nur länger an seinem Rand stehenzubleiben, konnte es durchaus sein, daß die Schlange ihren Hunger stillte.

Robin hatte sich entschlossen, die Python zu töten, aber sie war schlau und entwischte immer wieder; nachdem sie die Beute verschlungen hatte, verschwand sie, vielleicht in eine Höhle hinter dem Wasserfall, und Robin hatte niemals auf sie schießen können. Ich selbst hatte sie ein- oder zweimal gesehen: ein zusammengeringeltes, schwarzgesprenkeltes Tier wie eine Seilrolle, aber dick wie der Oberarm eines Mannes, und sie erinnerte mich an irgendein elementares, gefährliches Wesen, das aus den Felsenhöhlen des Ozeans ausgespien worden war. Ich hatte große Angst, Zwinker könnte von ihr mit Haut und Haar verschlungen werden und noch atmend durch den schwarzen Tunnel ihres

Körpers rutschen, um bei lebendigem Leib verdaut zu werden.

Als ich meine Angst Njombo mitteilte, sagte er, vielleicht halb im Spott: »Warum läßt du dir nicht einen Zauber geben, der sie vor der Python schützt?«

Ich fragte ihn, wo man so einen Zauber bekommen konnte.

»Vom *Mundu-Mugu*; er hat Amulette gegen alles und bestimmt auch eines gegen Schlangen.«

Mundu-Mugus waren die guten Hexendoktoren, die Gegen-Zauberer, und es zeigte sich, daß einige ganz in der Nähe wohnten, entweder auf unserer Farm oder bei einem der Nachbarn.

»Ist es denn teuer?« fragte ich.

»Nein, es ist billig, weil du ein Kind bist. Wenn du ihm eine Rupie gibst –«

»Aber ich habe keine Rupie.«

Njombo lachte, um mich zu beruhigen. »Vielleicht tut er es umsonst, nur um dir zu helfen. Ich erkundige mich.«

Der *Mundu-Mugu* war ein magerer, hellhäutiger Schwarzer mit einer kleinen Nase und scharfen Augen; er arbeitete bei Alec Wilson und gehörte auf komplizierte und weitläufige Weise zur Familie Kupanyas. Mrs. Nimmo erlaubte, daß ich mehrmals wöchentlich zum Tee nach Hause ritt, vorausgesetzt, Njombo begleitete mich, denn er galt inzwischen als ein vertrauenswürdiger Bewacher. Also brachen wir früh auf, und Njombo brachte mich zur Behausung des *Mundu-Mugu*, die jenseits einer Brücke aus Stämmen oberhalb des Wasserfalls lag. Wir setzten uns in den Schatten eines Baums. Njombo hatte mir gesagt, ich sollte ein paar Haare von Zwinkers Fell mitbringen; ich hatte sie bei meinem letzten Besuch auf unserer Farm abgeschnitten und in eine leere Streichholzschachtel getan; außerdem brachte ich ihm einen Bleistift als Geschenk mit und ein Paket Nadeln.

Der *Mundu-Mugu* hatte zwei oder drei längliche Kalebassen bei sich mit Stöpseln aus Kuhschwänzen, und ein paar kleinere, etwa in der Größe von Schnupftabaksgefäßen, die er am Hals hängen hatte und in denen alle möglichen Pulver und Medizinen waren. Er drückte eine kleine Grube in die Erde und legte ein Bananenblatt wie einen Teller hinein, dann goß er eine braune Flüssigkeit aus einer alten Whiskyflasche darauf. Es war mir eine große Erleichterung zu hören, daß wir keine Ziege opfern und die unverdauten Essensreste im Magen für den Zauber verwenden mußten, welche die Grundlage vieler Zaubertränke und Extrakte der *Kikujus* bildeten. Nachdem er verschiedene Pulver aus seinen Kalebassen dazugegeben hatte, außerdem die Haare von Zwinker, ein paar Federn und etwas Kalk, rührte er alles zu einer Paste zusammen, baute ein kleines *Boma*, aus den Zweigen eines besonderen Strauchs darum, stieß ein paar Beschwörungsformeln aus und schmierte sich dazu die Paste auf den Hals, die Hand- und die Fußgelenke. Dann wickelte er die restliche Paste vorsichtig in ein Blatt und gab es mir mit der Geste eines Marschalls, der seiner Königin die Krone auf einem Samtkissen überreicht.

»Schmier das auf den Kopf und auf die Beine des Tiers«, erklärte er mir, »und etwas davon auf seine Zunge, dann kann es zum Fluß gehen, und die Schlange läßt es in Ruhe.«

Ich dankte dem *Mundu-Mugo* sehr herzlich, aber er lehnte beide Geschenke ab. »Es ist nicht, weil er sie nicht mag«, erklärte Njombo, »aber er will gar nichts nehmen und dir helfen, weil du ein Freund bist.«

Ich trug das zusammengefaltete Blatt, von dem ein merkwürdiger Gestank ausging, vorsichtig in meiner Tasche nach Hause, und dort gelang es mir, Zwinker etwas von der Paste auf den Kopf zu schmieren, aber sie konnte den Gestank ebenso wenig ausstehen wie ich und rannte davon, so oft ich mich ihr mit dem Blatt näherte. Nachdem Njombo und zwei weitere Helfer sie festhielten, konnte ich es ihr auch auf die Beine schmieren, nur das mit der Zunge schien nicht zu klappen, und sie strampelte bei den Versuchen so wild, daß wir sie losließen.

Wir warteten darauf, daß sie sich beruhigte, holten dann ein Stück Salzstein aus dem Lager und legten es vor sie hin. Wie alle Antilopen liebte auch Zwinker Salz, und bald kam sie her, schnüffelte daran und ließ dann die rauhe Zunge darübergleiten. Ich hob den Salzstein auf und streckte ihn ihr mit der Hand hin. Zuerst schüttelte sie ungeduldig den Kopf, zwinkerte, bewegte die Ohren und rannte davon; dann hüpfte sie eine Weile fröhlich im Kreis und stieß mit den Hinterbeinen in die Luft; danach kam sie vorsichtig zurück, schnüffelte sachte an dem Salzstein mit ihrer blauschwarzen Nase und leckte einmal versuchsweise daran. Nachdem alles so war, wie es sein sollte, leckte sie heftiger, während ich sie hinter den Ohren und am Hals kraulte, und nachdem ich so ihren Argwohn beschwichtigt hatte, hielt ich ihr einen anderen Klumpen Salz hin, auf den ich etwas von der Paste geschmiert hatte. Sie schnüffelte, fuhr zurück, rümpfte die Nase und rannte mit ausgestrecktem Hals davon.

»Sie hat es nicht geleckt«, sagte ich.

»Wenn die Medizin ihre Zunge berührt hat, reicht das schon. Und das muß ja wohl der Fall gewesen sein – warum wäre sie sonst davongerannt?«

Ich war nicht ganz einverstanden damit; es konnte durchaus sein, daß sie vor dem Gestank zurückgewichen war, nicht vor dem Geschmack. Njombo dagegen war sicher, und er wußte mehr als ich über Amulette und Gerüche, also hoffte ich, daß Zwinker nun gegen die Python geschützt war. Trotzdem fand ich, daß es besser sei, wenn Robin die Python erschießt. Aber Njombo sagte: »Es wäre sehr schlecht, die Python zu erschießen. Denn dann bekämen wir keinen Regen.«

»Was hat denn die Python mit dem Regen zu tun?«

»Hast du noch nie die große Schlange mit den vielen Farben gesehen, die am Himmel liegt, wenn es regnet? Und wenn du in den Wasserfall schaust, kannst du sie auch manchmal sehen. Sie hat so viele Farben wie die Blumen, die deine Mutter im Garten gepflanzt hat.«

»Aber die Python ist schwarz«, entgegnete ich.

»Wenn sie in den Wasserfall geht, legt sie ihr buntes Kleid an. Es ist so bunt, daß es bis zum Himmel hinaufstrahlt. Wenn du die Python tot machst, gibt es keine Farben und keinen Regen.«

Robin hatte, wie ich mich erinnere, versprochen, daß er die Haut der Python Tilly schenken würde, dann könnte sie sich Schuhe oder eine Tasche daraus machen lassen. Ich war froh, daß ich ihn davor warnen konnte, denn wir brauchten den Regen für die jungen Kaffeestauden, und wenn Tilly Schuhe aus der Haut eines magischen Tiers anhätte, könnte es sein, daß sie einfach verschwand wie die Farben der Python.

20

Mrs. Nimmo war viel strenger als Tilly, was die einzuhaltenden Zeiten betraf. Um halb neun läutete sie mit einer Glocke, und ich mußte bis zehn lernen. Dann gab es eine Kakaopause; anschließend wieder Lernen bis zwölf. Dabei prüfte Mrs. Nimmo das Einmaleins und die Könige Englands, aber nicht nur das, sondern sie nahm auch noch die Könige Schottlands hinzu, bei denen es äußerst verwirrend zuging, vor allem, weil es erstaunlich viele gab. Außerdem fügte sie Lesungen aus der Bibel in meinen Lehrplan ein. Andererseits machte sie köstliche Kekse und Kleingebäck und las mir aus *Die Frau vom See* und aus *Marmion* vor, und als ich das nächstemal nach Hause ritt, um mit Robin Tee zu trinken, hatte ich den ganzen Weg die Worte ›Stürme, Chester, Stürme; vorwärts, Stanley, vorwärts‹ im Kopf.

Sie verschwanden augenblicklich durch die Nachricht, die ich schon so lange befürchtet hatte und die jetzt wie eine Sturzflut auf mich eindrang. Zwinker war fort. Sie war am Tag zuvor verschwunden. In der letzten Nacht hatte man ihr

Boma offengelassen, aber sie war nicht zurückgekehrt. Und der Verlust war keineswegs leichter zu ertragen, weil ich ihn schon immer vorhergesehen hatte.

»Zwinker ist in Sicherheit; du hast doch einen Zauber machen lassen, der sie beschützt«, tröstete mich Njombo. »Vielleicht ist sie gegangen, um sich einen *Bwana* zu suchen.«

»Komm mit mir, wir schauen uns die Destillieranlage an«, schlug Robin vor. »Sie ist beinahe fertig und weist einige Verbesserungen auf, an die noch keiner gedacht hat. Wenn alles so klappt, wie ich es erwarte, werde ich sie mir patentieren lassen.«

Die Destillieranlage erschien mir als ein wildes Durcheinander aus Röhren, Zylindern, Schläuchen und Metallgefäßen ohne irgendwelchen Sinn und Zusammenhang, und obwohl ich ein intelligentes Gesicht dazu schnitt, verstand ich nicht ein Wort von seinen Erläuterungen. Aber ich glaube kaum, daß er es bemerkt hat; die Destillieranlage war immerhin sein Werk, und wenn es Fehler hatte, würde er sie übersehen, wie bei einem eigenen Kind. Der einzige, der momentan zutage trat, war, daß sie nicht funktionierte, doch das sollte ja in nächster Zukunft anders werden.

Wir gingen am Fluß entlang nach Hause, und eine Bewegung aus der Richtung unserer Baumschule für Kaffee-Stecklinge ließ uns innehalten.

»Vielleicht ist ein Kind in den Fluß gefallen«, meinte Robin. »Wir sollten hingehen.«

Neben dem Teich unter dem Wasserfall hatte sich eine kleine Menge versammelt, und sie schauten hinüber ans andere Ufer. Unter ihnen war eine Frau, die heulte und mit hoher Stimme jammerte; anscheinend war sie am Rande eines hysterischen Anfalls. Ich wußte sofort, daß es nur die Python sein konnte, und genauso war es dann auch, obwohl ich sie zuerst nicht sehen konnte; das Reptil lag im Schatten der Felsen in einer nicht allzu tiefen Höhle. Ich sah es erst, als es sich ein bißchen bewegte, so, als wollte es sich bequemer hinlegen. Einer der *Kikuju* deutete mit seinem Hirtenspeer darauf und rief: »Schaut, könnt ihr nicht sehen, sie hat etwas Großes verschlungen, und jetzt liegt sie da mit vollem Bauch wie ein Mann, der zuviel Fleisch gegessen hat, oder eine Frau, die ein Kind trägt.«

Und tatsächlich, als ihre Umrisse deutlicher vor den dunklen, nassen Felsen zu erkennen waren, sah ich genau, daß der Leib der Schlange an einer Stelle gewaltig aufgebläht war.

Eine furchtbare Vorstellung vor Augen, packte ich Robin am Arm. »Sie hat Zwinker verschlungen«, schrie ich und brach in Tränen aus.

»Unsinn, es ist wahrscheinlich nur die Art, wie sie daliegt, es sei denn... Ich frage mich, was mit der Frau los sein mag.«

Auf seine Erkundigungen antworteten die *Kikuju* mit vielfachem Schreien und Gejammere. Die Frau war verzweifelt, die Männer waren aufgeregt, und die Python wirkte gefährlich und böse.

»Das habe ich fast befürchtet«, sagte Robin ernst. »Sie hat wahrscheinlich ihr *Toto* verschluckt... Sei still, sonst erschreckst du das Tier; bleib ruhig, ich hole das Gewehr.«

Ich wartete an der Stelle, auf die er zeigte, etwas vom Flußufer entfernt. Es war natürlich schlimm, das wußte ich, aber ich war doch irgendwie dankbar, daß nicht Zwinker das Opfer das Python geworden war, obwohl ich noch nicht ganz sicher sein konnte. Robin kam zurück als Anführer einer größeren Schar unserer Arbeiter, junger Männer mit Speeren und den langen, schmalen Schwertern der *Kikuju*. Sie gingen leise, unterließen ihr übliches Kriegsgeschrei, und einige schlichen sich flußaufwärts zu einer Stelle oberhalb des Wasserfalls, vielleicht, um der Schlange den Weg abzuschneiden, falls sie in diese Richtung flüchten sollte.

Die Python war ein Stück zurückgerutscht, lag aber immer noch auf dem Felsblock. Ich hatte sie nie so aus der Nähe gesehen. Meistens sah man nicht viel mehr von ihr als die geölte, glatte Bewegung, wenn sie ins Wasser glitt, so sachte, daß man denken konnte, die Oberfläche teile sich, um die Schlange aufzunehmen – wie sich das Rote Meer für die Kinder Israels geteilt hatte.

Robins erster Schuß dröhnte laut zwischen den Felsen, und der große Kopf der Python, breit wie ein Suppenteller, fuhr hoch, schien einen Moment in der Luft zu hängen, und die Augen suchten den Angreifer. Diese Pause geriet ihr zum Verderben: Robins zweiter Schuß war ein Volltreffer. Der Kopf sank nach unten, der Körper wand sich und schlängelte sich auf den Felsen wie die Flüssigkeit in einem großen Hexenkessel, der am Überkochen war, oder wie ein riesiger Wurm des Verderbens, den die Finsternis der Erde aus ihren Höhlen spie. Die *Kikuju* warfen ihre Decken ab und rannten nackt ins Wasser, damit die Schlange nicht hineinfiel und unterging, aber sie berührten sie erst, als sich die glitschigen Windungen nicht mehr bewegten. Dann zogen sie die Python über die Böschung herauf und streckten den Körper gerade aus: Da, ziemlich in der Mitte, war er gewaltig aufgedunsen, und es sah aus wie eine riesige Perle an einer Schnur.

Die *Kikuju* begannen die Python auf der hellen Unterseite aufzuschlitzen, als ob sie einen Fisch ausnehmen müßten. Wie sauber und schön waren die kleinen, hornigen Schuppen, und eine jede schloß sich so dicht an die nächste an, daß daraus ein perfekter Kettenpanzer entstand. Die Schlange zitterte, während ihre Eingeweide durch den Schlitz drangen, als ob sie noch lebte. Die schwarzsilberne Haut war so eng über die Ausbuchtung gezogen, daß man es kaum für möglich hielt und eigentlich damit rechnete, daß sie platzen müßte. Ein schneller, erfahrener Schnitt mit einem Messer befreite das, was die Schlange verschlungen hatte. Ich sah etwas Schwarzes, aber dann schloß sich eine Mauer von Neugierigen vor mir. War es das Bein eines Kindes, oder eben doch ein schwarzer Huf, ein schlankes, dunkelhaariges Antilopenbein? Ich wandte mich um; mir wurde schlecht, und dazu hörte ich das langgezogene »Iiiiih« und »Ei-ei-ei-ei-ei« der *Kikujus*. Dann hörte ich Robin ausrufen: »Wenn ich es nicht mit eigenen Augen sehen würde, ich könnte es nicht glauben!«

Sie hatten eine Ziege befreit, die völlig unverletzt war, ohne einen Kratzer oder eine Wunde, und wenn die Python ein wenig früher erschossen worden wäre, dann hätte die Ziege vermutlich davonrennen können. Tatsächlich war sie tot, vermutlich erstickt, aber sie mußte noch gelebt haben, sagte Robin, nachdem die Schlange sie verschluckt hatte, und sie hatte vermutlich im Magen der Python wild gestrampelt.

»Siehst du, du sollst dir nicht immer Sorgen machen über das, was noch gar nicht passiert ist«, riet mir Robin. »Zwinker ist vermutlich in Sicherheit irgendwo in unserer Nähe und erfreut sich ihres Lebens, ebenso wie das Kind dieser blöden *Kikuju*frau.«

Drei Männer waren nötig, um die Schlange den Hügel hinaufzuschleppen, wo sie enthäutet und die Haut zum Trocknen in der Sonne gespannt wurde. Ich wollte nicht daran denken, daß Robin den Regenbogen erschossen hatte, aber als ich Njombo fragte, ob man die Farben nun nie mehr am Himmel sehen würde, antwortete er etwas vage, daß das ja nicht die einzige Schlange war und vielleicht alles wieder so sein würde wie zuvor.

Ich fragte: »Warum hat denn die Frau gedacht, die Schlange hätte ihr *Toto* verschlungen? Ist es in Sicherheit?«

»Sie hat das gar nicht gedacht. Aber sie hat ein Baby in ihrem Bauch. Wenn eine Frau in einem solchen Zustand eine Schlange sieht, bedeutet das großes Unglück, denn das Baby gehört dann der Schlange, die es eines Tages abholen wird; deshalb hat sie geheult.«

Ich begann zu begreifen, daß es noch eine Dritte Welt geben mußte, die dahinterlag, oder vielleicht innerhalb der beiden Welten, die ich bereits kannte, und mit denen sie sich vermischte: die Welt der *Kikuju* und die unsrige. Und diese dritte war eine Welt, erfüllt von Schlangen und Regenbogen, von Geistern und Gespenstern, von Ungeheuern und Amuletten, eine Welt, die eigenen Gesetzen folgte und die doch wie ein Felsblock, der durch Erde und Pflanzen nach oben ragte, in die unsere hereinreichte, so daß sie immer da war, unter der Oberfläche. Eine Welt, die mir fremd erschien; die *Kikuju* dagegen waren in ihr zu Hause.

Jede Nacht betete ich darum, daß Zwinker gerettet würde. Ich hatte Vertrauen in den Zauber, aber ich war mir noch immer nicht sicher, ob er richtig angewendet worden war. Bei solchen Dingen mußte alles ganz genau gemacht werden, und wenn ein Zauber oder ein Amulett nicht wirkte, dann kam es daher, daß irgend etwas bei seiner Anwendung nicht stimmte.

Ein paar Tage später kam Njombo und berichtete: »Ich hab' eine Neuigkeit für dich. Dort oben ist eine Antilope«, er deutete mit dem Kinn in Richtung Reservat, »die könnte vielleicht Zwinker sein. Möchtest du nicht nachsehen?«

Mrs. Nimmo erlaubte nicht, daß ich mit Njombo ins Reservat ritt, aber ich bettelte bei Robin, und er entschloß sich etwas zögernd, selbst mitzukommen. Wir folgten dem gewundenen Pfad den Hang hinauf, der zu Kupanya führte, aber als wir etwa die Hälfte der Strecke hinter uns hatten, bogen wir ab und hielten bei einem Dorf, dessen Bewohner Njombo eine Weile im Gespräch festhielten. Schließlich führte uns ein älterer, in eine Decke gehüllter Mann zu ein paar *Shambas* und dann den Berg hinauf zu einem großen Felsvorsprung, und er kletterte mit affenartiger Beweglichkeit ganz hinauf. Die Schatten des Abends lagen bereits dunkel über dem Tal, aber der Felsen hatte die Wärme des Tages gespeichert, die Wärme des Lebens, als wenn es das lebendige Fleisch der Erde wäre.

Unser Alter zeigte über den Fluß hinüber und sagte etwas in der *Kikuju*sprache, und Njombo übersetzte. »Er sagt, daß jeden Abend zwei Antilopen zum Ufer des Flusses kommen.«

»Aber wieso glaubt er, daß eine von ihnen Zwinker ist?«

»Die Besitzer der *Shambas* haben Fallen aufgestellt, und diese Antilopen gehen nicht hinein. Ein Mann hat einen Speer danach geworfen, er war so nah wie bis zu diesem Baum, und der Speer ist abgelenkt worden.«

Es war genau das, was ich befürchtet hatte: die Feindseligkeit der *Kikuju* war gegen Zwinker gerichtet, und dagegen konnte kein noch so wirksamer Zauber etwas ausrichten.

»Sie werden sie töten«, sagte ich tiefbetrübt.

»Dieser Mann sagt, daß die Medizin sehr wirksam ist.«

Wir warteten etwa eine halbe Stunde, während Schatten wie dunkle Flecken die Hänge heraufkrochen und das Gold und Kastanienrot und Kupfer auslöschten, in das die Baumstämme und die *Shambas* getaucht waren; sie sogen das Papageiengrün aus dem jungen Mais und den Bohnenplantagen wie man Wein aus einer Flasche saugt, und danach war alles trübe und leer. Doch das tiefe Purpur der Schatten verlieh dem Tal einen ganz eigenen Reiz. Frauen kamen vorbei, fast nicht zu sehen unter riesigen Körben mit Süßkartoffeln, auf dem Weg nach Hause, um die Schafböcke zu füttern, die in ihre rauchigen Hütten eingesperrt waren, wo sie unter den hölzernen Plattformen, welche die *Kikujus* als Lagerstätten benutzten, gemästet wurden. Endlich zeigte der Alte hinüber über den Fluß und sagte: »Schaut!«

Im Schatten der Dämmerung bewegten sich zwei dunklere Gestalten über ein flaches, grasbewachsenes Stück Land vor dem Ufer. Sie gingen ruckartig, blieben oft stehen, um zu lauschen, und eine davon zupfte hier und da an einem Grashalm, so wählerisch wie eine Königin, die Blumen für ihren Liebsten pflückt. Die eine Antilope hatte zwei deutliche Punkte auf den Brauen. War die andere meine Zwinker? Wie hätte ich das sagen können? Doch selbst auf diese Entfernung und in der hereinbrechenden Dunkelheit fühlte ich, daß ich sie erkannte, und sei es an der Anmut ihrer Bewegungen und der stolzen Haltung ihres Kopfes. Während ich sie beobachtete, blieb sie stehen, witterte, und ich hätte geschworen, sie schaute zu mir herüber, als sagte sie: ›Ich sehe dich, ich kenne dich, aber obwohl ich dich nicht vergessen werde, kann ich nicht zurück zu dir, denn ich bin in die Freiheit gegangen, die mein Erbe ist.‹

»Ich muß hinüber und sie rufen«, sagte ich.

»Sie wird davonlaufen«, warnte mich Njombo. »Sie gehört jetzt ihrem eigenen *Bwana* und nicht mehr zu deinem Haus.«

Dennoch lief ich den Hügel hinunter, und als ich dicht vor dem Fluß in eine Bananenplantage eintauchte, sah ich die beiden stocksteif am anderen Ufer stehen. Die Bananen verhüllten danach eine Weile den Blick, und dann mußte der Fluß auf Tretsteinen überquert werden. Schließlich erreichte ich das andere Ufer, ging die steile Böschung hinauf und stand am Fuß der Anhöhe, auf der vorhin die Antilopen gestanden und gegrast hatte. Jetzt war alles still und leblos; die Antilopen waren verschwunden, die Sonne zog sich von den Bergrücken zurück, und die Perlhühner stießen in den *Shambas* ihre Schreie aus.

Ich rief nach Zwinker, aber meine Stimme klang fremd und schwach – ein Ton, der nirgendwo hingehörte und der nicht in das uralte Geheimnis des Tals eindrang: Wasser, das über Steine plätscherte, ein leises Zischen der Bananenwedel, Ziegelglöckchen aus der Ferne, das Schnattern eines Perlhuhns, der Ruf einer Spottdrossel. Jetzt wußte ich, daß es keinen Sinn hatte, Zwinker zu folgen, und daß das Band des Vertrauens für immer gerissen war.

Schweigend ritten wir über das dunkle Land. Moyale hatte es eilig und bäumte sich sogar ein paarmal, weil er zur Abendfütterung zurück sein wollte im Stall. Von da an erwähnte ich Zwinker nicht mehr, ebensowenig wie Robin, aber als er das nächste Mal in Nairobi war, brachte er mir ein neues Malbuch und ein Buch über Buffalo Bill mit.

Und Njombo schenkte mir kurz danach ein Körbchen, das mit Blättern zugedeckt war, und drinnen waren fünf winzige gesprenkelte Flaumbällchen mit Beinen, dünner als

Streichhölzer, und hellen Augen wie Nadelköpfe. Es waren Perlhuhnküken, warm und kuschelig, wenn man sie in der Hand hielt. Mrs. Nimmo legte sie einer Bruthenne unter, in einem Käfig, der mit Drahtgitter verschlossen war, um die Küken und die Henne vor den Habichten und anderen Raubvögeln zu schützen.

»Das wird ein feines Essen«, sagte sie und betrachtete die kleinen Wesen mit leuchtenden Augen in einer Mischung aus Zuneigung und Gier. In diesem Moment haßte ich sie. Aber sie war nett zu mir und hatte mir ein Kleid gemacht aus einem Stoff, den sie eigens aus Nairobi hatte kommen lassen und an dem sie nur abends im Licht der Safarilampe arbeitete, damit es eine Überraschung für mich war. Das Kleid war liebevoll mit kleinen Blümchen bestickt und mit einem Hohlsaum verziert, also eigentlich ein sehr schönes Kleid.

»Es wird allmählich Zeit, daß man dich zur jungen Lady erzieht, nicht zur Wilden«, sagte Mrs. Nimmo. Ich freute mich über das Kleid, aber zugleich war ich eingeschüchtert davon, wie von Tillys Ohrringen, die schön, aber wenig nützlich waren, und ich erklärte: »Ich weiß nur nicht, wann ich es tragen soll.«

»Siehst du, genau das ist es, was ich meine. Hier ist nicht der richtige Ort für ein Kind. Ich bin sicher, wenn erst die Kaffeeernte verkauft ist, wird dich dein Vater nach Hause schicken.«

Und ich war dem Himmel dankbar dafür – sehr im Gegensatz zu Tilly und Robin –, daß es noch Jahre dauern würde, bis die erste richtige Kaffeeernte eingebracht werden konnte und alle reich wurden davon.

21

Obwohl er noch keine zwei Jahre in Afrika war, machte Alec Wilson schon den Eindruck eines erfahrenen Siedlers, denn er arbeitete schwer, war gründlich und warf sich nicht mit blindem Enthusiasmus auf jedes neue Projekt. Robin zum Beispiel war durch einen Landsmann, einen Schotten, auf die Pflanzung von Geranien gebracht worden. Der Schotte hatte in einer einzigen Saison Abertausende von Stecklingen gepflanzt, und eine Destillieranlage importiert und aufgebaut, mit der aus der anfallenden Ernte große Mengen von Geraniumöl zur Seifen- und Parfümherstellung gewonnen werden sollte. Zuerst hatten sich die Geranien dieses Optimisten prächtig entwickelt, aber ein paar Wochen vor der Ernte vernichtete eine unbekannte Krankheit die ganze Pflanzung. Alec wäre nie auf so etwas hereingefallen. Er legte für alles erst einmal ein Experimentierfeld an und rechnete nicht damit, sein Geld mit der Farm vor Ablauf von zwanzig Jahren gemacht zu haben.

Jetzt hatte er einen Lehrling genommen, was durchaus nützlich war, denn hier war es Brauch, daß die Lehrlinge eine beträchtliche Prämie für den Vorzug bezahlten, den Beruf des Farmers lernen zu können. In den ersten sechs Monaten waren sie in der Regel ziemlich nutzlos, weil sie noch kein Kisuaheli verstanden, aber danach konnten sie zu einer wertvollen Hilfe auf der Farm werden.

Alec brachte seinen Lehrling eines Tages mit zu Mrs. Nimmo. Er war ein großer, dunkelhaariger junger Mann von achtzehn Jahren namens Edward Rivett, mit vertrauenswürdigen braunen Augen, hohen Backenknochen und einer zarten rosa-weißen Haut, die noch nicht von der Sonne gebräunt war. Das dauerte erfahrungsgemäß einige Zeit, denn die Hüte, Mützen und Tropenhelme, die ein jeder trug, hatten so breite Krempen, daß die Sonne nur selten das Gesicht erreichte. Ja, Edward Rivett bat sogar ein wenig scheu um die Erlaubnis, seine Mütze auch während des

Lunchs im Haus aufbehalten zu dürfen, weil das Haus ein Wellblechdach hatte. Er war bereits Lehrling bei einem anderen Farmer gewesen, und der hatte ihn davor gewarnt, seine Mütze oder den Helm im Haus abzunehmen, es sei denn, das Haus hatte richtige Zimmerdecken; das Wellblech schirmte die Sonnenstrahlen angeblich nicht völlig ab.

Er war ein scheuer, höflicher junger Mann mit einer sanften Stimme, der nur sprach, wenn man ihn anredete, aber die Fragen, die man ihm über die Arbeit auf der vorherigen Farm stellte, in einer so trockenen, präzisen Weise beantwortete, daß wir darüber lachen mußten. Sein ehemaliger Lehrherr hatte Strauße gezüchtet. Als Edward dort angekommen war, hatte ihn der Farmer bei Tagesanbruch mit einem Feldstecher auf die Hügel geschickt, von wo aus er die Straußenhähne beobachten sollte, wenn sie ihre Nester verließen, um hinunterzulaufen in die Steppe, was kurz nach Sonnenaufgang geschah. Strauße wechseln sich beim Brüten ab; die Hähne brüten nachts, die Hennen bei Tag – deshalb sind die Hähne schwarz und die Hennen grau. Gegen acht Uhr mußte er dann hinuntergehen und die Nester, die er gesehen hatte, mit Stangen markieren. Später verscheuchten Eingeborene die Hennen, um ihre Nester zu berauben, und die riesigen Eier, von denen ein jedes genügend Omelettes für zwanzig Personen geliefert hätte, kamen in den Brutkasten.

Niemand konnte Strauße leiden, weil sie launisch und bösartig waren und einem Mann die Knochen brechen konnten, wenn sie mit ihren nackten, muskulösen Fußballerbeinen um sich schlugen; aber bis vor etwa einem Jahr waren die Federn sehr wertvoll gewesen. Dann war der Preis abrupt gefallen, weil sich die Damenmode durch die zunehmende Motorisierung, die die Federhüte nicht gerade begünstigte, völlig verändert hatte.

Alec gewann mit Edward Rivett einen wahren Schatz, denn der junge Mann konnte bereits ein wenig Kisuaheli und verfügte außerdem über einen vernünftigen Schädel, so daß

Alec schon kurz nachdem Edward zu ihm gekommen war, ein paar Tage nach Nairobi fahren und die Farm seinem Lehrling überlassen konnte. Während seiner Abwesenheit erreichte der Ärger, der sich zwischen Mr. Roos und den Eingeborenen aufgestaut hatte, einen Höhepunkt.

Es hatte damit begonnen, daß einige der Rinder von Mr. Roos verschwanden, und obwohl er sich ziemlich erregt darüber beim Distriktsverwalter in Fort Hall beschwerte, entdeckte man keinen Hinweis auf den Schuldigen. Daraufhin entließ er seine Viehhirten und stellte andere ein, doch die Diebstähle nahmen kein Ende und wurden so raffiniert ausgeführt, daß er, obwohl er mehrere Nächte aufgeblieben war – was ihm nichts ausmachte, weil er es von der Löwenjagd her kannte –, noch niemanden auf frischer Tat erwischt hatte. Er versuchte es mit dem Aussetzen einer Belohnung, aber obwohl ein paar Leute kamen und ihm wilde Geschichten erzählten, hielten diese einer genaueren Überprüfung nicht stand.

Einen Tag, nachdem Alec nach Nairobi geritten war, verschwanden nachts fünf der besten Kühe aus dem *Boma* von Mr. Roos. Zwei Wachleute hatten angeblich aufgepaßt, aber beide gaben schließlich zu, daß sie eingeschlafen waren. Sie wurden verprügelt und gefeuert, und Mr. Roos packte eine kalte, entschlossene und gnadenlose Wut. Er fuhr in das Reservat, um mit Kupanya zu sprechen, der abstritt, irgend etwas darüber zu wissen. Mr. Roos drohte dem Häuptling damit, alle Hütten im Reservat niederzubrennen, wenn ihm die Diebe nicht vor Sonnenuntergang des nächsten Tages vorgeführt würden. Mr. Roos war ein Mann, der seine Drohungen meistens wahrmachte, und als Robin davon erfuhr, erklärte er, daß es töricht sei, Recht und Gesetz auf diese Weise selbst in die Hand zu nehmen. Ein Mann namens Russell Bowker, dem die *Massai* im Lauf der Zeit fünfhundert Schafe gestohlen hatten, war in ihr Reservat geritten und hatte ein *Manyatta* niedergebrannt; dafür war er verhaftet und eingesperrt worden, allerdings wurde die Haftstrafe später zu einer Geldstrafe abgemildert.

»Es mag ja stimmen«, meinte Robin, »daß diejenigen, die dafür bezahlt werden, die Gesetze zu hüten, ihren Auftrag nur sehr mangelhaft erfüllen, aber sie wehren sich entschieden dagegen, daß andere das tun, was sie nicht fertigbringen. Sicher, ist es bitter und unfair, es ist vielleicht sogar ein Skandal, aber wenn Roos nicht aufpaßt, landet er im größten Schlamassel.«

An diesem Nachmittag, als ich bei Robin zu Besuch war, traf Mr. Roos in äußerst aufgebrachter Stimmung bei uns ein und erklärte, er sei gar nicht sicher, ob diese Diebstähle wirklich auf das Konto der *Kikuju* gingen.

»Ihre *Massai*«, sagte er, »woher wollen Sie wissen, daß sie letzte Nacht in ihren Hütten geschlafen haben? Dieser Vorarbeiter, Sammy – Sie lassen ihm zuviel Freiheit. Mann, dem traue ich nicht weiter als einem Maultier, das mich tritt, wenn ich mich umdrehe!«

»Sammy hat auf keinen Fall irgend etwas damit zu tun«, erwiderte Robin entrüstet.

»Bewachen Sie vielleicht seine Hütte? Er ist ein ganz Schlauer, dieser Sammy. Eine große Herde in seinem eigenen Land, viel Lohn hier bei Ihnen, gut Freund mit den *Kikuju*, also genügend Gelegenheit, um gestohlenes Vieh zu verstecken – ich traue ihm nicht, Mann. Jeder *Massai*, der eine Rinderherde sieht, sagt sich: ›Gott hat mir alle Rinder dieser Welt gegeben, und jetzt hole ich sie mir.‹ Und was die Polizei betrifft, die ist mir egal.« Er schnippte mit den Fingern, und Robin versprach, mit Sammy zu reden, fügte aber hinzu, er selbst habe noch kein einziges Stück Rind verloren. Er wußte, daß es zwischen den beiden schon seit längerer Zeit böses Blut gab, und nahm an, daß Roos versuchte, sich auf diese Weise an Sammy zu rächen.

»Und fragen Sie gleich auch noch den anderen *Massai*,

diesen Koch«, fügte Mr. Roos hinzu. »Wenn man sich *Massai* hält, kann man sich auch gleich Ratten halten.«

Es stimmte, daß sich auf der Farm eine kleine Zelle von Angehörigen des *Massai*-Stammes gebildet hatte. Juma war schon vor längerer Zeit zurückgegangen nach Nairobo; er war uns nur aus Gefälligkeit für den Anfang zur Verfügung gestellt worden, denn eigentlich war er ein Stadtmensch; außerdem konnten sich Tilly und Robin seinen hohen Lohn nicht leisten, daher waren alle erleichtert, als er uns verließ. Eine Weile führte der von Juma ausgebildete Küchen-*Toto* den Haushalt recht gut, aber dann mußte er fort zur Beschneidung, und sein Platz wurde einige Zeit von verschiedenen Zugvögeln besetzt, die zum Teil kaum wußten, wie man Eier kocht.

Eines Tages, als Tilly durch einen noch nicht gerodeten Teil unseres Grundstücks ritt, trat ein großer, rot bemalter *Massai*, der laut Tilly pudelnackt war – in Wirklichkeit trug er das kleine, kurze Röckchen der Krieger, das nur bis kurz über die Taille fiel –, aus dem Busch und hob seinen Reisespeer. Tillys Pony erstarrte und wieherte, und sie schaute ihn überrascht an. Es war immerhin eine ziemliche Strecke von hier bis zum *Massai*-Land, und Tilly hatte noch nie einen Krieger erlebt, der sich allzu weit von seiner Heimat entfernte. Er schien allein zu sein, gehörte also nicht zu einer Bande von Viehdieben, und er brachte den üblichen Gruß vor, »Jambo!«, im klaren Ton des Kriegers.

Sie erwiderte den Gruß. »Das ist die *Shamba* meines *Bwanas*. Was willst du?«

»Ich will euer Koch sein«, antwortete der Krieger.

Selbst Tilly war überrascht. »Kannst du denn kochen?« fragte sie.

»Ich habe zwei Jahre lang siebenhundert Ziegen gehütet.«

Das war ihr damals, wie sie berichtete, als durchaus passende Antwort erschienen. »Es hatte nicht viel Sinn, ihn nach der Backform zu fragen, die er für Käseomeletts bevorzugte, oder ob sein Blätterteig auch luftig genug war. Sein

Repertoire würde zweifellos vor allem aus gesäuerter Milch mit Blut bestehen, und zur Abwechslung aus einem rohen Steak, das ja meines Wissens sehr gesund ist. Jedenfalls schien er entschlossen zu sein, zu uns zu kommen, und lief hinter dem Pony her bis zum Haus, daß seine Zöpfe im Wind flogen.«

Er war kein guter Koch, aber er hatte, wie sich zeigte, eine gewisse Ausbildung erfahren, und er war willig, freundlich und zum Lernen bereit. Nach einer Weile brachte er eine Frau und einen Bruder her, der sich um das Vieh kümmerte, dazu einen weiteren Verwandten, der wußte, wie man Zitrusbäume veredelte. Sammys Sohn war mit nur einem Arm und einem schrecklich vernarbten Gesicht aus dem Krankenhaus zurückgekehrt und bekam einen Job im Garten, so daß unsere kleine *Massai*-Kolonie wuchs. Normalerweise arbeiteten die *Massai* niemals für die Europäer, es sei denn als Viehhirten, aber ich glaube, daß Sammys sämtliche Verwandten *Kikuju*-Blut in sich hatten, und daher waren sie anpassungsfähiger.

Mr. Roos blieb von nun an jede Nacht wach, um sein Vieh zu behüten, und Edward Rivett bot ihm seine Hilfe an, vermutlich, weil er in dem Alter war, wo ihm jedes Abenteuer willkommen schien.

Zu der Zeit gab es häufig Meinungsverschiedenheiten zwischen den Farmern und der Regierung wegen der Viehdiebstähle. Die kleine, weit verstreute Polizeiorganisation konnte den Besitz der Farmer nicht schützen, aber wenn sich die Farmer selbst schützten und dabei drastische Mittel anwandten, wurden sie verhaftet und verurteilt wie Russell Bowker oder Galbraith Cole, der nach einer Reihe von Schafdiebstählen einen Mann auf frischer Tat ertappte und den Dieb erschoß, als er flüchten wollte. Cole wurde wegen Totschlags angeklagt, und als ihn die nur aus Farmern bestehenden Geschworenen freisprachen, setzte sich der Gouverneur über ihren Spruch hinweg und verwies den Mann des Landes. Alle Farmer standen auf seiner Seite, doch das half ihm wenig, obwohl es hieß, er sei der beste Viehzüchter in ganz Ostafrika gewesen, und obwohl Lord Delamere sein Schwager war. Robin warnte Edward Rivett, sich nicht zu einer solchen Tat verführen oder hinreißen zu lassen, weil er sonst in ähnliche Schwierigkeiten kommen würde.

Einige Nächte lang geschah nichts, da die Räuber natürlich wußten, wie streng das Vieh jetzt bewacht wurde. Bei Tag ritt Mr. Roos hinunter in die Steppe und ins *Massai*land, um nach Spuren von Rinderherden zu suchen, die dorthin unterwegs waren, aber seine Suche war aussichtlos; hundert Flußläufe, Trockenbetten und kleine Täler boten ausreichend Schutz für ein paar Stück Vieh, ja, sogar für ein paar hundert. Mr. Roos bekam rotgeränderte Augen vom fehlenden Schlaf, und auf seinen Wangen sproß ein struppiger Bart, während Edward Rivett nicht mehr rosig, sondern sehr blaß aussah und die langen Nächte alles andere als aufregend fand. Mrs. Nimmo hatte ihr Herz für ihn entdeckt, machte ihm Sandwiches und Kleingebäck und bereitete ihm eine Thermosflasche mit heißer Suppe, die er mitnehmen konnte in sein Versteck beim *Boma* von Mr. Roos Rindern.

Inzwischen war die Zeit gekommen, in der wie die *Kikuju* sagen, der Mond für drei Tage stirbt, bevor er als schlanke, auf dem Rücken liegende Jungfrau neu geboren wird, die rasch zu mütterlicher Fülle heranwächst, um bald danach wieder dahinzuwelken. Der Himmel war bestückt mit unzähligen Sternen, die so dicht nebeneinanderstanden wie die Nadel eines Stachelschweins, so daß trotz des fehlenden Mondes ein schwaches Licht die Erde erhellte, das in den Weiten des Nordens noch stärker war, aber hier wie dort mehr täuschte als dem Auge diente.

Vielleicht waren die Diebe genau wie Edward Rivett auf spannende Abenteuer aus, vielleicht verachteten sie auch nur die Europäer, die ihr Vieh bewachten, und machten es sich zum Vergnügen, sie herauszufordern. Sie müssen sich zum

Boma geschlichen und so leise gearbeitet haben, daß sie in die Dornenhecke eindringen konnten, ohne das Vieh zu beunruhigen. Jedenfalls gelang es ihnen irgendwie, drei Kühe hinauszuschmuggeln und wegzubringen. Mr. Roos und Edward Rivett wechselten sich mit Wachen und Schlafen ab. Edward Rivett hatte Wache, aber er mußte etwas eingedöst sein; als ihn ein Geräusch weckte, konnte er gerade noch sehen, wie eine dunkle Gestalt im Busch verschwand. Sofort feuerte er hinter dem Schatten her, zielte aber auf den Boden. Er hörte ein Grunzen oder Schreien, dann brach ein Pandämonium aus von Leuten, die herumrannten und brüllten, während das Vieh zu fliehen versuchte. Edward Rivett, Mr. Roos und die Herde stürmten durch den Busch, wobei die beiden Männer den Rest der Nacht nach den Dieben suchten, aber denen war es wieder einmal gelungen, davonzukommen, und man mußte bis Tagesanbruch warten, um ihre Spur verfolgen zu können.

Als es hell wurde, fanden sie Blut auf dem Gras. »Sie haben ihn erwischt, Mann«, sagte Mr. Roos befriedigt. »Jetzt können wir seiner Spur folgen.«

Die Blutspur setzte sich noch ein kleines Stück fort, dann brach sie plötzlich ab. Und obwohl sie den ganzen Vormittag suchten, konnten sie die Stelle nicht entdecken, wo das Vieh den Fluß überquert hatte, um hinunterzukommen auf die Ebene. Wenn aber die Räuber und ihre Beute auf unserer Seite des Flusses geblieben wären, dann hätten sie vorbei an anderen Farmen zur Mündung des Flusses in den Thika kommen müssen, wären also in die Umgebung des Blue Post Hotels gekommen und hätten sich damit der Zivilisation eher genähert als von ihr entfernt.

Edward Rivett sagte nicht viel, aber er machte sich Sorgen und wiederholte mehrmals: »Hoffentlich habe ich den Burschen nicht getötet... Ich hätte über seinen Kopf in die Luft feuern sollen statt auf den Boden...«

Mrs. Nimmo, bei der er seine Mahlzeiten einnahm, solange Alec fort war, tröstete ihn, so gut sie konnte. Wenn der Räuber getötet worden wäre, dann hätten sie seinen Leichnam gefunden; so, wie die Dinge lagen, wagte er es nicht, gegen ihn Klage zu erheben und damit zuzugeben, daß er ein Viehdieb war. Bei den Eingeborenen galt für dieses Verbrechen wie seit eh und je die Todesstrafe; sie nahmen einfach nicht zur Kenntnis, wie leicht das neue britische Gesetz eine Tat bewertete, die zum Schlimmsten zählte, was einer tun konnte, abgesehen vom Verhexen seiner Mitmenschen.

Am Tag danach traf Robin mit düsterer Miene bei Mrs. Nimmo ein und rief sie nach draußen. Sie sprachen ein paar Sekunden miteinander, dann schoß Mrs. Nimmo durch das Wohnzimmer und erklärte, sie würde sofort kommen und ihre Erste-Hilfe-Tasche mitbringen.

»Aber sagen Sie niemandem ein Wort«, warnte er sie.

»Strengstes Stillschweigen, das ist doch klar. Wissen Sie, ich will nicht an einer Sache teilhaben, die nicht anständig und nicht hasenrein ist, aber wir wissen ja nicht mit Sicherheit, daß es etwas zu tun hat mit – na ja, Sie wissen schon. Ich bin gleich fertig.«

Noch vor einer Woche hätte ich mich um Zwinker geängstigt, wie mir zu meinem Kummer klar wurde, aber jetzt, wo sie fort war und niemand helfen konnte, wenn ihr etwas zustieß, interessierte mich das Ganze nur noch wenig, und ich fragte nicht einmal danach, wer denn verletzt worden war.

An diesem Tag kehrte Alec aus Nairobi zurück, und er und Edward Rivett kamen zum Abendessen zu Mrs. Nimmo. Ich wurde zu Bett geschickt, aber erst, nachdem ich den Kern der Ereignisse aus ihren Gesprächen mitbekommen hatte. Mrs. Nimmo war zu uns hinübergeritten, um Andrew, unseren *Massai*-Koch, zu verbinden, der sich am Fuß verletzt hatte. Er hatte ziemlich viel Blut verloren, aber man nahm an, daß er durchkommen würde, es sei denn, die Wunde wäre durch Gangrän infiziert.

»Vielleicht sollte ich es doch melden«, schlug Edward Rivett in düsterem Ton vor.

»Ach, und was würde das nützen?« rief Mrs. Nimmo. »Man würde Sie vor Gericht zerren und das unterste nach oben kehren. Und Andrew würde wegen Viehdiebstahls der Prozeß gemacht, und wahrscheinlich würde man auch noch Sammy in die Sache hineinziehen, und am Schluß kämen alle ins Gefängnis, und was hätten wir davon, frage ich? Mr. Roos wird seine Rinder doch nicht zurückbekommen.«

»Doch, ich wette, das wird er«, bemerkte Alec. »Er wird sie zurückbekommen, und wenn er bis ins *Massai*-Reservat reiten und jede einzelne Kuh zwischen der deutschen Grenze und dem Mara-Fluß überprüfen muß«.

»Er darf es auf keinen Fall erfahren«, sagte Mrs. Nimmo. »Wenn er von Andrews Verletzung hört, wird er keine Ruhe mehr geben, und dann landen wir alle in größten Schwierigkeiten.«

»Wir sollten lieber etwas Gutes essen, solange wir das noch können«, schlug Alec vor. »Ich habe gehört, im Gefängnis von Mombasa spielt man recht gut Bridge.«

Jetzt wußte ich ein Geheimnis, das Mr. Roos nicht wußte, ganz zu schweigen von der Polizei und der Behörde, aber es interessierte mich nicht sonderlich, und ich behielt das Geheimnis für mich. Andrew kam für einige Zeit nicht aus seiner Hütte, und Robin lebte von Konserven, steinhartem Brot und Tee, der wie Epsom-Salz schmeckte – das alles ›zubereitet‹ vom Küchen-*Toto*.

Mr. Roos setzte die Suche nach seinen Rindern auf den Ebenen, in der Steppe und im Reservat fort; er nahm Kupanya ins Kreuzverhör, er besuchte den Distriktsverwalter und er beschuldigte die italienischen Patres, den verletzten Dieb in ihrem kleinen, primitiven Krankenhaus behandelt zu haben. Alles vergebens.

Robin teilte Sammy mit, daß er die Farm innerhalb eines Monats verlassen müsse. Er konnte ihm natürlich nichts nachweisen, und Sammy war ein wandelndes Denkmal verletzter Unschuld. Er würde ebenso wenig an einem Viehdiebstahl teilnehmen wie er bereit wäre, sich selbst zu blenden oder Robin das Herz herauszuschneiden oder König George zu verfluchen. Von da an erledigte er seine Arbeiten mit der Geduld des Märtyrers angesichts der großen Ungerechtigkeit, und Robin sprach eine Weile nur in ziemlich mürrischem Ton mit ihm. Dabei stand fest, daß ihn Robin keineswegs entbehren wollte, und Sammy wollte auch nicht gehen, daher wußten beide im Grunde, daß zuletzt doch alles so bleiben würde, wie es war.

Einige Wochen später, als Robin in Thika war, reichte ihm der indische Stationsvorsteher ein Papier, das er Mr. Roos geben sollte. Robin tat es, sobald er unseren nächsten Nachbarn sah, und der schaute das Papier an und erklärte: »Ich habe keine Ahnung, wofür das sein soll.«

»Es ist ein Frachtbrief der Eisenbahn«, antwortete Robin und schaute den Zettel genauer an. »Für ein paar Rinder, die Sie per Bahn nach Nairobi geschickt haben.«

»Aber ich habe keine Rinder nach Nairobi geschickt!« Mr. Roos beäugte das Papier so argwöhnisch, als habe es selbst diese offensichtliche Lüge erfunden.

»Die Eisenbahn ist jedenfalls der Meinung, aber natürlich macht man dort täglich Fehler. Vielleicht reden Sie einmal mit dem Stationsvorsteher.«

Das nahm sich Mr. Roos vor, und dazu ritt er am Tag danach zornbebend hinüber nach Thika.

»Die Rinder sind von einem Eingeborenen aufgeladen worden«, schrie er Robin nach seiner Rückkehr an.

»Und was soll daran so schlimm sein?«

Mr. Roos hielt Robin einen zweiten Frachtbrief unter die Nase. »Da, die Daten auf den Papieren! Ich habe niemals Rinder verladen lassen! Diese gottverdammten ...« fluchte er. Die Daten auf den Frachtbriefen entsprachen den Daten der beiden Rinderdiebstähle, das heißt, sie waren jeweils am Tag danach ausgestellt.

Es war nicht richtig von Robin, aber er konnte sich nicht

mehr beherrschen, platzte heraus vor Lachen und war längere Zeit nicht in der Lage, damit aufzuhören. Mr. Roos hätte ihn fast erschlagen vor Wut. Ein Wunder, daß er es nicht wirklich getan hat, aber er ballte nur die Fäuste, knirschte mit den Zähnen und ritt davon.

Das war natürlich noch nicht das Ende der Geschichte. Sammy, Andrew – der behauptete, sich den Knöchel gezerrt zu haben –, alle unsere Hirten und viele anderen wurden danach gruppenweise zur Station geschickt, wo man sie dem Inder gegenüberstellte in der Hoffnung, er könne die Schuldigen erkennen, die ihm das Vieh gebracht und auf den Eisenbahnwaggon geladen hatten. Aber der Stationsvorsteher konnte niemanden identifizieren.

Wenn man es sich genau überlegte, hatten die Diebe das Naheliegende getan. Sie hatten ihre Beute einfach zur Station getrieben und sie dort im Namen von Mr. Roos verfrachtet, ganz offen und frech, und der einzige Ort, wo Mr. Roos nicht gesucht hatte, waren das Dorf und der Lagerplatz des kleinen Bahnhofs gewesen. Am Bahnhof von Nairobi hatte irgend jemand das Vieh ausgeladen, anschließend wahrscheinlich in das *Massai*-Reservat getrieben, und dort befand es sich jetzt, in einem *Manyatta*, das Sammys Familie gehörte. Robin meinte, dies sei so klar wie der helle Tag.

Aber was der Sache das i-Tüpfelchen aufsetzte, war die Eröffnung des Stationsvorstehers, daß Mr. Roos für die Frachtkosten von Thika nach Nairobi haftbar gemacht würde. Die Eisenbahn erklärte, es habe keinen Hinweis darauf gegeben, daß es sich um gestohlenes Vieh handelte, als es in seinem Namen aufgegeben wurde.

Sammy verschwand für drei Monate und kam mit einer neuen Frau aus dem Reservat zurück.

»Ich weiß, ich hätte ihn zum Teufel jagen sollen«, räumte Robin ein, »aber er hatte bei Mr. Roos noch eine Rechnung zu begleichen. Außerdem gibt es keinerlei Beweise dafür, daß Sammy irgend etwas damit zu tun hat.«

»Es gibt hier niemals irgendwelche Beweise«, antwortete Alec.

22

Von der Veranda unserer Grashütte hatten wir Ausblick auf die *Kikuju*-Höhenzüge und auf den Mount Kenia, den man nur am frühen Morgen und abends sehen konnte, und auch nur zu bestimmten Jahreszeiten. Wenn man nicht wußte, daß es ein Berg war, hätte man das, was man sah, auch für eine beständige Wolke, in der Form einer Brust, halten können, mit den beiden Gipfeln Mbatian und Nelion, die auf diese Entfernung wie zwei Brustwarzen aussahen. Die Farbe war bläulich-rot wie bei manchen Trauben, bis auf die weiße Kappe aus Eis und Schnee, von der aus kalte, klare Bergbäche das Hochland der *Kikuju* versorgten, das unterhalb der Wälder und Sümpfe an den Flanken des großen Bergs das eigentliche Vorgebirge bildete.

Die Schnee- und Gletscherzone war der Wohnort Gottes, wie Njombo behauptete, und wenn man zu Gott betete, schaute man hinüber zu den beiden Gipfeln und hoffte, daß er einen hörte – obwohl das nach Meinung der *Kikuju* erst möglich war, wenn man ihm zuvor ein Opfer gebracht hatte. »Glaubst du vielleicht, ein Häuptling oder sonst irgendein großer Mann würde auf dich hören, wenn du ihm nicht wenigstens ein Geschenk mitbringst?« erklärte Njombo. »Also – wie sollte dich Gott da hören, ohne ein Opfer?« Niemand habe Gott je gesehen, fügte Njombo hinzu; er lebe dort allein ohne Frau, ohne Vater und Mutter, aber er habe das Land, die Schafe und die Ziegen dem ersten *Kikuju* gegeben und bewache und beschütze das Volk, solange es seinen Gesetzen gehorche.

Die Doppelgipfel des Mount Kenia, Nelion, der kleinere, und Mbatian hatten ihren Namen von den zwei großen *Laibons* oder Priestern, den wahren Herrschern des *Massai-*

Stammes, erzählte Njombo weiter. Von Nelion gab es nicht viel zu berichten, aber Sammy hatte als kleiner Junge einmal Mbatian gesehen, den Priester, der vor zwanzig Jahren den Ausbruch der Blattern vorhergesagt hatte, welche anschließend tatsächlich die *Massai* und die *Kikuju* dezimierten, und er hatte die Ankunft des Weißen Mannes im Kopf einer Schlange vorausgesehen. Außerdem hatte er seinem Volk gesagt, daß sie die Weißen nicht bekämpfen sollten, und das ist der Grund, warum die *Massai* die Europäer nicht wieder vertrieben hatten, als sie ihre Schlange über das Meer brachten – mit der natürlich die Eisenbahn gemeint war – und damit der Herrschaft des *Massai*-Volks, das zuvor das Hochland mit Schwert und Speer verteidigt hatte, ein Ende setzten.

Jeden Morgen schwamm der Berg am Horizont, als wäre er ganz zart mit einem Bleistift skizziert, und ich dachte an Tilly und an die Safari, denn die mußte dort jenseits dieser beiden Gipfel sein, auf dem Weg nach einem unvorstellbar weit entfernten Land, durch das sie mit all den Trägern zogen. Sie würden das Gesicht des Berges sehen, das uns immer abgewendet war, und ich fragte mich, ob sie aus diesem unbekannten Winkel vielleicht einen Blick auf irgend etwas erhaschen konnten, das dort oben im Schnee glänzte, vielleicht ein kleines Stückchen von Gott – eine Perle an seinem Mantel oder seine Speerspitze.

Ich mußte auch an Ian denken, wenn ich den Berg anschaute, denn ich hatte ihn sagen gehört, daß er am Tag des Heiligen Stephanus den Berg ersteigen und eine Flasche Tokaier auf dem höheren Gipfel leeren wollte. Nur zwei Männer hatten bisher den Gipfel erreicht, Sir Halford Mackinder und sein Schweizer Bergführer, der den Mbatian schon vor fünfzehn Jahren erstiegen hatte. Mit ihnen auf dieser Expedition war Mr. Campbell Hausberg gewesen, ein Partner von Randall Swift, der uns auf der Farm besucht hatte; er hatte nur noch ein Ohr, das andere war ihm abgerissen worden, als das Maultier-Buggy, in dem er reiste, umgekippt war. Er hatte mir ein paar Photographien gegeben, die bei den Gletschern aufgenommen worden waren, so daß ich ein persönliches Interesse am Mount Kenia hatte und mir vorstellen konnte, was Ian sehen würde, wenn er auf dem Gipfel stand.

Denn ich zweifelte nicht daran, daß Ian das, was er in Angriff nahm, auch erreichte. Und immer, wenn er eine solche Heldentat hinter sich gebracht hatte, interessierte sie ihn nicht mehr. Bevor er nach Afrika kam, war er, wie ich von Lettice hörte, mit vielen bemerkenswerten Dingen beschäftigt gewesen: so hatte er in den Rocky Mountains einen wilden Bären, der ihn angriff, einfach mit dem Messer erstochen, und in Kanada hatte er einen großen Cowboy-Wettbewerb gewonnen, wobei er als Preis ein Paar silberne Sporen bekam. Einmal fragte Lettice, was er im Grunde seines Herzen am liebsten tun würde. Ian dachte ein wenig nach, zündete sich dann einen von den kleinen Stumpen an, die er rauchte, und erklärte, am liebsten wäre er Schleusenwärter an der Themse.

»Dort strömt das Leben in einer ordentlichen Weise an einem vorbei, und man steht zwischen Löwenmaul und Phlox und schaut einfach zu«, sagte er, »statt immer weiterzuziehen, um das Glück an wilden Plätzen zu suchen und vielleicht wie ein Zweig hinausgeweht zu werden auf das Meer.«

»Das ist ein Wunsch, der durchaus in Erfüllung gehen könnte«, meinte Lettice, »zumindest, wenn man Beziehungen hat zu den richtigen Positionen.« Ian erwiderte, daß die Schleusenwärterposten für pensionierte Marineoffiziere reserviert seien, so daß man, um einen zu bekommen, erst einmal dreißig oder vierzig Jahre zur See gedient haben müsse.

Um diese Jahreszeit schien der Mount Kenia uns nähergerückt zu sein; der Fluß war tiefer purpurn, die Konturen wirkten deutlicher, der Schnee auf der Kappe weißer. Bis gegen acht Uhr morgens war der Gipfel dann immer hinter einer Wolkendecke verschwunden. Die Kumuluswolken, die während des ganzen Tages über den sonnenhellen Himmel segelten, erinnerten mich an große Kringel von Schlagsahne, aber diese Wolken waren schwerer und dichter, wie Streifen von Quark, dazu leicht bläulich wie die Blüten des Rosmarins. Das alles deutete auf den Beginn der Regenzeit hin, und darauf, daß nun viele neue Kaffeesetzlinge gepflanzt werden mußten. In der *Shamba* waren schon die tiefen Löcher gegraben, im Abstand von drei Metern, um sie aufzunehmen. Während Sammys Abwesenheit befand sich die Organisation der Arbeitskräfte in ziemlicher Konfusion; die Büroarbeit, sonst Tillys Aufgabe, war überwiegend Kamau überlassen worden, und Konfusion war noch ein mildes Wort, wenn man den Zustand dieses Arbeitsbereichs beschreiben wollte. Um den Haushalt in einem erträglichen Zustand zu halten, kündigte Robin jeden Morgen an, daß Tilly tags darauf zurückkommen würde, und er hoffte, daß das seine Wirkung tat. Dadurch war das Haus zumindest theoretisch auf ihre Rückkehr vorbereitet; in Wirklichkeit hatten die *Kikuju* ihre geheimen Antennen, mit denen sie die Vibrationen kommender Ereignisse auffingen, sagten daher nur »Ja, *Bwana*, wir werden fertig bis dahin« und ließen sich in ihrer eigenen Einteilung der Arbeit nicht stören.

Die großen Regenfälle, die man in jenen Jahren stets genau für den 25. März erwartete, trafen pünktlich an diesem Tag um zwei Uhr nachmittags ein. Ein Wolkenbruch von großen, kalten Tropfen donnerte auf das Wellblechdach von Mrs. Nimmo, verwandelte unsere gesamte Umgebung in einen Schlammsee, der wie geschmolzene Schokolade aussah, ergoß sich in Flüssen und Bächen über jeden Berghang, drang durch die unverglasten Fenster der runden Lagerbauten und tropfte auf die Säcke, die man auf den Lehmboden legte, damit sie die Nässe aufsogen. An diesem Tag konnte ich nicht hinüberreiten zu unserer Farm, aber am Morgen danach war es kalt und nieselte, Mrs. Nimmo war damit beschäftigt, undichte Dächer zu reparieren, und ich durfte nach Hause.

Der Regen hatte die Leute auf der Farm ebenso aufgescheucht wie die *Siafu*, und auch sie bewegten sich in einem endlosen, dunklen Zug, wenn es auch nicht so viele waren wie die Ameisen. Sie schleppten Kisten mit jungen Kaffeestauden, brachten sie zu den Feldern und eilten zurück zur Baumschule, um neue zu holen. Die *Shamba*-Boys steckten eine Pflanze nach der anderen vorsichtig in ein Loch und deckten sie mit dem schokoladeartigen, nassen Lehm zu, den sie mit den nackten Füßen feststampften. Die meisten hatten ihre Decken weggeworfen, und ihre nackte, seidige Haut glitzerte vom Schweiß, so daß sie fast wie Seelöwen aussahen. Kein Afrikaner war imstande, eine deratige Aktion für längere Zeit ohne einen gewissen Rhythmus durchzustehen; die einen stampften die Erde mit schwungvollen Bewegungen und intonierten einen Gesang, dessen Takt mit einem Grunzen endete, wenn sie ihr Gewicht auf den Fuß verlagerten, dessen Zehen rings um die junge Pflanze tasteten und sie ordentlich in den Lehm betteten wie eine Mutter ihr Kind in Decken bettet. Obwohl sie die Nässe nicht mochten, waren sie an dieser Arbeit interessiert, denn so konnten sie mit eigenen Augen sehen, wie die Pflanzung vor ihren Augen entstand und sich aus den Arbeiten der gebeugten Rücken und der stampfenden Füße entwickelte.

Es brauchte eine gewisse Kunstfertigkeit, um junge Kaffeesetzlinge zu pflanzen, denn wenn die kleine Pfahlwurzel nicht vollkommen senkrecht nach unten stand, würde die Pflanze eingehen; also eilte Robin zwischen den Pflanzern hin und her, um sicher zu gehen, daß jede Wurzel richtig gesetzt wurde. Alle *Kikuju*, die auf der Farm arbeiteten, waren zu dieser Arbeit verpflichtet worden, sogar Kamau, der für den Augenblick die kabbalistischen Insignien seiner Künste, die Bleistifte, Zahlen und linierten Blätter vergaß, die Bäumchen sachte mit den Fingern aus den Kisten nahm und dabei einen Blick von angespannter Konzentration auf seinem schmalen, hageren Gesicht hatte. Auch Njombo war da, in der Funktion eines selbsternannten Oberaufsehers, ermutigte die anderen durch Zurufe und hatte selbst einen Riesenspaß dabei.

»Jetzt ist der Regen da, und wir machen eine Kaffee-*Shamba* wie einen Wald«, rief er. »So groß wie ein Wald, mit Bäumen, die größer werden als die Oliven und die Zedern, und ihre Früchte werden viele, viele Waggons füllen, und unser *Bwana* wird reicher als König George.«

Robin erlaubte mir nicht, daß ich Stecklinge pflanzte, vermutlich weil er mir nicht traute, was die Pfahlwurzeln betraf, aber er gestattete mir immerhin zu helfen, wenn die Arbeiter vorsichtig die feuchte Erde um die Setzlinge anbrachten und zunächst mit den Fingern andrückten. Das war so köstlich wie das ›Backen‹ von Kuchen im Sandkasten und hatte den zusätzlichen Reiz des Nützlichen, denn Kinder langweilen sich zu Tode bei völlig sinnlosen Beschäftigungen, und wenn sie spielen, versuchen sie wenigstens so zu tun, als wäre ihre Beschäftigung nützlich und sinnvoll. Jetzt brauchte ich nicht so zu tun, die Sandkuchen hatten einen Sinn, und deshalb machte es mir viel Spaß, bis ich schließlich müde wurde.

»*Memsabu* kommt morgen«, sagte Njombo. »Die Safari ist nicht mehr weit von hier.«

Wenn es so war, dann durfte ich endlich wieder nach Hause; deshalb fragte ich Robin nach dem Pflanzen, ob ich bleiben könne, statt wieder zurückzureiten zu Mrs. Nimmo.

»Erst wenn deine Mutter zurückkommt.«

»Njombo sagt, sie kommt morgen.«

»Dann weiß Njombo mehr als ich«, antwortete Robin. »Ich habe noch nichts davon gehört, und du bleibst vorläufig, wo du bist.«

Als ich zurückkam zu Mrs. Nimmo, merkte ich auf den ersten Blick, daß sich etwas Ungewöhnliches ereignet haben mußte. Mehrere Afrikaner, die ich nie zuvor gesehen hatte, waren auf der Farm, und keiner von ihnen vom Stamm der *Kikuju*, sondern schwärzer und wilder, mit moschusartigem Geruch, großen, platten Nasen und großen Füßen in Sandalen. Außerdem standen zwei unbekannte Maultiere im Stall, und überall lag Safariausrüstung herum. Als ich in den Wohnraum kam, hörte ich eine Männerstimme, nicht wie die von Alec, sondern tiefer und mürrischer. Tatsächlich waren zwei Männer bei Mrs. Nimmo, beide braun und von der Reise beschmutzt. Der eine hatte ein Hemd mit kleinen Schlitzen über den Taschen, in die man Patronen stecken konnte, und beide trugen Jagdmesser, Stiefel und Wickelgamaschen; ein großer, weißer Bullterrier mit vielen Narben lag vor dem offenen Kamin, spitzte die kleinen, kupierten Ohren und stieß ein leises Knurren aus.

»Das ist das Mädchen«, rief Mrs. Nimmo, und sie sah gerötet und aufgeregt aus. »Komm und sag guten Tag zu Mr. Nimmo, Liebes. Meine Güte, was hast du denn jetzt wieder gemacht! Bringst den ganzen Schmutz in mein sauberes Wohnzimmer! Mr. Nimmo wird denken, ich habe eine Wilde im Haus. Geh und zieh dich um, Liebes, zieh dein schönes neues Kleid an und zeig Mr. Nimmo, daß ihn eine kleine Lady begrüßt und kein wildes Zigeunermädchen.«

Obwohl ich das Kleid gern anschaute, verspürte ich nicht die geringste Lust, es anzuziehen. Aber ich konnte es nicht umgehen, und als ich zurückkam, fühlte ich mich sonderbar befangen und unsicher, wiewohl sauberer, und außerdem war ich neugierig, den Mann in Fleisch und Blut zu sehen, der für mich solange Zeit ein Mythos gewesen war wie mein Großvater mit dem Bart oder König George V. Es dauerte einige Zeit, ehe ich dahinterkam, daß Mr. Nimmo der kleinere der beiden Männer war, also auch kleiner als Mrs. Nimmo, aber sehr kräftig gebaut wie aus Hartholz, mit breiten Schultern, einem ausdrucksarmen, geröteten Gesicht, das vielleicht ein wenig streitsüchtig, aber nicht ungütig wirkte, und harten, blauen Augen, die gern blinzelten oder zwinkerten. Er sprach mit trockenem Humor und schottischem Akzent, schaute sich still und würdigend um und sagte mehrmals zu Mrs. Nimmo: »Das ist neu, seit ich zuletzt hier war«, oder: »Du hast dir einen schönen Teppich gegönnt, wo es doch genug alte Säcke im Lager gibt«, oder, zu seinem Begleiter: »Da siehst du, Jim, wie es ist, wenn man sich eine Frau im Luxus hält, während du mit deinem einzigen längst durchgelaufenen Paar Stiefel auf Elefantenjagd gehst. Auf dem Tisch liegen zwei Messer für jeden von uns, dazu ein Löffel und eine Gabel, und es gibt verschiedene Teller für Fleisch und für Pudding; wenn ich das nächste Mal komme, stehen wahrscheinlich Weingläser auf dem Tisch und Schälchen mit Wasser zum Fingerwaschen. Wenn du heiratest, Jim, dann nimmt dir die Frau zuerst einen Stoßzahn von jedem Elefanten, den du fängst, und schließlich will sie beide, und dir bleibt nichts als das, was du für den Schwanz bekommst.«

Am nächsten Morgen schien sich Mr. Nimmo stillschweigend um alles zu kümmern. Die Boys kamen und ließen sich von ihm die Aufträge geben; er war schon früh aufgestanden und ritt mit dem Maultier rund um die Farm. Beim Frühstück fand er vieles fehlerhaft, weil allzu extravagant, und Mrs. Nimmo nahm das sehr demütig entgegen, was gar nicht zu ihr paßte, und tat alles, um es ihm recht zu machen, stand auf, schenkte ihm Tee ein, machte die Brötchen für ihn warm und drückte ihre Hoffnung aus, daß die Eier so waren, wie er sie bevorzugte. Ja, Mrs. Nimmo hatte sich über Nacht sehr verändert, und mich überraschte es, daß Mr. Nimmo, der einen auf den ersten Blick nicht besonders beeindruckte, das alles bewirkt haben sollte, obwohl er kaum etwas Freundliches sagte und seiner Frau nie für ihre Aufmerksamkeiten dankte, ja, sich sogar in einer stillen, aber plumpen Weise über sie lustig machte.

Mrs. Nimmo war entzückt, als ich sie um Erlaubnis bat, hinüberzureiten auf unsere Farm und nachzusehen, ob es Neues von Tilly gab. Und das gab es in der Tat: Njombo hatte recht gehabt, obwohl sich Robin nicht vorstellen konnte, woher er es wußte. Er selbst hatte es erst am vergangenen Abend erfahren, als ein Stallbursche, den man nach Thika geschickt hatte, um die Post abzuholen, ein Telegramm mitbrachte, daß in Fort Hall aufgegeben war. Darin stand, daß Tilly auf der letzten Etappe der Safari von einem Automobil mitgenommen wurde und bis gegen Mittag im Blue Post Hotel eintreffen sollte. Also ritten Robin und ich hinunter und führten Lucifer neben uns her. Und da war sie auch schon, saß auf der Veranda in ihrem geteilten Reitrock, mit der knappen Weste und einer frischen Bluse für den Anlaß des Wiedersehens, vielleicht etwas schlanker als bei der Abreise, aber das helle Haar glänzend und den Teint immer noch rosig trotz der Wüsten, die sie bezwungen hatte, und der Hitze, die es dort zu ertragen gab.

»Gott sei Dank, daß du heil zurück bist«, sagte Robin und strahlte vor Freude, nachdem sie sich umarmt hatten. »Du hast mir sehr gefehlt... Ich bin dabei, die Kaffeesetzlinge auszupflanzen, und alle arbeiten mit Hochdruck daran. Darunter hat die Büroarbeit gelitten, die sich in einem chaotischen Zustand befindet, und außerdem ist Sammy weg.«

»Es ist so schön, dich wiederzusehen«, antwortete Tilly. »Und du siehst sehr gut aus... Weißt du, daß ich einen Löwen geschossen habe? Keinen sehr großen, aber es war auf jeden Fall ein Löwe. Das Fell kommt mit der Safari. Jetzt können wir uns den geplanten Teppich für den Wohnraum sparen.«

»Ich habe die Destillieranlage bis auf ein paar kleine Details fertig, und ich glaube, wir können in einer Woche mit den Geranien anfangen, wenn es weiterregnet.«

»Ich wollte ihn eigentlich nicht schießen, aber ich bin von einem *Donga* gerutscht, und als ich dann etwas Gelbes gesehen habe, das sich im Gras bewegt hat, da habe ich einfach geschossen und das Tier ins Bein getroffen.«

»Wir hatten ein bißchen Pech mit den Ochsen: einer hat sich das Bein gebrochen, ein anderer ist an Koliken gestorben, vermutlich von einer giftigen Pflanze, und die Boys haben die Deichsel des Wasserkarrens zerbrochen, aber ich habe schon erste Vorbereitungen getroffen für den Einbau der Pumpe.«

Es war zweifellos schöner und wohl auch genußreicher, Neuigkeiten mitzuteilen als welche zu empfangen, und sie fuhren mit diesen voneinander völlig unabhängigen Gesprächen noch eine Weile fort. Dann fragte Robin plötzlich: »Aber was ist mit Lettice und Hereward?«

»Die sind zurückgeblieben in Nyeri. Hereward hatte einen Unfall und muß nach Nairobi, sobald man ihn transportieren kann.«

Als Robin fragte, was das für ein Unfall gewesen sei, antwortete Tilly, er sei von einem Büffel angefallen worden; dann gab sie mir ihr Glas und bat mich, hineinzugehen und es noch einmal füllen lassen. Wir aßen zu Mittag im Blue Posts und ritten danach in der Nachmittagshitze nach Hause, aber Tilly meinte, das sei noch kühl im Vergleich zu der Hitze am Ufer des Guaso Nyiro-Flusses. Es sah so aus, als hätten sie viel Wild erlegt, und es war in der Tat eine erfolgreiche Safari gewesen bis auf die Tatsache, daß gegen Ende eine geheimnisvolle Wolke ihren Schatten darauf geworfen hatte.

»Und Ian?« fragte Robin. »Der sitzt wohl kaum an Herewards Krankenbett und gibt ihm Eisbeutel und Einläufe, oder?«

»Ian hat mit einem *Shauri* zu tun, in dem es um Ahmed geht.«

»Ahmed! Ich kann mir denken, daß der in Schwierigkeiten steckt.«

»Nein, es ist in erster Linie Ian, der Probleme hat. Ahmed ist zurückgegangen zu seinem Stamm in Somaliland oder wo immer er herkommt.«

»Ian wird ihn nicht leicht entbehren können.«

Tilly stimmte ihm zu und sagte dann: »Aber du darfst über das alles kein Sterbenswörtchen sagen.«

Alle freuten sich, Tilly wiederzusehen. Andrew war wieder da, humpelte zwar noch ein wenig, konnte aber an seine Pflicht gehen, und außerdem hatten wir jetzt auch noch einen *Massai*-Hausboy. Diese hochmütigen, langgliedrigen jungen Männer hatten sich die Zöpfe abrasiert, als sie in den Dienst getreten waren und sahen edel aus wie Herolde mit ihren grünen Schärpen oder wie Gestalten von ägyptischen Wandmalereien. Tilly meinte, sie könne sich nicht leicht daran gewöhnen, sie im Haus zu haben; es komme ihr so vor, als halte sie sich zwei Panther im Boudoir. Sie hatte sie bei ihrem Arbeitsantritt mit großen Dosen gegen alle möglichen Parasiten behandelt und ihre Wunden bepflastert. Sie traten leise auf und waren elegant in den Bewegungen, zerbrachen nur selten etwas, im Gegensatz zu den ungeschickteren *Kikuju*, und sie staubten so sorgfältig ab, wie es keine Frau vermochte; allerdings hatten gerade die Krieger dieses aggressiven, kampflustigen Stammes etwas seltsam Feminines an sich. Sie grüßten Tilly mit einem erhobenen Arm, als ob ein Führer wieder sein Königreich übernehme, und dennoch zeigten sie Zurückhaltung; die *Kikuju* waren da wesentlich demonstrativer und bestürmten sie mit Fragen über das Land, durch das sie gereist war, den Löwen, den sie geschossen hatte, und die Leute, die ihr begegnet waren.

»*Memsabu* sieht, wir haben uns gut um den *Bwana* gekümmert«, sagten sie und nahmen auf diese Weise teil am allgemeinen Wohlwollen. »Wir haben uns darum gekümmert, daß er nicht hungrig war und daß sein Vieh und die Pferde nicht krank geworden sind und daß diese *Shamba* wächst und gedeiht; und der *Toto* auch, um den haben wir uns auch gekümmert.«

Etwa eine Woche später kam Lettice, die sich ein paar Stunden zuvor mit einer Notiz in schwungvoller Schrift auf königsblauem Briefpapier angemeldet hatte. Die meisten Leute übersahen mich, wenn sie bei uns ankamen, aber Lettice begrüßte mich stets besonders freundlich; jetzt küßte sie mich und sagte:

»Siehst du, ich habe recht behalten: Du bist älter geworden, seit wir uns zuletzt gesehen haben, und du hast viele neue Dinge gelernt. Aber es tut mir sehr leid, zu hören, daß du solchen Kummer hattest. Für dich war es genauso traurig, Zwinker zu verlieren, wie wenn ältere Leute ihre Brüder oder Schwestern oder Söhne verlieren, und vielleicht ist der erste derartige Verlust auch der schlimmste. Aber Zwinker ist sicher glücklicher so, auch wenn das für dich nicht gelten mag, und Ian bringt dir einen neuen Spielgefährten, der vielleicht nicht ganz so lebhaft ist wie dein Zwinker, aber einen eigenen Charme hat. Er trägt einen schönen, schwarzgelben Panzer, kommt aus dem trockenen Land im Norden und spricht nur Somali; du mußt ihn gut warm halten und versuchen, ihm Englisch beizubringen. Er heißt Mohammed und frißt Gras.«

Mohammed war eine Schildkröte, und Ian würde ihn in ein paar Tagen nach Thika bringen.

»Beinahe hätte er dir auch zwei kleine Adlerjunge gebracht. Erinnerst du dich, Tilly, wie er zwischen die Felsen geklettert ist, um das Nest zu finden, nachdem er den Adler mit einem einzigen Schuß in den Himmel getötet hatte?«

»Ja, es war ein sehr guter Schuß«, antwortete Tilly.

»Ian schießt, wie große Pianisten Klavier spielen: jede Note ist perfekt, und man kann nicht ein schlechtes Wort über den Anschlag sagen; er ist in der Beziehung ein wahres Genie. Aber er wollte diesen Adler nicht schießen und hätte es auch bestimmt nicht getan, wenn Hereward ihn nicht in so alberner Weise herausgefordert hätte. Erinnerst du dich? Er sagte: ›Da oben in den Felsen muß das Nest sein.‹ – ›Na und? Lassen wir es doch in Ruhe.‹ Dann griff ihn Hereward spöttisch an und tat so, als ob Ian geprahlt hätte, was er niemals tut. Also nahm er das Gewehr, fast ohne zu denken, und der Adler fiel zwischen die Felsen, und im Fallen stieß er einen kreischenden Laut aus, mehr ein Wut- als ein Angstschrei. Dieser Schrei hat mir das Blut in den Adern gefrieren lassen. Ich schaute Ian an, und der fühlte genauso wie ich; es war unbarmherzig und bedauerlich, er hätte den Adler in Ruhe lassen sollen, und er hätte sich vor allem von Hereward nicht provozieren lassen dürfen. Ahmed stand dabei, und ich glaube, das war der Augenblick, als er zum erstenmal auf den Gedanken kam... Na ja, der Adler ist tot und kann nicht mehr lebendig gemacht werden, und später fand Ian zwei Junge in einem Nest, das, wie er sagte, furchtbar gestunken hat, und brachte sie herunter zu uns. Erinnerst du dich, wie sie versuchten, zu hacken und kratzen, obwohl sie noch so klein waren? Erinnerst du dich an die Wildheit ihrer gelben Augen? Ian fand, daß sie keine guten Spielkameraden für Kinder wären, vor allem, da man ihnen Mäuse und Ratten hätte zu fressen geben müssen und Schlangen und Mungos, sobald sie größer wären; also hat er dir statt dessen eine Schildkröte mitgebracht.«

Tilly schickte mich weg, um sich etwas besorgen zu lassen, aber ich wußte, sie hatte es nur vorgeschoben, um mich aus dem Weg zu haben; daher lungerte ich auf der Veranda herum, um zu lauschen – für den Fall, daß das Geheimnis enthüllt würde.

»Ich weiß nicht, was ich tun soll, Tilly«, sagte Lettice, nachdem ich gegangen war. »Ich bin dem Zusammenbruch nahe. Ich muß zurück nach Nairobi, und dort treffe ich Ian, und entweder müssen wir uns auf immer Lebwohl sagen, und er wird daraufhin das Land verlassen, oder... Wie furchtbar, in eine Situation zu treiben, wo entweder der eine oder der andere verletzt wird, ganz gleich, wie man es anstellt.«

»Ich vermute, es fragt sich in einem solchen Fall, wer am schwersten verletzt wird und wer sich am leichtesten wieder davon erholt.«

»Ich wußte, daß du das sagen würdest, und jeder würde wohl genauso denken; trotzdem meine ich, daß du dich täuschst. Hereward hat etwas, woran er sich halten kann; er wird immer ein Soldat sein, der für sein Land kämpft, und manchmal wird er Niederlagen erleben und betrogen werden, aber das wird sein Herz nicht im Tiefsten und Innersten erschüttern, denn Soldaten sind nun einmal dazu geboren, das Mißgeschick zu ertragen, und sie tun es auch noch mit Stolz. Also wird Hereward nur verletzt, aber nicht gebrochen sein, während Ian... Wenn er sein ganzes Leben lang nach etwas gesucht und es endlich gefunden hat, aber nicht behalten kann, wird ihm klar werden, daß seine Suche ein Ende hat, und das wird auch sein Ende sein wie das des Adlers, der da zwischen die Felsen gestürzt ist.«

»Das ist mir nun wirklich zu hoch«, erwiderte Tilly. »Ian ist ungeheuer attraktiv, und ich verstehe sehr gut, was du fühlst, und wünsche, ich könnte dir helfen, aber ich wüßte nicht, wie.«

»Ja, Ian ist attraktiv, aber das sind andere Männer auch; ich komme mir einfach so vor, als ob ich am Ende einer Reise angekommen wäre, und wenn wir beisammen sind, brauchen wir im Grunde gar keine Worte, und doch fehlen sie uns nie. Wir fühlen uns wohl und entspannt, und selbst wenn er nicht da ist, gestalte ich meine Gedanken so, daß sie zu den seinen passen, und ich glaube, die seinen passen zu mir, auch ohne daß wir das wollen – ein sonderbares Gefühl und eines, das ich nie zuvor kennengelernt habe. Manchmal kommt er mir, selbst wenn er nicht hier ist, wirklicher vor als die Menschen, die mich umgeben, zum Beispiel Hereward; ich kann ihn dann sehen und riechen und beinahe berühren, und ich weiß, daß wir beide stets das gleiche denken. Nun, so stehen die Dinge, und natürlich gibt es keinen Zweifel darüber, wo meine Pflichten liegen; aber obwohl das eigentlich die ganzen Probleme lösen sollte, fürchte ich irgendwie, daß es sie doch nicht löst.«

»Die Sache hat auch eine praktische Seite«, gab Tilly zu bedenken. »Ian scheint kein Vermögen zu besitzen, das der Rede wert wäre, er hat keine Farm hier und erst recht nichts zu Hause in England, und er kann mit dem Pferdehandel über die abessinische Grenze und mit der Elefantenjagd wohl kaum eine Familie unterhalten.«

»Er hat vor ein paar Jahren etwas Land bei einer Versteigerung erworben, und er glaubt, daß er genug Kapital zur Verfügung hat, um dieses Land zu entwickeln, also nehme ich an, er will seßhaft werden.«

»Vorausgesetzt, er ist der Typ, der seßhaft werden kann.«

»Ich habe neulich ein Buch gelesen über Perlenfischer im Persischen Golf; sie tauchen ohne Apparat, ganz nackt, und holen die Muscheln vom Grund des Meeres. Die meisten Muscheln sind wertlos, aber hier und da, sehr selten, enthalten sie eine Perle, und man glaubt einfach immer wieder, daß die nächste Muschel die allerschönste Perle enthält. Ich dachte, Ian ist wie diese Taucher; er will sich nicht mit Waffen und Rüstungen beladen, er ist sein eigener Herr, er sucht allein nach Perlen auf dem Meeresgrund ... Die meisten würden sich dafür einen Taucheranzug besorgen; sie versuchen, sich ein Vermögen zu machen, oder wenn sie wie Hereward schon genügend Geld haben, wollen sie sich einen Namen machen oder dem britischen Weltreich etwas dazugewinnen, das England noch mächtiger erscheinen läßt – ich finde, sie sind wie die Ochsenfrösche, die sich aufblasen in ihrem Teich. Ian will sich kein Vermögen machen und keinen Namen, er will einfach leben – obwohl das natürlich gar nicht so einfach ist. Man kann nicht leben, sagt er, wenn man immer nur versucht, reicher oder größer zu werden – und wenn man sich deshalb in ein Schema einpaßt und nicht versucht, das Schema sich selbst anzupassen.«

»Das hört sich sehr nach östlicher Weisheit an«, bemerkte Tilly mit vorsichtiger Zurückhaltung. »Ich verstehe dich gut: Er ist ein weitaus interessanterer Begleiter als Hereward, aber vielleicht kein so guter Ernährer.«

»Du stehst auf der Seite von Hereward«, sagte Lettice traurig, »und du hast natürlich ganz recht; es gibt gar keine zwei Möglichkeiten, und obendrein ist da ja auch noch

Hugh. Es ist leicht, seine Schwächen als Mut auszulegen, seinen Egoismus als Bereitschaft zum Risiko. Um die Wahrheit zu sagen, ich kann das eine nicht mehr vom anderen unterscheiden, und ich weiß auch nicht mehr, was richtig ist und was falsch, weil ich es nur in der Theorie weiß. Es ist, wie wenn man durch eine Tür in einen Garten schaut, der voller Trauer und voller Reue ist, und den du dennoch betrittst, weil eine Kraft, die stärker ist als du – ich glaube, sie heißt ›Versuchung‹ – verhindert, daß du die Tür schnell schließt und dich wieder dorthin begibst, wo du dich wie im Gefängnis fühlst, obwohl es früher doch dein Heim war.«

»Wenn ich an deiner Stelle wäre, wüßte ich, was ich zu tun habe«, bemerkte Tilly. »Aber das heißt noch lange nicht, daß ich weiß, was du tun wirst, da wir Menschen bekanntlich verschieden sind.«

»Du würdest deine Pflicht tun«, sagte Lettice reuevoll.

»Nein, das würde ich nicht; ich würde tun, was ich will, und ich würde es genießen, vielleicht auch bereuen, aber das würde ich nicht zugeben.«

»Du selbst hast dir das Brötchen mit Butter geschmiert, wie der Inder sagt, jetzt mußt du es auch essen, und ich nehme an, das ist das letzte Wort, wenn es überhaupt so etwas gibt. Hereward ist in jeder Hinsicht besser; ich bin dem Verderben gerade noch auf Haaresbreite entkommen. Armer Hereward, ich hoffe, wenn er das nächstemal seine Beherrschung verliert, sind keine *Somalis* in der Nähe, und er redet auch nicht mit ihnen wie mit seinen englischen Landsleuten, die bekanntlich kaltblütig und phlegmatisch sind.«

»Ich hoffe nur, Ian kann es geheimhalten«, bemerkte Tilly.

»O doch, das wird er sicher; es ist wohl nicht der Mühe wert, eine Kompanie Soldaten nach Ahmed auszuschicken, und die würden ihn ohnehin nicht finden. Ian meint, Ahmed wird eines Tages zurückkommen, wenn über alles Gras gewachsen ist, weil er ein treuer und anhänglicher Diener ist – vielleicht in gewisser Weise allzu treu – und weil Ian ihm den Lohn von drei Monaten schuldet. Was haben wir alles erlebt, Tilly. Es ist seltsam, aber ich fühle jetzt, daß ich den Höhepunkt meines Lebens hinter mir habe ...«

Sie redeten weiter in dieser Weise, aber meine Aufmerksamkeit war längst abgelenkt worden, und jetzt ging ich hinunter zum Fluß, um im Schilf nach Vogelnestern zu suchen. Beim Tee bemerkte Tilly zu Robin:

»Lettice ist gerade eben gegangen; sie war sehr *exaltée*; ich nehme an, sie will mit Ian durchbrennen, aber ich kann mir beim besten Willen nicht denken, wie das funktionieren soll.«

»Ian kann singen und griechische Lyrik lesen, und Lettice kann Klavier spielen und *Petit point*-Stickereien anfertigen, und sie lieben beide das Reiten, den Wein, die wilden Tiere und die Konversation. Vielleicht geht es ganz gut.«

»Wenn man im Luxus lebt, glaubt man, daß man auf ihn verzichten könnte. Aber wenn er auf einmal nicht mehr da ist, wird einem klar, daß er mit dem Leben verwachsen ist wie diese grünen Parasiten, die als Kletterpflanzen anfangen und als Bäume enden. Das sagt man jedenfalls; ich kann leider nicht aus der Erfahrung sprechen.«

Robin schaute sie ein wenig schuldbewußt an. »Ja, meine Tante Dolly war auch so. Sie hat zuerst einen Skandal entfesselt, als sie den Börsenmakler heiratete – das hatte zuvor kein Mensch in Inverness getan! – und dann, als sie ihn wegen eines Matrosen verließ, der keinen Penny in der Tasche hatte. Aber die Liebe in möblierten Zimmern in Portsmouth war zuviel für sie, also brannte sie mit einem Weinhändler aus Bristol durch und endete auf Jamaika mit einem reichen, alten Plantagenbesitzer, der angeblich Mulatte war, aber da sie inzwischen schon ein Alter erreicht hatte, in dem sie keine Kinder mehr bekommen konnte, habe ich nie einsehen können, wieso das noch störte.«

»Wie glücklich sie doch war, diesen reichen alten Plantagenbesitzer gefunden zu haben«, bemerkte Tilly. »Ich kann da nur hoffen, daß du am Ende auch einer wirst.«

23

Tilly ließ sich von ihren Verlusten nicht abschrecken und importierte aus England weitere zwölf getupfte Sussexhühner nebst einem Gockel, um einen neuen Anfang zu wagen. Wir ritten hinunter, um sie auf der Bahnstation abzuholen, an einem kühlen, regnerischen Tag mit tief hängenden Wolken. Solches Wetter gab es manchmal in den Monaten Juli und August, aber es hielt meistens nicht lange an.

Auf der Station trafen wir einige von unseren Nachbarn, und sie sprachen alle über ein einziges Thema: die schlechten Nachrichten aus Europa und die Möglichkeit, daß ein Krieg ausbrechen könnte. Zwischen Österreich und Serbien gab es angeblich Kämpfe; Belgrad stand in Flammen, und die Bank von England hatte ihre Tore geschlossen. Für Tilly und Robin kam das alles völlig überraschend. Die Leute sagten, daß bereits die Mobilmachung angeordnet worden sei und daß wir, wenn England Deutschland den Krieg erklären sollte, sofort in Deutsch-Ostafrika einmarschieren müßten, wozu sich ein jeder von ihnen freiwillig zur Verfügung stellte.

»Ich glaube, ich fahre nach Nairobi und erkundige mich, was da geschieht«, sagte Robin. Und Tilly entgegnete: »Laß uns doch um Himmels willen zuerst diese Hühnchen abholen und heimbringen. Ich will sie nicht noch ein zweites Mal verlieren.«

Auf dem Nachhauseritt waren meine Eltern ziemlich schweigsam. Anscheinend mußten sie über vieles nachdenken. Was würde mit der Farm geschehen? Und mit Tilly und mir? Mit der erträumten Ernte, mit all unseren Plänen?

»Wenn es einen Krieg gibt, dann dauert er bestimmt nicht

lang«, bemerkte Robin. »Schon, weil keines der Länder sich das leisten kann.«

Robin gehörte der Reserve an, nachdem er bei der Leibgarde gewesen war, und er sagte, daß er zurückkehren müsse zu seinem Regiment. Tags darauf erhielt er ein Telegramm, in dem es hieß: ›Krieg in Europa unausweichlich.‹ Also packte er seine Tasche und ritt am folgenden Tag zur Station, um einen Zug nach Nairobi zu nehmen. Tilly war ruhelos, besorgt und außer sich. Niemand dachte an meine Lektionen, aber sie beschäftigte sich mit den getupften Hühnern und organisierte die Arbeitskräfte neu.

»Es ist nicht gut, wenn du mich alleinläßt mit der Destillationsanlage«, hatte sie zu Robin gesagt. »Du mußt mir zeigen, wie sie funktioniert.«

»Es ist ganz einfach«, hatte ihr Robin versichert. »Es fehlen nur noch ein oder zwei Teile. Ich kann sie in Nairobi besorgen und mitbringen, wenn ich zurückkomme.«

»Ich frage mich, was Hereward tun wird.«

»Er wird von seinem Regiment zurückbeordert werden und, wie ich vermute, mit dem nächsten Schiff nach Hause fahren.«

»Dann bin ich froh, daß wenigstens einer sich über den Kriegsausbruch freut«, hatte Tilly gesagt.

Bald war der ganze Distrikt ziemlich verlassen und nur noch Tilly, ich, Alec und Mrs. Nimmo waren zurückgeblieben. Alle anderen waren in Nairobi, um die Entwicklung des Krieges zu verfolgen. Sogar Major Breeches hatte sein Hotel verlassen und half bei der Organisation von Essensrationen für die Scharen von Freiwilligen, die sich nach Nairobi ergossen.

Robin kam nach drei oder vier Tagen mit Nachrichten zurück. Er berichtete, daß die Menschen in Nairobi aus dem ganzen Land eintrafen, mit Zügen, Karren, auf Maultieren, Pferden oder auch zu Fuß, und manche hatten nicht mehr bei sich als die Kleidung, die sie anhatten, und ein Gewehr, wobei die Auswahl vom leichten Karabiner bis zur doppelläufigen Elefantenflinte reichte. Auf dem Uasin Gishu-Plateau, das viele Meilen von Nairobi entfernt war, hatten sich Farmer aus der weiteren Umgebung zu einer Diskussion über landwirtschaftliche Probleme zusammengefunden; als die Nachrichten zu ihnen drangen, entschlossen sie sich, gemeinsam zur Musterung nach Nairobi zu reisen, ohne zuvor nach Hause zurückzukehren. Aber niemand, nicht einmal die amtlichen Stellen, konnten ihnen sagen, warum und wofür sie sich mustern lassen sollten. Die Streitkräfte Kenias wünschten keinen allzu großen und plötzlichen Einfluß durch obendrein recht mangelhaft trainierte Europäer, daher bildeten die entschlosseneren unter den Freiwilligen eigene Einheiten, ernannten ihre eigenen Offiziere und Unteroffiziere und begannen damit, ihre Gefolgsleute auszubilden.

Auf diese Weise entstanden ganz spontan die ›Wilson's Scouts‹, die ›Arnoldi's Scouts‹ – bestehend aus den Holländern vom Plateau – und ›Bowker's Berittene‹. Robin war letzterer Freiwilligentruppe nur knapp entgangen. Er berichtete, daß ihn ein Mann, groß und breit wie ein Klavier und mit gefletschten Fangzähnen, beinahe auf der Treppe des Nairobi House gekidnappt hätte. Das Hotel war zum Hauptquartier dieser selbstgestrickten Regimenter geworden, und der Mann war kein anderer als Russell Bowker, der Südafrikaner, der fünfhundert Schafe verloren und das *Manyatta* der Massai in Brand gesetzt hatte.

Nachdem er so mit knapper Mühe ›Bowker's Berittenen‹ entkommen war, beschaffte sich Robin einen Job, der mit dem militärischen Nachrichtendienst zu tun hatte. Es gefiel ihm sehr gut, und er war sehr begeistert, als er in einem großen Schrankkoffer aus Aluminium kramte, der in unserem Lager stand, und seinen Kilt und die dazugehörige Ausrüstung herausholte. Ob er das für den Nachrichtendienst brauchte, konnte ich nicht sagen; er fuhr damit jedenfalls nach Nairobi, und damit hatten wir ihn für einige Zeit zum letztenmal gesehen. Inzwischen hatte man sich entschieden, daß Tilly nicht allein auf der Farm bleiben, sondern nach Nairobi ziehen würde, wo sie an der Gründung eines Militärlazaretts mitwirken wollte. Alec Wilson bot an, sich um die Farm zu kümmern; später übernahm er auch die Farm der Palmers und führte ein anstrengenderes Leben als die meisten Männer, die eingerückt waren. Blieb nur noch zu regeln, wie meine Zukunft aussehen sollte. Ian Crawfurd hatte einen älteren Bruder namens Humphrey, der verheiratet war und mit seiner Frau auf einer Farm weiter oben im Norden lebte. Tilly hatte die beiden kennengelernt und mochte sie gern, und als mir Mrs. Crawfurd anbot, mich zu sich zu nehmen, sagte Tilly dankbar zu und schenkte ihr zum Dank die getupften Sussex-Hühner. Ich durfte weder George und Mary, die beiden Chamäleons, noch Mohammed, die Schildkröte mitnehmen, aber Njombo versprach mir, so gut auf sie aufzupassen, als wenn ich selbst da wäre. Die Trennung von Moyale war das schwerste. Es war ein bitterer Augenblick, als er mir den letzten Zucker aus der Hand leckte, mich mit seinen weichen Nüstern stupste und ein Ohr nach vorn und eines nach hinten richtete. Moyale würde morgen wieder zum Haus kommen, um von mir seinen Zucker, die Mohrrüben und die zärtlichen Klapse zu bekommen, und dann war ich nicht mehr da. Würde Njombo sein Versprechen halten? Oder würde er sich für ein anderes *Shauri* interessieren, und Moyale wurde vernachlässigt und vergessen?

»Wir gehen ja nicht für immer«, sagte Tilly. »Ich glaube sogar, daß wir vor Weihnachten schon wieder da sind, und zwischendurch kann ich ja über die Wochenenden herkommen und nachsehen, ob alles in Ordnung ist.«

»Aber ich will nicht weg von hier!«

»Daran ist niemand schuld außer dem deutschen Kaiser; er ist derjenige, der den Krieg angezettelt hat... Vergiß nicht, dir die Zähne zu putzen, kratz dich nicht so oft am Kopf, und halte deine Zehen gerade, wenn du reitest, die

Fersen nach unten und die Ellbogen am Körper, und schau nicht drein wie ein dressierter Affe.«

Nach diesen letzten Anweisungen fuhren wir mit dem Maultier-Buggy nach Nairobi samt dem Käfig, in dem sich die getupften Sussex-Hühner befanden, einem Korb voll Gemüse fürs Lazarett und verschiedenen anderen Dingen. Theoretisch reiste Tilly mit leichtem Gepäck, aber in der Praxis wirkte die bevorstehende Abreise wie ein Sommerregen auf einen Pilzwald: Pakete, Körbe und geheimnisvolle Objekte in seltsam geformter Verpackung schossen überall praktisch aus dem Boden.

Nairobi war voll von Männern in Khaki mit Gewehren. Es gab keine einheitliche Uniform, aber die meisten trugen Breeches und Wickelgamaschen, dazu Filzhüte, und hatten sich bunte Tücher um den Hals gebunden. Während wir in der Stadt Einkäufe machten, kam ein Zug Berittener vorbei mit Eingeborenenspeeren, die sie mit roten und gelben Fähnchen geschmückt hatten. Tilly sagte, sie hätten sich selbst zu Ulanen gemacht und nannten sich ›Monica's Eigene‹ nach der Tochter des Gouverneurs.

Abends setzte mich Tilly unter Aufsicht des Schaffners in einen Zug, mit einer großen Menge Gepäck und ein paar in letzter Minute besorgten Geschenken für Mrs. Crawfurd wie einer Schachtel mit Baumsetzlingen, einem Sack Steckkartoffeln, einer Bratpfanne, einer Eieruhr, zwei neuen Blusen und einem Ballen Stoff, der mit dem letzten Schiff vor Ausbruch des Krieges eingetroffen war. »Jetzt bringen sie vermutlich nur noch Bier und Munition«, bemerkte Tilly düster, »also sollten wir uns soviel wie möglich besorgen.« Der Schaffner meinte, er würde den Hühnerkäfig in den Gepäckwagen bringen.

Als ich am nächsten Morgen aus dem Zug stieg, roch alles ganz anders, frisch und kalt. An der Station wartete auf mich ein Ochsenkarren mit einem jungen Holländer, der sich als Dirk vorstellte und erklärte, er würde mich zur Farm der Crawfurds bringen.

In Molo war alles viel größer als in Thika: Hügel, Bäume, Entfernungen, sogar der Himmel und die Wolken. Die Bäume waren schwarz und türmten sich hoch, das Gras war buschig; die Halme neigten sich nach einer Seite, und man kam sich vor, als ob man das Dach der Welt erreicht hätte. Die Luft war scharf und klar wie geeister Zitronensaft, ein Wind wehte, und zwischen dem üppigen, riedartigen Gras wuchsen die Speere der rosa- und bronzefarbenen wilden Gladiolen. Wir kamen weder an Rundhütten noch an Ziegen, *Shambas* oder Tälern mit Bananenstauden vorbei; alles war leer und kalt.

Ich verhielt mich ziemlich schweigsam auf der ganzen Fahrt, genau wie Dirk, und wir wechselten nur wenige Worte. Dirk humpelte beim Gehen und teilte mir mit, daß er sich das Bein gebrochen habe.

Am Ende der Fahrspur, sagte ich mir, würde ich von Mr. Crawfurd erwartet, und er würde genauso aussehen wie Ian, nur größer, weil er der ältere der beiden war. Aber Humphrey Crawfurd war ebenfalls eine Überraschung für mich. Er sah überhaupt nicht wie Ian aus, und ich konnte kaum glauben, daß die beiden Brüder waren. Humphrey war in der Tat viel größer, aber dunkelhaarig statt blond, stämmig und wortkarg. Von sprühendem, amüsantem Leben konnte bei ihm nicht die Rede sein. Nur in den Augen erkannte ich eine gewisse Ähnlichkeit; sie waren stolz und rauchblau wie die seines Bruders, und vielleicht sah man es auch am Lächeln, wobei Humphrey jünger und weniger nachdenklich aussah.

Das, woran ich mich am lebhaftesten bei ihm erinnere, war seine Fähigkeit, sich so tief in Gedanken zu versenken, daß ihm die Fliegen übers Gesicht kriechen konnten, sogar in seine Ohren, ohne daß er darauf in irgendeiner Weise reagierte. Das verlieh ihm eine eigentümliche Bedeutung, die sich tief in meine Erinnerung einprägte. Er schlug nicht nach den Fliegen oder zuckte mit dem Kopf, wie das gewöhnliche Menschen oder Kühe und Pferde tun. Man fühlte, daß er in ungeheure Weisheiten oder Philosophien versunken sein mußte. In der Tat war er ein Mann, der sich jeweils nur einem Vorhaben widmete, und momentan waren seine Gedanken auf das Wasser konzentriert und wie man es verteilte. Er besaß eine große Farm, eigentlich eher eine Ranch, und er brauchte viele Wasserleitungen, Bewässerungsgräben und künstliche Bäche.

Mrs. Crawfurd war so beredt, wie ihr Mann wortkarg war. Bei ihr sprudelte das Gespräch wie Wasser aus den Schleusen, und wie das Wasser waren ihre Worte frisch, fröhlich und gelegentlich ein wenig monoton. Sie hatte die Marotte, in jedem Ereignis ein besonderes Drama zu sehen, in jeder Situation einen bedeutungsvollen Hintergrund zu erkennen und in jeder Person eine wichtige Persönlichkeit zu vermuten. Monoton ist vielleicht nicht das richtige Wort, ebenso wie es nicht zutreffen würde auf einen fröhlichen, munteren, in der Sonne blitzenden Gebirgsbach. Dennoch vermögen einen solche Wasserläufe in einen halb benommenen, halb schläfrigen Zustand einlullen, und erst dann erkennt man die Intonation eines kleinen Wasserfalls und das Flüstern eines tieferen Beckens zwischen den Felsen. So mußte sich Humphrey Crawfurd fühlen. Sie erwartete nicht, daß er jedem ihrer Worte zuhörte, denn sie redete von Natur aus gern, und er rechnete bei ihr nicht mit übergroßem Interesse für seine Bewässerungspläne. Sie gaben und sie nahmen. Außerdem hatten sie zwei Kinder, ein Mädchen namens Althea, das derzeit in Schottland zur Schule ging, und einen etwa zweijährigen Jungen, der bei ihnen war und Bay hieß – und obendrein erwarteten sie in Kürze ein Baby.

Nachdem meine Stapel von Gepäckstücken abgeladen und sortiert waren und nachdem Mrs. Crawfurd in Begeisterungsrufe über Tillys Großzügigkeit ausgebrochen war, fügte sie hinzu:

»Und es war ganz entzückend von deiner lieben Mutter, daß sie einen so köstlichen *Kikapu* mit Gemüse geschickt hat – wirklich großartig, aber Gemüse ist wahrscheinlich das einzige, was wir hier entbehren könnten. Jetzt werden wir bald so viel Wasser haben, daß ich in der Lage bin, einen Garten zu bewässern, und wir ziehen auch jetzt schon gutes Gemüse aus englischen Sämereien; das ist ohnehin das einzige, was hier in dieser Hochlage wächst.«

Das gab mir einen Ruck. Die getupften Sussex-Hühner! Sie waren nicht im Ochsenkarren. Hatten wir sie auf der Bahnstation vergessen?

Sie waren nicht auf der Station in Molo, und Mrs. Crawfurd schrieb eine Nachricht an Tilly, um ihr Verschwinden zu melden. Ein paar Wochen danach erfuhren wir, was mit ihnen geschehen war. Tilly hatte einen Brief von der Oberin des Krankenhauses erhalten, in dem sie ihr warm für das schöne Geschenk eines Dutzends junger Hühner dankte. ›Den Patienten haben sie sehr geschmeckt; sie waren eine willkommene Abwechslung in ihrem Speiseplan ...‹ Arme Hühner, da waren sie nun fünftausend Meilen weit gereist, gehätschelt und gepflegt worden in der Absicht, mit ihnen einen neuen Stamm von Hühnern zu züchten, und man verwechselte sie mit einem großen Gemüsekorb, was zur Folge hatte, daß sie in der Bratpfanne endeten.

Ein paar Tage nach meiner Ankunft öffnete Mr. Crawfurd eine Rinne, die das Wasser von einer Quelle im Wald zu seinem Haus und seiner Farm bringen sollte. Der Graben war fast zwei Meilen lang, und es hatte ein Jahr gedauert, bis man ihn ausgehoben und mit einer Art Lehm verkleidet hatte, der mit Ochsenkarren herbeigebracht werden mußte, wobei es zu manchen Abenteuern im Schlamm gekommen war.

Wir ritten hinauf in den Wald, ausgerüstet mit einem vollen Picknickkorb, und die Männer mit den Schaufeln waren schon dort. Es gab nichts, was Mr. Crawfurd gesprächiger gemacht hätte, aber man fühlte dennoch die Spannung, die sich in ihm steigerte wie bei einer mühsam zurückgehaltenen Sprungfeder. Man hatte sich entschlossen, diesen Tag zum Feiertag zu machen, und alle Leute, die in der

Nähe wohnten, kamen dazu, angezogen von dem Fest wie Ameisen vom Zucker, um daran teilzunehmen.

Molo war ganz anders als Thika; es gab kein Eingeborenenreservat, und noch vor fünfzehn Jahren hatte hier kein menschliches Lebewesen in fernerer oder näherer Umgebung gehaust. Zu unwirtlich für Siedler, zu hoch selbst für das Vieh der *Massai*, hatten diese Hänge von Molo dagelegen, wie sie von Gott erschaffen worden waren, brach und unverändert seit Beginn der Schöpfung, allein im Besitz der wilden Tiere, die nach ihren eigenen Gesetzen leben konnten.

Nachdem die Regierung eine Eisenbahnlinie von der Küste zum Viktoria-See gebaut hatte, bot sie Parzellen dieses Landes für eine geringe jährliche Pacht an, aber sie fand keinen einzigen Abnehmer. Das Land war schön, aber die Leute waren nicht auf Schönheit, sondern auf Profit aus oder wenigstens auf eine Möglichkeit, sich ihren Lebensunterhalt einigermaßen verdienen zu können, und das war in Molo nahezu unmöglich. Daher lag das Land noch eine Weile unberührt da, bis schließlich ein paar Südafrikaner ankamen und sich ihren Lebensunterhalt nicht mit Farmen, sondern mit der Jagd verdienten, außerdem mit Transporten von Londiani, der nächsten Eisenbahnstation, hinauf auf die Hochebene von Uasin Gishu, wo die holländischen Siedler Mais anbauten, aber keine Eisenbahn hatten, mit der man die Ernte transportieren konnte.

Und von einem dieser Südafrikaner hatten die Crawfurds die Ranch gekauft, die immerhin eine Fläche von fünfhundert Hektar umfaßte. Es stand nichts auf diesem Gebiet außer ein paar Hütten aus halben Stämmen und ein paar *Bomas* für die Schafe und das Rind. Es gab nicht einmal eine Straße oder eine Fahrspur, welche die Ranch mit der Eisenbahnstation verband. Mr. Crawfurd fehlte es wie den meisten Menschen hier an Kapital, daher kam er nur schrittweise voran. Wie alle Holländer baute er nach und nach seine Herden aus, vergrößerte die Anzahl seiner Rinder und

Schafe. Das einzige landwirtschaftliche Produkt, das man hätte verkaufen können, war der Mais, und für dessen Anbau lag Molo zu hoch. Also verkauften die Crawfurds ein wenig Butter, die einmal wöchentlich mit dem Ochsenkarren zur Station gebracht und in kleinen Lieferungen an Bekannte in Nairobi geschickt wurde.

Da keine Afrikaner in dieser großen westlichen Gebirgsmauer, der Begrenzung des Rift Valleys, lebten, ließen sich die ersten Farmer ihre Arbeiter aus dem Land der *Kavirondos* kommen oder aus *Kikuju*land, und so entstanden kleine Eingeborenensiedlungen in der Nähe der europäischen Heimstätten und in den Hügelfalten des Vorgebirgslands. Und da ein jeder im Umkreis von zehn Meilen bei der Eröffnung des Wasserkanals der Crawfurds dabeisein wollte, trafen wir dort eine beträchtliche Zahl von Schwarzen, die auf den Fersen hockten oder sich an ihre Speere lehnten.

Der Anfang des Grabens lag ein Stück entfernt inmitten des Waldes, in einer Lichtung. Auch dieser Wald, wie alles in Molo, war ganz anders als die Wälder, die ich aus dem *Kikuju*-Reservat kannte. Bei den Bäumen überwogen die Oliven mit ihren bitteren, schwarzen Beeren und die Zedern, die große Höhen erreichten. Ihre Stämme, gedreht und geriffelt, schimmerten rötlich im Sonnenlicht. Die Wipfel waren von langem, herunterhängendem Moos überwuchert, das an trockene, graue Bärte erinnerte. Dadurch sahen die Zedern aus wie altgewordene Riesen, voll von Weisheit und Geheimnis, die in Bäume verwandelt worden waren.

Die Äste der Olivenbäume waren nicht selten verdreht und knorrig und zur Hälfte kahl, so daß man an einen ekstatischen Tanz verehrungswürdiger, aber völlig frenetischer Priester denken konnte, erstarrt durch göttliches Gebot und daher gezwungen, die Ewigkeit in diesen seltsamen, verkrüppelten und doch würdevollen Positionen zu erwarten. In der Dunkelheit der Wälder hatte man immer den scharfen Zederngeruch in der Nase, trockene Zweige knackten und flüsterten unter den Füßen, die umgefallenen Stämme lagen vermoost auf dem Boden wie die Monarchen der Plantagenets in Pelz und Samt. Die modernen Blätter und die vielen Pilze verliehen der kühlen, sonnenlosen Luft einen dumpfen Charakter. Das Unterholz war dicht und dornig; man konnte es nicht durchdringen, ohne daß man sich alles bis auf die Haut zerfetzte, und meistens kam man selbst dann nicht weit. Aber es gab überall Wildwechsel, und einige davon waren zu menschlichen Pfaden erweitert worden von den *Dorobo*, jenen kleinwüchsigen Jägern, die wie die *Bongos* nur in den tiefsten Wäldern hausten. Man bekam nur sehr selten einen *Dorobo* zu Gesicht, aber sie hatten in den Wäldern Fallgruben für das Wild angelegt, und wenn man auf eine trat, fiel man hinein und verletzte sich an scharfen, angespitzten Holzpfählen.

Das Schönste an diesen Wäldern waren die Lichtungen, die sich wie Gebirgsseen zwischen den hohen Zedern öffneten. Gerade ging man noch durch einen dunklen Tunnel, stolperte über Wurzeln und Stämme, kämpfte sich durch Schlinggewächs und lauschte auf den Schrei eines Affen oder das knarrende Kreischen des Vogels, den sie Bananenfresser nannten und der so sonderbar flog und rotgeränderte Flügel hatte – im nächsten Augenblick stand man am Rand einer Lichtung, die sich einladend wie ein gepflegter Park öffnete. Diese Lichtungen waren nicht von Menschenhand geschaffen worden; warum dort keine Bäume wuchsen, habe ich nie herausgefunden. Aber immer, wenn man eine solche Lichtung betrat, hatte man das Gefühl, als wäre man der erste Mensch, der je auf diesem Boden steht und über das üppige Gras hinweg zum gegenüberliegenden Waldrand schaut wie Cortez, der am Ufer des Pazifiks stand, und man erwartet unwillkürlich, ganz ungewöhnliche, prähistorische Tiere beim Grasen beobachten zu können.

Der Graben der Crawfurds begann also in einer solchen Lichtung, und ich erinnere mich vor allem an den Duft nach Jasmin und an die Schmetterlinge. Hier in diesen Wäldern wuchs eine besonders stark duftende Jasminart, die man kaum sehen konnte; nur hier und da leuchteten winzige weiße Sternblüten im dunklen, dichten Unterholz. Dieser Duft mischte sich in aufregender Weise mit dem moschusartigen Geruch nach Fett und Ocker, den die schwarzen Zaungäste ausströmten, und mit dem Unterton der aromatischen Zedern.

Wir waren überflutet von der strahlenden Sonne, die Luft war klar und rein wie Eis und große, lebhafte Schmetterlinge in Purpur und Gold segelten über dem Busch, während Mr. Crawfurd einen Spaten nahm, um den letzten Viertelmeter des Grabens auszuheben und ihn so mit dem kleinen Teich zu verbinden, der sich unterhalb der Quelle gebildet hatte. Es war nur eine kleine Quelle, aber Mr. Crawfurd war davon überzeugt, daß sie so und soviel Tausend Liter pro Tag spenden würde – wieviel, habe ich vergessen.

»Ist das ein aufregender, überwältigender Augenblick!« rief Mrs. Crawfurd. »Humphrey, ich finde, man sollte dir einen silbernen Spaten überreichen. Wir hätten das heutige Datum darauf gravieren lassen sollen, mit einem passenden Motto, einem Zitat... Vielleicht hätten wir jemand einladen sollen, der den Kanal ansticht, vielleicht nicht unbedingt den Gouverneur, aber Lord Delamere oder den Distriktverwalter.«

»Nein, den gewiß nicht.«

»Es hätte ihm sicher Freude gemacht, endlich einmal eine Abwechslung vom Steuereintreiben und Gefangennehmen der Eingeborenen, und er hat etwas übrig für Partys, unser Distriktverwalter.«

»Bestimmt nicht für solche wie diese, wo es nur Wasser gibt.«

Mrs. Crawfurd lachte nicht nur pflichtschuldig als die dazu verpflichtete Ehefrau, sondern weil sie es ehrlich meinte, und ihr Lachen war ein musikalisches, mit Trillern verziertes Auf und Ab ihrer Stimme.

»Wenn Althea bloß hier wäre! Wie würde sie sich freuen!

Althea würde sofort einen Spaten nehmen und viele kleine Seen und Flüsse bauen und einen Teich für Zierfische. Glaubst du, wir können uns Zierfische halten, Humphrey? Können sie in dieser Höhe leben?«

»Nein«, antwortete Mr. Crawfurd und schaufelte mit seinem Spaten. Wenn er nicht zuhörte, sagte er immer nein, das war sicherer. Man konnte es später in ein Ja verwandeln, aber nicht umgekehrt. Aus einem Ja war nur sehr schwer wieder ein Nein zu machen.

»Macht nichts – aber denk bloß an die Bohnen und die neuen Kartoffeln und die Erdbeeren. Und Wasser aus einem Hahn! Es ist wirklich zu aufregend! Glaubst du, daß Frösche in die Rohrleitungen kommen? Oder daß sich die Büffel in dem Graben baden, Humphrey?«

»Nein.«

»Das Wasser kann jeden Augenblick fließen. Schau doch, wieviele Leute gekommen sind! Ist es nicht ein gutes Zeichen, daß sie sich so dafür interessieren? Glaubst du, sie gehen weg und erzählen es ihren Freunden, und die Freunde fangen damit an, Wasserleitungen in den Reservaten anzulegen?«

»Nein.«

Mr. Crawfurd hielt jetzt vor der letzten Barriere, dem letzten Spatenstich inne. Das Wasser schien gegen diesen schmalen Damm zu drücken und darauf zu warten, daß man es befreite. Unter einer Zeder saß eine Gruppe von Alten und schnupfte Tabak. Sie trugen Umhänge aus besticktem Ziegenleder – ihre eigene Kleidung, keine roten Decken – und schauten wachsam und weise drein. Auch sie waren fasziniert von dem Graben und allem, was dazugehörte, denn die *Kikuju*, so intelligent sie sein mochten, hatten nie an so etwas wie künstliche Verlegung von Wasserläufen gedacht, während manche kleineren und wesentlich weniger erfolgreichen Stämme wie die *Elgeyo* und *Due Njemps* raffinierte eigene Bewässerungssysteme ausgearbeitet hatten.

»Vielleicht glauben sie, es sei ein Sakrileg«, meinte Mrs.

Crawfurd. »Sie halten es für schlimm, wenn man heilige Bäume fällt; sie glauben, daß Geister in den Bäumen leben, die nicht gestört werden dürfen. Vielleicht ist es auch schlimm, wenn man einen Wasserlauf verändert oder wie in diesem Fall einen ganz neuen schafft. Glaubst du, daß das, was wir hier tun, ein Sakrileg ist, Humphrey?«

»Nein.« Mr. Crawfurd richtete sich auf und sah sich nach allen Seiten um, bevor er den letzten Spatenstich tat. Einige von den alten Männern kamen vor und hielten kleine Ansprachen, die ich nicht verstand, weil sie in *Kikuju* waren; ihre Gesichter wirkten angeregt, sie bewegten die mageren Arme auf anmutige Weise, und ihre Stimmen waren glatt wie Wasser, das über geschliffene Kiesel läuft und dann in kleine Teiche gurgelt.

»Er sagt, er sei sehr glücklich, das Wasser zu sehen, das vom Berg herunterkommt«, übersetzte ihr Sprecher. »Er bittet Gott darum, gnädig zu sein und uns zu helfen.«

Mr. Crawfurd wartete, während die Alten ihre Segnungen sprachen, was einige Zeit dauerte, denn es kam ein jeder von ihnen an die Reihe. Sie fühlten zweifellos, daß das das mindeste war, was sie bei einer solchen Gelegenheit tun konnten. Wäre es ihr eigener Kanal gewesen, der da eröffnet wurde, dann hätten sie vermutlich eine lange und ernste religiöse Zeremonie abgehalten und mindestens eine Ziege geopfert, vielleicht sogar einen Ochsen.

»Er sagt, Gott wird viel Wasser schicken, um den Pflanzen und dem Vieh zu helfen, und er hofft, daß Gott dem *Bwana* helfen wird, wie der *Bwana* den *Kikuju* hilft. Und er hofft auch, daß der *Bwana* den *Kikuju* hilft, damit sie das Vieh zurückbekommen, das ihnen die *Nandi* gestohlen und nach Fort Ternan geschickt haben, denn es ist schlecht, wenn Diebe in diese Farm kommen.«

Der Alte bezog sich dabei auf ein langes *Shauri* über verschwundenes Vieh des Stammesältesten. Mr. Crawfurd hatte einen oder zwei Männer vom Stamm der *Nandi* als Viehhirten eingestellt, welche die *Kikuju* ebenso verachteten wie ein Baron einen groben Bauern verachtet, während die *Kikuju* ihrerseits die *Nandi* haßten wie die Römer die barbarischen Vandalen oder Goten. Seit die *Nandi* hier waren, gab es nichts als *Shauris*, und nun hatten die *Kikuju* den *Nandi* vorgeworfen, sie würden ihre Kühe stehlen. Wenn Mr. Crawfurd nicht dagewesen wäre, hätten sie die *Nandi* möglicherweise mit vergifteten Pfeilen getötet oder im Schlaf mit ihren Schwertern überfallen und wären vermutlich ihrerseits aus Rache massakriert worden; so, wie die Dinge lagen, waren jedenfalls beide Seiten auf der Hut.

»Dank dir, alter Mann«, sagte Mr. Crawfurd, der zwar gläubig, aber zugleich der Meinung war, daß man Gott auf den Sonntag beschränken und sich von ihm nicht bei der Führung der Farm dreinreden lassen sollte. »Wenn ihr Beweise habt, daß es die *Nandi* waren, müßt ihr den Fall dem Distriktverwalter melden. Und inzwischen müßt ihr euch an das erinnern, was ich euch über diesen neuen Wasserlauf gesagt habe. Ihr könnt euer Vieh an den Zapfstellen tränken, aber nie, niemals in diesem Kanal, und wenn ihr es tut, werde ich euch streng bestrafen und eure Kühe beschlagnahmen.«

»Das verstehen wir«, stimmten die Alten ihm zu, »aber du mußt auch Gott bitten, daß er die Büffel fernhält.« Also hatte er wieder einmal das letzte Wort, wie es sich für einen *Kikuju* gehörte. Und er konnte auch nicht der Versuchung widerstehen, ein bißchen Erde in das Wasser zu bröseln, als es endlich floß, und eine Art Segen zu sprechen.

Mr. Crawfurd stach die letzte Schaufel ab und trat zur Seite. Sofort strömte das Wasser und schien voller Neugier seinen neuen Weg entdecken zu wollen. Es wand sich wie eine Schlange mit gelblich-weißem Kopf und floß mit großer Aufregung durch sein lehmverkleidetes Bett. Die Leute murmelten, waren vielleicht überrascht, daß das Wasser wirklich durch den Graben floß, wie es ihnen Mr. Crawfurd vorhergesagt hatte. Sie betrachteten jedenfalls diese Tatsache nicht als die Folge der Arbeiten; es war eine glückliche

Fügung, wie wenn einem ein Knabe geboren wurde. Immerhin hätte es auch ein Mädchen sein können, eine Totgeburt, oder die Mutter hätte daran sterben können – doch nun war alles gut. Die Gebete und die Magie hatten gewirkt und das erhoffte Ergebnis erreicht. Ich glaube, außer den Crawfurds und Dirk war kein einziger Mensch dort, der nicht vermutete, das Wasser hätte sich geweigert, durch den Kanal zu fließen, wenn es den Geistern nicht recht gewesen wäre.

Aber jetzt, wo alles vorüber war, gab es viel Lächeln und Lachen und Glückwünsche. Es gehörte immer Magie zur Geburt eines Flusses, vor allem, wenn der Mensch selbst ihn geschaffen hatte. Vielleicht fühlte sich Mr. Crawfurd wie Moses, der auf den Felsen schlug, bis das Wasser in die Wüste strömte.

Ich erinnere mich noch an den Geruch von Jasmin und die purpurnen Schmetterlinge und die Ziegenhautumhänge der Alten, ihre langen Perlenketten und Ohrringe und Schnupftabakshörner, an das Wasser, das singend durch den Zedernwald strömte, und an Mrs. Crawfurd, die den kleinen Bay an der Hand hatte und mit begeistertem Gesicht erst auf den Graben und dann auf Mr. Crawfurd schaute, so, als habe er eben ein Wunder vollbracht. Der kleine Bay machte sich los, watschelte wie eine Ente zum Graben und warf Erde und Zweige hinein. Er wurde zurückgeholt, und sein Vater machte ihm ein Papierboot, das der Kleine auf das Wasser setzen konnte, das inzwischen ruhig dahinströmte, als sei es schon seit Hunderten von Jahren so gewesen. Natürlich war ein Boot nicht genug, und bald war eine kleine Flotte auf den Weg geschickt worden mit Matrosen an Bord, die durch kleine Hölzer dargestellt wurden.

Wir aßen unsere Brote neben dem Teich und lauschten auf die Stille des Waldes, sahen die Vögel in den Wipfeln und hörten das Summen der Hummeln. Der Krieg, von dem in Nairobi alle geredet hatten, war ein Wort ohne Bedeutung, und Humphrey Crawfurd aß seinen Lunch mit zufriedenem Gesichtsausdruck. Aber noch bevor das Mahl vorüber war, hatte er mit seiner Frau über einen zweiten, längeren Kanal gesprochen, den er graben wollte, um das Wasser an einen anderen, weiter entfernten Teil seiner Farm zu transportieren.

24

Im Wohnzimmer der Crawfurds gab es eine Photographie von Ian, der darauf sehr jung und hübsch aussah und einen Kilt trug. Ich hoffte, er würde einmal auf Besuch zu seinem Bruder kommen, aber Mrs. Crawfurd meinte, er sei in einen Bezirk gegangen, der Trans Nzoia hieß, eine wilde, unbewohnte Gegend, um dort Regierungsland zu übernehmen und eine eigene Farm aufzubauen.

»Aber er bleibt natürlich nicht dort, wenn er vom Kriegsausbruch gehört hat«, fügte sie hinzu. »Ich nehme an, er geht sofort nach Nairobi, um einzurücken. Ich weiß allerdings nicht, wann er das erfährt; es gibt keine Poststationen, und er wollte erst wiederkommen, wenn er ein Haus gebaut und eine Pflanzung angelegt hat, wobei ich mir nicht vorstellen kann, was er dort pflanzen will. Außerdem wäre es sehr ungewöhnlich für Ian, länger an einem Ort zu bleiben und Farmer zu werden; wahrscheinlich bricht er auf nach den blauen Bergen, sobald er Wind von einer Elefantenherde bekommen hat. Glaubst du, daß er jemals ein richtiger Farmer werden wird, Humphrey?«

»Nein.«

»Obwohl es vielleicht ein Zeichen sein könnte dafür, daß er seßhaft werden möchte, und vielleicht aus dem üblichen Grund; es ist höchste Zeit, daß er sich eine Frau nimmt, auch wenn ich ihn mir nicht vorstellen kann als einen gezähmten Gatten mit einem Frauchen, das ihm die Pantoffeln bringt, aber vielleicht wird es ja nicht unbedingt so, und er heiratet eine Frau wie Tilly, die gut mit Pferden umgehen kann, oder eine reiche Witwe, oder eine von diesen Forscherinnen. Findest du, daß das eine gute Sache wäre, Humphrey?«

»Nein.«

Nicht lange, bevor ich nach Molo gekommen war, hatte sich Dirk ein Bein gebrochen. Er hatte sich geweigert, mit dem Zug zum Arzt gebracht zu werden, also hatte ihm einer der *Kikuju*, der behauptete, über chirurgische Erfahrungen zu verfügen, das Bein eingerichtet und mit Holzstäben geschient. Als ich dort ankam, konnte er bereits wieder reiten und kleinere Strecken zu Fuß gehen. Aber wegen seines Beins war Dirk nicht in der Lage, bei irgendwelchen ›Scouts‹ oder ›Berittenen‹ einzurücken, und er brannte vor Ungeduld und frustriertem patriotischem Eifer. Holländer wie dieser Dirk hatten eigentlich nichts gegen die Deutschen; sie wollten einfach kämpfen und vor allem verhindern, daß ihnen ein Haufen ›Rotnacken‹ zuvorkam.

Er hatte sein Heim oben auf dem Plateau und kam aus einer neunköpfigen Familie. Sein Vater besaß einen leichten Karabiner, die ideale Waffe, um damit auf Deutsche zu schießen, und Dirk wollte nach Hause gehen und Anspruch auf den Karabiner erheben, bevor es einer seiner älteren Brüder tat, doch es hatte keinen Sinn, bevor sein Bein nicht völlig verheilt war. Also kochte er vor Zorn, weil die Heilung so viel Zeit beanspruchte, und hatte die Hoffnung auf den Karabiner schon fast aufgegeben – doch es konnte ja sein, daß sein älterer Bruder unterwegs war, um einen Transport durchzuführen, oder er hatte wie viele von dort oben gleich in Nairobi angemustert, ohne noch einmal auf das Plateau zurückzukehren.

Einen Tag nach der Eröffnung des Kanals folgte ich seinem Lauf, um zu sehen, ob ich die Papierschiffchen finden konnte. Man hatte neben dem künstlichen Wasserlauf einen Pfad gebaut, so daß man leicht vorankam, und es wurde mein Lieblingsspaziergang, vor allem vor dem Frühstück, wenn die Luft noch frisch war vom Tau und vom Duft nach Kompost und Zedern und wenn die kastanienbraunen Buschböcke mit ihren elegant gedrehten Hörnern und dem getupften Fell unterwegs waren und bei meinem Näherkommen mit einem kurzen, bellenden Warnschrei in die Wälder verschwanden, als hätten sie sich in nichts aufgelöst.

Eines Morgens überraschte ich zwei *Dikdiks* auf der Lichtung, die dort im Gras standen, das zahllose zitternde Spinnweben versilbert hatten, wobei ein jeder einzelne Halm und jeder Faden der Spinnweben mit Tauperlen besetzt war. Erstaunlich, an all die Millionen Spinnweben auf den Lichtungen des Waldes zu denken, auf dem Busch und den Ebenen Afrikas, und an die Zahl der Spinnen, die sicher größer war als die der Sterne, Tiere, die geduldig ihre Netze bauten, um damit ihren Hunger zu stillen, und an die noch viel größere Zahl der Fliegen, Bienen und Schmetterlinge, die sich dort verfangen mußten, um die Spinnen zu ernähren – und wozu? Das konnte niemand sagen.

In der Mitte dieses silbern glänzenden Feldes also standen die zwei *Dikdiks*, hatten die kleinen Köpfchen erhoben, die Nüstern weit geöffnet, und ihre schwarzen Augen, glänzend wie Brombeeren, schauten mich unerschrocken an. Ich kann mich nie genug über die Zartheit und die Zerbrechlichkeit ihrer Beine wundern, schlank wie das Schilf; es war fast unglaublich, daß sie sich diese Beine nicht brachen, wenn sie über Grasbüschel und kleine Hügel hüpften, selbst bei ihrem geringen Gewicht.

Diese *Dikdiks* verbreiteten den Zauber des Kleinen, der Miniatur. Sie waren großartig geschaffen, kein Haar, keine Sehne war anders als makellos, kleine Muskelmaschinen, dazu überaus elegant und anmutig, eigentlich eher Geister als Kreaturen. Man konnte sie fast nur in Paaren beobachten. Solange ich stillstand, rührten sich auch die *Dikdiks* nicht; ich fragte mich, was wohl geschehen würde, wenn ich mich nun überhaupt nicht mehr rührte. Würden sie dann den ganzen Tag stehenbleiben und mich anstarren? Ständen wir dann am Abend noch bewegungslos da? Aber es war aussichtslos, die *Dikdiks* mit Blicken aus der Fassung zu bringen; nach einer Weile machte ich einen Schritt nach vorn, und mit einer überaus gewandten und eleganten Bewegung sprangen die kleinen Böcke davon und verschwanden zwischen den Bäumen.

In diesem Augenblick merkte ich, wie man es manchmal auf geheimnisvolle Weise spürt, daß ich beobachtet wurde. Ich schaute mich um, sah aber nichts und ging ein paar Schritte, um mich auf einen umgestürzten Baumstamm zu setzen. Dennoch fühlte ich, daß noch immer das Beobachtetwerden in der Luft zitterte. Nach einer Weile sah ich eine Bewegung im dunklen Unterholz, und eine braune, pelzbedeckte Gestalt kam heraus, stand gleich danach in einem Strahl des Sonnenlichts, das auf dem Fell einen vollen, rotbraunen Glanz hervorrief und auf dem Kupferschmuck blinkte.

Es war ein kleiner Mann – nicht gerade ein Zwerg oder ein *Pygmäe*, aber etwa in der Mitte zwischen einem *Pygmäen* und einem gewöhnlichen Menschen. Seine Arme und Beine waren ziemlich hellhäutig; er trug einen Umhang aus Buschbockleder, eine kleine Ledermütze, Ohrringe, und er hatte einen langen Bogen und einen Köcher mit Pfeilen bei sich. Er stand stocksteif da und schaute mich an wie eben noch die zwei *Dikdiks*, und ich fragte mich, ob auch er verschwand, sobald ich mich bewegte.

»*Jambo*«, sagte ich versuchsweise, um mit ihm ins Gespräch zu kommen.

Sein Gesicht faltete sich zu einem Lächeln. Es war ein ganz anderes Gesicht als das eines *Kikuju*, kräftiger konturiert, mit hellerer Haut und feineren Knochen, und es hatte den wachsamen und defensiven Blick eines Tiers, doch hinzu kam ein Ausdruck von Humor und heiterer Gelassenheit.

Er kam auf mich zu, hob seine Hand und erwiderte damit meinen Gruß.

»Und wie steht es?« fragte ich und führte damit die traditionelle Grußformel fort.

»Gut.«

»Woher kommst du?«

Er warf den Kopf zurück und zeigte auf die Hügel hinter sich.

»Aus dem Wald.«

»Wo willst du hin?«

»Fleisch suchen.«

Er kam, stellte sich neben mich und strich mit den Fingern über seinen Bogen. Wir konnten uns nur sehr bruchstückhaft unterhalten, denn er kannte nur die wichtigsten Kisuaheliworte. Er strömte einen starken, stechenden Geruch aus, ein wenig ranzig vielleicht wie ein Wasserbock; seine Haut war stark eingefettet, und seine Gliedmaßen waren mager, ohne Muskelpolster, wie die der *Dikdiks*. Ich wußte, daß er ein *Dorobo* war, einer aus diesem Stamm von Jägern, die im Wald und vom Wild lebten, das sie in Fallen fingen oder mit vergifteten Pfeilen schossen. Sie kultivierten keine Feldfrüchte, sondern lebten nur von Fleisch, Wurzeln und wildem Honig. Sie waren die Überreste eines uralten Volkes, das einmal im Alleinbesitz dieses Landes gewesen war, die echten Ureinwohner. Dann waren andere, stärkere Stämme gekommen wie die *Kikuju* und die *Massai*, und die *Dorobo* hatten Zuflucht in den Wäldern gesucht. Jetzt lebten sie in Frieden oder zumindest in Neutralität mit den Hirten und Bauern und tauschten manchmal Häute und Honig gegen Perlen, verkauften wohl auch Speere und Messer, die von den geschickten Schmieden ihres Stammes hergestellt wurden. Sie kannten die Tiere des Waldes besser als jeder andere, wußten selbst über die Lebensgewohnheiten der Bongos, der scheuesten und schönsten Tiere Bescheid, und ihr größtes Vergnügen war ein mindestens dreitägiges Festmahl mit dem rohen Fleisch eines Elefanten.

Ich wußte, daß seine Pfeile vergiftet waren. Er zog einen davon heraus und zeigte mir den klebrigen, schwarzen Überzug auf der eisernen Spitze. »Das tötet Elefant, großes Schwein und Büffel.«

»Gibt es denn viele Büffel hier?« fragte ich und dachte an Humphreys Wassergraben und die Warnung der alten *Kikuju*.

»Komm mit.« Er drehte sich um und ging auf den Wald zu, mit federnden Schritten, die Knie leicht gebeugt. Wo die Lichtung endete, sah das Unterholz schwarz und dicht aus wie eine Wand, aber er verschwand darin, und ich stellte fest, daß wir auf einem kleinen Pfad waren. Eigentlich eine Übertreibung: es war eine Öffnung in der dornigen, soliden Masse, wo vor uns andere Füße gegangen waren. Der *Dorobo* hielt inne, ich ebenfalls, und wir gingen langsam und geduckt wie die Tiere weiter, er lautlos, während ich auf Zweige trat und über Wurzeln stolperte, von Schlingpflanzen aufgehalten und von Dornen gekratzt wurde.

Wir kamen zu einer kleinen Lichtung, die sich abwärts bis zu einem Wasserlauf senkte, den man leise von unten her plätschern hörte, versteckt hinter Schilf und hohem Gras. Am Rand des Wassers war eine Stelle, wo der Boden nackt und grau war wie Beton.

»Siehst du?« rief der *Dorobo* und zeigte befriedigt darauf, aber ich schaute mich vergebens nach einer Büffelherde um.

»Ich sehe nichts.«

Wieder hüpfte er federnd dahin, auf die Stelle zu. Als wir am Rand des nackten Flecks angekommen waren, sah ich Hufabdrücke und Losung, und ein tierischer Geruch, der an Rinder erinnerte, hing in der Luft. Es war eine Salzlecke, zertrampelt von den Füßen vieler Büffel.

»Sie kommen jede Nacht«, sagte der Dorobo. »Wenn der *Bwana* am frühen Morgen mit einem Gewehr kommt, wird er viele, viele sehen, wie eine Herde Rinder.«

»Und wo sind die Büffel jetzt?«

Er wies mit dem Kinn auf die Hügel hinter uns. »Da oben. Sie schlafen. Sie essen nachts das Salz und am frühen Morgen spielen sie.«

Wir kehrten über den Wildpfad zurück. »Wo ist dein Haus?« fragte ich ihn.

»Im Wald.«

»Hast du keine *Shamba*?«

»Der Elefant ist meine *Shamba*. Das sind meine Hacken und Schaufeln.« Er zeigte auf den Köcher an seiner Seite. »Hast du Tabak?«

»Nein.« Ich kam mir undankbar vor und ich hatte auch kein Geld. »Ich versuche, Tabak zu bekommen.«

»Gut. Bring ihn her, und ich bringe den *Bwana* zu den Büffeln.« Er lächelte, hob halb die Hand, zog sich den Buschbock-Umhang fester um die Schultern und hüpfte davon, wobei er seinen abgestandenen Schweißgeruch in der klaren Morgenluft zurückließ.

Ich wollte den *Dorobo* für mich allein behalten, denn in meinen Augen gehörte er in dieselbe Welt wie die Dikdik, der Jasmin und die Schmetterlinge, aber ich wußte nicht, wie man an Tabak kommen konnte, daher war ich gezwungen, mich Dirk anzuvertrauen. Seine Augen funkelten, als er von der Salzlecke hörte.

»Genau so kann man sie bekommen, Mann«, sagte er. »Es gibt sicher viele große Bullen, und was weiß ich. Ich suche mir diesen Kaffer, und er soll mir den Weg zeigen.«

»Du mußt mich aber mitnehmen.«

Dirk lachte nur. »Ein *Toto* wie dich?«

»Aber er ist mein *Dorobo*.«

Dirk sagte, daß der *Dorobo* jedem gehörte, der ihm Tabak brachte, und ritt mit mir am nächsten Morgen hinauf zu der Lichtung am Beginn des Wassergrabens. Obwohl wir uns nicht verabredet hatten, tauchte bald danach der *Dorobo* auf, diesmal mit einem zweiten, der noch kleiner und magerer war als er. Sie verschwanden wieder mit dem Tabak, nachdem sie Dirk versprochen hatten, ihn am nächsten Morgen am Waldrand zu treffen, vor der Morgendämmerung, um ihn zu der Salzlecke zu führen. Ich dagegen hatte nichts damit zu tun, und mein Ärger darüber stach wie das Gift der *Siafu*. Schließlich hatte ich den *Dorobo* entdeckt, und jetzt wollte Dirk den ganzen Vorteil davon haben.

Am Abend vor dem Einschlafen stieß ich mit dem Kopf viermal gegen das Kissen, damit es mich um vier Uhr morgens weckte. Wahrscheinlich war es die leise Bewegung von Dirk, der um diese Zeit das Haus verließ, die mich dann in Wirklichkeit weckte, die Laternen, die im Dunkeln schwankten, die Tür seines Rundhauses und das Trampeln und leise Wiehern seines Ponys, mit dem er wegen seines verletzten Beins bis zur Lichtung reiten wollte. Ich zog mich zitternd im Dunkeln an, denn die Nächte waren kalt, und das Wasser in der Waschschüssel stach einem ins Gesicht. Ich wartete, bis das Pony fort war und die Lichter zwischen den Bäumen verschwanden, dann schlich ich mich hinaus wie ein Dieb, um ihm zu Fuß zu folgen.

Das war keineswegs so einfach wie ich vermutet hatte. Obwohl ein Halbmond schwarze Schatten warf, erwies sich der Pfad als eine Folge von Hügeln, Löchern, Stolpersteinen und Hindernissen, die einem bei Tageslicht gar nicht auffielen. Das Gras war klatschnaß und bitter kalt, und das blinkende Licht vor mir, das mich führte, verschwand bald und ließ mich zurück, eingeschüchtert von Gestalten, die sich gegen mich lehnten, Bestien, die bereit waren, mich aus dem Dunkeln anzuspringen: Leoparden, Büffel, Hyänen, vielleicht sogar Elefanten konnten in nächster Nähe sein und sich schon auf das Mahl freuen. Jetzt wünschte ich, daß ich im Bett geblieben wäre, aber meine Sturheit trieb die zögernden Füße vorwärts. Nur der Bach murmelte ein freundliches Lied mit seinem eiligen Zischen; wenigstens konnte ich mich nicht verlaufen, solange ich ihm folgte.

Als ich mich ›meiner‹ Lichtung näherte, hörte ich Dirks Pony Gras fressen und sah die Bewegungen menschlicher Gestalten: Er und der Stallbursche warteten auf die *Dorobos*. Ich wartete auch, hatte Angst, man könnte mich bemerken, zitterte vor Kälte und bekam allmählich Hunger; mein knurrender Magen drohte mich zu verraten, und außerdem hatte ich das Bedürfnis zu niesen.

Viele Stunden schienen zu vergehen, bis sich die *Dorobos*

zeigten, aber schließlich hörte ich gedämpfte Stimmen, das Klimpern eines Zaumzeugs, einen Befehl, der gegeben wurde, und dann wieder Stille bis auf das Grasen des Ponys, das mit dem Stallburschen hier zurückgelassen worden war, während Dirk, mochte er noch so humpeln, den *Dorobos* zu Fuß folgte.

Der Stallbursche, ein *Kikuju* namens Karoli, war in gewisser Weise mein Verbündeter, und ich entschloß mich, ihn zu bitten, daß er mir half, Dirk und den *Dorobos* auf dem Trampelpfad durch das Dickicht zu folgen. Als ich plötzlich bei ihm auftauchte, war er erst erschrocken, dann konnte er es nicht glauben, und schließlich entmutigte er mich.

»Der *Bwana* hat mir gesagt, ich soll hierbleiben«, erklärte er. »Ich will nicht von Leoparden gefressen oder von Büffeln niedergetrampelt werden. Bist du nicht ein *Toto*? Und sollten *Totos* nicht um diese Zeit im Bett sein?«

»Ich warte hier, bis er einen Büffel schießt.«

»Es ist zu kalt, und der *Bwana* wird sehr böse.«

»Ich will hierbleiben.«

»Hast du nicht von dem wilden Ungeheuer gehört, das im Wald lebt und Pferde frißt? Wenn es eines riecht, kommt es heraus. Es ist größer als ein Wildschwein, hat Zähne wie Schwerter und fünf Arme wie ein Affe und sieben Augen. Es frißt dich in einem einzigen Happen, wie ein Storch eine Heuschrecke verschlingt.«

»Du lügst.«

Trotzdem mußte ich an das Ungeheuer mit den spitzen Zähnen und den brennenden Augen denken und fragte mich, ob nicht ein Körnchen Wahrheit in Karolis Geschichte lag. Ich umarmte den Hals des Ponys, um mich zu wärmen, und war inzwischen davon überzeugt, daß es im Bett viel angenehmer gewesen wäre.

»Warum gehst du nicht zurück nach Thika zu deiner Mutter und deinem Vater?« fragte Karoli. »Thika ist viel besser als hier. Der Mais wächst ganz hoch, es gibt süße Kartoffeln und das Land ist fett.«

»Bist du auch in Thika zu Hause?«

»Ganz nahe bei Thika, und Kupanya ist der Häuptling meines Volkes. Aber meine Familie wird denken, ich bin in diesem kalten Land hier gestorben, denn mein *Bwana* läßt mich nicht nach Hause.«

Wir sprachen von Thika, während sich die Dunkelheit allmählich veränderte, die Sterne verblaßten und der Himmel in einem tiefen, vollen Königsblau zu strahlen begann. Die Luft war scharf wie Stahl, ein Taufilm lag auf allem und ein Frosthauch zog über die Lichtung. Ein Regenpfeifer begann zu singen; seine etwas traurige Abwärts-Kadenz war wie ein kleiner Wasserfall, melodisch und melancholisch.

Jetzt konnte der Schuß, auf den ich wartete, nicht mehr lange ausbleiben. Die Nacht wich so schnell, daß wir schon die Umrisse der dreißig oder vierzig Schritte entfernten Bäume erkennen konnten. Etwas bewegte sich entlang unserem Wassergraben; ich beobachtete es scharf und beunruhigt: War es ein Leopard auf der Jagd oder ein heimkehrendes Wildschwein? Nein, nur ein Buschbock, das Fell dunkel vom Tau, der wählerisch am Rande unserer Lichtung nach jungen Trieben an den Büschen zupfte, und seine Nüstern zitterten, als er die Gerüche witterte, die ihm die Neuigkeiten des Morgens verrieten.

Dann kam der Krach, und die Bäume zitterten; es folgte ein zweiter, dann ein dritter. Diese drei Explosionen vereinigten sich zu einem hohlen Echo von den Bergen und erschreckten das Pony so sehr, daß es zu Boden stürzte und wieherte. Dann rollte der Hall davon und hinterließ erwartungsvolle Stille. Der Buschbock war verschwunden, der Regenpfeifer verstummt, und nur der künstliche Bach zischelte und flüsterte unbeirrt. Dann kam eine Bewegung aus der Richtung des Waldes, man hörte leises Knacken und das Stampfen von Hufen.

»Sie kommen auf uns zu«, sagte Karoli.

Die Geräusche wurden tatsächlich lauter, als die Büffel, von panischer Angst erfaßt, bergab stürmten und alle Vorsicht in einer entsetzten Flucht außer acht ließen. In solchen Augenblicken benützten sie ihre buckeligen Hörner wie Rammböcke und ebneten sich damit einen Weg durchs Dickicht; in ihrer Angst rannten sie einfach los, ohne auf etwas zu achten, das ihnen im Weg stand.

»Auf den Baum, schnell!« schrie Karoli, zupfte am Geschirr des Ponys und versuchte, es hinter sich herzuziehen; es witterte die Büffel, warf den Kopf hoch und schoß davon. Ich rannte zu der großen Zeder, wo Karoli kauerte; er schwitzte und rollte die Augen. Die Büffel stampften vorbei, als ob sich eine Masse großer, schwarzer Felsblöcke dort oben am Bergrücken gelöst hätte und auf uns herunterdonnerte, so schnell, daß sie schon vorüber waren, als man feststellen konnte, was das für eine Lawine war; unter ihren Hufen bebte die Erde, als wäre sie ein ausgehöhlter Kürbis. Die Felsblöcke verschwanden, das Trommeln ließ nach, und gleich danach hing nur noch der Rindergeruch in der Luft. Karoli rieb sich den Kopf und gab schnatternde, tadelnde Geräusche von sich. Wir setzten uns beide mit weichen Knien auf einen Baumstamm.

»Diese Büffel sind böse, böse, böse«, sagte Karoli. »Sie zertreten dich mit den Füßen wie ein Mann einen Käfer zertritt. Iiih – iiih, das waren hundert Büffel oder tausend, mehr als das Vieh der *Massai*; sie waren zornig, sie waren böse.« Er fuhr fort, zu sich selbst zu reden.

Inzwischen hatte sich der Himmel in der Richtung, die die Büffel eingeschlagen hatten, in Rosa, Zitronengelb und der Farbe von Flamingoflügeln gefärbt; der Pfad war bereitet, die Sonne unterwegs. Aus dem Wald kamen drei Gestalten, geführt von meinem *Dorobo*, dessen Gesicht so eifrig war wie das eines Hundes. Dirk war der letzte, behindert durch sein Bein. Als er mich sah, wurde er furchtbar wütend, aber er hatte keine Zeit, mit mir zu schimpfen; er hatte einen Büffel nicht richtig getroffen, sondern nur verwundet und mußte die Spur des verletzten Tiers finden. Zwei Bullen lagen tot in der Nähe der Salzlecke, wo er ihnen bis zum Morgengrauen in seinem Versteck aufgelauert hatte.

Die *Dorobo* eilten über die Lichtung wie Hunde, die hinter einer Witterung her waren, und es dauerte nicht lange, bis einer von ihnen erstarrte und einen leisen Ruf ausstieß. Auf einem Blatt hatte er einen kleinen roten Fleck wie eine Perle entdeckt, und Dirk und der andere *Dorobo* bückten sich darüber, um ihn zu prüfen. An der Farbe des Bluts konnten die *Dorobo* sagen, ob der Büffel ins Fleisch getroffen war oder ins Herz oder in die Lunge.

Mein *Dorobo* übernahm mit gesenktem Kopf die Führung; er hatte die Augen auf den Boden gerichtet und seinen Bogen schußbereit in der Hand. Dirk folgte mit dem Gewehr. Die Sonne ging auf: Stolz wie ein Ulan jagte sie ihre langen, goldenen Speere über das tauweiße Gras und die silbernen Spinnweben; eine rote Flamme entzündete sich an den Stämmen der Zedern, die Vögel sangen und die ganze Welt erwachte zum Leben. Karoli ging hinüber zum Teich und steckte den Kopf in das kalte, klare Wasser.

»Jetzt müssen wir zurück, und ein wütender, verletzter Büffel ist in der Nähe des Pfads«, knurrte er. »Wenn er uns sieht, zertrampelt er uns; vielleicht wartet er schon auf uns.«

Aber wir stießen nur auf ein Paar *Dikdiks*, einen Wasserbock und ein paar Erdferkel. Ich hatte gehofft, unbemerkt zurückkehren zu können in mein Schlafzimmer, aber diese Hoffnung wurde rasch zerstört. Das Pony war eingetroffen, und eine Suchexpedition unter Führung von Mr. Crawfurd war dabei, in die Umgebung aufzubrechen. Er funkelte mich an mit einem Zorn, der um so beunruhigender war, als er kalt und unterdrückt wirkte, und erklärte mir in eisigem Ton, daß ich es verdient hätte, eine Woche bei Wasser und Brot im Bett zu bleiben. Aber Kate Crawfurd war zu erleichtert, um streng zu sein mit mir, was ohnehin nicht in ihrem Wesen lag, und ich genoß danach ein wunderbares Frühstück und ging später am Tag mit ein paar Leuten zurück an die Stelle, wo die Büffel geschossen worden waren, die an Ort und Stelle enthäutet und geteilt werden sollten.

Dirks Schüsse hatten eine Gruppe von *Dorobo* aus den Verstecken des Waldes gelockt, und die kleinen Männer konnten nur mit Mühe ihre Aufregung in Zaum halten, als sie sahen, wie den Tieren die Haut abgezogen wurde und wie darunter das dunkelrote Fleisch mit seinem wunderbaren Netzwerk von Venen und Arterien sichtbar wurde, dann die blauen, verschlungenen Innereien, die purpurne Leber und die hellen, schwammigen Lungen. Als sich die Männer mit den Messern an die Arbeit machten, erhob sich ein freudiges Murmeln. Auf ein Wort desjenigen, der die Abhäutung leitete, fielen sie über das rohe Fleisch her und hackten mit Schwerten und Messern große Stücke davon ab, wobei sie sich Gesichter und Körper mit Blut verschmierten, als sie wie wilde, hungrige Hunde die Zähne hineingruben. Die *Kikuju* traten zurück und betrachteten die Szene mit Widerwillen und Abscheu. Sie aßen Fleisch in der Regel nur bei zeremoniellen Anlässen, und wenn sie auch einen fetten Hammel oder Ochsen nicht verschmähten, gab es beim Essen gewisse Regeln; so wurde das Fleisch dekorativ zerschnitten, die Alten aßen vor den Jungen, die Männer vor den Frauen und jeder entsprechend seiner Altersgruppe.

»Sie sind wie die Hyänen«, sagte Karoli. »Wenn sie keine Büffel oder Elefanten hätten, würden sie Menschen fressen.«

Aber die *Dorobo* waren überaus glücklich und tauchten in ihr Vergnügen ein wie ein Schwimmer ins Meer und ließen nichts zurück. Sie hatten keine Angst wie die Hyänen, daß sie von stärkeren Tieren vertrieben würden, sondern ließen ihrem Appetit freien Lauf und rülpsten hier und da, um Raum zu schaffen für mehr. Nach einer Weile begannen ihre Bäuche zu schwellen wie Ballons, ihre Gier ließ nach, und einige wickelten Fleischbrocken in große Blätter, um sie nach Hause zu tragen.

Dirk war unterdessen nicht zurückgekommen. Die beiden Crawfurds begannen nervös zu werden; mit seinem steifen

Bein fehlte ihm die Beweglichkeit, die man brauchte, um Wild aufzuspüren. Man sagte, daß die Büffel gern umkehrten und auf ihrer Spur zurückliefen, um die Jäger vom Rücken her anzufallen, wenn sie verwundet waren; viele Menschen waren schon auf diese Weise ums Leben gekommen.

»Armer Junge, ich hoffe, daß nichts passiert ist«, rief Kate Crawfurd. »Ich wüßte nicht, was ich seinen Eltern sagen sollte; übrigens weiß ich nicht einmal, wer seine Eltern sind, und kenne weder ihre Adresse noch ihre Vornamen oder sonst irgend etwas; vielleicht haben sie gar keine Adresse und leben in einem Wagen irgendwo dort oben; wir hätten ihn nicht hinter dem Büffel herschicken dürfen.«

»Das haben wir ja nicht«, bemerkte Humphrey.

»Das ist sicher wahr, aber ich glaube kaum, daß uns seine Mutter das abnehmen würde; vielleicht ist er ja nur müde geworden und kommt jetzt ganz langsam zurück; findest du nicht, wir sollten eine Suchexpedition nach ihm ausschicken, Humphrey, mit etwas Brandy, für den Fall, daß er verletzt ist, und mit einer Bahre, falls er sehr müde und erschöpft sein sollte?«

»Nein«, sagte Humphrey.

Und er hatte recht: Dirk kehrte ein paar Stunden später sicher und gesund zurück, wenngleich wütend und knurrig, denn der Büffel war ihm entwischt. Er und der *Dorobo* hatten ihn meilenweit verfolgt, und der Büffel war nicht umgekehrt, sondern sehr schnell verschwunden; immerhin war die Blutspur nach einer gewissen Strecke abgebrochen.

»Er kann nicht sehr schlimm verletzt sein, wenn er so weit gekommen ist«, sagte Kate tröstend. »Und jetzt mußt du dich hinlegen, Dirk, und dein Bein ausruhen; du meine Güte, ich wundere mich, wie du es so weit geschafft hast. Hoffentlich hast du das Bein nicht überanstrengt. Du darfst nicht mehr auf Büffeljagd gehen, bis dein Bein wieder völlig ausgeheilt ist.«

»Die Haut war mindestens hundertfünfzig Rupien wert«,

knurrte Dirk. Humphrey war vor allem ärgerlich darüber, daß ein verwundeter Büffel frei herumlief und jeden Moment einen von seinen Arbeitern oder sogar ihn selbst angreifen konnte.

»Die *Dorobo* werden ihn fertigmachen und auffressen«, sagte Kate Crawfurd. »Was sind sie nur für wilde Fleischfresser! Aber ich glaube, wir sind nicht viel besser, nur daß wir das Fleisch zuvor kochen, das macht es doch etwas zurückhaltender, aber es ändert nichts am Prinzip, daß wir alle von toten Tieren leben wie die Hyänen und die Löwen. Ich dachte früher einmal, die Vegetarier sind Spinner, aber jetzt bin ich mir nicht mehr so sicher. Vielleicht haben sie bereits eine höhere Stufe auf der Leiter der Zivilisation erklommen. Vielleicht ist es *spiritueller*, von Bohnen und Spinat zu leben, mit einem Ei hier und da. Findest du, wir sollten es einmal versuchen, Humphrey, und aufhören, Fleischfresser zu sein?«

»Nein.«

Wir aßen die Büffelleber, und sie schmeckte gut trotz der Zweifel von Kate, aber ich habe mich seitdem oft gefragt, ob sie nicht recht hatte.

25

Kurz nachdem die Büffel geschossen worden waren, ritt ich mit Dirk nach Londiani, der damaligen Endstation der Eisenbahn für das Uasin Gishu-Plateau und das Land dahinter – das Trans Nzoia, den weit entfernten Fabelberg Mount Elgon und die großen Täler und Schluchten, die nur von wenigen Jägern besucht wurden.

Die Crawfurds sahen es nicht gern, daß ich Dirk begleitete, der den Auftrag hatte, Munition zu besorgen, aber Kate Crawfurd fühlte sich nicht wohl, Mr. Crawfurd hatte zu tun, und ich ließ ihnen keine Ruhe, also gaben sie schließlich nach. Auch Dirk wollte mich nicht dabeihaben, aber er hatte keine andere Wahl; ich schwang mich auf das Pony, das mir die Crawfurds gegeben hatten, ein weißes, das auf den Namen Schneeball hörte, und machte mich mit ihm auf den Weg. Eigentlich war Dirk ein gutmütiger junger Mann, der auch mit Kindern umgehen konnte. Er hatte graue Augen und eine Haut, die, obwohl sonnengebräunt, so feinporig war, daß sie fast durchscheinend wirkte. Jahre später sah ich, wie man in Amerika zum Halloween einen Kürbis aushöhlte und eine Kerze hineinstellte. Das Fleisch des Kürbis strahlte mit einem tief goldenen Schimmer, der mich plötzlich an die Haut von Dirk erinnerte, wie sie mir auf diesem langen Ritt erschienen war.

Dirk war vor sieben Jahren als Junge in das Land gekommen, mit einer Gruppe von Buren, die ein Patriarch namens Mr. van Rendburg aus Transvaal hier heraufgeführt hatte, ein moderner Josua, der sein Volk ins Gelobte Land führte auf dem allerletzten Treck der Buren. Während des Rittes erzählte mir Dirk, wie dieser Mr. van Rendsburg in Südafrika ein Schiff gechartert und es mit seinen Anhängern gefüllt hatte – siebenundvierzig Familien, alle des Lebens im Transvaal überdrüssig und angestachelt von Träumen der Freiheit, der Leere und Unberührtheit dieses neuen Teils von Afrika. Sie luden ihre Wagen, ihre Ausrüstung, die Ponys und die persönlichen Habseligkeiten in dieses Schiff und fuhren damit nach Mombasa, anschließend von dort aus mit dem Zug nach Nairobi, das damals kein besonders großartiger Ort war, sondern nicht viel mehr als eine einzige Straße von indischen *Dukus* aus Lehm und Wellblech und Regierungsgebäuden auf Holzpfählen, aber aus dem gleichen Lehm, der in der Sonnenhitze ständig knarrte und knackte wie Fingerknöchel, die man knacken läßt. Die Buren trafen in einem regnerischen Juli ein; die Straßen versanken im Schlamm, und die Wagen blieben nicht selten zwischen der Station und dem Hotel Norfolk im Dreck stecken. Die Frauen hatten ihre langen Röcke hochgesteckt und zeigten darunter derbe, schwarze Stiefel und meist auch schwarze Strümpfe, aber sogar die Rocksäume müssen damals immer schmutzverklebt gewesen sein. Sie kampierten im Garten eines Pfarrhauses – die Leute nannten das Lager Tentfontein –, bis Mr. van Rendsburg sie weiter hinaufführte, wieder mit der Eisenbahn, in das kleine Township Nakuru.

Während sie dort in der Nähe ihr Lager aufschlugen, veranstaltete der Distriktverwalter einen Sonderverkauf von einheimischem Vieh. Jeder kaufte mindestens ein Gespann Ochsen für je fünfzehn Rupien, und dann bemühte man sich wochenlang, die Ochsen an das Joch und an die Befehle zu gewöhnen, bis sie so weit waren, daß sie die Planwagen ziehen konnten.

Ich hätte gern den Zug der fast fünfzig Wagen gesehen, wie er von Nakuru aufgebrochen ist, aber obwohl ich damals schon geboren war, hätte ich nicht viel davon verstanden, denn ich war gerade ein Jahr alt. Während die meisten der Buren damit zu tun hatten, die Ochsen ans Joch zu gewöhnen, waren einige von ihnen mit Pferden in die Umgebung ausgeschwärmt, um das Land zu erkunden. Sie waren tausend Meter weit hinaufgeritten, hatten durch die Wälder Elefantenpfade benützt und zuletzt auf einem hohen Felsen gestanden – wie Dirks Bruder, der einer von ihnen war, es ihm erzählt hatte – staunend und schweigend, weil ihnen das gelobte Land so edel und schön erschienen war, voll von wilden Tieren, denen jede Scheu vor den Menschen fehlte. Herden von Kongoni-Antilopen hätten damals das saftige grüne Gras geweidet, und sein Bruder habe Zebras zu Tausenden gesehen und Giraffen, die sich vor dem böigen Wind wie Tigerlilien neigten, auch die großen, sandfarbenen Elenantilopen mit ihren hängenden Hautlappen und den gestreiften Widerristen, dazu die roten, leichtfüßigen Impalas, die immer im Gänsemarsch auftraten. Schließlich unzählige Vögel: Sporenhühner, das Francolin, Perlhühner und Tauben, die in den Wipfeln gurrten, dazu kleineres Getier wie den Grasbock und die Gazelle, die sich alle in der

Gemeinschaft ernährten, ohne Feindschaft und Furcht. Selbst der Auftritt der Löwen rief keine Unruhe hervor, es sei denn, sie befanden sich auf der Jagd, ansonsten wurden sie von den anderen Tieren ignoriert. Die Löwen lagen in ihrer Nähe und sonnten sich. Der Mensch brauchte nicht zu pirschen und zu treiben; er mußte nur stehenbleiben und schießen, und irgendein Wild fiel erlegt zu Boden.

Jahre später sah ich das Bild des Gartens Eden mit all den Tieren, die sich in einem Park von großer Schönheit versammelt hatten – ein Bild, das mit großer Sorgfalt und noch größerem Aufwand gemalt worden war. Damals fiel mir sofort wieder diese Vision des Uasin Gishu-Plateaus ein, wie es der erste Holländer sah und wie es nie wieder ein Mensch sehen sollte. Der einzige Unterschied bestand darin, daß auf dem Bild Adam und Eva friedlich durch diese Schöpfung wandelten – und das war wirklich nur eine Vision. Der Maler hätte Adam darstellen sollen, wie er eine Falle baute, und Eva, wie sie ein Stückchen Leber kaute. Natürlich hatten die Holländer ihre Gewehre dabei und Finger, in denen es juckte, den Abzug zu betätigen. Und das taten sie, sobald sie sich von ihrer ersten Überraschung erholt hatten. Sie schossen eine Kongoni-Antilope und veranstalteten ein gutes Mahl.

Die Männer kamen zurück und berichteten, daß das Gelobte Land alles und mehr war als sie erhofft hatten, aber der Weg dorthin war beschwerlich. Es gab kaum einen Trampelpfad, geschweige eine Wagenspur. Mit ihren wilden Ochsen mußten sie die Wagen über eine Anhöhe schaffen, die steiler war als der Drakensberg. Der Boden war feucht und trügerisch, und es drohte Gefahr von Elefanten, Büffeln und sogar von Löwen. Doch das waren die Realitäten, mit denen sie rechnen mußten, nichts weiter. Und nachdem sie schon so weit gekommen waren, gab es kein Umkehren mehr.

Sie richteten es so ein, daß sie drei oder vier Tage treckten und zwei Tage rasteten, teils wegen der Ochsen, teils auch, damit die Frauen waschen und Brot backen konnten. Sie schaufelten dann ein Loch, manchmal in einem verlassenen Ameisenhaufen, manchmal an einem Flußufer, und zündeten darin ein Feuer an, glätteten die Glut und stellten einen großen Eisentopf mit dem Teig darauf. Der Geruch von frischem Brot zog Dirk und alle anderen Kinder magisch an, und sie standen mit Wasser im Munde da, bis die Mütter zum Essen riefen und das Brot brachen. Aber sie mußten warten, bis die ganze Familie versammelt war und der Vater den Segen Gottes herbeigerufen hatte. Der Vater bekam die erste Portion, dann konnten alle essen. Getrocknetes Fleisch, Brot und Speck war ihre einzige Nahrung – oder frisches Fleisch, wenn es geschossen werden konnte. Dazu Kaffee, schwarz, stark und sehr bitter, denn er war teilweise aus Wurzeln und Kräutern gebraut. Wenn Dirks Vater einen Bock erlegte, wurde das Fett ausgelassen und anschließend zum Kochen verwendet, außerdem rieb man damit die Haut des Tiers ein, die getrocknet, mit Alaun behandelt und in Streifen geschnitten wurde, so daß sie als Riemen verwendet werden konnte.

Hinter der Eldama-Schlucht mußte der Zug warten, der den steilen, westlichen Wall des Rift Valley umgab. Der Boden war feucht, und die Räder der schmalen Wagen schnitten sich so tief ein, daß die hinteren immer und immer wieder im Morast versanken. Dann wurde das Gespann eines anderen Wagens gelöst, und sechzehn Paar Ochsen legten sich keuchend in die Joche; durch den Wald tönten das Klatschen der Peitschen und die rauhen Aufmunterungsschreie, Frauen und Kinder standen an den Seiten des schlammigen Pfads, um die Ladung leichter zu machen, und endlich bewegten sich die Räder wieder Zentimeter um Zentimeter. Ein paar Meter weiter konnte es von Neuem beginnen. Die Wagen des Zuges brauchten auf diese Weise vier lange Tage, um die ersten sieben Meilen hinter sich zu bringen.

Dann kamen sie zu den Bambussümpfen, und dann zu versteckten Mooren, die so trügerisch waren, daß die Ochsen bis zum Bauch eingesunken waren, ehe der Treiber die Gefahr erkannte. Die Männer hackten Bambusstangen ab, um einen erhöhten Weg zu schaffen, legten Zweige darüber und jagten dann die einzelnen Gespanne nacheinander darüber. Wenn einer der Wagen abrutschte, dann brauchten die Männer einen ganzen Tag, um ihn wieder herauszuziehen, wie mir Dirk berichtete. Einer der Ochsen verletzte sich dabei so schwer, daß er erschossen werden mußte, und mehrere wurden bei den gewaltigen Anstrengungen verletzt. Die Luft war feucht und klamm, ein typisch schottischer Nieselregen begann zu fallen, die Sonne verschwand hinter dicken Wolken. Die Menschen schwiegen und fragten sich, wie sie gutes, brauchbares Land auf dem Dach der Welt finden konnten.

Allmählich wichen die Bambussümpfe zurück, und sie kamen in offeneres Land, aber immer noch ging es bergan. Das Gras wuchs in einzelnen, dichten Büscheln, und wenn die Räder eines Wagens daraufttraten, kippte er nicht selten um, oder die Ochsen kamen ins Stolpern. Ein großes Feuer hatte in den Wäldern gewütet, und verkohlte Stämme standen überall herum wie Ameisenhaufen aus Holz, sagte Dirk. Im Nebel dieser unirdischen, verwünschten Gegend kamen sie auf das Zucker-Vlei, das so genannt wurde, weil die hohen, grünen Gräser die Buren an die Zuckerrohrplantagen von Natal erinnerten. Sie bauten wieder einen Übergang mit Bambusstangen, und diesmal sanken fünfzehn Wagen bis zu den Naben ein. Bei manchen war nur noch die oberste Kante der Räder zu sehen. Die Frauen und die kleinen Kinder sprangen ab, hockten sich ins Gras, schauten benommen zu und fürchteten, alles zu verlieren, was sie auf Erden besaßen, während die Männer, die Jungen und die Ochsen gemeinsam jeden Muskel- und jeden Nervenstrang unter unvorstellbaren Mühen bis zur Erschöpfung einsetzten. Drei Teams, also insgesamt achtundvierzig Ochsen, wurden vor jeden Wagen gespannt, und am Ende gelangten die Wagen vor allem mit der Kraft des Willens über das Zucker-Vlei.

Weitere Sümpfe lagen vor ihnen, weitere Übergänge wurden gelegt, weitere steckengebliebene Wagen befreit; die Ochsen wurden zusehends erschöpfter, die Kinder wurden krank, und die Frauen fragten sich, ob ihre Männer den richtigen Entschluß gefaßt hatten. Nahrung war rar, denn das Wild aus den Wäldern ließ sich nicht blicken. Eines Tages erlegte Dirks Vater einen Wasserbock. Sein Fleisch war säuerlich, aber die Mutter röstete die Knochen, und dann aßen sie das gegarte Mark. Die Nächte waren bitter kalt, Hyänenaugen, rot wie Rubine, umringten ihr Camp, und die Ochsen drängten sich aneinander, hungrig, frierend und voller Angst.

Endlich nahte der Tag, von dem an der Boden fester wurde und die Wagen leichter vorankamen. Jetzt tauchten in der Ferne sanftere Hügel auf, das Land wurde flach, die Sonne schien ihnen ins Gesicht, und ihre Herzen erfaßte ein Gefühl der Freiheit, die zu den ebenen, weiten Flächen gehört. Hier endlich war ihr Ziel, die Hochebene, und sie fühlten sich zu Hause.

Am nächsten Tag kampierten sie neben einem Fluß, dem Sosiani, schossen Perlhühner und aßen sich nach langer Zeit wieder einmal satt. Sie redeten davon, wo sie hingehen, wo sie sich niederlassen würden. Ein jeder Mann suchte sich seinen Teil des Landes aus. Sie treckten zum großen Felsen von Sergoit, der sich über die Ebene erhebt. Dort sahen sie Löwen und kampierten jenseits des Felsens an einer Stelle, die sie *Rooidrift* nannten, nach der roten Farbe des Wasserlaufs. Dort brach der Zug auseinander, und jede einzelne Familie zog in ihre Richtung weiter.

Dirks Vater treckte bis zu einem tief eingeschnittenen Wasserlauf mit hohem Felsenufer und Bäumen, der kurz danach in einen Fluß mündete, und hier spannte er die Ochsen aus. Am nächsten Morgen begannen Dirks Vater und sein ältester Bruder Steine für ein Haus zu sammeln und zu behauen und Bäume zu fällen. Statt Nägeln benützten sie Holzstifte, die sie aus Olivenholz schnitzten. Außerdem machten sie sich eine Egge, wie Dirk erzählte, aus Akazienästen und Olivenholznägeln, die sie mit Streifen von Kongonileder zusammenbanden.

»Wir sind nicht reich wie die Engländer, die alles in einer *Duka* kaufen«, sagte Dirk. »Wenn wir etwas brauchen, machen wir es uns. Und ist es ein Haus, dann bauen wir es.«

Dirk berichtete mir noch viel mehr über das Leben auf dem Plateau und wie sein Vater das Land rodete und pflügte, ein paar Kühe von den *Nandi* gegen Tabak eintauschte und jetzt allmählich seine Farm ausbaute. Sie lebten vom Mais, der dort wuchs, und den sie selbst mit kleinen Handmühlen mahlten, vom Fleisch, das sie schossen, und von der Milch der kleinen einheimischen Kühe. Die einzigen Dinge, die sie mit Geld bezahlen mußten, waren Salz, Paraffinöl, Kaffee und Tabak. Aber selbst ohne Paraffin konnte man notfalls auskommen; die Burenfrauen verstanden es, Kerzen aus gekochtem Antilopenfett zu machen.

Nach einer Weile begannen die Siedler, sich die wenigen Rupien zu verdienen, die sie brauchten für den Handel mit den *Nandi*, und zwar durch Transporte zur Bahnstation, den Verkauf von gegerbter Wildhaut und, wenn sie junge Männer waren wie Dirk, mit der Arbeit für die Engländer. Wie arm auch immer sich ein britischer Farmer vorkam, die Holländer sahen in ihm einen Krösus.

Und was war aus Mr. van Rendsburg geworden? fragte ich Dirk. Er war noch da, ein hochgeachteter Patriarch, der einen schwarzen Mantel trug und eine wichtige Rolle in Fragen der Kirche spielte. Denn schon diese paar holländischen Familien, die zwei Prediger mitgebracht hatten, waren in verschiedene Gruppen zerfallen, was die Verehrung Gottes betraf. Sobald ein Dorf entstanden war, wurden zwei kleine, miteinander rivalisierende Kirchen gebaut, eine jede von ihrer Kongregation und ohne Bezahlung.

Als die Parzellen der Holländer von der Regierung vermessen und numeriert wurden, sparte man eine aus, die ein Dorf werden sollte. Das war Nummer vierundsechzig. Und der erste Mann, der dort lebte, war ein Schotte, MacNab Mundell, der einen kleinen Laden eröffnete. Daraus wurde das Postamt, vor allem deshalb, weil die Einnahmen dort im Safe verwahrt werden konnten. Als der Generalpostmeister, Mr. Gosling, eines Tages dort eintraf, um sein Postamt zu inspizieren, und den Safe öffnete, fielen eine Menge Schuldscheine heraus. Dies war der ganze Inhalt, denn Mr. Mundell war ein leidenschaftlicher Pokerspieler. Später wurde auch eine Bank eröffnet, und auch diese bestand aus einem Safe, der so groß und schwer war, daß er, sobald man ihn aus dem Wagen gestoßen hatte, nicht mehr bewegt werden konnte. Also mußte die Bank rings um die Stelle gebaut werden, wo er auf den Boden gefallen war. Diese Bank hatte zwei Räume: einen für den Leiter, Mr. J.C. Shaw, und einen für den Safe und den Schalter. Da es in Mr. Shaws Raum ziemlich eng war, nahm er sein Morgenbad hinter dem Schalter, wo ihn die Kunden nicht selten in ein Handtuch gewickelt vorfanden, denn Mr. Shaw war kein Frühaufsteher. Das war ihm jedoch keineswegs peinlich; er zog sich in solchen Fällen einen leuchtend roten Morgenmantel an und ging dann erst einmal nach nebenan in Eddies Bar, um rasch einen zu heben und danach mit der Tagesarbeit zu beginnen. Die meisten Leute, so auch Dirk, nannten das Dorf ›Vierundsechzig‹, doch inzwischen hatte es auch einen offiziellen Namen erhalten und wurde als Eldoret bekannt.

Während Dirk mir das alles und noch viel mehr erzählte, erreichten wir Londiani oder sahen zumindest die Dächer, die wie eine Wasserfläche zwischen den Hügeln lagen. Das Wellblech spiegelte sich im Sonnenlicht, und wir schienen in einer Stadt voll Glanz und Prunk anzukommen, etwa wie die alten Hauptstädte von Lanka mit ihren Kupfertürmen.

Londiani schrumpfte freilich beim Näherkommen, als ob es aus der Flasche getrunken hätte, die Alice im Kaninchenbau gefunden hatte; es schrumpfte, welkte und verwandelte sich in eine einzige, zerfurchte Straße mit ein paar *Dukas*, einigen Schuppen neben der Eisenbahnstation, einem Wartehäuschen und dem Büro des Distriktverwalters samt Fahnenstange davor.

»Ist das alles?« fragte ich.

Dirk lachte. »Was hast du denn erwartet?«

Was es auch war, Londiani hatte es nicht. Ich war inzwischen müde, wund vom Reiten und hungrig, trotz eines Sandwichs und etwas Gebratenem, das Dirk mit mir auf dem langen Ritt geteilt hatte.

»Und was soll ich jetzt mit dir anfangen?« fragte sich Dirk laut. Wenn ich ein Pony gewesen wäre, hätte er mich irgendwo grasen lassen.

»Ich habe Hunger.«

»Wir müssen erst einmal zum Distriktverwalter.«

»Hat er denn Frühstück?«

»Bestimmt.«

Distriktverwalter waren darauf eingerichtet, mit jeder Situation fertigzuwerden, und ich glaube, dieser war nicht übermäßig überrascht, als man ihm ein Kind zur Obhut empfahl. Er reichte mich an seine Frau weiter, die mich königlich bewirtete. Auf den Farmen wurde das Brot mit einer Hefe gebacken, die aus Bananen oder Kartoffeln und importiertem, frischem Hopfen hergestellt wurde; daher war es immer sehr sauer, trocken und zäh wie altes Stiefelleder, so daß es für die Farmer, die in die Stadt kamen, ein besonderer Luxus war, Brot vom Bäcker zu bekommen – selbst wenn es eine so kleine Stadt wie Londiani war. Mrs. Pascoes Toast jedenfalls war weich und köstlich, und sie bot mir sogar Äpfel und Würstchen an, beides Dinge, die man nur sehr selten bekam. Nichts auf der Welt schmeckt besser nach einem langen Ritt an einem sonnigen Morgen als ein knackiges und würziges Würstchen, das noch dampfend heiß aus der Pfanne kommt.

Mrs. Pascoe war eine gütige Frau mit stark entwickeltem Pflichtgefühl; diese beiden Eigenschaften hatten sie zu einem

Asyl für die Haustiere ihrer Freunde und Bekannten gemacht und zu einer willkommenen Geldquelle für die Einheimischen, welche Vögel und Tiere in den Wäldern fingen und sie dann für einen Sixpence zu ihr brachten, den sie meistens bezahlte, um die Kreaturen vor dem Elend zu retten. Das hatte zur Folge, daß das Haus stets voll von allem möglichen Kleingetier war wie Busch-Babys und Mungos, während die größeren Tiere die Ställe vor dem Haus bevölkerten.

Mr. Pascoe erschien bald danach und wirkte gehetzt, was kein Wunder war; der Krieg hatte alles durcheinandergebracht, und das war der Tag, an dem der Postzug eintraf, so daß sein Büro voll war von Leuten mit *Shauris*, die seine sofortige Aufmerksamkeit beanspruchten. Niemand wollte warten, bis er an der Reihe war, und jeder war der Meinung, er müsse aus diesen oder jenen Gründen den anderen bei der Behandlung vorgezogen werden.

»Was machen wir jetzt mit diesem Kind?« fragte Mr. Pascoe. »Wir können die Kleine doch nicht hierbehalten wie diese schrecklichen Mungos.«

»Ich reite mit Dirk zurück«, sagte ich.

»Mit dem jungen Holländer? Wie kommst du auf die Idee, daß er zurückreitet zu den Crawfurds?«

»Er ist hergekommen, um für die Crawfurds Munition zu besorgen.«

»Von wegen Munition. Er ist wahrscheinlich inzwischen schon unterwegs zum Plateau oder nach Nairobi, um zum Militär zu gehen.«

»Aber er hat Mr. Crawfurds Pony!«

Mr. Pascoe konnte nur lachen. »Das wird ihn wenig stören.«

»Ich glaube, wir haben kein Recht zu solchen Vermutungen«, sagte Mrs. Pascoe. »Er ist wahrscheinlich ein ehrlicher junger Mann.«

»Nicht, wenn er Holländer ist«, erwiderte Mr. Pascoe wütend. »Ich habe diese Holländer den ganzen Tag in meinem Büro. Genehmigungen zur Ausfuhr von Rindern, die den *Nandi* geklaut wurden – gegenseitige Anschuldigungen, denen jede Grundlage fehlt – Holzbalken, die nachts hin und her wandern – sie sind so schlüpfrig wie die Aale, alle miteinander. Und was tun wir jetzt mit diesem Gör?«

»Ich reite auch allein nach Hause«, sagte ich.

»Das kommt gar nicht in Frage. Vielleicht ist jemand im Zug, der dich nach Molo bringen kann, und die Crawfurds können dich dort abholen. Als ob ich nicht genug zu tun hätte, muß ich jetzt auch noch Kindermädchen bei einem ausgerissenen Gör spielen!«

Er war kein böser Mann, nur ein bißchen mürrisch und überarbeitet, und zuletzt ließ er Schneeball kommen, der auch gefrühstückt hatte, und erlaubte mir, mit ihm zum Wartehäuschen zu reiten um herauszufinden, ob jemand Dirk gesehen hatte.

Das Wartehäuschen der Eisenbahn war voll von bärtigen, staubigen Holländern, die verstummten, sobald sich Mr. Pascoe ihnen näherte; als er zu ihnen sprach, begrüßten sie ihn höflich, aber mit wachsamen, fast verschlagenen Blicken wie bestimmte wilde Tiere, die einen Löwen wittern; sie verfallen nicht in Panik und rennen davon, sondern drängen sich aneinander, hören auf zu grasen und halten sich für Aktionen bereit, obwohl sie nicht genau wissen, was sie tun sollen. Mr. Pascoe wandte sich an einen Mann, der wie ein ledriger, bärtiger Bure aussah, aber mit schottischem Akzent sprach.

»Du hast ja heute deine Stiefel an, Sandy.«

»Aye, Sir, meine Füße haben sich drauf gefreut. Es ist notwendig bei einer diebischen Bande wie dieser hier.«

Sandy war einer der wenigen Transportreiter, die keine Buren waren. Es hieß, er habe seine Stiefel immer im Rucksack und gehe barfuß neben seinen Ochsen her, um das Leder zu schonen, außerdem hieß es, daß er mit einer Fahrkarte dritter Klasse von Londiani nach Nakuru zurückgefahren sei bis nach Schottland. Nach einer anderen

Geschichte ist er einmal drei Tage lang auf einem Maultier in das Land der *Kavirondos* geritten, um ein gestohlenes Paar Socken zurückzuholen; andere freilich meinten, das sei nicht wahr, weil er niemals Socken besessen habe.

Als Mr. Pascoe nach Dirk fragte, sagte Sandy: »Och, der wird mit seinem Bruder hinaufgeritten sein nach Vierundsechzig. Der Bruder ist mit dem letzten Postzug gekommen, um sein Gewehr zu holen, bevor er zu den Soldaten geht.«

»Meinst du, er hat das Pony einfach mitgenommen?« fragte Mr. Pascoe.

Sandy schaute ihn überrascht an. »Sie glauben doch nicht, daß es auf dieser Welt auch nur einen Holländer gibt, der für die Eisenbahn zahlt, wenn er seine Beine über einen Gaul werfen kann?«

Obwohl Sandy so sicher war und Mr. Pascoe nur lächelte, war ich davon überzeugt, daß Dirk das Pony zurückbringen würde. Und wenn auch Mr. Crawfurd das Pony als gestohlen bezeichnen würde, so war es für einen Holländer oder einen Afrikaner nur auf längere Zeit ausgeborgt.

26

Der Wagen-Track von Vierundsechzig endete praktisch vor dem Wartehäuschen in Londiani, und von seiner Veranda aus, wo die Reisenden auf den Postzug warteten, lenkte jemand die Aufmerksamkeit auf eine Staubwolke, die sich mit ungewöhnlicher Geschwindigkeit näherte. Ein hoher, altmodischer vierrädriger Wagen kam in Sicht, gezogen von vier Ochsen, die in einem plattfüßigen Schweinsgalopp dahereilten und mit offensichtlicher Erleichterung neben dem Häuschen anhielten. Das war Whitelocks Postkutsche, angetrieben von Ochsen, die zu schnellerem Trott erzogen waren, und alle fünfzehn Meilen zwischen Vierundsechzig und Londiani gewechselt wurden.

Auf diese Weise und dadurch, daß seine Teams auch die

Nacht durcharbeiteten, hatte Whitelock die Fahrt von fünf oder sechs Tagen – und bis zu drei Wochen in der Regenzeit – auf vierundzwanzig Stunden verkürzt.

Einer der Passagiere, die steif vom Wagen stiegen, war ein Mann von einsneunzig Körpergröße, von wuchtiger Gestalt, aber keineswegs fett, sondern muskulös. Alles an ihm war riesig: Nase, Hände und Füße, der dichte, dunkle Schnurrbart, die breiten Schultern. Er ergriff Mr. Pascoes Hand und pumpte daran, erklärte dann, er sei auf dem Weg, um sich anmustern zu lassen; nach dem, was er zu berichten hatte, war es höchste Zeit, daß jemand diesen Krieg ein bißchen ankurbelte. Trotz Robins zweifellos wertvollen Bemühungen beim Geheimdienst sprengten nämlich die Deutschen immer wieder die Eisenbahnlinie zwischen Nairobi und Mombasa, und die aus Indien eingetroffenen, britischen Truppen hatten daran entgegen der allgemeinen Erwartung nicht viel ändern können. Die Freiwilligen aus der Umgebung, die inzwischen die Ostafrikanischen ›Mounted Rifles‹ gegründet hatten, waren nach Kisumu geschickt worden, um dort ein Boot zum Viktoria-See zu besteigen, und sie hatten einen Sieg zu Wasser über ein ähnliches deutsches Boot davongetragen. Aber es schien immer noch ein breites Betätigungsfeld für Mr. Pascoes Bekannten zu geben, der übrigens Dick Montagu hieß.

»Ach, und das ist meine Frau«, fügte er jetzt hinzu. Mrs. Montagu hatte ganz still dagestanden und etwas verblüfft und nervös dreingeschaut. Sie war so klein und zierlich, wie Mr. Montagu groß und stark war; wie ein scheues Vöglein mit hellen Augen und feinen Gliedern schien sie auf die Veranda hinaufgeschwebt statt gegangen zu sein. Ihre Taille war so schmal, daß ihr Mann sie mühelos mit beiden Händen umfassen konnte. Dick Montagu achtete nicht auf sie, während sein Gepäck zusammengetragen wurde, und erklärte Mr. Pascoe, er wolle die Nacht in Londiani verbringen, um auf seine Ausrüstung zu warten, die in einem Wagen folgte und unter der Obhut seines abessinischen Dieners stand.

»Er wird morgen eintreffen, und dann können Sie uns auf einen Güterzug verfrachten«, sagte er. »Ich bin aufgehalten worden im Kongo, als der Krieg begann, aber jetzt will ich nicht noch mehr von dem Spaß versäumen.«

Mr. Pascoe schaute ihn mißbilligend an, sagte aber: »Bringen Sie doch Ihre Frau hinüber in unseren Bungalow für die Nacht; hier ist alles überfüllt.«

»Danke, alter Freund«, erwiderte Dick Montagu in ziemlich achtlosem Ton.

Mrs. Montagu dagegen tat, als wäre Pascoes Bungalow ein Palast, den sie nach einem langen Aufenthalt im Schweinestall betreten durfte. Und möglicherweise war das genau ihre Situation. Ihr Vater war einer von jenen reichen Amerikanern, die hergekommen waren, um Großwild zu schießen, nachdem Theodore Roosevelt diese Freizeitbeschäftigung in Mode gebracht hatte, und Dick Montagu hatte seine Safari arrangiert. Der riesige Jäger hatte nicht nur eine Menge Großwild erlegt, sondern auch die Tochter seines Auftraggebers erobert. Sie war gerade achtzehn geworden, und ihr Vater untersagte die Heirat. Nachdem Dick Montagu sie in einer romantischen Entführung nach Belgisch-Kongo gebracht hatte, war ihr Vater nach Philadelphia zurückgekehrt, um sie aus seinem Leben und seinem Testament zu verbannen. Dick, der zwanzig Jahre älter war als seine Braut, rühmte sich, daß der alte Herr bald zur Einsicht kommen würde, aber inzwischen war über ein Jahr vergangen, hatten sich die Schulden gehäuft, und der alte Herr war immer noch in Philadelphia, weigerte sich, die Briefe seiner Tochter zu beantworten, und hielt seine Taschen für sie geschlossen.

»Mein Gott, Sie haben Blumen und schöne Möbel und sogar *Bücher*«, rief Lois Montagu.

»Ich könnte mir denken, daß Sie auf dem Plateau Bücher noch viel nötiger brauchen als ich hier«, meinte Mrs. Pascoe mit einer Stimme, die ein wenig mitleidig klang. »Ich meine, wenn man so isoliert lebt.«

»Wir haben zwei Bücher, Mrs. Pascoe: Ich habe eine Bibel mitgebracht, und Dick hat Rowland Wards *Lexikon des afrikanischen Großwilds*.«

»Na, ich denke mir, Sie werden sich jetzt erst einmal ausführlich frischmachen wollen.« Ein bißchen Wasser und Seife, schien Mrs. Pascoe anzudeuten, würde bald wieder alles in Ordnung bringen.

Als Lois Montagu zurückkam, versuchte sie, mit mir Konversation zu machen, eine mühselige Angelegenheit für die meisten Menschen. Aber ein ausführliches Kreuzverhör erbrachte, daß Tilly sich mit der Arbeit zur Gründung eines Lazaretts befaßte, und das belebte Lois mit neuer Hoffnung; es war ihr brennendster Wunsch, verwundete Soldaten zu pflegen, aber Dick hatte ihr die Genehmigung verweigert, weil sie zu jung und unerfahren sei.

»Vielleicht lerne ich deine Mutter kennen, und sie kann mich ein bißchen fördern«, sagte Lois. »Dann muß Dick erkennen, daß es eine anständige Sache ist, und er läßt zu, daß ich mich als Krankenschwester ausbilde. Ich bin in Wirklichkeit recht kräftig und stark, obwohl ich klein und zierlich bin, und ich kann gut auf mich selbst und auf die armen Verwundeten aufpassen.«

»Er fürchtet, die Verwundeten könnten sich zu sehr für Lois interessieren«, hörte ich Mr. Pascoe später zu seiner Frau sagen. »Er glaubt nämlich immer noch, daß ihr alter Herr früher oder später nachgibt.«

Mr. Pascoe hatte bestimmt, daß ich über Nacht bleiben und tags danach die Montagus nach Nakuru begleiten sollte, wo mich die Crawfurds abholen konnten. Er hatte einen Stallknecht auf Schneeball mit einer Nachricht zu ihnen geschickt. Ich wußte, daß sich Mrs. Crawfurd Sorgen machen und daß Mr. Crawfurd wütend sein würde, deshalb wollte ich selbst auf Schneeball zurückreiten, aber Mr. Pascoe ließ das nicht zu, und dagegen konnte ich nicht an.

Immerhin, als wir in den Zug stiegen, stellte sich heraus, daß wir im Wagen des Schaffners fahren durften, und das glich meine Enttäuschung ein wenig aus.

Selbst der Uganda-Postexpress, der dreimal die Woche verkehrte, war kein besonders schneller Zug, und unser Güterzug unternahm erst gar nicht den Versuch, schnell zu sein. Mehrere steile Hügel, die überwunden werden mußten, erschöpften unsere kleine Lokomotive so sehr, daß sie danach eine längere Pause einlegen mußte, um wieder Kräfte zu sammeln, wobei die Kessel ein wenig abkühlen und die Scheite, die die Lokomotive bei der Fahrt verschluckte, wieder ergänzt werden konnte. Ein paarmal gelang es ihr erst gar nicht, wieder anzufahren, also fuhr sie ein Stück zurück, versuchte es dann von Neuem und nahm einen längeren Anlauf, wobei einige von den Passagieren ausstiegen und zu Fuß gingen, als ob das der Lokomotive helfen würde. Auf jeder Station schluckte sie große Mengen Wasser, während die Zugmannschaft und mehrere Helfer, die sich einfach zu ihnen gesellt hatten, ausstiegen und mit den Verkäufern über Bananen, gekochten Mais, Hühner, Eier, Haferflocken, Orangen und viele andere Nahrungsmittel feilschten, die an jeder Station angeboten wurden. Tatsächlich machte unser Zug einen geradezu triumphalen Fortschritt, allerdings mit größeren Pausen, in denen die Zaungäste ein so seltsames und unerklärliches Wesen wie die Eisenbahn aus der Nähe betrachten konnten, was diesen abgelegenen Gegenden einen Hauch von Abenteuer und Exotik vermittelte.

Wir trafen am späten Nachmittag in Nakuru ein und gingen gleich ins Hotel. Mich schickte man in eine winzige Kammer, die zu laut war, als daß ich darin hätte schlafen können. Die Küche war ganz in der Nähe, in den öffentlichen Räumen stampften die Leute über die nackten Bretterböden, und in der Bar entwickelte sich lauter Gesang, unterbrochen von Brüllen und Gelächter und einmal auch vom Klirren zerschmetterter Gläser. Das Hotel gehörte

Lord Delamere, und manchmal, wenn er das Bedürfnis hatte, in einer primitiven Behausung zu wohnen, fuhr er angeblich mit einem Buggy nach Nakuru und besuchte sein Eigentum, das er in fortgeschrittener Stimmung zu demolieren begann.

Jetzt war er freilich im Krieg, aber das Hotel war dennoch bis auf den letzten Winkel besetzt. Manchmal hat man den Eindruck, daß ein Krieg mehr Menschen hervorbringt als er zerstört. Obwohl Armeen junger Männer auf die Schlachtfelder marschiert waren, wurde es in allen Städten und Zentren voller, lebhafter und geschäftiger als je zuvor. Wo all diese Menschen herkamen, herbeigelockt wie die *Siafu* vom Regen, war ein Geheimnis.

In der Nacht gab es eine Bewegung draußen vor dem Hotel. Die Station war ganz in der Nähe, und ich wachte auf und hörte eine Lokomotive schnaufen und zischen. Dann ertönten Glocken, Pfeifen schrillten, und dazu vernahm man Geschrei und lautes Rufen. Hatten die Deutschen Nakuru erobert, würden wir alle an die Wand gestellt und erschossen werden? Da ich nicht in meinem Pyjama erschossen werden wollte, zog ich mich rasch an und lief hinaus, um nachzusehen.

Ein Zug stand in der Station, und der Bahnsteig wimmelte von Männern in Khakiuniformen wie von Riesenameisen, denen man das Nest zerstört hat. Aber Deutsche wären grimmig, ordentlich und behelmt gewesen, während diese Männer Schlapphüte oder gar keine Kopfbedeckung trugen, und selbst in dem harten Licht sahen sie jung und fröhlich aus. Ich sah Lois Montagu allein am Bahnsteig stehen und ging zu ihr hin.

»Das sind die ›Mounted Rifles‹ auf der Rückfahrt von Kisumu; sie haben einen großen Sieg errungen«, sagte sie, nachdem sie ihr Mißfallen über mein pflichtvergessenes Herumbummeln ausgedrückt hatte. »Es sind wahre Helden! Schau sie dir an, Kleines – wenn du sie wiedersiehst, ziehen sie vielleicht schon in einem Siegesmarsch durch Nairobi.«

Momentan war es ihnen in erster Linie um Eßbares zu tun, und der indische Stationsvorsteher, der von riesigen Männern auf Nahrungssuche umringt war, machte hilflose Gesten und schaute drein, als würde er gleich in Tränen ausbrechen. Warmes Essen um ein Uhr nachts war etwas, das er nicht mit einem Pfiff auf seiner Trillerpfeife herbeizaubern konnte, und er mußte sich vorkommen, als sei ein riesiges Rudel von Löwen in seine Station eingefallen.

Lois stand mit offenem Mund und strahlenden Augen da und hielt meine Hand fest. »Wenn ich doch nur malen könnte, was würde das für ein Bild werden! All diese wunderbaren, jungen Kerle, die für König und Vaterland kämpfen, ohne sich irgendwelche Sorgen zu machen!«

Sie machten sich allerdings große Sorgen um das Essen, das offenbar nicht zu bekommen war. Und dann ereignete sich so etwas wie ein Wunder. Ohne vorherige Ankündigung, mitten in der Nacht, drang plötzlich der köstliche Duft von frischgebackenem Brot in die Station. War das eine Art Massensuggestion? Hatte sich ein mächtiger allgemeiner Gedanke in Geruch verwandelt?

Ein Schweigen der Verblüffung senkte sich über die Männer; sie standen still da und schnüffelten. Es war, als hätte jemand einen Zauberring gedreht und ihre Wünsche in Erfüllung gehen lassen. Durch den Eingang kam ein Fackelträger mit einer Safarilampe, dann ein Handkarren, hoch gestapelt mit Körben, und zuletzt eine kleine, sich schnell und entschlossen bewegende Gestalt, die ich sofort wiedererkannte. Das Licht fiel auf einen Knoten roten Haars, und eine hohe Stimme schrie: »Hallo, Boys, hier ist das, worauf ihr gewartet habt. Kommt her und holt es euch!« Und damit setzte ein gewaltiger Sturm auf die Körbe voll warmer, köstlicher Brötchen ein, deren Kruste krachte, wenn sie den weichen, zarten Teig freigab.

Ob sich Pionier-Mary schon vor Ausbruch des Krieges hier niedergelassen hatte oder erst danach, kann ich nicht sagen, jedenfalls hatte sie eine Bäckerei hier in Nakuru, und nachdem sie von dem Truppentransport gehört hatte, war sie auf hungrige Männer vorbereitet. Bald gewann die Station ein festliches Aussehen, mit Gruppen von Soldaten, die auf Kisten, Körben, Säcken und den Trittbrettern der Eisenbahnwagen saßen und ihre Brötchen aßen, scherzten und auch ein paarmal in fröhlichen Gesang ausbrachen. Pionier-Mary war unter ihnen wie eine rote Flamme auf dem Bahnsteig und ließ eine Spur ihres hellen, ein wenig schrillen Gelächters hinter sich, als man sie ausgelassen mit dem Ehrentitel ›Lady vom Brotlaib‹ begrüßte.

Sie war nicht die einzige Bekannte hier. Ich sah mich um und erkannte Dick Montagu mit einem etwas kleineren Mann neben sich, auf dessen blondem Haar das Licht der Laternen schimmerte wie auf einem neuen, goldenen Souvereign. Selbst Dick Montagu war in fröhlicher, milder Stimmung und stellte seinen Begleiter Lois vor, ohne sie vor ihm herabzusetzen. Schon völlig verzaubert von der Männlichkeit dieser scherzenden, schmausenden Soldaten auf dem Weg in den Krieg, Männer, welche die Hauptfiguren kommender Träume und Legenden sein würden, schaute sie jetzt gebannt auf das schmale, lächelnde Gesicht von Ian Crawfurd.

»Dick hat oft von Ihnen gesprochen«, sagte sie.

»Möchte wissen, wie, zum Teufel, du so schnell in die Uniform gekommen bist«, knurrte Dick. »Ich hörte, du seist irgendwo draußen am Mount Elgon, wo du wildes Land erarbeiten wolltest.«

»Ich bin zufällig nach Nairobi geritten und war dort, als es losging. Sonst hätte ich vermutlich monatelang nichts davon gehört. Und ich habe Humphrey noch gar nicht davon benachrichtigt.«

»Ich werde es dir nie verzeihen, wenn du die Hunnen aus Deutsch-Ostafrika vertreibst, bevor ich an der Party teilnehmen kann.«

»Ich fürchte, da wird es noch genug für dich zu tun geben«, sagte Ian.

Eine Weile sprachen sie dann über den Krieg, der ihrer Meinung nach nicht besonders geschickt geführt wurde. Dann lächelte mich Ian an und sagte: »Ich habe deinen Vater in Nairobi getroffen. Er kam gerade zurück von einem Verhör deutscher Kriegsgefangener.«

»Hat er sie erschossen?«

»Nein, natürlich nicht; man erschießt sie nur, bevor sie in Gefangenschaft geraten sind, nicht danach. Aber er hat herausgefunden, warum es ihnen nicht gelungen war, die Brücke bei Tsavo in die Luft zu sprengen. Es war wirklich Pech. Man hatte ihnen britische Landkarten gegeben, weil die Deutschen dachten, daß sie genauer seien als ihre eigenen. Aber in denen war der Tsavo-Fluß ganz woanders eingezeichnet. Als sie dort hinkamen, wo die Brücke hätte sein sollen, ging ihnen das Trinkwasser aus, und sie mußten sich unseren Soldaten ergeben. Hätten sie sich an die deutschen Landkarten gehalten, dann wären sie zur rechten Zeit am rechten Ort gewesen und hätten die Brücke zerstört.«

»Das war die Hand der Vorsehung«, sagte Lois.

»Man sagt, daß Gott seine Wunder auf geheimnisvolle Weise wirkt, und vielleicht gehört auch die Ungenauigkeit der britischen Landkarten zu diesem Geheimnis... Ich höre, du lebst zur Zeit bei Kate und Humphrey; richte ihnen meine besten Grüße und alles Liebe aus, ich werde ihnen schreiben und hoffe, daß es ihnen gut geht.«

»Ganz gut, ja... Danke übrigens für Mohammed«, sagte ich. »Aber ich mußte ihn zu Hause lassen.«

»Ja, dem hätte es in Molo gar nicht gefallen; du hättest ihm einen Mantel aus einer Decke schneidern müssen, mit einem Loch, wo er den Kopf durchstecken kann.«

»Ich wollte nicht weg von Thika, aber...«

Vor allem aber wollte ich Ians Aufmerksamkeit auf mich lenken, statt sie zu verlieren, und einen Faden finden, der mich zu all meinen Fragen bringen würde. Aber es half nichts; ich brachte kaum einen Ton heraus. Der Augenblick verstrich, und Ian wandte sich ab, um wieder mit den

Montagus zu sprechen. Dick fragte ihn, was das für ein Land sei, das er da übernommen habe, aber Ian lächelte und blieb bewußt vage.

»Momentan sieht es ja nicht gerade so aus, als ob ich es noch brauchen könnte.«

»Mach bloß keinen Fehler, alter Freund. Das Land wird sehr viel wert sein, wenn wir erst die Hunnen geschlagen haben. Dann geht es hier nämlich rasch bergauf, und dann wird der Preis für gutes Land ins Unermeßliche steigen. Paß auf die Entwicklungsbestimmungen auf, laß es dir nicht durch die Lappen gehen.«

»Ich werde es mir merken«, sagte Ian. »Und jetzt muß ich weiter. Ich bin Korporal, und ich habe mich um ein halbes Dutzend Männer zu kümmern, die noch nie das Wort Disziplin gehört haben. Aber zwei davon sind gute Bridgespieler, einer spielt Klarinette und ein weiterer ist ein großartiger Zauberkünstler, daher wird es uns nie langweilig. Wir treffen uns wahrscheinlich irgendwo an der Grenze, Dick, und vielleicht reiten wir dann nebeneinander im Triumph durch Tabora und ziehen von Lettow gefesselt hinter uns her.«

Er gab mir die Hand, um mir Lebwohl zu sagen.

»Ist Ahmed zurückgekommen?« Das war eine meiner Fragen, und ich brachte es fertig, sie zu äußern, selbst wenn es eine von den weniger wichtigeren war, eine aus dem Umkreis meines Fragenkomplexes.

»Komisch, daß du das erwähnst. Er ist wiedergekommen, und jetzt ist er bei einer Truppe von *Somali*-Aufklärern, hat ein Pony und eine Flinte und träumt vom ruhmreichen Krieg und einem großen Vermögen. Also geht es ihm gut. Grüß Tilly, wenn du sie siehst, und auch alle anderen ...«

Einen Augenblick stand er still wie ein Fischadler über einem schlammigen Bach und schaute auf mich hinunter, den Hut in der einen Hand, die andere leicht in die Taille gestemmt. Ich fand, er war schlanker als zuvor, und vielleicht sah er auch ein bißchen älter aus. Der Name, an den wir jetzt beide dachten, lag unausgesprochen wie eine Schranke zwischen uns und verband uns doch zugleich für diesen flüchtigen Augenblick wie zwei Fische im Netz. So stark war mein Eindruck, daß ich in all dem Lärm eine klare, musikalische Stimme zu hören glaubte und einen Duft wahrnahm zwischen den abgestandenen Gerüchen des Bahnsteigs: den sonnigen Duft von Heliotrop.

Ian zögerte noch; vielleicht wollte auch er nicht die Geister des Glücks verscheuchen, deren Gegenwart alle anderen Menschen auf dem Bahnsteig in Luft verwandelte. Dann nahm er ein kleines Armband von seinem rechten Arm – solche Schmuckgegenstände waren damals bei Männern sehr in Mode –: ein Armband, das aus den Haaren eines Löwenschweifs geflochten war.

»Der Löwe hatte Mut; manche essen das Herz, aber ich glaube nicht, daß das nötig ist.«

Ich nahm das Armband, ohne ein Wort hervorzubringen, aber ich wußte tief im Herzen, daß es nicht für mich bestimmt war. Er lächelte uns an, winkte und verschwand dann in dem Durcheinander und dem Gedränge an den Zugtüren. Die Fahrt sollte in Kürze weitergehen. Die Männer begannen das Lied zu singen, das damals so beliebt war – ›Wir marschieren nach Tabora‹ –, und die Hochrufe und Schreie, das schrille Pfeifen, das Zischen und Schnauben der Lokomotive füllte die Station wie sich ein Kessel mit Wasserdampf füllt. Alles schien überzukochen; Männer winkten aus den Fenstern des Zuges, Dick stieß einen Jagdruf aus, das rote Haar von Pionier-Mary leuchtete unter einer Lampe; der Schaffner sprang rasch auf, und wir sahen dem Schlußlicht des Zuges nach, das langsam in der Dunkelheit verschwamm, hörten, wie das Zischen und Schnauben leiser wurde. Eine Wolke stiebender Funken, ein langer Schweif tanzender Feuerfliegen, der sich am schwarzen Rücken des Kraters Menengai ausbreitete, und die alles verschluckende Dunkelheit Afrikas verschlang auch die letzten Spuren dieser verwegenen, jungen Männer und des dahineilenden Zugs.

27

Zwei Tage danach fand ich mich ebenfalls im Zug und auf der Fahrt in die gleiche Richtung, wenn auch nicht in den Krieg. Die Crawfurds, die gemeinsam aus Molo heruntergekommen waren, hatten sich entschlossen, mich nicht länger zu behalten. Humphrey sagte, er habe es leid, daß ich immer wieder ausrücken würde, und Kate habe andere Sorgen; außerdem hatten sie von Tilly gehört, daß sie alles für das Lazarett getan hatte, was derzeit möglich war, also nach Thika zurückkehren und mich wiederhaben wollte.

Lois Montagu war mit Begeisterung bereit, mich bei Tilly abzuliefern, Dick dagegen schien das gar nicht recht zu sein. Vermutlich war ich, ohne es zu merken, eine Art Schutz für Lois; außerdem würde sie durch mich Tilly kennenlernen, die ihr helfen könnte, im Lazarett Arbeit zu bekommen. Dick dagegen war entschlossen, sie schnell durch Nairobi zu schleusen, das für ihn ein afrikanisches Sodom und Gomorrha zu sein schien, und sie bei Freunden abzuliefern, die sie jedem Unheil fernhalten würden. Nicht, daß sie den Eindruck machte, als ob sie eine leichte Beute des Unheils werden könnte, aber ich kannte sie natürlich nicht gut genug, um das beurteilen zu können.

Im Zug sprach Dick nur wenig mit Lois und kommandierte sie etwa im gleichen Ton, nur schärfer herum als den Spaniel, der direkt vor seinen Füßen lag, so daß jeder darüber fallen mußte. Lois bestand darauf, mir durch das Abteilfenster Dinge zu zeigen, die ich immer schon lange vor ihr entdeckt hatte – Herden von Wasserbüffeln und Impalas, eine Menge gestreifter Thomson-Gazellen, ihre größeren Kusinen, die *Grantii*, und mehrere Giraffen. Dick knurrte und meckerte dauernd über den langsamen Zug und schien die indischen Stationsvorsteher bei jedem Halt persönlich für die Verzögerung verantwortlich zu machen.

Tilly holte mich am Bahnhof von Nairobi ab. Sie kannte Dick bereits, aber Lois noch nicht, die den Fehler machte, überschwenglich zu sein und mich in höchsten Tönen zu loben. Tilly wußte genau, daß das, was sie zu meinen Gunsten anführte, nicht wahr sein konnte, und ich merkte, daß Lois auf dem besten Wege war, bei ihr für die Kategorie der ›geschwätzigen Närrin‹ zu kandidieren, was ebenso schlimm war wie ›dummes Weibchen‹ oder ›lahmer Esel‹, und womit sie nie und nimmer in das Lazarett empfohlen werden würde. Immerhin tranken wir Tee miteinander, und es gelang Lois, Tilly beiseitezunehmen und ihren Wunsch zu erläutern.

»Er ist wirklich mittelalterlich«, bemerkte Tilly, als Dick sie uns schließlich entführt hatte. »Wenn es nach ihm ginge, würde er ihr bis zum Ende des Kriegs einen Keuschheitsgürtel umlegen.«

Robin war noch irgendwo mit der Eisenbahn unterwegs, vielleicht auch an der deutschen Grenze – niemand wußte Genaueres –, und wir nahmen tags darauf den Zug nach Thika und ritten von dort aus endlich wieder zurück auf die Farm.

Einige von den Flammenbäumen, die mir jetzt längst über den Kopf gewachsen waren und die zukünftige Auffahrt flankierten, standen in voller Blüte. Die jungen Kaffeebäume sahen gesund aus und trugen bereits ein paar grüne Beeren – die erste Ernte! Ich war glücklich, Moyale bei guter Gesundheit vorzufinden, obwohl ich fand, daß er noch ein wenig fetter geworden war. Auf der Farm sei alles in Ordnung, berichtete Sammy, ausgenommen einen Streit nach einem Bierabend, bei dem zwei Männer verletzt worden waren, allerdings nicht lebensgefährlich, und ebenfalls ausgenommen den Tod eines Ochsen. Als Tilly etwas nachforschte, fand sie heraus, daß der *Massai*-Hirte den Ochsen, um ihn anzutreiben, mit einem angespitzten Stab in die

Hinterschenkel gestochen und dabei versehentlich das Rektum getroffen hatte, so daß das Tier unter großen Schmerzen eingegangen war. Tilly verlor die Geduld mit dem Hirten und feuerte ihn, aber jeder einschließlich Sammy war der festen Überzeugung, es sei der Verlust des wertvollen Tieres, der ihren Zorn hervorgerufen habe, und ihre Gefühle im Hinblick auf die Schmerzen des armen Ochsen waren etwas, das sie nicht verstehen konnte.

Hier auf der Farm schien es den Krieg überhaupt nicht zu geben, wenn man einmal davon absah, daß Robin nicht anwesend sein konnte. Einige der jungen *Kikuju* waren voller Eifer, schüttelten ihre Speere und schrien: »Wo sind diese *Germani*? Zeigt sie mir! Sind sie weggelaufen? Ich will sie töten, wie wir die *Massai* getötet haben! Ho, ho! Keiner wird übrigbleiben von hier bis zum Kilimandscharo.«

Die kriegerische Atmosphäre beeinflußte mich so sehr, daß mich Njombo eines Tages dabei erwischte, wie ich die Köpfe der alten Maisstiele mit einem Jagdmesser abhackte.

»Was machst du denn da?« fragte er.

»Ich schneide den Deutschen die Köpfe ab!«

Die Haltung der *Kikuju* lief im Großen und Ganzen auf eine befriedigende, wenn auch nicht überraschende Loyalität gegenüber den Engländern hinaus, die viel getan hatten, um Zivilisation, Gesetze und Ordnung unter die Wilden zu bringen. So sahen es alle mit Ausnahme von Alec Wilson, der kurz nach unserer Rückkehr bei uns auftauchte.

»Es ist die Aussicht, daß Recht und Gesetz aufgehoben werden könnten, und keineswegs ihre Festlegung, welche die Eingeborenen so fasziniert«, sagte er. »All diese Männer um die Dreißig nehmen ihre Speere aus ihrem Versteck und erzählen den Neubeschnittenen schreckliche Greuelgeschichten über die *Massai*, von denen sie in Wirklichkeit bei jeder Auseinandersetzung geschlagen werden, während die jungen Burschen sagen: ›Diese alten Krieger haben nicht viel mehr Mumm als ein paar Hühnchen. Aber *jetzt* werdet ihr etwas erleben!‹ Ich fürchte, sie werden furchtbar enttäuscht werden.«

»Ich bin sicher, sie wünschen sich eine allgemeine Schlägerei«, räumte Tilly ein. »Es geht ihnen nicht um zivilisierte Kriegsführung. Die Frauen und Kinder werden entführt oder umgebracht.«

»Nach dem, was ich höre, macht man die *Kikuju* zu Lastenträgern und schickt sie an die Grenze zu Deutsch-Ostafrika. Und ich kann nur hoffen, daß sie die Vorzüge der zivilisierten Kriegsführung schätzen lernen, wenn sie erst die Munition der Truppen und den Champagner des Generals durch den Busch geschleppt haben, was nicht ganz leicht sein wird angesichts der Tsetsefliegen, der Rhinozerosse und der Malaria. Aber andererseits kann ich mir nicht vorstellen, daß es das ist, was sie erwartet haben, als sie ihre Loyalität unter Beweis stellten.«

»Sie sind ein Zyniker, Alec, das ist das Problem.« Wie die meisten Zyniker war er sehr freundlich und kam häufig zu uns herüber, um Tilly bei der Führung der Farm zu helfen. Es gab eine Menge zu tun: Der Kaffee mußte ausgegrast, die Zitrusbäume mußten beschnitten werden; außerdem wollte man einen Lagerraum aus Stein errichten, pflügen, Mais pflanzen und die neuen Setzlinge ziehen. Ich ritt auf Moyale, um verschiedene Besorgungen zu erledigen, konnte meine Sammlung von Vogeleiern ergänzen und ein Tagebuch über den Krieg beginnen, obwohl es da nicht viel für mich zu vermerken gab.

Eines Tages kam eine Nachricht von Lettice: Sie war zurückgekehrt und lud Tilly für den Abend ein. Ich kam mit, weil niemand da war, der auf mich aufpassen konnte. Aus demselben Grund brachte auch ein Stallbursche zwei Brieftauben hinüber, die Tilly von einem Mann gekauft hatte, der einen *Duka* im tiefsten *Massai*-Reservat unterhielt und für die Post nach Nairobi die Brieftauben benutzte. Tilly rechnete damit, daß man Brieftauben als Botschafter brauchen würde, wenn unsere Truppen die Deutschen bis über Tabora hinaus verfolgten, und wollte damit ihren kleinen Beitrag zum Sieg leisten.

Lettice war blaß und müde; ihre Augen sahen sehr groß und dunkel aus, ein torfiges Braun. Sie strich sich ständig übers Haar und machte andere nervöse Gesten, und sie hatte zu rauchen angefangen. Noch immer umgab sie der Duft von Heliotrop, aber er wurde fast verdeckt durch den Geruch türkischen Tabaks.

»Jetzt bin ich ertappt, womit ich eigentlich immer gerechnet hatte«, sagte sie, nachdem sie Tilly sehr liebevoll und gerührt begrüßt hatte. »Nichts von dem, was ich kann, ist im Krieg von Nutzen, und ich kann Hereward nicht einmal helfen, indem ich die Farm ordentlich führe, so wie du Robin hilfst. Hereward hat mir eine Anleitung in doppelter Ausführung gegeben, in der steht, was mit den einzelnen Arbeitsgruppen, dem Ochsenteam und den *Shambas* zu tun ist, und ich habe sie in eine Hutschachtel gelegt und in Nairobi vergessen.«

»Wie geht es Hereward?« fragte Tilly.

»Er wird ungeduldig. Das ist nur ein Nebenschauplatz, sagt er, und er will zurück nach Europa, um am richtigen Krieg teilzunehmen. Aber jetzt befürchtet er nicht mehr, daß es vorbei sein könnte, bevor er dort ankommt.«

»Daß Hereward kriegerisch veranlagt ist, wundert mich nicht, aber ich muß gestehen, Robin überrascht mich. Er redet genauso daher, und dieses Schwertschleifen paßt im Grunde gar nicht zu seinem Charakter.«

»Das hätte man denken können, aber wahrscheinlich sind die Männer in dem Punkt alle gleich; wenn sie erst Trompeten hören, lassen sie sich alles aufschwatzen... Hereward rechnet jeden Tag damit, eine Überfahrt zu bekommen, und ich soll ihm mit dem nächstmöglichen Schiff folgen.«

Danach schwiegen sie, und zwischen ihnen lag schwer die unausgesprochene Frage. Lettice setzte ihre Knüpfarbeit fort, brachte aber nichts Ordentliches zuwege. Sie saß auf einem niedrigen Hocker aus gespannten Lederriemen vor dem offenen Kamin und hatte den Kopf mit dem locker frisierten, kastanienbraunen Haar über die Handarbeit gebeugt, und Tilly saß auf dem Samtsofa, runzelte leicht die Stirn über ihre Gedanken, die sich vielleicht um Lettice und ihre Schwierigkeiten drehten oder auch um die Tauben und die ihren, oder um Robin oder um irgendeine neue Idee, die gerade in ihr entstanden sein mochte. Als sie sprach, um das Schweigen zu brechen, war sie nicht mit den Gedanken dabei.

»Ich habe dieses Mädchen getroffen, das Dick Montagu wegen des Geldes ihres Vaters geheiratet hat, das sie dann doch nicht bekam. Sie versucht, ihm zu entkommen, aber er läßt sie nicht; die Leute sagen, weil er noch immer hofft, an das Geld des Vaters heranzukommen, aber ich glaube, er ist auf eine sehr merkwürdige Art in sie verliebt.«

»Das stelle ich mir so vor, wie wenn sich ein Nilpferd in mich verliebte, oder ein Gorilla.«

»Die Oberin hat ihr einen Job als Geschirr- und Instrumentenwäscherin gegeben, und Dick kam ins Lazarett gestürmt, in wildem Zorn, um sie herauszuholen. Daraufhin hat sie sich in ein leeres Schwesternzimmer gesperrt. Dick hat die ganze Nacht vor dem Zimmer Wache gehalten und auf einer Decke geschlafen. Es gab einen gewaltigen Aufruhr. Am Morgen mußte die Oberin die Militärpolizei holen, um ihn fortschaffen zu lassen.«

Ihr Lachen milderte die Spannung ein wenig, und Lettice konnte daraufhin sagen:

»Ich habe Ian in Nairobi getroffen.«

»Ja ... Darf ich eine von deinen Zigaretten probieren?«

Ich hatte Tilly nie zuvor rauchen gesehen. Sie paffte den Rauch versuchsweise und blies dann kleine Wölkchen in die Luft.

»Du weißt, er hat etwas Land weit draußen im Nirgendwo gepachtet, in der Nähe eines Berges. Er sagte, es gibt dort Höhlen voller Fledermäuse und wunderbare Schmetterlinge. Sein nächster Nachbar hat sich aus England ein in Teilen zerlegtes Haus herschaffen und von Trägern transportieren lassen; angeblich hat er einen Gepard auf seiner Veranda angekettet.«

»Ich fürchte, dieser schreckliche Krieg...«

»Ian jagt die Deutschen an der Grenze, wenn die Deutschen nicht ihn jagen, und Hereward ist wildentschlossen, ein Held zu werden... Oh, Tilly, was soll ich nur tun?«

Lettice war aufgesprungen und lief jetzt unruhig im Raum auf und ab, arrangierte eine weiße Gartenlilie in einer Vase, klopfte ein Kissen aus, zog dann die kleine, lederbezogene Reiseuhr auf ihrem Sekretär auf. Tilly schaute mit gerunzelter Stirn auf ihre Zigarette, deren Rauch ihr das Wasser in die Augen trieb, so als wäre sie die Ursache all dieser komplizierten Probleme.

»Du kennst meine Meinung«, bemerkte sie trocken.

»Ja, und natürlich hast du damals vollkommen recht gehabt; es war alles geregelt, und ich brauchte nur noch mit Hereward darüber zu sprechen. Aber jetzt! ... Er würde uns frei geben, ich weiß es, der arme Hereward; sein Leben bedeutet ihm nichts, oder es steht ziemlich weit unten auf der Liste der Dinge, die er für wichtig hält. Also würde er nicht zögern, es wegzuwerfen, und wir müßten bis ans Ende unserer Tage damit leben. Immer, wenn wir einen Schrank öffneten, würden wir sein Skelett sehen, das dort steht und uns beobachtet. Und Ian...«

»Ich kann kaum etwas anderes denken. Zu Hause hatten wir Bienen; einmal hat sich ein Ziegenbock losgerissen und mehrere Bienenkörbe umgekippt; die Bienen waren in einem völlig hysterischen Zustand, ihre ganze Arbeitsroutine war durcheinander, sie flogen in alle Richtungen und summten hoffnungslos, weil ihnen niemand sagen konnte, was sie tun sollten. Und nun hat dieser Ziegenbock von einem Kaiser... Tilly, wenn ich nach Hause fahre, kümmerst du dich dann um Puffball und Zena?«

»Aber natürlich – doch ich fürchte, ich werde auch nach Hause gehen müssen, wenn Robin es schafft, von seinem ehemaligen Regiment angefordert zu werden.«

»Ich glaube, Maggy Nimmo wird auf alle Fälle hierbleiben, aber sie würde die Hunde mit Porridge und Haferkuchen füttern, und davon werden sie fett, und früher oder später käme dann Mr. Nimmo zurück mit diesem schrecklichen Bullterrier, der sie in zwei Happen verschlingen würde. Ach, Liebste, es ist alles so schwierig ...«

»Komm und schau dir meine Tauben an«, schlug Tilly vor. »Weißt du, wann sie sich paaren? Momentan interessieren sie sich nicht im mindesten füreinander.«

»Es würde uns sehr viel Ärger und Mühe ersparen, wenn es bei uns ähnlich wäre und wenn wir uns nur zu bestimmten Zeiten des Jahres füreinander interessierten. Dann könnten wir uns darauf vorbereiten, und wenn wir Männer wie diesen Dick Montagu hätten, würden sie uns bestimmt hinter Schloß und Riegel setzen.«

»Ich glaube, bei Tauben weiß man es nicht so genau. Aber vielleicht sind sie auch nur schüchtern.«

Am nächsten Tag ritten wir mit den Tauben zurück, und ein paar Tage danach kam Robin auf Urlaub nach Hause und schenkte mir einen deutschen Feldstecher; außerdem brachte er viele Neuigkeiten über den Krieg mit, der nicht so gut lief wie wir uns das wünschten. Immerhin gelang es den ›Mounted Rifles‹, die Grenze zu halten, und sie hofften, jeden Augenblick auf die Deutschen zu treffen und sie in einem fairen Kampf zu besiegen. Bis jetzt hatte der Feind den offenen Kampf in typisch teutonischer Weise vermieden; der Busch war gerade in der Nähe der Grenze besonders undurchdringlich, und den englischen Truppen war mehr Gefahr von den Rhinozerossen erwachsen als von den Deutschen; die Hyänen waren so frech, daß sich die Männer nachts die Sättel unter den Kopf legten, und selbst dann wurde das Leder gelegentlich angefressen. Aber der schlimmste Feind war die Malaria. Es hieß, daß eine geheime Streitmacht aus Indien käme, die in Kürze landen und den Deutschen in die Flanke fallen würde; Robin nahm an, daß so das Gleichgewicht der Kräfte wiederhergestellt würde.

»Danach kann ich dann ohne Probleme nach Hause fahren, abgesehen davon, daß die Schiffe sehr voll sein werden. Es heißt, mein Bataillon sei bereits in Frankreich. Es ist zum Verrücktwerden – zu denken, daß ich hier festsitze!«

Es überraschte tatsächlich, daß sich Robin in seinem neu erwachten Kriegsgeist nicht mehr für die Plantage und die Destillieranlage interessierte, die ihn zuvor so sehr beschäftigt hatten. Ein paar Tage später ritt er wieder zur Station und versprach zum Abschied, mir einen Knopf von einer deutschen Uniform zu schicken.

Eines Abends war ich unten in der Plantage, wo die Kaffeesetzlinge gezüchtet wurden, und legte einen kleinen Graben an, um ein paar Orangenkerne zu bewässern, die ich gepflanzt hatte, als Alec Wilson auftauchte und nach Tilly suchte. Zwei *Shamba*-Boys reparierten die Dächer aus Bananenblättern, die wir über den Beeten mit den jungen Pflanzen angebracht hatten, und wir hörten das Rufen und Lachen der Frauen, die ihre Babys im Teich wuschen, wo früher die Python gehaust hatte. Die Schatten lagen bereits auf dem Fluß, und alles war friedlich und heiter.

Alec sah staubig aus und roch nach Pony, also wußte ich, daß er eben erst aus Nairobi zurückgekommen sein mußte. Er ritt lieber als mit dem Zug zu fahren, vor allem, weil das billiger war. Er fragte mich, was ich da machte.

»Ich mache mir eine eigene Orangen-*Shamba.*«

»Fabelhaft. Wenn die Bäume groß geworden sind, wirst du in der Abenddämmerung in einem Orangenhain sitzen, und die Kolibris werden dich umschwärmen und du wirst Liebeslieder auf einem Zimbal spielen, und dann komme ich und lege mich dir zu Füßen und streichle ein geflecktes Antilopenkitz.«

»Ich habe kein Zimbal«, entgegnete ich.

»Ich kauf' dir eins, wenn ich das nächste Mal nach Nairobi komme. Aber jetzt muß ich Tilly finden, um ihr meine Neuigkeiten mitzuteilen.«

»Ist der Krieg zu Ende?« fragte ich.

»Nein. Im Gegenteil.«

»Sind die Deutschen davongelaufen?«

»Nein, sie haben die Schlacht an einem Hügel mit Namen Longido gewonnen. Aber du sollst das vergessen und lieber an deiner *Shamba* weiterarbeiten.«

Ich befolgte seinen Rat, hatte aber irgendwie das Interesse an den Orangen verloren. Jetzt häufte ich etwas Erde auf, um den Longido zu bauen, steckte Zweige und Blätter in den Hügel und ein paar Steine, die Soldaten sein sollten. Die Ameisen, die um sie herumkrochen, waren Rhinozerosse, Löwen und Zebras.

Einer der *Shamba*-Boys kam her, zupfte seine rote Decke zurecht und fragte: »Was machst du da auf dem Boden?«

»Das ist ein Hügel mit Deutschen darauf.«

»*Germani*? Iiih, sie sind schlechte Menschen.«

»Ich ertränke sie mit Wasser.«

»Gut. Aber wenn du sie ertränkst, ertränkst du auch ihr Vieh und die Pferde. Es ist besser, wenn du sie erschießt. Hast du keine Gewehre?«

»Doch, aber die Munition ist ausgegangen.«

»Dann mußt du dein Schwert nehmen und sie überfallen und ihnen die Bäuche aufschlitzen, dann sterben sie alle, sieh mal!«

Er hob die nackten Füße, trampelte damit auf dem Hügel herum, und drehte dann die Füße, bis mein Hügel platt und die Erde verteilt war.

»Da, siehst du«, sagte er. »Jetzt gibt es keine *Germani* mehr. So macht man das.« Er hob seinen *Panga* auf, steckte ihn in den Gürtel, der seine nackte Taille umgab, und ging den Hügel hinauf ins Reservat; seine Tagesarbeit war getan, der Feind war vernichtet. Es war auch für mich ein befriedigendes Ende, und ich ging zurück zum Haus.

Dort fand ich Tilly in Gesellschaft von Alec auf der Veranda bei einer späten Tasse Tee sitzen. Sie schauten beide düster drein, und Tillys Augen waren gerötet.

»Lauf los und spiel mit irgend etwas«, sagte sie.

»Mit was denn?«

»Ach, ist egal. Oder setz dich hin und lies ein Buch.«

Ich ging hinein und schaute einen Atlas an, der auf meinem Tisch lag, aber ich hörte die beiden auf der Veranda sprechen.

»Es ist das beste, wenn Sie es ihr sagen«, meinte Alec.

«Ja, ich muß wohl; aber jetzt ist es zu spät, zu ihr hinüberzureiten; außerdem finde ich, sie soll nicht die ganze Nacht darüber nachdenken müssen.«

»Sie wird den Rest ihres Lebens darüber nachdenken müssen, also macht es nichts aus, wenn sie noch bis morgen früh wartet.«

»Wenn es jemand anderes gewesen wäre...« Tillys Stimme war rauh und gedämpft.

Nach einer Pause sagte Alec: »Diese Idioten von Ärzten haben mich rausgeworfen. Es sind Idioten, ich bin kerngesund. Ich brauche nur noch eine Spritze, aber ansonsten... Gute Nacht, Tilly, und versuchen Sie, die Sorgen zu verscheuchen. *All the king's horses and all the king's men*...«

Wie bei den Bienen gab es auch bei uns einen festgelegten Tagesablauf, und das wäre jetzt die Zeit für unseren kleinen Ausritt am Abend gewesen; doch statt dessen setzte sich Tilly auf die Veranda, um die Abrechnungen zu machen. Dann legte sie die Bücher weg und kehrte zu einem Plan zurück, den sie entwickelte, um frisches Gemüse für die Truppen zu liefern. Auf dem Papier machte er einen durchaus erfolgversprechenden Eindruck, so daß sich ihre Stimmung ein wenig besserte; wenn die Gegenwart ihr Kummer machte, suchte sie ihre Zuflucht in der Zukunft, die so sicher ihre Vorteile hatte wie die sterbende Blüte, welche die Frucht trägt, auch wenn ihre Blätter verwelken.

Aber sie blieb betrübt und der Abend düster, also schaute ich nach George, Mary und Mohammed, der am Streunen durch einen langen Strick gehindert wurde, welchen wir an einem Loch in seinem Panzer befestigt hatten. George kletterte auf einen Zweig und zeigte den üblichen Ausdruck völliger Selbstzufriedenheit, wie ein Politiker, hatte Robin gesagt, der seinen Namen auf der Ehrenliste stehen sieht, aber vielleicht war es auch Mary, denn obwohl ich so tat, als ob ich sie voneinander unterscheiden könnte, war ich in Wirklichkeit aufs Raten angewiesen.

Ich wußte, daß jemand tot war. Die Menschen starben oft, genau wie die Tiere; ich hatte einmal einen Toten gesehen, der im Gras neben der Straße lag; eine Wolke von Fliegen war von ihm aufgestiegen, die Ponys hatten gescheut, und ich war schnell daran vorbeigeritten, vorbei an dem Gestank der Verwesung. Es hatte keinen großen Eindruck bei mir hinterlassen. Aber das alles konnte nichts mit Lettice zu tun haben oder mit irgend jemandem, den ich kannte.

Als ich beim Abendessen saß und die Lampen hereingebracht worden waren, fragte ich Tilly, ob mit Lettice etwas nicht in Ordnung sei.

»Nicht, daß ich wüßte.«

»Wirst du sie morgen besuchen?«

»Vielleicht.«

»Darf ich mitkommen?«

»Nein, du hast deine Lektionen vernachlässigt; du mußt ein paar französische Vokabeln lernen.«

»Wenn wir ihn nicht angebunden hätten, wären wir Mohammed los: Er hat sich ein Loch gegraben unter dem Stachelbeerbeet. Kommt Ian bald zurück?«

»Du mußt auch das Eiweiß essen, nicht nur den Dotter; es enthält Albumen, und das ist gesund für dich... Nein, Ian – nun, wenn du es unbedingt wissen mußt: Ian ist gefallen. Nun stell keine weiteren Fragen mehr, dafür lese ich dir zwanzig Minuten lang vor, wenn du ins Bett gegangen bist.«

Das war ein besonderes Vergnügen – wir lasen zur Zeit *Räuberei in Waffen* –, und ich dachte nicht mehr an Ian, aber als ich dann im Bett lag, erinnerte ich mich an ihn, wie ich ihn auf der Bahnstation gesehen hatte und wie sein Haar im Licht geschimmert hatte und an das Armband, das er mir gegeben hatte und das aus den Schwanzhaaren eines Löwen gemacht war. Ich hatte es in Seidenpapier eingewickelt und in mein Tagebuch gelegt, weil es zu wertvoll zum Tragen war. Es war schwer, sich vorzustellen, daß Ian tot war und im Gras lag, mit Blut auf dem Gesicht und den Fliegen, die um ihn summten, so schwer, daß ich es zuletzt aufgab und an ihn dachte, wie ich ihn gesehen hatte, als wir die Whydah-Vögel beim Tanz beobachteten, und als er unter dem Feigenbaum gelegen und mit Lettice gesprochen hatte und wie sie miteinander gesungen hatten, als das Klavier angekommen war. Ich hatte Ian nicht allzu oft gesehen, aber jedesmal war es für mich wie ein Fest, auch wenn nichts Ungewöhnliches geschah; wenn er da war, dann schien die Sonne, und ich dachte, daß ich ihn niemals vergessen würde.

In dieser Nacht träumte ich von ihm: Wir ritten über eine weite Steppe, um zu Lettice zu kommen, und in der Ferne krochen die Deutschen wie graue Läuse über die Ebene; er hatte kein Gewehr; wenn nur Dirk käme mit dem Karabiner, dann wären wir sicher. Aber Dirk kam nicht, und dann segelte Ian mit Kate Crawfurd und Bay auf dem Kanal, und sie sagte ihm, daß sie einen Schmetterlingsschwarm hätte, der die Botschaften beförderte. Selbst hier war Ian von einer Gefahr bedroht; sie kam näher und wurde immer gefährlicher – etwas Schreckliches, Tödliches, das keiner von uns sehen konnte. Ian lächelte nur und sagte, er müßte erst auf Lettice warten, und dann wurde der Himmel auf einmal dunkel, und der Adler stieß einen schrillen Schrei aus und gerade, als er auf uns herunterfiel, verwandelte sich Ian in einen Buschbock und rannte davon. Ich wachte auf, während ich noch versuchte, mich von dem Adler zu befreien, der sich zuletzt in meine Bettdecke verwandelte, die ich mir um den Kopf gezogen hatte.

Meine Träume waren immer ziemlich wirr, und am nächsten Morgen konnte ich mich nur an Bruchstücke erinnern, aber den Adler konnte ich eine ganze Weile nicht vergessen. Die *Kikuju* glaubten, wenn ein Mensch stirbt, geht sein

Geist in ein Tier, und es war durchaus möglich, daß der Geist von Ian, der so sehr Teil der Wildnis und der Natur war, sich ein Tier des Waldes aussuchen würde, zum Beispiel einen Buschbock, um in ihn zu fahren. Sein Körper würde, wie ich wußte, von den Maden oder den Hyänen gefressen, aber wenn später seine Überreste zu Staub geworden waren, wie es beim Begräbnis hieß, dann würde sein Staub vielleicht doch etwas anders sein als der Staub der gewöhnlichen Leute, und vielleicht schimmerte er wie diese kleinen, hellen Körnchen, die manchmal im Sand glitzern.

28

Das Leben auf der Farm verlief zumindest oberflächlich wie zuvor, aber unterschwellig fühlten wir eine gewisse Spannung und Unsicherheit. Unsere Zeit in Thika ging zu Ende, und jeder wußte es, auch wenn nie ein Wort darüber gesprochen wurde.

Tilly wartete auf Nachrichten von Robin, vom Krieg, von unserer Abreise; und wenn uns Nachrichten erreichten, waren es nie gute. Sie haßte es, wie sie sagte, sich selbst bestimmte Fristen zu setzen, konnte nun aber keine größeren Projekte wie den Gemüseanbau mehr in Angriff nehmen. Als sie von einer Fleischknappheit in Nairobi hörte, kaufte sie ein Dutzend einheimischer Mutterschafe und schrieb in den Norden, sie sollten ihr einen reinrassigen Schafbock schicken, um eine gute Zucht beginnen zu können. Der Bock kam mit dem Ochsenkarren, warf einen Blick auf seine schmuddeligen, kleinen, braunen Bräute und floh in die Kaffeeplantage, verfolgt von sämtlichen Arbeitskräften, die mit ihren Knüppeln wedelten und wilde Schreie ausstießen. Bevor er eingefangen war, hatte er eine ganze Reihe von Kaffeebäumen zerstört, die erst in der nächsten Regenzeit ersetzt werden konnten.

Endlich traf Nachricht von Hereward ein; er hatte seine

Überfahrt in der Tasche und würde in Kürze abfahren, um zu seinem Regiment zurückzukehren. Lettice kam zu uns herüber, um es uns mitzuteilen, und blieb über Nacht wie manchmal, wenn sie allein war. Ich konnte nicht genau definieren, wie sie sich verändert hatte, aber das Leben schien nicht mehr in ihr zu sprudeln, sondern war schal geworden. Sie war magerer, und ihre Arme sahen zerbrechlich aus, die Ringe an den Fingern waren locker, in ihr Gesicht waren Schatten getreten. Wenn sie früher Ruhe und Gelassenheit ausgestrahlt hatte, so fummelte sie jetzt nervös an sich herum, hörte nicht hin, wenn man mit ihr sprach, und bewegte sich auf seltsam bleierne, müde Weise. Ich wollte allein mit ihr sprechen, konnte das aber nicht einfach sagen und wartete daher sehnsüchtig auf eine Gelegenheit.

»Dann wird Hereward also noch vor Robin zu Hause sein«, sagte sie. »Hoffentlich ärgert das Robin nicht zu sehr. Und was wird aus uns, frage ich mich? Glaubst du, wir werden noch hiersitzen und auf eine Überfahrt warten, wenn der Krieg zu Ende geht? Jetzt, wo ich weiß, daß ich weg muß, sollte alles schnell gehen; es ist, als ob man im Fegfeuer wartet, das ich trotz Dante für keine besonders gute Erfindung halte; wenn Gott uns gnädig ist, dann will er sicher nicht, daß wir dort noch mehr leiden als wir auf Erden gelitten haben.«

Ich fragte sie, was nun mit Puffball und Zena geschehen würde. Sie saßen in unserem einzigen bequemen Sessel, die eine auf ihrem Schoß, der andere neben ihr, schnüffelten, leckten sich die schwarzen Knopfnasen und suchten mitunter auch geräuschvoll nach Flöhen. Lettice wiederholte, daß sie sie am liebsten mit nach England nehmen würde; hier gab es niemanden, der sich um zwei Pekinesen kümmern konnte. Ich fragte: »Und Sie wollen sie dann wieder hierher zurückbringen?«

»Falls ich zurückkomme.«

»Aber Sie können nicht *nicht* zurückkommen.«

Lettice lächelte. »Ja, ich glaube, für dich ist das hier der

Mittelpunkt der Welt. Aber wenn du nach Hause kommst, wirst du feststellen, daß alles anders ist; was mich betrifft, ich gehöre nicht hierher, es ist ein grausames Land, das einem das Herz aus der Brust reißt und es zu Staub zermahlt wie pulverisierten Stein. Und niemand denkt sich etwas dabei, das ist das Schlimmste! Niemand denkt sich etwas dabei.«

Ich verstand nicht ganz, wie sie das meinte, und fragte sie, was aus der Farm werden würde, aus dem Steinhaus, das sie gebaut hatten, und aus den Ponys.

»Frag nicht so viel«, sagte Tilly. »Das ist eine schlechte Angewohnheit.«

»Aber wie soll ich etwas lernen und erfahren, wenn ich nicht frage?«

»Du brauchst ja nicht alles zu erfahren – wie ein Privatdetektiv.«

»Damit hat sie trotzdem ein interessantes Thema angeschnitten«, bemerkte Lettice. »Die beste Methode, etwas herauszufinden, besteht, wenn man es sich genau überlegt, darin, daß man gar keine Fragen stellt. Schießt man eine Frage ab, dann ist das, als ob man eine Pistole abschießt; es kracht, und alles flieht und geht in Deckung. Aber wenn man still dasitzt und so tut, als ob man gar nicht hinschaut und sich nicht interessiert, kommen all die kleinen Tatsachen ganz von selbst und picken einem rings um die Füße, die Situationen treten aus der Deckung, Absichten kriechen aus dem Versteck und sonnen sich wie auf einem warmen Stein, und wenn man sehr geduldig ist, wird man alles erkennen und viel mehr verstehen als der Mann mit der Pistole.«

»Ja, das kann ich begreifen.«

»Das glaube ich kaum, aber es macht nichts; soll ich dir gute Nacht sagen, wenn du im Bett bist?«

Das war nett von ihr; ich aß zu Abend und ging williger als sonst in mein Zimmer. Lettice kam danach noch herein und setzte sich auf die Kante meines Feldbetts, und ich stellte fest, daß der türkische Tabak inzwischen den Duft von Heliotrop weitgehend verscheucht hatte. Sie erzählte mir eine Geschichte und sprach dann über Hugh; jetzt, wo sie ihn vielleicht bald wiedersehen würde, tauchte er öfter in ihren Gedanken auf.

Endlich kam die Gelegenheit, auf die ich so lange gewartet hatte. Ich schluckte ein paarmal, dann sagte ich: »Ich habe etwas für Sie.«

»Wie nett! Ein Vogelei, oder eine indisponierte Eidechse? Vielleicht ein besonders übelriechendes *Kikuju*-Amulett?«

Lettice war dabei, sich über mich lustig zu machen, was eigentlich gar nicht zu ihr paßte. Sie hatte sich wirklich nur in Kleinigkeiten verändert, aber vielleicht war auch das typisch für sie; wenn man ins Feuer fällt, verändert sich das Aussehen, und wenn es ein Feuer ist, das einem den Geist verbrennt, muß auch er sich ändern.

»Eigentlich gehört es gar nicht mir«, sagte ich. »Jemand hat es mir gegeben.«

»Wenn er es dir gegeben hat, dann gehört es dir.«

Jetzt, wo ich an dem Punkt angelangt war, hatte ich größte Schwierigkeiten, es ihr zu geben – es war, als ob ich durch einen Teich mit Sirup schwimmen müßte, mit Gewichten an Armen und Füßen.

»Ich glaube, es war eigentlich für Sie bestimmt.«

Sie half mir nicht weiter, indem sie mich fragte, wer es mir gegeben hatte und was es war, und ich wußte, daß es sie eigentlich nicht besonders interessierte, also legte ich ihr das kleine Päckchen einfach in den Schoß und sagte gar nichts. Sie packte es aus und hielt es näher an die Safarilampe, und ich sagte ziemlich nervös:

»Es ist aus Löwenhaar, vom Schweif des Löwen.«

Ich fühlte, wie sie steif wurde; sie saß so lange bewegungslos da, daß ich schon dachte, sie sei irgendwie in Trance gefallen. Dann fühlte ich, daß das Bett ein wenig bebte; Lettice zitterte, und die Hand, mit der sie das Armband hielt, bewegte sich ganz leicht wie die Flügel eines Kolibris.

»Wie hast du ... Wann hat er ...?«

»Er hat es mir geschenkt, aber ich glaube, es war für Sie. Eine Art Amulett.«

Sie sagte nichts. Manchmal, am frühen Morgen im Garten, sah ich eine Schnecke, die sich vorwärts bewegte wie ein kleines Schiff mit eingezogenem, braunem Segel, und ich kitzelte sie mit einem Grashalm, um zuzusehen, wie sie die grauen Hörner schnell einzog, wie die Hörner im augenlosen Kopf versanken und nicht mehr zu sehen waren, und wie die Schnecke sofort erstarrte. So war es jetzt bei Lettice. Ich konnte nicht anders, mußte sie mit meinem Grashalm kitzeln.

»Wollen Sie es?« Sie saß immer noch wortlos da. Ich überlegte mir etwas, das keine Frage war.

»Einer der Männer, für die er verantwortlich war, konnte gut zaubern.«

Lettice stand auf und versuchte etwas zu sagen, aber ihre Kehle war ausgetrocknet wie die Kehle der Menschen, wenn sie verdursten. Jetzt zitterte ihre Hand so sehr, daß sie das Armband nicht festhalten konnte; jedenfalls ließ sie es auf mein Bett fallen, und sie schlug sich die Hände vors Gesicht und ging rasch hinaus. Ich nahm das Armband und war ein bißchen benommen, vielleicht wie ein Käfer, der gegen das Glas der Lampe gestoßen ist; er taumelt und bleibt dann eine Weile erstarrt liegen, um sich zu beruhigen.

Jetzt gehörte das Armband wirklich mir. Es war schwarz, hübsch geflochten und geschmeidig. Ich streifte es über meinen Arm und dachte an den Löwen; vielleicht war er hinter einem Felsen hervorgekommen, um Ian anzufallen, oder er war verwundet gewesen und hatte laut nach Rache gebrüllt, sein Gesicht eine Maske des Zorns. Obwohl das Gewehr stärker war als er, war der doch mutig, und vielleicht war Ian auf ähnliche Weise getötet worden.

Ich steckte das Armband wieder weg und hielt es lange in hohen Ehren. Wenn ich nicht in Afrika war, nahm ich es manchmal heraus und schaute es an, und dann dachte ich an den fahlgelben Löwen, der durch das rauhe Gras und über graue Felsenhügel kroch, dachte an die Hitze und den aromatischen Duft, an den Staub und die Trockenheit und an die Akazienbäume mit den flachen Wipfeln und den gelben, süß duftenden Blüten, an die großen Wolken, die ihre Muster auf die Hügel warfen, an die gurrenden Tauben und das raschelnde Dornengestrüpp. Aber dann habe ich es irgendwo verlegt. Erst bemerkte ich den Verlust gar nicht, und dann bedauerte ich ihn sehr, aber es gab so viel anderes, was mich davon ablenkte.

Hereward kam ein paar Tage später zu uns herüber, um sich zu verabschieden, und nicht lange danach erhielten wir ein Telegramm von Robin; er hatte eine Überfahrt bekommen und würde noch ein paar Tage mit uns verbringen. Die verbrachte er damit, Pläne zu machen für die *Shamba*, während wir weg waren – für wie lang, wußte niemand –, und um sich von unseren wenigen Nachbarn zu verabschieden, die zurückblieben. Die meisten waren ohnehin schon fort, und die übrigen wollten weg, bis auf Alec; selbst Mr. Roos war verschwunden, obwohl man nicht wußte, ob er wieder Elefanten oder diesmal Deutsche jagte. Edward Rivett war in Longido verwundet worden, ein Wort, das für uns alle eine schwere Bedeutung bekommen hatte.

Mr. Nimmo war wieder einmal zu Hause und teilte uns überraschenderweise mit, daß auch er bald eine Uniform anziehen würde. Robin gratulierte ihm und fragte, welcher Einheit er denn beigetreten sei. Er pflanzte sich vor ihm auf, legte den Kopf leicht zur Seite, schaute Robin streitsüchtig an und erwiderte, wobei er die R's heftig rollte: »Ich bin derr Wache beigetrrreten.«

Das war nun wirklich erstaunlich; die königliche Wache schien Welten von Thika und den ›Mounted Rifles‹ entfernt zu sein, daher fragte Tilly nach dem Regiment: Die Coldstreams oder die Grenadiere – oder vielleicht die schottische Wache. Mr. Nimmo schaute sie leidenschaftslos an und sagte: »Die Eisenbahnwache.« Und Mrs. Nimmo fiel in quiekendes, schrilles Gelächter.

Dann war es Zeit für mich und Tilly, hinunterzureiten zur Station und Robin zu verabschieden, wie Hereward ein paar Tage zuvor verabschiedet worden war. Seine Sachen waren mit dem Ochsenkarren vorausgeschickt worden: Der Kilt, sein Schwert, der Tweedanzug, alles in einem Aluminiumkoffer mit Mottenkugeln verstaut. Er hatte sich darauf gefreut, aber jetzt, als der Abschied kam, waren wir alle sehr bedrückt. Es lief nicht so, wie es sollte, weder in Frankreich noch in Afrika, wo unsere Truppen bei Tanga von den Deutschen und den Bienen vertrieben worden waren; außerdem bewegten sich feindliche Unterseeboote in Meeren, die ohne jeden Zweifel uns gehörten.

»Wenn ich zurückkomme«, sagte Robin, »müssen wir gleich mit der Kaffeeherstellung beginnen. Ich glaube, es wird sich lohnen, wenn wir selbst die Bohnen schälen statt sie ungeschält wegzuschicken und zu verkaufen. Ich habe letzte Nacht darüber nachgedacht; in einem guten Jahr könnten wir, jetzt, wo alles gepflanzt ist und wir dieses neue System zur Veredelung eingeführt haben, über hundertfünfzig Tonnen Ertrag haben ...«

Und Robin setzte seine Kalkulationen fort; er hatte sich mit vielen Notizzetteln herumgeschlagen, und unser Vermögen war so gut wie gemacht. Er hatte in Gedanken bereits einen Dampfzug, ein Rennpferd und einen Mercedes gekauft, bevor wir Thika erreichten, und überlegte sich gerade, ob wir das zukünftige Haus noch durch einen Seitenflügel erweitern sollten. Aber vorläufig gab es davon nur ein paar Fundamente am Ende der Allee aus Flammenbäumen, die wir schon kurz nach unserer Ankunft gepflanzt hatten.

Auf der Station wartete Njombo, der mit dem freigewordenen Pony zur Farm zurückreiten sollte. Er schüttelte Robin die Hand und sagte: »Good-bye, good-bye, *Bwana*, und möge Gott dir helfen, viele, viele Deutsche zu töten, töte auch einen für mich, der ich selbst nicht gehen kann, zu töten und ihnen die Bäuche aufzuschlitzen und die Köpfe abzuschneiden! Du wirst sie alle mit einer Hand umbringen.«

»Vielleicht nicht gerade alle«, sagte Robin.

»Hier ist ein Amulett, das mußt du um den Hals tragen, und es schützt dich vor Eisen; es stammt von einem sehr starken *Mundu Mugo* in der Nähe des Mount Kenia. Ich habe es getragen, seit ich beschnitten bin. Es ist ein Amulett für Krieger, aber da ich kein Krieger mehr sein kann, gebe ich es dir.«

Robin war gerührt und dankte ihm herzlich, wenngleich er murmelte wie immer, wenn er von etwas überwältigt war, so daß Njombo wohl nicht viel davon gehört haben dürfte. Das Amulett war ein kleiner Zylinder aus Leder mit irgendeinem Pulver drinnen – es war vielleicht besser, die Ingredienzen nicht allzu genau in Erfahrung zu bringen, und Njombo wußte darüber vermutlich auch nicht genau Bescheid. Es hing an einer schönen, leichten Kette, die ein *Kikuju*-Schmied hergestellt hatte. Robin steckte das Amulett in die Tasche und wirkte so beschämt wie nie zuvor; er hatte Njombo etwas Geld als Abschiedsgeschenk geben wollen, und jetzt sah es aus, als würde er ihm das Amulett bezahlen. Er fühlte in seinen Taschen, fand aber nichts Brauchbares und bemerkte betrübt: »Ich fürchte, er raucht keine Zigarren.« Dann war der Stationsvorsteher bei uns, verbeugte sich, lächelte und wünschte Robin viel Glück in seinem *Babu*-Englisch.

»Sie töten viele Deutsche, bitte, Sie kommen hierher zu Familie sicher und gesund. Wir beten für Sie, bitte.«

Der Zug fauchte, der Lokführer scheuchte alle in die Wagen, Passagiere hievten sich auf die hohen Trittbretter, und der Schaffner winkte mit einer Fahne.

Wenn ich zurückblicke, sieht es so aus, als ob wir den größten Teil unserer Zeit in den ersten Monaten des Krieges damit verbracht hätten, andere zu Zügen zu bringen und uns von ihnen zu verabschieden – oder selbst mit den Zügen irgendwo hinzufahren. Ein *Kikuju* hätte es vielleicht den Krieg der Eisenbahnzüge genannt, und den zweiten, der nicht allzu lange auf sich warten ließ, den Krieg der Flugzeuge. Selbst in Friedenszeiten liegt in der Abfahrt eines Zuges ein Hauch von Unheil wie im Krächzen der Raben; in Kriegszeiten sind die Züge überfrachtet mit Furcht und Sorge. Dieser freilich rollte fröhlich aus der Station, und viele Leute winkten aus den Fenstern, zusammen mit Robin; danach stiegen wir auf unsere Ponys und ritten nach Hause. Am Blue Posts machten wir Halt, um ein Paket abzuholen, und sahen Major Breeches, der einen umflorten Blick und einen alkoholischen Atem hatte.

»Ich habe eben die großartigen Neuigkeiten gehört, gute Leute«, schrie er. »Großartige Neuigkeiten. Der Feind ist in die Flucht gejagt, unsere Truppen haben den Pangani-Fluß überquert, und bis die Woche vorbei ist, sind sie in Tabora. Ich finde, so etwas muß gefeiert werden, was?«

Das Problem mit Major Breeches war, daß man nie wußte, ob er eines Tages vielleicht rein zufällig ein Gerücht verbreitete, das sich als wahr erwies – obwohl das bis dahin noch nicht geschehen war. Deshalb war Tilly zwar vom Verstand her ganz sicher, daß er sich diesen Sieg selbst zusammengereimt hatte, während ihr Herz flüsterte, es könnte ja auch Wirklichkeit sein, und wir ritten ein wenig zuversichtlicher weiter. Auf halbem Weg sah sie, daß Njombo Robins Armbanduhr anhatte.

»Woher hast du die bekommen?« fragte sie.

»Der *Bwana* hat sie mir auf der Station gegeben. Als die Maschine gebrüllt hat, hat er sie mir gegeben und gesagt: ›Das ist für dich, damit du die Zeit weißt, wenn *Mensabu* dich zur Hilfe ruft, während ich weg bin.‹ Das ist mein Bakschisch, und ich hüte sie wie mein eigenes Kind. Diese Uhr wird mir Glück bringen wie ein starkes Amulett.«

»Ich habe nicht gesehen, daß er sie dir gegeben hat«, sagte Tilly.

»Nein, er wollte nicht, daß ihr es seht; er dachte, ihr würdet zornig werden. Er hat sich umgedreht und sie mir in die Hand gelegt, als der Zug losgefahren ist. *Bwana* ist ein guter Mann, und Gott wird ihm im Krieg beistehen.«

Das hörte sich sehr nach Robin an, und ich war sicher, daß Njombo die Wahrheit sagte. Die Uhr war alles, was er Njombo in dem Augenblick hätte schenken können, und er gab sie ihm und würde sich in Nairobi eine neue kaufen. Aber man konnte nie ganz sicher sein. Auch Njombo mit seinem offenen, fröhlichen, immer lächelnden Gesicht steckte voller List und Tücke und war ein notorischer Lügner; er hatte sich schon seit langem eine Armbanduhr gewünscht, und Robin ging immer recht sorglos mit seinem Besitz um. Was Major Breeches und seine Siege betraf, war ein Element des Zweifels nie ganz auszuschließen. Aber in unserer Doppelwelt gab es ohnehin wenig, was wir mit Sicherheit wußten. Tilly war noch eine Weile hinter der Sache her, konnte aber, wie die Dinge lagen, die Wahrheit nicht ergründen, und so ritten wir schweigend zurück zur Farm.

29

Schließlich fanden sich noch Kojen für uns in einem griechischen Frachtschiff; aber niemand wußte, wann es abfahren würde, daher mußten wir tagelang in Mombasa darauf warten.

Mit den Wurzeln ausgerissen zu werden, ist ein trauriges Schicksal für alles, was wächst, und ich wollte Thika nicht verlassen um einer unbekannten Welt willen. Vor allem aber wollte ich nicht die Tiere und die Menschen von Thika verlassen, Moyale und Mohammed, George und Mary oder Alec und Mrs. Nimmo, Njombo, Sammy und Andrew oder Kupanya und den alten Rohio und sogar Kamau und viele andere. Lettice war schon fort, ganz plötzlich, als Antwort auf ein Telegramm von Hereward. Ihr Besitz war verpackt worden, ihre Möbel wurden eingehüllt, Zena und Puffball waren mit ihr verschwunden und die Farm der Palmers versank in müßige Lethargie, aus der sie alle paar Tage durch den Besuch von Alec gerissen wurde. Trotz seiner Bemühungen gewann jedoch das Gras rasch die Oberhand.

Ein schmerzlicher Augenblick kam, als Lucifer und Dorcas, die rotbraune Stute, in den Krieg zogen. Sie sollten als Reitpferde benützt werden, Transportmittel in den Händen von Männern, die sich nicht um sie kümmerten, und wir wußten, daß wir sie nicht wiedersehen würden. Moyale blieb dieses Schicksal erspart; er war zu fett und zu verzogen, und Tilly überzeugte sich davon, daß er im Krieg völlig nutzlos sein würde. Alec sollte ihn bekommen, und natürlich zog Moyale damit auch nicht unbedingt ein besseres Los.

Lucifer und Dorcas wurden, ohne daß ich es merkte, weggebracht und in den Zug gesetzt, und während das geschah, ritt ich mit Moyale noch einmal zum Abschied hinauf ins Reservat.

Es war ein bewölkter Tag; der Himmel hing voller niedriger, drohender Gewitterwolken. Aber zwischendurch schien immer wieder die Sonne, und in ihrem harten Licht wirkten die Hütten, die Bäume und die Ziegen wie aus Holz geschnitzt, die Gegenstände einer Spielzeugfarm. Das Grün des jungen Grases war so kräftig, daß die Hänge in smaragdene Flammen gehüllt waren, die an ihrem oberen Rand an einen Himmel von klebrigem Indigo grenzten. Moyale schritt würdevoll und langsam dahin; es gab nichts, was ihn zur Eile antrieb. Wir ritten hinauf zu Kupanya, um uns zu verabschieden. Der Häuptling kam heraus und begrüßte mich in einem Umhang, der zu meinem Kummer aus vielen Antilopenhäuten genäht war, und gewaltige Perlenornamente hingen an seinen Ohren.

»Hab keine Angst, wir kümmern uns um die *Shamba* deines Vaters, bis alle Deutschen getötet sind«, sagte er. »Ich kümmere mich persönlich darum und achte darauf, daß durch Fremde und wilde Tiere kein Schaden geschieht.«

»Werden Sie noch hier sein, wenn wir zurückkommen?«

»Wieso denn nicht? Ich bin zu alt, als daß man mich zu den *Askaris* läßt. Die Regierung hat mir den Auftrag gegeben, mich hier um mein Volk zu kümmern und ihr junge Krieger zu schicken.«

Der Krieg hatte in der Tat die Machtbefugnisse der Häuptlinge und ihre Bedeutung sehr erweitert, ganz zu schweigen vom Reichtum, denn wenn ein junger Mann der Musterung entgehen wollte und dem Häuptling eine oder zwei Ziegen schenkte, wurde er nicht nach Fort Hall geschickt. Und wenn ein guter Kampf für einen guten Sold den Kriegern auch Spaß machte, so breitete sich doch die Meldung aus, daß man die jungen Eingeborenen keineswegs mit Speeren, geschweige denn mit Gewehren ausrüstete, sondern daß sie schwere Lasten in fremde Länder tragen und schlechte Nahrung essen sollten; da das eigentlich Frauenarbeit war und ihnen dementsprechend nicht nur unangenehm, sondern beleidigend erschien, gab es nach einiger Zeit kaum noch einen jungen Mann, der sich freiwillig zum Kriegsdienst meldete.

»Die Ponys sind schon weg«, sagte ich, »bis auf Moyale hier, und der bleibt bei *Bwana* Mistkäfer.«

»Gut. Wenn wir dieses weiße Pony sehen, werden wir sagen: Hier ist das *Toto* von *Bwana* Schlechter Hut; du wirst das Pony in deinem Kopf tragen wie ein Mann seine Rinder, und so werden wir an dich denken, wenn wir es sehen. Iih-iih-iih, es ist doch fett und glänzt, und es ist stark; Njombo wird es füttern, und wenn du zurückkommst, ist es so groß und so stark wie ein Büffel.«

Mehrere von Kupanyas Frauen, von denen er mittlerweile mindestens ein Dutzend hatte, kamen, um mir Glück zu wünschen. An ihren seehundsglatten Körpern funkelten die Kupferarmbänder, und die Last in ihren Ohrläppchen baumelte auf die mahagonifarbenen Schultern. Eine von den

Frauen mit breiten Backenknochen, großen Augen wie denen eines Nachtfalters und einer Ausstrahlung von Weisheit und Trauer sprach zu mir in der Sprache der *Kikuju* und legte dann ein Halsband aus blauen und weißen Perlen in meine Hand.

»Du mußt sie mitnehmen nach Europa und für uns tragen«, erklärte Kupanya. »Diese Perlen sind wie unser Volk: die blauen sind die Männer, die weißen sind die Frauen, die Kinder sind die Zwischenräume, und der Faden ist der Fluß, der an der *Shamba* deines Vaters entlangfließt. Wenn du die Perlen immer trägst, kommst du sicher zu uns zurück.«

Ich dankte ihr und überlegte mir, was ich Kupanya dafür geben könnte, aber in meinen Taschen waren nur ein zerknülltes Taschentuch, ein Messer, ein paar Bohnen und ein Stück Garn. Ich dachte, daß das Messer vielleicht ein gutes Geschenk sei, aber Kupanya schüttelte den Kopf.

»Der Reisende gibt kein Geschenk an die, welche zurückbleiben, die Zurückbleibenden geben dem Reisenden Geschenke, die ihm auf seiner Reise helfen und ihn sicher wiederbringen.«

Die Frauen umringten mich, und einige von ihnen gaben mir weitere Geschenke – ein Klumpen Teig, in ein Blatt gewickelt, eine eiserne Spange, einen gerösteten Maiskolben, einen getrockneten Kürbis und einen kleinen *Kiondo*, das ist ein gewobener Beutel, in dem man Korn transportiert. Es war nicht ganz einfach, das alles auf meinem Pony zu verstauen, aber ich steckte das meiste in meine Taschen oder band es an den Sattel und ritt dann davon wie der Weiße Ritter, reich beschenkt mit Gegenständen, deren Nutzen nicht ganz leicht zu bestimmen war.

Der Tag unserer Abreise näherte sich rasch. Alec kam herüber, um die Schildkröte abzuholen, die zwei Chamäleons, Bancroft, den Spaniel und Moyale; seine Farm war für uns der allgemeine Ablageplatz geworden.

»Eine Schildkröte wird angeblich hundert Jahre alt«, bemerkte er, »also ist Mohammed mit etwas Glück noch hier, um dich bei deiner Rückkehr zu begrüßen; und wer weiß, vielleicht haben George und Mary eine Überraschung für dich, eine Reihe kleiner Chamäleons, die dich willkommen heißen, und ansonsten wird sich nicht viel verändert haben.«

Die *Kikuju* auf der Farm entschlossen sich, einen Tanz zur Feier unserer Abreise zu veranstalten, der zugleich den Deutschen die Zerstörung bringen sollte; nach Tillys Meinung war es jedoch nur eine Ausrede, um ihr einen fetten Schafsbock abzuluchsen. Zögernd stimmte sie zu, und dann entschied sie sich impulsiv, daß sie die Hammelherde ja ohnehin auflösen mußte und Alec nicht die Zeit hatte, sich auch noch darum zu kümmern. Also schenkte sie die zwei größten Schafe den Tänzern und die übrigen Sammy, dessen Entzücken darüber nicht mit Worten auszudrücken war. Sammy wurde immer reicher: Inzwischen hatte er schon ein Fahrrad, eine Armbanduhr, drei Frauen und in seinem eigenen Land eine immer noch wachsende Herde von Kühen; jetzt mußten wir weg, und das tat ihm leid, weil etwas zu Ende ging, aber er war auch froh, weil diese Veränderung ihn zusätzlich bereicherte und seine Erhabenheit gegenüber den *Kikuju* ausdrückte, die inzwischen unermeßlich geworden war. Mit einer reizenden kleinen Ansprache über das gegenseitige Erinnern gab er mir als Geschenk einen *Massai*-Speer, die leichte Ausführung für Hirten, nicht die Kriegswaffe mit der langen Klinge, die, wie er sagte, zu schwer zum Tragen sei für mich.

Für den Tanz wurde eine Unmenge Bier gebraut; große, dicke Kalebassen gurgelten tagelang in den Hütten am Feuer, das niemals ausgehen durfte, von seinem ersten Entfachen im neuen Heim, wenn die Wände noch weiß und frisch waren, bis das Haus verlassen wurde und die Balken mit dickem, schwarzen Ruß verkrustet waren. Die jungen Männer kamen in voller Gala, mit weißen Federn im Haar, hölzernen Rasseln an den Fußknöcheln und Mustern in Kalk und Ocker auf den Gesichtern und der nackten, glänzenden

Haut. Die jungen Frauen fetteten sich von Kopf bis Fuß ein und legten alle Ohrgehänge und Kupferbänder an, die sie besaßen, und ihre besten, ledernen Lendenschurze, bei denen Perlen an die Säume genäht waren. Sie sahen fröhlich und festlich, wenn auch bei weitem nicht so dekorativ aus wie die Männer.

Feldstühle wurden für uns bereitgestellt, damit wir den Tanz und das Mahl betrachten konnten. Sammy stand neben uns und zeigte eine Miene, die deutlich von seiner Verachtung gegenüber den Kapriolen dieser Affenmenschen sprach; wenn das ein Tanz der *Massai* wäre, deutete sein Blick an, was hätte das für eine Zurschaustellung edelster Bewegungen, geballter Kraft und berauschenden Glanzes sein können! Beim Kriegsruf eines löwenmähnigen *Massai*-Kriegers würden alle diese *Kikuju* wie ein Rudel Webervögel schnattern und kreischend flüchten. Aber schön, deutete Sammys Haltung an, die Europäer hatten sich nun einmal entschlossen, dieses Volk zu tolerieren, und Kindern mußte man eben ihr Spielzeug lassen, also wollte er sein bestes tun, um seine Gefühle zu verbergen.

Andrew, der Koch, versagte sich den Tanz und das Fest. Er fühlte sich von Tilly beleidigt. Als er ihr erklärt hatte, daß er mit ihr nach Europa gehen wolle – was ihm völlig natürlich vorkam, ja, als eine unvermeidliche Folge seines Dienstes bei ihr –, da hatte sie sich gezwungen gesehen, sein Angebot abzulehnen. Europa, hatte sie ihm erklärt, sei sehr weit weg und sehr kalt, doch das hätte ihm nichts ausgemacht; würde sie dort nicht ebenso einen Koch brauchen wie hier in Afrika?

»Es gibt andere Köche in Europa«, hatte sie gesagt.

»Aber ich bin euer Koch.«

»Die Häuser sind anders, das Essen ist anders, die Bräuche ... Außerdem – wo willst du schlafen?«

»Gibt es keine Küchen in Europa?«

Es war sehr schwierig. Tilly blieb zuletzt nichts übrig

als ihm zu sagen: »Ich habe kein Haus in Europa. Wirklich, du kannst nicht mitkommen.«

Andrew hatte daraufhin einen Erdklumpen aufgehoben – sie standen im Garten – und ihn mit aller Wucht auf den Boden geschleudert.

»So behandelt ihr mich. Weil ich schwarz bin.«

Tilly war verärgert, Andrew dagegen bis in den Kern seines Wesens getroffen, und niemand konnte die Sache wieder in Ordnung bringen. Also kam Andrew nicht zu der Abschiedsfeier. Einmal begonnen, wäre sie, wenn Tilly es gestattet hätte, den Abend und die Nacht und den nächsten Tag über fortgesetzt worden. Die Füße und die Glieder der *Kikuju* schienen sehr im Gegensatz zu den meinen oder Tillys niemals zu ermüden.

Als wir am nächsten Morgen erwachten, war es draußen grau, es nieselte, und die Welt schien unseren Trübsinn zu teilen. Der metallische Ton erschallte um halb sieben Uhr morgens, aber die Arbeitskräfte reagierten nicht wie an all den vorhergehenden Morgen. Die Leute schlichen mit niedergeschlagenen Blicken daher, gingen langsam, ihre Mägen schmerzten und die Köpfe hingen wie Fässer voll schwerer Steine nach unten. Sammy stand an der Tür zum Lagerraum, dirigierte sie mit stiller Erhabenheit und sprach selbst dann noch ruhig mit ihnen, wenn sie gar nichts kapierten. Er fühlte, wie sich das Zauberelixir der Autorität in seinem Blut und in seinem Gehirn ausbreitete.

»Alec wird eine Menge Schwierigkeiten bekommen«, sagte Tilly, während sie Sammy letzte Instruktionen erteilte. Doch jetzt war nicht die Zeit, sich darüber Sorgen zu machen. Alles war gepackt und in den Maultierkarren geladen. Ich hatte mich von Moyale und Njombo verabschiedet und von vielen anderen; noch konnte ich es nicht glauben, daß in ein paar Augenblicken das Haus, der Garten, die Farm und alles, was darauf stand, außer Sicht und verschwunden sein würde, als wäre es auf einem anderen Planeten, oder daß es nicht in meiner Macht war, ebensowenig wie in der eines anderen Menschen, das alles einzufrieren, aufzuheben und in einer Rille zu bewahren wie bei einer Grammophonplatte, so daß man dieselben paar Minuten immer und immer wiederholen konnte.

»Küsse die vier Wände des Wohnzimmers«, sagte Tilly, »dann kommst du bestimmt zurück.« Ich tat es und berührte dazu Kupanyas Perlenhalsband mit den Männern, Frauen und Kindern. Jetzt fühlte ich mich wohler. Das war nur ein Zwischenspiel wie damals, als ich nach Molo mußte, und wenn wir nach dem Krieg zurückkamen, würde hier alles noch genauso sein und uns begrüßen.

30

Wir fuhren mit dem Zug nach Nairobi und dann in einer Prozession dreier Rikschahs vom Bahnhof in das überfüllte Hotel. Das Norfolk war der Ort, wo man alle möglichen Leute treffen konnte; früher oder später, sagte man, kam jeder hier in Afrika lebende Europäer einmal die Treppe zum Hoteleingang herauf, saß auf der Veranda oder spazierte durch die staubige Avenue mit den Gummibäumen, die noch John Ainsworth, der Unterverwalter und Stadtplaner von Nairobi, gepflanzt hatte, zur Brücke, die hinter der Kurve lag und seinen Namen trug.

Tilly jedenfalls traf viele Bekannte, einschließlich Dick Montagu, der jeden zum Trinken aufforderte und mit dröhnender Stimme von seinen Abenteuern berichtete, als er eine Patrouille auf deutsches Gebiet führte und einen gefährlichen Brückenkopf des Gegners dem Erdboden gleichmachte. Randall Swift dagegen, den wir ebenfalls auf der Fahrt nach Europa trafen, erzählte die Geschichte etwas anders: In seiner Version hatte sich Dick Montagu einer deutschen Missionsstation genähert, den Missionar beim Frühstück angetroffen, ihn durchs Fenster erschossen und sein Rührei mit Schinken zu Ende gegessen.

Wir trafen auch Humphrey Crawfurd, was uns überraschte; er sah älter und sehr müde aus, vielleicht auch entmutigt, wie ein Vogel, den man mit nassem Gefieder aus einer Regentonne fischt. Vielleicht hatte er nicht mehr genügend Geld, um Wassergräben anzulegen, und natürlich mußte der Tod von Ian auch für ihn ein schwerer Schlag gewesen sein.

»Ist Kate nicht dabei?« fragte Tilly.

Daraufhin trat ein seltsamer Ausdruck auf Humphrey Crawfurds Gesicht, der an den verzweifelten Blick eines in die Enge getriebenen Tiers erinnerte. Er wandte sich um und murmelte ein paar Worte, die niemand verstehen konnte, dann schaute er Tilly überrascht an und sagte:

»Haben Sie nicht gehört? Nein, Sie können es nicht gehört haben. Wissen Sie, Kate... Kate...«

Mehr brachte er nicht hervor. Er zog den Kopf ein und ging weg, den Blick auf den Boden gerichtet.

Wir standen verwirrt da. Tilly zog die Stirn in Falten. »Vielleicht ist es das Baby«, sagte sie. »Vielleicht hat Kate es verloren. Sie hätte nach Nairobi kommen sollen statt dort oben auf der Farm zu bleiben.«

Ich stellte mir vor, daß sie das Baby im Wald verloren hatte; vielleicht hatte Kate es abgesetzt, und es war in ein Loch gekrochen und dort eingeschlafen, und Kate hatte überall gesucht und nach ihm gerufen. Mir tat Humphrey leid, der aussah, als ob sein Geist von einer Python erdrückt worden wäre und jetzt geschrumpft und schlapp in ihm hing, statt seinen Körper zu füllen wie der Saft einen Baum füllt.

In der folgenden Nacht konnte ich keinen Schlaf finden wegen der Aufregung über unsere kommende Reise, der Hitze und der Moskitos, die mit bösartiger Besessenheit gegen mein Netz klatschten in der Hoffnung, eine Ritze zu finden. Nichts klingt so bösartig und ekelhaft wie das Geräusch der Moskitos, die gegen das Moskitonetz fliegen, als bearbeiteten sie es mit einem Stakkato ihrer giftigen

Stacheln. Manchmal hörte man vom Norfolk aus auch das Brüllen der Löwen auf der nahen Steppe, aber in dieser Nacht waren sie ganz still.

Nach einer Weile kam Tilly herein. Sie drehte die Safarilampe so, daß ich sie auf dem zweiten Bett sitzen sah, eine dunkle Gestalt gegen das weiche, faltige Weiß des Moskitonetzes, das über ihr hing wie ein Ektoplasma auf der Photographie eines Gespenstes. Ich fragte schläfrig:

»Ist das Baby gefunden worden?«

»Welches Baby?«

»Das von Mrs. Crawfurd.«

Tilly wartete so lange, bevor sie antwortete, daß ich schon dachte, sie hätte meine Frage nicht gehört. Aber schließlich sagte sie: »Dem Baby geht es gut. Kate ist dabei ihrer Familie verlorengegangen. Wenn du Mr. Crawfurd siehst, darfst du es nicht erwähnen. Er kommt darüber fast um den Verstand.«

Ich war benommen vor Schlaf und konnte nicht verstehen, wie Kate ihrer Familie verlorengegangen sein konnte. Sie war nie weit gegangen oder allein herumspaziert. Vielleicht hatte sie der *Dorobo* in den Wald geführt und sie dann allein gelassen.

»Sie brauchte einen Doktor«, fügte Tilly hinzu, »und wenn er rechtzeitig dortgewesen wäre, hätte sie gerettet werden können. Wenn sie doch nach Nairobi gefahren wäre, wie Humphrey es wollte...«

Wenn ich dort gewesen wäre, hätte ich das Pony gesattelt und wäre so schnell wie möglich nach Nakuru geritten, und wenn das Pony dem Doktor tot zu Füßen gefallen wäre, die Nüstern voll von blutigem Schaum wie das Pferd, das die gute Nachricht von Gent nach Aix gebracht hatte; dann wäre der Doktor durch die Nacht galoppiert und hätte Kate Crawfurd noch rechtzeitig erreicht.

»Es war nicht die Schuld des Doktors«, fügte Tilly hinzu. »Er kam, sobald er es erfahren hatte. Aber der

Boy, den sie geschickt hatten, brauchte vier Stunden, um einem verwundeten Büffel zu entkommen.«

Die Spuren seiner Hörner seien an den Bäumen zu sehen gewesen, sagte Tilly, und das hätte die Geschichte des Boys bestätigt. Und der hatte eine halb verheilte Wunde an der Schulter des Büffels gesehen, die eiterte, und auf der die Fliegen saßen. Also konnte man weder dem Boten noch dem Büffel einen Vorwurf machen.

»Es war dieser Holländer – der junge Kerl, der auch ihr Pony gestohlen hat und immer mit seinem Karabiner herumballerte. Er hat das Tier verwundet und dann laufen lassen. Und das mußte Kate büßen. Ich wollte, ich könnte es ihn büßen lassen...«

»Es war nicht Dirks Schuld!« stieß ich hervor, denn ich erinnerte mich nur zu gut an den verwundeten Büffel und wie Dirk ihn fast den ganzen Tag verfolgt hatte, und außerdem hatte ich den *Dorobo* entdeckt, und der *Dorobo* hatte Dirk den Büffel gezeigt, und... Wenn ich Dirk nie etwas von dem *Dorobo* erzählt hätte, dann hätte er nicht auf den Büffel schießen können, und auf einmal wurde mir klar, daß eigentlich ich, über Umwege, an dieser Katastrophe schuld war. Wenn ich nicht an diesem Morgen in den Wald gegangen und die *Dikdik* und die Schmetterlinge angeschaut und Tabak für den *Dorobo* besorgt hätte, wäre das alles nicht geschehen. Der Blick auf eine Folge von Ereignissen, in der ich, ohne es zu wissen, eine entscheidene Rolle spielte und in der eine unheimliche Macht, die man nicht begreifen konnte, einen umherschob wie einen Stein auf einem Spielbrett, war sehr erschreckend, und ich lag still, ohne noch etwas zusagen, und redete mir ein, daß man den stärksten Zauber der *Kikuju* brauchte, um sich diese unheimliche Macht fernzuhalten, die eine Folge von Ereignissen in Bewegung setzte, welche mit Schmetterlingen auf einer Waldlichtung begann und mit dem Tode von Kate Crawfurd endete.

»Jetzt steht Humphrey da mit dem Baby«, fuhr Tilly fort, die mehr zu sich selbst als zu mir sprach. »Er findet niemanden, der sich darum kümmert; heutzutage sind verwundete Soldaten beliebter als Babys; ich habe ihm angeboten, es mit nach Hause nach England zu nehmen, aber er will es hierbehalten...«

Das war typisch für Tilly: Morgen ging die Reise los, auf einem Frachtschiff, mit unbekannter Bestimmung, und sie war ohne Vorbereitung dazu bereit, ein neugeborenes Baby mitzunehmen. Vorläufig blieb es übrigens in der Obhut von Mrs. Pascoe, genau wie Bay, zusammen mit ihren verlassenen Haustieren und den geretteten Wildtieren, während sich Humphrey in Nairobi nach einer Frau umschaute, die bereit war, mit ihm nach Molo zurückzukehren. Kates Tod hatte ihn zerbrochen; er war wie ein Baum, dessen Pfahlwurzel abgeschnitten wurde, oder ein Habicht mit gebrochenen Schwingen. Selbst die Wassergräben hatte er für Kate gemacht, wie andere Männer ihren Frauen schöne Kleider oder Schmuck bringen.

Er kam, um sich von uns zu verabschieden, als wir uns am nächsten Tag auf die Fahrt nach Mombasa machten, und half uns, das Gepäck im Eisenbahnwagen zu verstauen. Jeder Winkel des Zuges war besetzt, und die Wagen der Eingeborenen waren so überfüllt, daß man kein bißchen Holz mehr sehen konnte. Die Menschen hingen aneinander wie Bananen in Büscheln am Stamm hängen. Unmöglich, nur einen einzigen hineinzuquetschen, aber noch immer trafen Reisende ein und kamen auch irgendwie in den Zug. Wir hatten unser Essen in Körben dabei, dazu Flaschen mit Sodawasser zum Trinken und zum Zähneputzen.

»Werden Sie Lettice besuchen, wenn Sie zu Hause sind?« fragte Humphrey.

Tilly sagte ja.

»Dann geben Sie ihr bitte das hier.« Humphrey drückte ihr ein Päckchen in die Hand. »Es gehörte Ian. Vielleicht will sie etwas zur Erinnerung behalten.« Es war seine Taschenuhr, wie wir später sahen, eine goldene, ganz flache, mit seinem Monogramm. Das war etwas, das sie aufbewahren konnte, wenn sie wollte. Aber es fragte sich, ob die Afrikaner nicht klüger waren, wenn sie alles verbrannten, was ein Toter besessen hatte, keine Erinnerung an ihn aufbewahrten und nicht versuchten, den Samen der Unsterblichkeit in die Wüste der Zeit zu pflanzen.

»Hat Dirk eigentlich das Pony zurückgeschickt?« fragte ich Humphrey.

»Nein, das hat er mitgenommen. Aber er hat mir einen Brief geschrieben und versprochen, es zu bezahlen, sobald er aus dem Krieg zurück ist.«

Humphrey sah schmal und schlecht aus; seine Augen waren tief eingesunken, und es hatte den Anschein, als ob er nicht immer ganz da wäre. Er bewegte sich langsam wie ein Roboter, aber er brachte unser Gepäck in den Zug, bezahlte die Träger und weigerte sich, Tillys Geld anzunehmen.

»Ich glaube, ich habe jemanden für Bay und das Baby gefunden«, sagt er. »Lois Montagu kommt wahrscheinlich mit.«

»Dann gibt sie die Arbeit für die Verwundeten auf?«

»Die einzigen Soldaten, die sie bisher betreut hat, waren Alkoholiker im Delirium tremens; außerdem will sie Dick entkommen, der immer wieder in Nairobi auftaucht und versucht, sie fortzuschleppen. Sie ist viel zu jung und töricht, aber bis auf weiteres ...«

»Wenn es Ihnen etwas hilft: Ich bin jederzeit bereit, das Baby zu mir zu nehmen, ganz gleich, wo ich gerade sein sollte.«

»Danke, Tilly, das ist sehr freundlich von Ihnen.«

»Vielleicht ändert sich Lois, wenn man ihr Verantwortung überträgt.«

»Ja ...«

»Der Zug hat Verspätung, wie mir scheint.«

»Vielleicht gibt es Ärger auf der Strecke.«

Endlich pfiff der Stationsvorsteher, Fähnchen wurden geschwenkt, und Tilly und Humphrey schüttelten sich die Hände durchs Fenster.

»Meine besten Grüße an Robin.«

»Schreiben Sie uns gelegentlich.«

Humphrey nickte und schaute zu ihr herauf, während sie vom Wagen aus hinunter auf den Bahnsteig schaute, und zum erstenmal kehrte ein Funke von Leben auf sein Gesicht zurück. Die Lokomotive puffte, die Menschen riefen laut, Rauch stieg hoch und der Wagen ruckte wie ein zuckender Muskel. Wir konnten nichts tun als der aufrechten Gestalt zuzuwinken, die steif im Gedränge des Bahnsteigs stand.

Wir sahen, wie er sich umdrehte und wegging, hatten aber keine Zeit, ihm lange nachzuschauen. Unsere Sammlung von Gepäckstücken mußte ordentlich gestapelt werden, mit Hilfe unserer Mitreisenden, die alles sehr mißgünstig betrachteten, vor allem ein Bündel in Sackleinwand, das einen stechenden Geruch verströmte. Es enthielt selbstgegerbte Schafsfelle, die Tilly mitgenommen hatte, um daraus auf der Überfahrt eine warme Weste für Robin zu fertigen – eine Handarbeit, die ihrer Meinung nach besser auf ein griechisches Frachtschiff paßte als ein Strickzeug oder ein Stickrahmen oder die Überdecke, die sie mit Blumen und Vögeln in feinster chinesischer Seide bestickte und auf der Bank in Nairobi deponierte, nachdem sie erfahren hatte, daß die Unterseeboote im ganzen Mittelmeer Schiffe versenkten. Tilly war seit jeher ein Mensch, der nur ungern etwas verlor, was so viel Geld, Zeit und Mühe gekostet hatte.

»Ich frage mich nur, ob die Felle richtig behandelt sind«, bemerkte sie, als sie jetzt einen Blick auf das Bündel warf. »Wenn nicht, werden sie sich im Roten Meer ganz schön bemerkbar machen.«

Ich trug den *Kiondo*, den weichen, gewobenen Behälter, den mir Kupanyas Frau gegeben hatte, mit einer Menge Schätze darin: das ausgestopfte Baby-Krokodil, das mir Pionier-Mary geschenkt hatte, mein Perlenhalsband, eine Schachtel mit Vogeleiern, mehrere Kokons in Streichholzschachteln, ein paar Grenadillas – Kamaus Abschiedsgeschenk – von der Ranke, die teilweise über unserer Küche wucherte, und Njombos Geschenk, die kleine, mit Perlen eingefaßte Mütze aus der Haut eines Schafsmagens, die ich seit jeher so bewunderte. Sammys Speer lag oben im Gepäcknetz, zusammen mit einer kleinen Eingeborenentrommel, einem *Kikuju*-Schwert in seiner roten Scheide, einem *Dorobo*-Bogen mit Pfeilen und meiner Lieblings-Reitpeitsche aus Nilpferdleder. Erst als alle unsere Sachen rings um uns in dem winzigen Abteil ausgebreitet waren, merkte Tilly, wie groß ihre Zahl und wie unhandlich ihre Formen waren.

»Glaubst du«, fragte sie mich, »daß du wirklich alle diese Waffen brauchst – auch den Speer und die Trommel?«

»Sammy meinte, ich soll die Deutschen mit dem Speer töten und ihnen mit dem Schwert die Köpfe abschneiden.«

»Es gibt keine Deutschen bei deiner Tante Mildred in Porchester Terrace, wo wir wohnen werden – nur einen belgischen Flüchtling.«

Ich war überrascht, daß ihre Augen sich röteten, als sie zum Fenster hinausschaute und die Hütten und Wellblechdächer von Nairobi langsam zurückwichen. Sie tauchte den Kopf in ihre große Handtasche, die uns ein Inder aus der Haut der Python angefertigt hatte.

»So viel Gepäck«, bemerkte sie dann düster, »und ich glaube, ich habe meine Taschentücher vergessen.«

Ich war mit anderen Problemen beschäftigt. Eine reife Papaya, die uns jemand für die Reise mitgegeben hatte, war aus dem Korb auf dem Gepäcknetz in einen großen, umgekehrten Tropenhelm gefallen, der neben dem Besitzer auf der gegenüberliegenden Bank lag. Er war ein rotgesichtiger Mann mit blutunterlaufenen Augen, einem wuchtigen Schnurrbart und ordentlichen, kompakten und gut gepackten Gepäckstücken, darunter eine von den Ledertaschen, die die Form eines Kohlenkastens haben und mit der man Zylinder und andere bessere Kopfbedeckungen transportierte. Die Papaya war aufgeplatzt und hatte eine Kaskade gelber Pulpe und schleimig-schwarzer Samenkörner in den

Hut ergossen, die wie Kaviar aussehen, aber wesentlich größer. Der Besitzer des Tropenhelms, der das Mißgeschick bis jetzt noch nicht bemerkt hatte, hüstelte und wendete den Kopf.

»Schau, dieses komische Tier«, schrie ich und zeigte zum Fenster hinaus. Alle richteten den Kopf darauf, aber es gab nichts zu sehen, nur die Steppe, an den Rändern grün vom frischen, jungen Gras, die Wellblechhütten, eine Gruppe von Streckenarbeitern, die sich auf ihre Schaufeln und Hakken lehnten, ein paar Gazellen, zwei Strauße und einen Inder, der offenbar Moslem war und mit dem Rücken zum Zug auf den Fersen hockte und meditierte.

Ich schnitt Tilly eine Grimasse. Sie sah die Papaya und zog die Stirn in tiefe Falten; wir saßen in der Falle, da es in dem Wagen keinen Korridor gab. Jetzt zögerte sie nicht mehr, sondern lächelte mit all ihrem Charme, bat den rotgesichtigen Gentleman, ihr beim Verstauen unserer Sodawasserflaschen zu helfen, und fünf Minuten später fraß er ihr aus der Hand. Ich schaute durch das offene Fenster hinaus auf den welligen, purpurnen Höhenzug der Ngong-Hügel, der angeblich ein gutes Jagdgebiet auf Löwen und Büffel war, und freute mich, daß ich die vier Wände unserer Grashütte in Thika geküßt hatte und deshalb zurückkommen würde.